中国交通工程学科建构与探索

——徐吉谦教授学术思想文集

徐吉谦 等著

东南大学出版社

南 京

内容提要

本书收录了徐吉谦教授自 20 世纪 70 年代末至 21 世纪初发表的约 40 篇交通工程研究与探索学术论文，由东南大学交通学院组织汇总整理。内容涵盖了中国交通工程学科发展战略、城市交通发展战略综合交通规划理论与方法研究、大城市出入口与城乡结合部交通规划和设计研究、城市交通综合治理、城市单向交通研究、城市自行车交通特性与规划研究、公路与城市道路规划设计理论研究、城市平面交叉口规划设计理论与方法研究以及城市交通史研究等广泛领域。它展现了徐吉谦教授对于中国交通工程学科初创期理论体系建构的整体性、系统性和开创性思考与探索，既充分借鉴吸收了当代国际交通工程学科理论体系的基本框架与理论成果，又充分结合了中国城市与交通发展的实际，既具有理论体系思考与建构的系统性、科学性和先进性，又具有实践应用的针对性、前瞻性、指导性和实用性。

图书在版编目（CIP）数据

中国交通工程学科建构与探索：徐吉谦教授学术思想文集/徐吉谦等著. —南京：东南大学出版社，2021.12
ISBN 978-7-5641-9940-1

Ⅰ. ①中… Ⅱ. ①徐… Ⅲ. ①交通工程—学科建设—中国—文集 Ⅳ. ①U491—53

中国版本图书馆 CIP 数据核字（2021）第 259290 号

责任编辑：陈　跃　　封面设计：顾晓阳　　责任印制：周荣虎

中国交通工程学科建构与探索——徐吉谦教授学术思想文集
Zhongguo Jiaotong Gongcheng Xueke Jiangou Yu Tansuo——Xujiqian Jiaoshou Xueshu Sixiang Wenji

著　　者	徐吉谦　等
出版发行	东南大学出版社
社　　址	南京四牌楼 2 号
邮　　编	210096
电　　话	025-83793330
网　　址	http://www.seupress.com
电子邮件	press@seupress.com
经　　销	全国各地新华书店
印　　刷	南京迅驰彩色印刷有限公司
开　　本	787mm×1092mm　1/16
印　　张	24.75
字　　数	540 千字
版　　次	2021 年 12 月第 1 版
印　　次	2021 年 12 月第 1 次印刷
书　　号	ISBN 978-7-5641-9940-1
定　　价	130.00 元

本社图书若有印装质量问题，请直接与营销部调换。电话（传真）：025-83791830

序　言

2021年7月14日下午，惊悉我国著名的交通工程学专家、交通工程学科开拓者之一，东南大学交通学院徐吉谦教授离世消息。尽管半年前也已得知老先生染疾入住了ICU病房，本以为不久便会康复，但不料先生驾鹤西去，深感悲痛和惋惜！

徐先生是我十分敬重的交通工程学前辈。他是大学教授，而我则在城市与交通规划设计一线工作。改革开放后不久，我国经济腾飞、科学振兴，交通工程学科在美籍华人交通工程专家张秋先生引介和国内相关高校科研机构共同努力下应运而生。我有幸通过中国城市建筑学会城市交通规划学术委员会（后转为中国城市规划学会所属二级机构）以及北京、上海、广州、南京等城市重大交通规划项目咨询论证研讨的机会，与徐吉谦教授拥有了长达40年的交往，结下了极为深厚的友谊。在此过程中，我对徐先生的为人为学、为师为事的高尚品格和情操深为敬佩。在我印象中先生不但学养深厚、视野开阔、见解独到，而且为人谦逊、甘为人梯，是业界景仰的学者、智者、长者。

近日，我收到了徐吉谦教授入室弟子、南京市城市与交通规划设计研究院杨涛院长发送给我的《中国交通工程学科建构与探索——徐吉谦教授学术思想文集》（以下简称《文集》），并希望我为该《文集》作序。本人深感荣幸，且欣然同意。如今再次细细拜读先生40余篇交通工程学研究与实践科学论文，依然难掩震撼和振奋之情，先生不愧为中国交通工程学科的开拓者和奠基人。

徐先生作为进入中国国家自然科学基金学科评议组中的第一位交通工程专家，促进和支持了交通工程学科中的重大课题、关键课题、创新课题纳入国家自然科学基金资助领域，为推动我国交通工程学的科学研究、学科发展与人才成长做出了突出贡献。《文集》的开篇之作出自先生亲自主持完成的国家自然科学基金主任基金项目"中国交通工程学科发展战略研究"成果，也可以认为是为我国交通工程学完整学科体系建设与发展谋篇布局的开篇之作。在文中先生原创性地绘制了一张"交通工程学科树"，把交通工程学的学科的知识体系，以一个有机生长的大树形象表现出来，理清了交通工程学这门学科极其复杂的学科知识体系的脉络与结构关系，体系完整、层次分明、脉络清晰、一目了然。该成果既清晰概括了交通工程学科基本性质和特性,又系统分析了交通工程学科发展状态、水平、问题与趋势,更前瞻性地为20世纪90年代末至21世纪前20年中国交通工程学科建设和发展明确了主要方向和关键课题。

徐先生作为东南大学交通工程学科创始人和主要建设者,自20世纪80年代初开始,陆续承担了一大批国家"七五"科技攻关项目、国家自然科学基金项目,江苏、山东、海南等省市公路网规划项目,南京、合肥、郑州、鞍山、马鞍山等市综合交通规划项目。他带领学科团队和硕博研究生,侧重在区域与城市交通规划领域开展了系统扎实的理论研究与实践应用,取得了一大批优秀科技成果,既指导推动了相关省市交通基础设施与综合交通运输体系的科学建设和科学发展,更有力促进了我国城市与区域综合交通规划理论体系与方法技术的建立、进步和发展。《文集》第一至六编集中反映了徐教授和弟子们在城市交通发展战略、综合交通规划、城市交通综合治理、交通需求预测、交通网络性能评价、大城市出入口干道与城乡结合部交通规划、城市道路规划设计、自行车系统规划等方面的理论创新与实践业绩。特别值得推荐的是徐先生一些难能可贵的先见性、开创性的思考与思想。例如,徐先生根据城市交通系统特点,运用系统论和系统工程思想和原理,将城市交通系统综合治理中涉及的运量、运力、运基、运管、运环五个子系统及其相互内在关系与逻辑进行了详细分析和梳理,建立了五大系统协同闭环的城市交通运输系统综合平衡逻辑框架。这个逻辑框架对于城市交通规划建设与科学治理实践极具普适性的认识论与方法论指导意义。再如,早在20世纪90年代初,中国机动化还处于快速发展初期,徐先生就远见卓识地提出,中国的交通运输健康可持续发展,不单单看交通工程管理(TEM)、交通系统管理(TSM),更需要立足于经济、法律、政策和行政等多渠道、多方式、多路径,对交通运输供求关系进行合理调控的广义交通控制管理(Transportation Control Management,TCM)!先生的TCM实际上就是欧美国家20世纪60年代初探,80至90年代盛行,直至今日还在推行的交通需求管理(TDM)和交通实施管理(TPM)总和。先生在30多年前就提出的TCM原创性的、吹哨性的理念观念,对于正在深陷城市病、交通病的当下无疑具有先见性的启发与警示作用。徐先生于20世纪70年代末亲自担任了我国第一条一级公路——南京宁六公路设计技术总负责人。宁六公路并非是一条常规的城际区域公路,而是一条联系南京长江大桥及数条国道、省道,且处于南京江南、江北拥江发展中心地带的极为重要而关键的城市出入口道路!其服务的交通功能复合了区域交通、城际交通、城市交通、城乡交通多重功能。如何综合考虑和平衡如此复杂的多重交通功能,如何满足与协调近期远期客货交通需求、城镇发展、工程质量、技术经济、景观环境等多重要求,如何在综合考虑上述多重功能、多重要求前提下,在国内尚无与该工程适配的技术标准和同类工程案例的情况下,合理确定该道路设计技术标准、工程选线布局、平纵横线形设计、路桥结构与材料等关键技术,都是极具挑战性、极为复杂的技术难题。徐先生凭着深厚的道路交通工程理论与技术学养功底、既远见卓识又大胆创新的专业精神、系统缜密精心精细的设计态度,圆满完成了这一开创性艰巨任务。而由此项目实践引发了徐先生对于大城市出入口道路、城乡结合部交通、城市辐射交通的深入系统思考,积极争取到了国家"七五"科技攻关项目、国家自然科学基金项目、建设部科技攻关项目等机会,带领一批硕士研究生、博士研究生和青年教师开展持续深入系统研究,形成了丰厚的理论成果,《文集》中有较系统地反映。通过上述开创性、示范性的理论研究与工程实践,徐先生也指导培养了一批国家急需的城市与区域综合交通规划和工程设计优秀高层次人才,他们大多已经成为高校、党政机关和规划设计企业的领军人物。

除了上述交通工程学科发展战略和综合交通规划等方面的突出建树与贡献之外,徐先生在城市道路与交叉口特性、设计与控制方面也进行了相当深入扎实的理论探索与科学研究,在环形交叉口交通特性和设计技术、平面信号灯交叉口的模糊控制等方面取得的成果也相当令人钦佩。

全永燊

北京市人民政府原首席交通顾问
中国城市交通规划学术委员会原副主任委员
原北京市交通发展研究中心主任

2022.3.4

目 录

总论 ·· 1
  交通工程学科发展战略研究 ··································· 徐吉谦,王　炜,杨　涛 3

第一编　城市交通发展战略与规划研究 ·· 21
  试论城市交通规划的战略方针 ··· 徐吉谦 23
  对城市交通发展总体战略规划的思考 ··· 惠先宝,徐吉谦 28
  试论城市交通系统的战略规划 ··· 徐吉谦,惠先宝 32
  试论城市客运交通可持续发展战略 ·· 徐吉谦 38
  关于我国城市客运交通结构发展的思考 ·· 张迎东,徐吉谦 46
  轨道交通客流量预测的浅见 ·· 徐吉谦 53
  一种新的城市快速轨道交通客流预测模式——"宏观控制、微观竞争"模式初探············
　　　　　　　　　　　　　　　　　　　　　　　　　　　　　　　　　 陈学武,徐吉谦 56

第二编　城市交通综合治理与需求管理研究 ··· 63
  试论城市交通的综合治理 ··· 徐吉谦 65
  城市道路交通组织管理 ·· 薛珊荣,徐吉谦 72
  单行线交通可行性探讨 ·· 徐吉谦 76
  大城市交通需求管理研究 ··· 周鹤龙,徐吉谦 86
  大城市CBD交通特性的探讨 ·· 魏文斌,徐吉谦 93

第三编　城市交通网络容量与系统评价研究 ··· 97
  城市道路网广义容量研究及其应用 ·· 杨　涛,徐吉谦 99
  运输网络极大流的一种新算法 ··· 杨　涛,徐吉谦 109
  交通网络总体建设水平FUZZY自评判法 ·· 杨　涛,徐吉谦 118
  城市交通规划评价方法初探 ·· 李洪武,徐吉谦 124

第四编　大城市城乡结合部交通与出入口干道规划设计理论 ·· 129
  高等级公路与城市连接的探讨 ··· 徐吉谦 131

城乡结合部交通规划方法探讨 ……………………………… 徐吉谦,赵同安,周鹤龙,等 147
大城市城乡结合部交通规划研究 ………………………… 徐吉谦,赵同安,杨　涛 155
大中城市出入口干道交通特性的探讨 ……………………… 徐吉谦,武　进,黄富明 166
关于大中城市出入口干道的特点和平面定线的几个问题 ……………… 徐吉谦 174
大城市入城干道的设计和建筑 ………………………………………… 徐吉谦 185
大中城市出入口干道技术标准的初探 ………………………………… 徐吉谦 206
大中城市出入口干道规划设计研究 …………………………………… 徐吉谦 220
大城市出入口干道系统评价 ……………………… 徐吉谦,黄富明,惠先宝 229

第五编　城市自行车交通规划方法与实务研究 …………………… 239
自行车交通出行特征和合理的适用范围探讨 ………… 徐吉谦,张迎东,梅　冰 241
马鞍山市自行车交通出行特性分析 …………………… 徐吉谦,蓝　山,刘剑锋 247
基于机非分流的大城市自行车路网规划研究 ………… 叶　茂,过秀成,徐吉谦,等 254
马鞍山市区自行车道路规划设计 ……………………… 徐吉谦,蓝　山,杨　涛 263

第六编　公路与城市道路规划设计理论与实践 …………………… 273
关于公路建设中几个原则问题的探讨 ………………………………… 徐吉谦 275
公路发展带来巨大效益——江苏宁六公路运行20年的经济简析 ………………
　　　　　　　　　　　　　　　　　　　　　　　　　徐吉谦,李建梅 281
道路线形设计要素分析 ………………………………………………… 徐吉谦 284
高等级道路的交通标志与标线 ………………………………………… 徐吉谦 289
关于城市道路规划设计几个问题的探讨 ……………………………… 徐吉谦 299

第七编　城市道路交叉口技术特性与信号控制设计研究 ………… 307
浅析国外环交通行能力的计算问题 …………………………………… 徐吉谦 309
关于国外环形交叉口通行能力计算公式的述评 ……………………… 徐吉谦 320
城市环交主要技术经济指标与适用性分析 …………………………… 徐吉谦 330
环形交叉口主要技术经济指标与适用条件分析 ……………………… 徐吉谦 339
环交通行能力分析新方法的研究——排队论在环交分析中的应用 ……………
　　　　　　　　　　　　　　　　　　　　　　　　　　　王　炜,徐吉谦 358
城市主干道交通信号灯模糊线控制的探讨 ………… 陈森发,徐吉谦,陈　洪等 367
城市单路口交通的两级模糊控制及其仿真 …………… 陈森发,陈　洪,徐吉谦 374
城市交通系统的两级分解-协调模糊控制 ……………… 陈　洪,陈森发,徐吉谦 380

跋 ……………………………………………………………………………………… 386

总　论
交通工程学科发展战略研究

附 录

交通工程学科发展战略研究*

徐吉谦，王　炜，杨　涛

（东南大学运输工业研究所）

摘　要　本篇分析了国内外交通工程学科发展的性质和特点，预测了我国交通工程学科的发展趋势，阐述了交通工程学科的多种理论与方法，为我国交通工程学科发展战略的制定明确了方向。

关键词　交通工程学；理论与方法；发展趋势

1　按语

"交通工程学科发展战略研究"是国家自然科学基金委员会材料与工程科学部于1990年4月委托东南大学运输工业研究所进行的一项研究课题，目的是分析国内外交通工程学科发展进程、现状，预测我国交通工程学科发展趋势，研究制定我国交通工程学科发展战略。

附两点说明：

（1）本研究中的"交通工程"按现有交通工程学科的概念，不包括运输（大交通）工程中的全部内容。

（2）按基金会的要求，本研究以城市交通为重点展开，道路与桥梁的结构部分归入结构工程学科中研究。

2　交通工程学科的性质及特点

2.1　交通工程学科的性质

交通工程学是一门发展中的新兴学科，它从交通运输的角度，把人、车、路、环境与能源作为有机的整体进行研究和应用。就学科性质而言，它既从自然科学方面研究交通的发生、发展、时空分布、分配，车辆运行、停驻的客观规律并作定量的分析计算、预测、规划、设计与营运等，又从社会科学方面研究交通的有关法规、政策、体制与管理等。因此，交通工程学是一门兼有自然科学与社会科学双重属性的综合性学科。

2.2　交通工程学科的特点

（1）系统性　交通与整个社会经济系统密切相关，自身又是一个由诸多相互联系、相互

---

* 本篇发表于《城市道路与防洪》，1993年第2期。

作用的要素(人、车、路、环境等)所组成的有机整体,是一个多目标、多约束的大系统。因此,交通工程学最重要的方法论基础就是系统分析和系统工程,以系统分析和系统工程原理来分析、解决交通问题,是交通工程学科发展的必由之路,也是现代交通工程学的一个显著特点。

(2) 综合性　交通工程学研究的内容涉及工程(Engineering)、执法(Enforcement)、教育(Education)、环境(Environment)、能源(Energy)等许多领域,人称五"E"科学。它与地理、历史、经济、政策、体制、计算技术等诸多因素有关,是一门集自然科学与社会科学、"硬"科学与"软"科学于一身的综合性很强的学科,并与多种学科相互关联(图1)。

(3) 交叉性或边缘性　交通工程学研究的对象具有多方面的边际性或交叉性,如汽车行驶理论、噪声、震动、道路几何线形、道路通行能力、交通规划等均同其他科学有相互交叉之处,或系某些学科相连接的边际。

(4) 社会性　交通工程学涉及社会的各个方面,特别显著的是交通规划、交通管理,几乎同社会各个方面有关,如政策、法规、技术、经济、工业、商业、生产、生活、居民等。

(5) 随机性　交通流是一个典型的随机现象,在道路网络上的分布随时间与空间而不断变化,常常表现为空间(网络的某一路段)与时间(高峰)的集中或分布不均,甚至可能由于某一偶然因素而改变其正常分布,随机性十分显著。

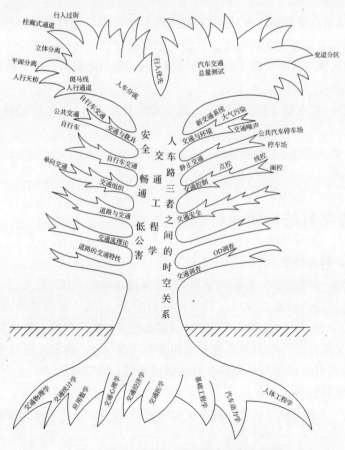

图1　交通工程学与相关学科关系示意图

3 交通工程学科的发展、趋势与重点

3.1 国内外交通工程学科发展

如前所述,交通工程学科是以人、车、路及社会环境为主要研究对象的综合性学科,涉及范围广阔,研究领域众多。由于各国的历史条件及社会经济发展的差异,各国交通工程学科的形成及发展阶段不完全一致。对交通工程学科的研究要首推英、美,英、美两国基本上引导着国际交通工程学科的研究方向。交通工程学科形成半个多世纪以来,其研究重点经历了三个阶段,图2显示了交通工程研究重点的更替过程。从20世纪30年代交通工程作为一门独立的学科起至50年代末的30年中,城市交通的矛盾还不是很突出,国际交通工程界基本上致力于交通流基本理论的研究,50年代提出的许多交通流理论模型至今仍被沿用。由于城市交通的迅猛发展,60年代初至70年代末的20年中,国际交通工程界的研究重点转向合理的交通网络规划,这一时期,英、美等国的主要城市基本上都进行了大规模的居民出行调查及城市交通规划。70年代中期以来,交通控制系统有了很大的发展,英国运输与道路研究试验所(TRRL)提出的TRANSYT、SCOOT控制系统先后为世界各国所采用。

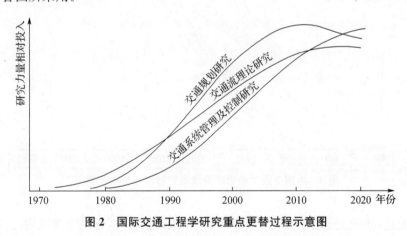

图 2 国际交通工程学研究重点更替过程示意图

我国交通工程的研究起步较晚,20世纪70年代后期,许多国外交通工程专家,包括外籍华人先后来华讲学,对我国交通工程学科的发展起了一定的推动作用。到70年代末期交通工程已成为一门独立的学科,但我国的交通工程学科一经形成,其发展速度很快,在短短的十几年中,在交通流理论、交通规划、交通管理、交通安全、道路几何设计、交通控制等几个方面都有了较大的进步,特别是在交通流理论及交通规划两方面,已取得了不少研究成果。

3.2 我国交通工程发展总趋势

交通工程学科的研究内容与当时的国民经济发展水平、科技发展水平、人民生活水平密切相关。我国目前的经济科技发展水平、人民生活水平还不高,但我国的经济目前正处于起飞阶段,在不远的将来将赶上经济发达国家水平,交通工程学科的研究重点也必将经

历交通流理论研究、交通规划研究、交通控制研究三个阶段的转移。根据我国的国民经济发展状况及交通工程学科的研究现状,估计三个研究重点的转移不会像英、美两国那样经历半个多世纪的历程。根据我们的预测,我国交通工程学科的研究会出现两个研究重点搭接、交叉并逐步转移的情况,如图3所示,在30至40年内有可能完成三个重点的转移。即在20世纪80年代,交通工程学科的研究重点为交通流理论(也包括交通综合治理),并同时进行了交通规划的一系列重要研究。20世纪90年代至21世纪初,交通工程学科的研究重点将是城市交通规划(含交通的综合治理),我国的所有大中城市基本上都进行了一轮较全面的城市交通规划。这一时期我国的经济实力及交通网络还不足以全面实施交通系统控制,但作为先导的交通控制理论研究将逐步开展,这时的交通流理论研究将处于从属地位,主要是为交通规划、交通控制的研究提供理论基础。21世纪20至30年代以后,我国大部分大中城市基本上均已具备了完善的交通网络系统,国民经济的发展促使交通量极大增加,且一部分富裕居民有能力购买小汽车作为代步工具,部分城市实行区域交通控制的研究将上升到主要地位。

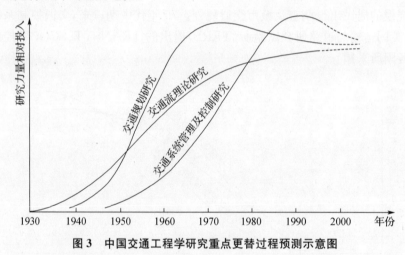

图3　中国交通工程学研究重点更替过程预测示意图

综上所述,我国交通工程学科在近20年内的研究重点首先是交通规划,其次是交通控制,再次是交通流理论。

根据我国的交通特点及交通工程学科研究重点,可确定近期及中期的优先发展领域为:

(1) 城市交通规划理论及方法研究;

(2) 区域综合交通运输规划理论及方法研究;

(3) 交通控制与管理理论及方法研究;

(4) 交通流理论研究;

(5) 城市交通综合治理研究;

(6) 城市新交通体系研究;

(7) 交通安全理论研究;

(8) 交通综合网络体系的研究。

4 城市交通规划理论及方法研究

纵观城市发展史,可以看出这样一个普遍现象:城市的形成与演变很大程度上取决于交通,城市的发展又促进了交通。交通与城市同兴衰、共存亡。

近10年来城市发展很快,1989年正式设市的城市已达450个,城市人口占全国总人口的28.6%。城市交通也发展很快,据1988年底统计,全国有城市道路43 905千米,总面积达44 045万平方米。全国公共汽车、电车年客运量为276.9亿人次,轮渡年客运量为9.3亿人次,地铁年运量为3.2亿人次,合计为289.4亿人次。年运营里程:公共汽车为23.1亿车千米,轮渡为501.4万船千米,地铁为2 760万车千米,出租车为5.1亿车千米。城市公共交通年客运量为全国铁路、公路、水运、航空等客运量之和的5倍以上;城市公共交通客运周转量达1 022.4亿人千米,约为全国客运周转总量的1/3。全国城市公共交通运营线路长度,据1988年底统计,公共汽电车线为14.2万千米,地铁为50千米,公共汽电车为6.3万标准台,地铁为481标准台,轮渡为910艘,出租汽车为8.2万辆。年平均增长率:客运量为6.81%,运营里程为5.86%。全国公交城市每万人拥有公交车辆为4.6标准台,拥有自行车5 200万辆,平均每百人有42.8辆。城市交通系统庞大,任务很重。

城市交通系统最重要的功能是使城市由静态转变为动态,为城市居民的生产、工作、生活所需的各种出行活动提供必要的条件。城市交通设施把城市各组成部分,各个地区的客、货出行活动紧密地连接在一起,组成了城市生活;城市交通系统的性质又是衡量一个城市功能健全的主要指标。

所谓城市交通规划,是指根据城市需求量发展的预测,为较长时期内城市各项交通用地、线路、站场枢纽等,各项设施、装备等的建设与发展提供综合布局与统筹规划,它是城市交通建设、经营与管理的依据。从人们有意识地规划城市起,城市交通规划便被作为城市规划的一个主要方面来进行。

尽管人们很早以前就开始重视城市交通规划,如我国古代的"九经九纬"模式,但对城市交通规划理论的全面研究开始于20世纪60年代。美国、加拿大、英国等工业发达国家在六七十年代进行了大规模的城市居民出行调查,建立了城市居民出行资料基础数据库,并以此为基础进行了城市交通规划的理论研究及规划实践,在此期间提出的"四程式"(即居民出行发生、出行分布、出行方式划分与交通分配四个阶段)交通规划体系被各国城市沿用至今。

我国对城市交通规划的研究开展较晚,80年代初天津、徐州等城市率先进行了居民出行调查,继而深圳、上海、北京等70多个大中城市相继进行了大规模的综合交通调查,并在高等院校的配合下进行了初步的交通规划工作及交通规划的理论探索,为缓解这些大中城市的交通紧张状况起了积极的作用,并为市政府制定交通政策及城市市政交通建设计划提供了决策的科学依据。1989年12月,全国人大通过了《中华人民共和国城市规划法》,此法明确规定了城市规划必须包括城市交通综合体系规划。目前我国进行城市交

通规划,由于缺乏经验,在规划方法和内容上都存在许多不足之处,如:

1. 目前普遍采用的交通规划工作(包括国外采用的方法)都是从四项O-D量调查(居民出行、机动车出行、货物出行、公交出行)开始的,进行O-D量调查需花费大量的人力、财力,通常四项O-D量调查的费用占整个交通规划费用的60%左右,高达十几万元甚至几十万元(美国的出行调查费用为每一位居民1美元),一般的城市无力进行。

2. 由于调查项目多,耗时长,一个大型城市,从调查工作开始到统计结束,需2~3年时间,加上规划过程,需3~5年时间,因此,交通调查资料的时效性受到很大的影响,建立在此基础上的规划方案的科学性也受到影响。

3. 目前的城市交通规划多数采用国外的规划模型,但国外模型不适合我国国情。我国的交通有着自己的特点,如居民出行以自行车、公交车为主;道路交通机非混行;车流中车型复杂;机动车出行中货车出行占有很大比重等,国外常用模型不能反映这些特点。

4. 我国各城市进行的交通规划深度、内容均不一致。多数城市只进行到交通调查及数据处理,没有认真进行交通规划。有些城市虽然进行了网络规划,但采用的预测和规划方法尚待进一步提高,对提出的规划方案缺少科学的评价。

城市交通是一个复杂的、动态的大系统,它涉及社会、经济、环境、居民心理及生活方式等多方面的因素,具有多重属性。城市交通规划必须采用系统工程方法来进行,即以科学性为基础,以综合性为手段,以整体性为目标进行交通系统的整体优化,以便得到一个既能较好地满足居民出行要求,又能与城市环境相协调的综合交通系统。

我国城市交通规划理论与方法的研究,可就下列课题开展工作。

1. 城市交通规划的规范化交通调查内容及调查技术研究

研究城市交通规划中所必需的交通调查内容,各项交通调查的规范化调查技术,交通调查数据的数学处理技术,信息库的建立方法及其管理技术等。

2. 城市交通需求预测理论与方法研究

研究城市交通需求量与城市经济、人口、土地利用等社会经济指标的相关关系;客、货运的发生、吸引、分布、方式划分、预测方法;客货运交通分配的平衡模型、非平衡模型及其算法;交通需求的弹性预测技术;客货运交通分布、方式划分与交通分配组合预测技术;因子分析法、投入产出法、系统动力学、模糊数学等在城市交通需求预测中的应用。

3. 城市交通网络计算机模拟技术研究

研究城市交通网络的计算机表示方法、计算机网络模拟技术、网络特征分析技术(最短路、最大流、最小费用最大流)等。

4. 交通网络规划理论与方法研究

研究城市道路网络结构与城市形态的关系;道路网络系统规划方法;自行车网络系统规划方法;地铁网络系统规划方法;客运、货运交通走廊规划方法;城市进出口干道规划方法;城乡结合部交通规划方法;城市交通发展战略规划方法;道路路网、交叉口、路段容量分析技术等。

5. 城市交通规划方案评价技术研究

研究城市交通规划方案的整体性能（可达性、易达性、通达性）评价技术；路段、交叉口的交通质量评价技术；交通规划方案的适应性、可行性等评价技术；服务水平评价技术等。

6. 城市公共交通系统优化理论与方法研究

研究城市公共交通系统优化的目标系统；线网优化方法；调度优化方法；场站分布优化方法；地铁、公交、自行车换乘系统的设置与优化方法；公共交通系统优化算法及其在微机上的实现等。

7. 城市交通规划快速反应系统的理论与方法研究

研究用路段交通量推算出行 O-D 量（包括区域 O-D 量、干线 O-D 量、交叉口 O-D 量）的方法；居民、机动车出行特征、指标与城市规模、性质、经济水平等的关系；城市交通规划快速反应系统 CAD 开发等。

8. 现代科学方法在城市交通规划中的应用研究

研究数学优化理论（非线性规划、线性规划、动态规划）、图与网络优化理论（最短路、最大流、最小费用最大流）、系统决策技术、系统模拟技术、系统评价技术在城市交通规划中的应用。

5 区域综合交通运输规划理论及方法研究

交通运输是国民经济的大动脉，合理的综合交通运输体系是国民经济得以发展的基础。目前，我国的交通运输事业相当落后，远远不能满足国民经济发展的要求。云、贵、川地区大量的农副产品，由于运输紧张未能运出而腐烂，造成数亿元的损失；中原矿区大量的煤炭由于运输紧张未能运出而自燃，白白浪费；沿海大中城市由于能源紧张而经常停工停产，损失惨重。可以说我国的交通运输在很大程度上影响了国民经济的发展、人民生活水平的提高。我国交通运输事业落后主要表现在两个方面：1. 运输体系不完善，运输结构、运输网络不合理，中转环节多，运输系统的整体性能不强，运输效率很低。2. 运输体系基础设施薄弱，运输能力远远低于运输需求。要改变运输基础设施薄弱的局面，需花费大量的建设投资，在国力有限的情况下很难实现。但是通过运输系统的综合规划，在不花钱或少花钱的前提下，大大改善运输状态，提高运输效率，具有很大的现实意义。

区域综合交通运输规划是指一个省区，或一个大经济合作区，甚至整个国家范围内的各运输方式、运输网络的协调规划。

国外工业发达国家在进行大区域（一个国家或一个地区）的综合交通运输规划时，通常以系统工程学为理论指导，采用预测学、数学规划（线性规划、非线性规划、动态规划）及网络优化等方法，首先建立有关经济指标、地理信息系统（GIS）与交通运输发展的信息库，然后根据较长时间序列的经济指标与交通运输需求量相关数据建立交通发展需求预测模型，包括各运输方式（铁路、公路、水路、航空、管道等）之间的运输量分担预测、各运输方式的运量分布预测及分配预测，最后以线路最短、投资最少、效益（费用）最大等为目标，进行网络优化，提出远期各方式运输规划方案及近期实施计划。

在我国,交通运输的发展很不平衡,西北、西南地区由于地理环境及经济因素,交通运输基础设施很薄弱,运输系统的综合性、整体性都较差。沿海地区的交通运输比较发达,已初步形成了综合性的运输网络。目前,有不少省市不同程度地进行了交通运输规划,但无论在规划内容还是在规划方法上均有待改进与提高。

首先,我国长期以来铁路、公路、水路、航空等运输方式各自为政,虽然近年来各种运输方式的各级主管部门,都不同程度地编制了区域性(甚至全国性)中、长期运输规划,但这些规划在内容上往往偏重于本行业,缺乏与其他运输方式之间的协调与统一,不能成为真正的综合运输规划。

其次,各省市在进行运输规划时,往往只考虑本地区,与周围地区运输网络如何协调考虑不多。

再次,在规划理论上存在很多不足,缺少系统工程思想的指导,对资料的分析,主要是定性分析,定量的方法很少。在规划工作中,缺乏原始数据的积累,缺乏科学的预测方法,对规划的运输网络方案缺乏科学的评价方法及决策手段。

交通运输系统是一个综合性很强的开放型大系统,受所在地区的经济发展、人口分布、土地与资源开发、环境与生态平衡等因素影响,且各运输方式之间存在着密切的联系。要缓解或解决交通运输紧张局面,必须把运输系统作为一个整体采用系统工程的多目标多阶段优化方法进行整体优化,在整体优化的基础上进行各运输方式之间的局部优化。整体优化主要解决各运输方式之间的合理结构关系(即各运输方式之间的协调统一),局部优化主要解决各运输方式运输网络(公路网、铁路网、水运网、空运网、管道网)的本身优化。

区域综合交通运输规划的研究目标是根据各种运输方式的特长、适用范围,以及各地区能源、环境、经济发展等特点,协调运输结构、优化各运输方式,建设铁路、公路、水运、航空和管道协调统一的综合运输网络。统筹兼顾,协调安排,以尽可能少的投资,形成营运成本最低、中转环节最少、运输能力最大的交通运输体系。

针对我国交通运输的实际状况,区域综合交通运输规划理论与方法的研究可就下列课题开展工作。

1. 综合交通运输系统的数据采集、处理和建模技术研究

收集并处理各区域的地区资源(包括能源、矿产、林业等)、地理环境、工农业布局、人口分布等社会经济指标与交通运输的相关数据,研究建立信息库的理论与方法,社会经济指标与交通运输需求量相关的模拟和建立模型的理论与方法。

2. 综合交通运输系统的需求预测理论与方法研究

交通运输区划方法的研究;交通运输作用点(或集散点,通常为城镇或大型矿场)的运输发生预测技术研究;各运输方式的运输分担预测技术研究;各运输方式的运输分布预测技术研究;各运输方式的运输网络分配预测技术研究;因子分析法、投入产出法、时间序列法、模糊数学法、灰色理论等在运输需求预测中的应用。

3. 综合交通运输系统网络规划与优化理论及方法研究

综合交通运输网络的建立方法,各运输方式运输网络的运输转换关系,综合交通运输

网络的规划与优化理论,各方式运输网络(铁路网、公路网、水运网、航空网、管道网)的规划与优化理论,城市对外交通规划理论等的研究;中远期与近期交通运输规划的协调关系及近期计划的制定方法与优化技术的研究;图论与网络理论在运输网络优化中的应用等研究。

4. 综合交通运输枢纽的功能、协调原则和方法;运输主干线布设的原则和方法;大宗货物(煤炭、粮食、建材等)的联运技术等研究。

5. 综合交通运输系统的评价理论与方法研究

综合交通运输体系的整体效率评价(包括综合网络的运输可达性、易达性、转移次数、总体运输负荷度及服务水平等的评价)技术研究;各运输方式运输网络的整体效率评价技术研究;各运输方式中各运输枢纽、各运输干线的交通负荷及服务水平的评价技术研究等。

6. 综合交通运输系统决策的理论与方法研究

适用于交通运输规划决策的数学方法、专家系统、CAD 系统等的研制;系统工程决策理论在综合交通运输规划中的应用等研究。

7. 公共交通客运网络系统规划理论与方法研究

对大城市公共交通系统网络的优化、线路、站点及配对优化理论、技术与方法的研究。

6 交通控制与管理的理论及方法研究

交通控制与管理包括城市交通控制与管理及高等级公路(主要是高速公路)交通控制与管理两个方面。

6.1 城市交通控制

城市交通控制主要是城市道路交叉口的交通信号控制。1868 年手动式信号机首次在伦敦使用(用于控制马车交通),开创了交通信号控制的历史。1914 年定周期自动信号机在美国克利夫兰的使用及 1928 年车辆感应式自动信号机在美国巴尔的摩的使用,奠定了交通信号自动控制系统的基础。从 60 年代开始,世界各国开始研究一种范围较大的信号联动协调控制系统,这一研究工作不仅包括电子计算机作为控制系统中枢的应用(硬件和软件开发),还包括大规模数据传输系统和各类终端设备的研究。由于近年来微处理技术的不断发展和各种新型微处理机的问世,控制系统的功能日臻完善,控制技术也发生了根本的变革。与此同时,在软件技术开发上也出现了可喜的进展,由英国运输与道路研究试验所(TRRL)罗伯逊(Roberson)为首设计的区域信号控制网协调配时优化设计程序 TRANSYT(Traffic Newtork Study Tool)被世界各国广泛采用。继第一个区域控制系统在加拿大的多伦多投入使用后,60 年代末,英国也在西伦敦和格拉斯哥市建立了试验性区域交通控制系统。据不完全统计,到 80 年代初,全世界已有约 300 个城市建立了区域交通控制系统。70 年代,为能源危机而困扰的美国,开始投入很大力量扩广 TRANSYT,在几十个城市建立以节油为主要目标的区域交通控制系统。第三世界国家(如菲律宾、泰国等),也开始建立了一些以 TRANSYT 为主控软件的城市交通区域控制系统,并取得了明显的经济效益及社会效果。

从1973年开始,英国运输与道路研究试验所(TRRL)开始进行了第二代区域交通控制系统的研究工作,与第一代区域控制系统不同,新系统是一种数据反馈自控系统,它所执行的控制方案不像第一代系统那样需经脱机运算才能得到固定方案,而是根据路网上当时当地的实际交通状况,利用在线计算机不断调整配时方案的基本参数,以求最佳控制效果,使路网上车辆受延误的程度减至最小。TRRL 与三家电器公司共同开发的 SCOOT(Split, Cyele and Offset Optimization Technique)系统,目前正在英国几十个城市装设,大部分已建成运转,有一些已安装 TRANSYT 系统的城市,又运用 SCOOT 系统对老系统进行改造,新系统将逐步取代第一代区域控制系统。与此同时,日本、美国、澳大利亚等国也在研究类似于英国 SCOOT 的第二代区域控制系统,如澳大利亚研制的 SCATS(Sydney Coordinaetd Adaptive Traffic System)系统就是成功的一例。

我国城市交通信号控制起步较晚,直到1980年才在全国主要城市普及单点定周期交通信号机。1985年后,国内许多城市相继从国外引进了一些区域交通控制系统,如北京引进了南斯拉夫的 TRANSYT—7F 和英国的 SCOOT,上海引进了澳大利亚的 SCATS,深圳引进了日本的面控制系统。这些系统都是在国外现有系统的基础上,结合我国城市交通的具体情况适当加以改进实现的。

随着我国国民经济的发展,城市交通量急剧上升,交通问题日趋严重,区域交通控制系统的需求日渐增加。因此,研究并开发适合我国交通特点的信号控制系统已成为当务之急,国家计委、科委向有关部门下达了进行交通控制研究的课题,并作为国家"七五"重点科技攻关项目之一,有关部门在引进、吸收、消化的基础上,于1986年开始在南京合作开发第一套国产信号控制系统,并于1991年在南京主城区安装,通过调试。

针对我国交通特点的区域交通控制软件系统的开发研究,可就以下课题开展工作:

1. 适合我国交通特点的区域交通控制软件系统的开发研究

控制系统软件是整个区域交通控制系统的关键,目前国际上已有的控制软件分两大类:以 TRANSYT 为代表的定时控制软件系统及以 SCATS、SCOOT 为代表的实时自适应控制软件系统。但这些软件系统往往不能适应我国的混合交通特点,尤其是对自行车交通的控制效果不佳。在引进、消化、吸收的基础上,开发不仅能对机动车,而且也能对自行车进行控制的新型控制模型及交通控制软件系统(定时控制及实时自适应控制软件系统)具有很大的现实意义。

2. 适合我国国情的交通控制系统的开发研究

我国已建立的城市有400多个,绝大多数无必要也无可能投入足够的资金建立一个功能齐全的区域交通控制系统,从引进系统的几个城市实施情况来看,并不需要,实际上也没有用到引进系统的全部功能。此外,我国绝大多数城市道路网还不是很发达,干道特征明显,干道上交通流的变化规律较稳定,比较适合于以定时控制为主的线控制。因此,对适合我国国情的投资少、功能适当的小规模交通控制系统的研究,将是近十年交通控制研究的重点之一。

3. 交通控制系统配套技术的研究

交通控制系统配套技术包括:路口流量检测技术、路段车速检测技术、交通流计算机仿真技术、交通图像识别技术、信息传递技术、电视监视技术及计算机中心控制技术等。
6.2 高速公路交通控制
　　高速公路交通控制是保证高速公路上的车辆能高速安全运行的必要条件。若交通控制设施与高速公路不相适应,则不仅达不到预期的效果,甚至还会造成交通事故,生命财产遭受重大损失。
　　对高速公路交通控制的研究要首推美国。目前高速公路的交通控制一般分两个方面:(1)预测自然阻塞的交通控制;(2)交通事故发生时的应急控制。一般以第一类控制为高速公路的主要控制方式。
　　我国高速公路的建设起步较晚,目前已建设及规划中的高速公路共有 12 条,合计 1 687 千米,这些高速公路将于 2000 年全部完成。目前已完成的有沈大公路、京津塘公路等,采用的控制系统基本上都是从国外引进的,由于交通特点的不同,这些控制系统在我国运用中发现不少问题。研究适合我国交通特点的高速公路交通控制方法已成为当务之急。
　　对高速公路交通控制的研究,可就以下课题开展工作:
　　1. 高速公路交通控制理论的研究
　　主要内容包括:主线控制(可变车速控制,车道封闭、开启控制等)方法,进口匝道控制(进口匝道封闭、开启控制,进口匝道定时限流控制,进口匝道感应限流控制等)方法,主线、出口、进口匝道联动控制方法,主线优先车辆控制方法等。
　　2. 高速公路的情报收集与信息传递系统的研究
　　主要内容包括:交通流量、流速的检测与处理方法,交通状况监视技术,交通情报传递技术及交通控制信息传递技术等。
　　3. 城市道路与高等级公路的交通管理
　　城市道路与高等级公路的交通管理由道路标线、交通标志、信号装置等多种设施相互配合,组成协调合适的交通管理体系。该体系是保证道路上车辆能安全、迅速、有条不紊地运行的必要条件。
　　随着交通的迅速发展,许多国家车辆相互往来日益增多,交通规则与标志的国际通用问题受到了人们的关注。1949 年,联合国交通运输委员会首先提出了交通标志的国际化问题。1968 年,联合国召开了国际道路交通会议,通过了《道路交通标志与信号条约》,为交通标志逐步走向国际标准化创造了条件。
　　我国对交通管理的研究开始于 50 年代,国务院、交通部、公安部曾多次颁布交通法规与交通标志,1986 年国家标准局批准了《道路交通标志和标线》,1988 年 3 月国务院又发布了《中华人民共和国道路交通管理条例》,其中的交通规则与标志已基本上采用了国际标准。
　　对交通管理的理论研究可就以下课题开展工作:
　　(1) 高速运动中的司机对交通标志的色彩、形状、图案(文字)的反应及识别能力的研究;
　　(2) 交通标志的夜间发光材料研究;

(3) 交通规则、标志、标线的国际标准化技术研究；
(4) 高速行车条件下，驾驶特性研究；
(5) 管理、措施、技术有效性研究。

7 交通流理论基础研究

交通流理论是运用数学、物理和力学的定律与理论，研究道路交通流运行规律的理论，是交通工程学科的主要内容和重点研究课题之一，是交通规划、道路通行能力、枢纽与交叉设计、交通管理与控制的基础。对促进交通工程学科的发展、提高交通工程设施的效益、规范交通法规的制订、完善道路设计、提升交通综合治理能力等均有重要作用。

交通流理论研究起始于20世纪30年代，最初是应用概率论分析交通量和车速的关系，交通流的统计分布。40年代受第二次世界大战的干扰，理论研究进展缓慢，50年代后理论物理、应用数学、控制论、心理学等学科的研究人员对车流波动理论和车辆排队理论等进行了多方面探讨。1959年12月在美国底特律召开了第一次国际交通流理论的专题讨论会，英、美、联邦德国、澳大利亚等国家的100多位代表参加，这次会议被公认为是交通流理论的形成标志，以后平均每三年召开一次会议，把交通流理论不断向前推进。随着计算机技术得到迅速发展，出现了许多交通流计算机模拟仿真软件，并应用在对交通流的实时控制中(如TRANYST、SCOOT等)。1970年，美国联邦公路局委托明尼苏达大学鸠洛夫博士(Dr. Gerlough)和马休·J.休伯(Matthew J. Huber)总结全世界有关交通流理论研究成果，编写出版了《交通流理论》一书。1975年，TRB第165号专题报告，将交通流理论大大向前推进了一步。但由于交通流理论的研究成果与实际交通现象还存在着一定的差距，难以立即应用，今后交通流的理论研究应更多地重视应用，重视理论与实践的结合。

我国开展交通工程学研究仅十余年。由于实践需要，交通工程学研究大多集中在交通系统综合治理、交通规划、道路通行能力、交通安全、交通调查等方面，这些宏观研究对改善交通系统服务质量，科学地规划城市与区域交通网络起到了良好的指导作用。随着经济建设的不断发展，道路基础设施建设水平将相应得到改善和提高，必然对交通系统服务质量和运营效率提出更高要求。目前上海、北京、南京、广州等城市已开始引进或研制城市交通线控、面控系统，面临的最大难点是如何应用数学模型定量描述混合车种组成下的交通流。此外，我国高速公路建设也已起步，需采用更为先进的技术和手段对交通系统进行管理和控制。因此对交通流的特征作及时细致的了解，即对交通流特征作微观分析研究，用模型来描述其变化规律，是我国交通工程学今后研究的一个重要方面。

根据我国交通工程学研究进展和交通运输需要，交通流理论研究在今后若干年内应予以重视，建议着重研究如下一些课题：

1. 交通流三参数关系模型研究

交通流三参数(流量、速度、密度)关系模型是描述交通特征最基本的模型，这些模型在高速公路监视和控制系统设计中对确定一个设施的通行能力非常有用。单一车种下的三参数关系在国外已提出了许多模型,这些模型不一定完全适合我国的情况,我们需要研究建立适合我国道路交通运行环境和车种组成的交通三参数关系模型。

2. 混合车种下车头时距分布及可穿越空当研究

这一课题对确定混合车种下的道路通行能力和进行交通管制是必需的,其研究可与交通流三参数关系研究结合进行,也可根据实地观测与理论建模相互反馈。

3. 各种环境下交通流特征的统计分布研究

在设计新的交通设施或提出交通改造管制方案时,需分析现状交通流分布特征,预测未来交通流变化规律,而且希望用最少量的观测数据进行预测,这就需要研究建立在各种环境(如双车道、多车道、交叉口、瓶颈段、进出口匝道)下的交通流统计分布模型。

4. 各种类型交叉口车辆到达、离散、延误理论研究

计算交叉口通行能力,对交叉口进行实时控制或进行技术改造,都必须准确掌握交叉口车辆到达、离散、延误规律,而交叉口处交通运行环境比路段上更为复杂,数理统计和排队论是描述这些变化规律的比较有力的工具,不过要准确地反映混合交通这一特点,有较大的困难,因此需要大力开展研究,建立模型。它对交叉口交通流控制、交通运行效率的提高、环境的改善将是十分有用的。

5. 高等级公路进出口匝道、道路瓶颈段交通到达、服务、离散模型研究

对高等级公路交通流实行严格而有效的控制,特别是对进出口匝道、交织段的控制;高等级公路的桥梁、隧道、收费口等瓶颈处的交通运行状况的改善,都需要有这些地点交通流到达、服务、离散特性的定量描述。这些定量模型可以借助跟驰理论、波动理论、排队理论等数学物理理论建立。

6. 复杂交通条件下交通流模拟仿真研究

目前,计算机容量和运行环境有了很大改善,有可能对一些复杂交通条件下(交叉口、瓶颈路段,高速公路合流、分流、交织段等)的交通流进行模拟仿真,这样有可能更实时准确地显示或预报道路交通变化特性。

7. 运输网络流宏观表现特性与仿真建模研究

传统交通控制管理技术是建立在交通流特性的微观分析模型基础上的,而事实上一个区域、一个城市的交通网络是一个相互联系、相互影响的整体系统。因此,必须对运输网络流特性进行宏观、整体的分析建模,才有可能达到最满意的控制管理效果。这方面的研究须借助图论、网络流理论、随机服务系统理论与大容量计算机来进行。

8. 混合交通条件下的道路通行能力理论模型研究

道路通行能力研究以美国为先导。其代表性成果是《道路通行能力手册》(简称HCM)已为世界许多国家所引用,自1950年第一版出版至今已出了三个版本,我国在80年代前期,基本上引用的是美国的HCM。然而,实践证明中国的交通环境和交通组成与国外有很大差别,最主要的是混合交通问题,HCM中许多模型和参数是在车种比较单一、环境不很复杂的状况下建立的,无法适用于中国的实际,因此,必须结合前述的一些交通流理论研究课题,研究适合于中国国情的,在复杂的混合交通条件下的道路通行能力理论及模型,正确地指导我国的道路建设、交通规划、交通管理和交通安全。

8 城市交通综合治理研究

在国民经济起飞,城市规模膨胀、城市活力增强的形势下,为了使今天的城市交通建设适应未来现代化的城市交通要求,做好交通发展战略规划和中长期综合规划是十分重要的。但是我国大多数城市经济实力较弱,市政建设费用非常紧张。在这种情况下,研究探索城市交通综合治理的方法和措施,主动减少城市交通需求,充分挖掘现有设施潜力,具有重要的现实性和深远的战略意义。事实上,西方工业发达国家城市化所走过的道路已给了我们很多启发,西方五六十年代大举修建高速公路和城市快速干道,不但没有解决交通拥挤问题,反而促使小汽车交通需求更为膨胀,交通紧张状况更为恶化。因此进入70年代以后,他们把注意力转移到如何对现有交通系统实行有效控制,如何采用各种方法、手段改善交通秩序和挖掘现有设施潜力上来,因而提出了"城市交通系统管理"(UTSM)的概念。这一概念与我们所提出的"城市交通综合治理"的概念是相近的。UTSM技术在西方深受政府、学术界、工程界的欢迎和重视,在70年代提出之后,迅速掀起了一个研究和应用UTSM技术的热潮,这些技术对减少城市交通拥挤、事故、污染所起的效果十分明显。

在我国,城市交通综合治理方针从1980年提出以后,也深受城市有关方面的欢迎,特别受到交通规划、管理和领导部门的积极支持。北京、上海、天津、广州、武汉、重庆、沈阳、哈尔滨、南京等城市都先后开展了城市交通综合治理工作。1985年,天津市人民政府正式颁发了《关于综合治理城市交通的决定》,并成立了"天津市城市交通综合研究组"作为城市交通综合治理的常设机构,国家"七五"攻关项目中也列入了以改善城市市中心交通为核心的UTSM技术研究课题。通过城市交通综合治理的研究,人们对我国城市交通系统的特征,规划治理的原则、程序、方法在认识上提高了,并获得了一些有益的经验和研究成果。这些经验、成果及系统的交通调查资料对深入研究城市交通综合治理的理论、方法、措施是很有帮助的,需要很好的总结和提高,但是目前本项目研究的深度、广度及实际应用方面,还存在一些不足之处,主要有:

1. 对于综合治理的综合性尚缺乏应有的认识和认真的研究,往往单一,就事论事,因而效果不佳。

2. 不少城市交通综合治理受短期行为之害,没有制定长远的规划和系统的、科学的、全面的交通综合治理方案。

3. 缺少以交通工程、系统工程原理和方法来分析、认识城市交通问题,指导城市交通综合治理的思想和意识。

4. 对社会主义经济发展和文化生活水平的提高带来的社会团体与个人的交通需求(质与量)增长趋势缺乏社会学、心理学、经济学等多学科分析与研究。

5. 缺乏对现有和将来城市交通系统的层次结构以及对环境适应性的系统分析研究。

6. 缺少对未来城市的性质、功能、地位、形态、结构模式发展趋势的分析预测。

7. 缺少符合中国城市交通特点的规范化的综合治理原则、方法和程序。

总结国内外城市交通综合治理研究的经验教训,我们认为本项目的研究应从两个方面来进行,第一是关于城市交通系统特性的研究,这是解决城市交通问题的基础理论性研究;第二是城市交通系统综合治理的方法和措施研究,这是解决城市交通问题的技术性和实践性研究。

就第一方面而言,又可分两个层次来进行。第一个层次是作为城市大系统的子系统的交通系统特性的研究。这里需要研究的是决定或制约城市交通系统的外部因素和城市交通系统对这些外部因素的反作用。需要研究的课题有:

1. 适于现代交通需求的城市结构形态的研究。
2. 适于交通需求的城市合理规模的研究。
3. 城市交通对环境影响预测评价方法研究。
4. 城市土地利用与交通发生关系的研究。
5. 城市交通的社会经济影响评价理论与方法研究。
6. 交通政策对城市交通系统的影响与评价。

第二个层次是作为城市交通自身整体的系统特性的研究,这里需要研究的是城市交通系统的特点、特性、结构、布局、平衡、评价等。需要研究的课题有:

1. 城市交通合理结构的理论分析研究。
2. 城市交通网络性能评价研究。
3. 城市交通供需动态平衡关系研究。
4. 城市路网合理布局形态分析与研究。
5. 城市交通问题诊断与辅助决策技术研究。
6. 城市交通综合评价理论与方法研究。

就第二个方面而言,亦可分两个层次来研究,第一个层次是城市交通综合治理整体构思和理论方法的研究,包括:

1. 城市交通综合治理整体构思与理论模式研究。
2. 城市交通综合治理规范化方法程序研究。
3. 城市交通系统管理理论模型的研究。
4. 城市交通系统管理法制与方法的规范化研究。

第二个层次是城市交通综合治理实用技术研究,包括:

1. 大城市中心区交通疏解的研究。
2. 城市路网、节点通过能力提高的研究。
3. 步行街、步行区的适用条件与规划设计理论研究。
4. 自行车交通特征与合理范围的研究。
5. 城市环路规划设计的理论与方法研究。
6. 挖掘现有道路设施潜力的综合技术研究。
7. 城市小区路网结构的研究。
8. 城市停车场规划设计理论与方法研究。
9. 客运交通换乘系统组织设计理论与方法研究。

10. 单向交通、优先权道路布局规划与组织设计方法研究。

必须指出，交通系统结构是一种弱结构，既不能用完全定性的办法来处理，也不能用完全定量的关系来表达，交通系统涉及包括社会、政治、经济、文化、地理、生态等在内的许多领域，是一个多目标、多约束的大系统。不论从目前我国城市交通综合治理存在的不足之处来看，还是从欧美国家城市交通规划治理的经验教训以及从城市交通系统本身的功能特点来看，城市交通问题的研究与解决不仅仅是交通工程或道路工程学理论知识所能够解决的。城市交通系统特性和综合治理的研究必须采用多学科综合系统分析的方法来进行。

9 城市新交通系统研究

如前所述，自 50 年代以来，随着经济的飞速发展，城市人口的大量集聚，汽车化水平的惊人发展，西方工业发达国家许多城市面临地面交通拥挤，阻塞加剧，城市环境质量严重恶化，公共交通服务能力不足等严重问题。进入 60 年代以后，他们打破了原有交通工具的传统观念，一方面重新认识轻轨交通的重要作用，另一方面着手开发研制新的交通工具。

何谓"新交通系统"？目前，世界上尚没有明确的定义。事实上，这是一个广义的概念，是指"无论在硬件方面，还是在软件方面，改进原有交通系统，或者弥补其空白，采用以电子技术为先导的新技术，以解决城市交通问题的系统"。

在美国，新交通系统的研究开发开始于 60 年代中期。作为城市交通手段，较早投入运营的有佛罗里达坦布尔机场的高架轨道运输系统（1971 年），1979 年得克萨斯州休斯敦的 3 个机场也使用了这种交通系统，1974 年华盛顿郊外达拉斯沃思堡国际机场使用了中运量轨道运输系统，1975 年摩根城 PRT（个人快速轨道运输）系统开始运行，新交通系统发展很快。

在日本，1964 年羽田—滨松首先引入了轻轨车，随着《关于促进城市轻轨车建设法》的制定，在城市交通建设中起重要作用的轻轨车在一系列城市中很快发展起来，如 1966 年，火箭式轻轨车在向丘游园与姬路开始营业，东芝式（跨坐式）轻轨车在横滨开始营业，1970 年沙菲基式轻轨车在大船—江岛之间开始营运。

稍后，德、法、英、加拿大等国研制开发的一些新交通系统也开始投入运营。如 M-Bahn，H-Bahn，C-Bahn，VEL Track 等新交通系统。

根据这些国家的经验，城市轻轨车和新交通系统主要适用于短距离中运量交通（相对于大城市近、远郊的大运量长距离地方性铁路，即所谓长期客票列车），其特点是：

1. 由于小型轻便，故其道轨费用低廉，并对城市环境适应的灵活性大。
2. 在专用轨道上行驶，可以使其高度系统化，安全性高，动力小。
3. 运输能力介于铁路和公共汽车之间，在 8 000～1 500 人/时的运量范围内，效率最高。
4. 运输距离适于 5～15 千米。

5. 为防止大气污染、振动、噪声等公害,车辆可用电力驱动,橡胶车轮。

新交通系统开发研制的主要目的是抑制私人小汽车大规模发展,减轻地面交通压力。西方国家城市是在走过了一段汽车化无限制发展引起大量城市问题的弯路以后才回过头来重视公共交通问题,研制这些新交通系统的。在我国,目前城市交通结构还处于低层次、低水平阶段,主要是步行、公交、自行车三种方式。随着我国国民经济的起飞,城市居民生活水平的提高,必然要寻求高层次、高质量的交通服务,是发展以私人交通方式为主的小汽车,还是发展多种形式的公共交通,这是一个关系到未来城市能否健康发展的战略问题。我们认为不能硬搬西方城市,而应从现在起,有意识地发展能满足多方需求、形式多样的以公共交通方式为主多种方式相互合作、相互补充、协调发展的城市综合交通体系。目前我国绝大多数城市公交系统只有地面公共汽车和无轨电车两种,近年在人口大量集聚、流动性骤然增大的情况下,大多数城市公共交通普遍处于超负荷运行状态,尤其是一些特大城市情况更为严重。因此,研制开发新的交通系统也是解决我国未来城市交通问题的一个方面。

根据对我国国情、交通特点与交通设施状况,各种新交通系统技术经济特点、适用条件,科学技术发展趋势的分析,我们认为下列新的交通系统在我国将可能有很大的发展。

1. 轻轨交通

目前世界上许多国家的大城市如法兰克福、汉堡、斯图加特、波恩、海牙、阿姆斯特丹、哥本哈根、旧金山、波士顿、东京、大阪都在使用有轨电车或轻型有轨交通这种属于中运量的轨道运输系统。

2. 地下铁道

1963年到现在,世界上已有60多个城市修建了地下铁道,还有很多城市正在修建或准备修建地下铁道,我国亦有近10个城市准备修建地下铁道,世界上地铁长度超过100千米的城市有纽约等八个城市,其中有的达400千米。

3. 高架路系统

高架轨道有普通双轨、单轨坐骑、单轨悬挂。

高架路则有快速路、高速路、双轨道与四车道等。

三种交通的建设投资和技术难度比西方一些最先进的交通系统要低得多,从我国大中城市现有或不久将来可达到的经济实力来看是完全有可能实现的。此外,相对目前的地面交通系统来说,这三种交通系统均属快速、大中运量交通系统,可以说是我国城市交通走出目前困境的良好出路。

目前,日本、联邦德国磁浮与气垫列车的研制进展很快,1979年已创下速度为517千米/时的空车纪录,1988年又创下了速度为412.6千米/时的载人行驶纪录。美国在拉斯维加市建造的144千米磁浮线路将于1994年完工。联邦德国在汉堡与汉诺威之间14千米的磁浮线路预计在90年代末建成。这种高速客运工具被誉为陆上交通之明星。我们目前虽无力建设,但对其运行理论关键技术、主要设施亦应进行适当的研究。

因此,结合国情研究这些新交通系统运行特点、技术指标、适用条件、规划设计理论和方法也应当是未来交通工程学科研究的一个重要方面,具体需要研究的课题有:

1. 各种新交通系统的适用条件与可行性研究。
2. 快速轨道运输的规划布局理论与方法研究。
3. 轨道运输与道路运输的经济分析比较研究。
4. 客运换乘系统的规划设计理论与方法研究。
5. 货运转载系统的规划设计理论与方法研究。
6. 新交通系统对城市建筑、人文、生态环境影响的研究。
7. 磁浮与气垫列车的理论、技术与运用条件研究。
8. 适用于中国城市的新交通系统的设计与开发。
9. 新交通系统的技术标准体系研究。

尤其值得注意的是后面两个课题的研究。在国外，因过于追求新交通系统的完善而使其变为一种高度复杂，建设费用、养护管理费用非常昂贵，令许多城市望而却步的交通工具。我们不能盲目引进这些新交通系统，而应根据我国国情，研究开发既安全、快速、节省人力，又低廉、轻便的新交通系统。为使以后这些系统能方便改造更新，必须及早研究制定这些新交通统一的技术标准。

10 结束语

交通工程学在我国是一门较年轻的新兴学科，与国外有较大差距，正因为如此，我国交通工程学科的研究领域从基础理论到实用开发非常广阔，笔者在研究过程中深感任务艰巨，在本篇中难于囊括其所有领域和方向。笔者水平有限，文中必有不少谬误，请读者不吝批评指正。

第一编
城市交通发展战略与规划研究

试论城市交通规划的战略方针

徐吉谦

(东南大学)

摘　要　本篇主要论述在城市汽车化初期,应根据我国城市的特点,认真研究交通发展战略。我国实践表明,不控制交通需求发展的"供需平衡"规划理论,难以实现。有条件的城市应努力研究各种措施,从规划方面控制城市交通需求的发展战略。

关键词　交通规划;交通需求;方针

20世纪80年代以来,城市规划、交通等部门和诸多学术团体都为大城市交通问题的缓解,进行了大量的实践和研究,有关领导部门对城市交通问题也日益重视。因此,在城市交通这一领域,无论在学术研究,软件开发,先进技术引进,实际城市交通规划的理论和方法、建设、管理及综合治理等方面均取得了巨大的成绩。这一时期,经济和城市化进程高速发展,城市人口急剧膨胀,客货流量迅猛增长,但城市交通设施的建设却相对缓慢,交通对策、综合治理方法的贯彻相对滞后,除少数城市的交通稍有缓解之外,大多数城市的交通仍然拥挤阻塞,有些城市的交通阻塞和混乱甚至日趋严重。这种情况使我们不得不对这一时期的交通规划与治理对策进行反思。通过几年来对城市交通问题的分析,我认为除了客观原因之外,对现在采用的交通规划供需平衡理论是否完全符合我国的实际,能否从根本上解决我国城市的交通问题,需要认真地加以研究与探讨。

1　不控制需求的交通规划难以实现

城市交通问题要从根本上解决,必须认真做好城市总体规划,特别是总体规划中的交通发展战略规划。如果这一规划的战略思想缺乏远见卓识,只顾眼前,必然会给以后的城市交通带来一系列难以解决的问题。

现在我国城市交通规划,无论是特大城市和大中城市,自20世纪70年代末开始,一直都采用西方60年代发展起来的供需平衡理论。简要地说,就是根据规划地区的土地利用类型变迁、城市人口增长和社会经济的发展趋势,预测城市规划期可能产生的客、货流量的大小和空间、时间的分布,确定交通结构和所需客、货车辆等交通工具的数量,以及客货流的大小。据此,选定道路网的形式和密度,同时确定各种交通设施的类型和数量。

这种规划理论对于工业发达、城市化已定型的国家往往是较合适的。首先,它们的城

---

* 本篇是国家自然科学基金会资助研究项目,发表于《中国土木工程学会第七届年会暨茅以升诞辰100周年纪念会论文集》,1995年。

市已不会有更大的扩张,人口也不会产生巨大的变动,而且它们一般资金都比较雄厚,交通基础设施较好,因而通过交通规划,适当增加设施,使交通需求与供给之间维持一段较长时间的平衡,满足车流与人流的通行。其次,发达国家城市的汽车化已基本完成,城市交通结构也已成定局,要想从交通需求方面进行削减和控制的可能性已经不大,改变城市交通发展战略更是难上加难,只能在城市原有设施的基础上进行改善和提高。因此,它们的城市运用这种方法规划是有可能予以实现的。而我国是一个发展中国家,大多数城市正处于城市化的初期阶段,其规模、人口均在急剧变化,个人交通工具的选择尚未真正开始,完全有可能控制交通需求的进一步发展,如此时不从战略上考虑,仍选用不控制需求的供需平衡规划理论,则其规划结果往往难以实现。

1.1 资金短缺、规划实施的建设投资难以筹措

根据当前城市社会经济发展趋势,按现在采用的供需平衡规划理论,一座百万人口的城市未来 10~20 年交通需求的增长非常大,有的翻两番,有的翻好几番。据此规划出的交通设施数量十分庞大,其中仅立交一项,即多达百座,而一座复杂立交的建设费用可高达 1 亿元,如考虑地铁、轻轨及其他站、场等设施,要全部建成所需的各项工程设施,其投资额可高达几百亿元,甚至在千亿元以上。我国作为发展中国家,不知有多少城市在财力上能提供这么多的资金。

1.2 城市迅速发展,需求难以保持平衡

现在城市的交通需求来自四面八方,国家、省、市的各级机关、企业,集体单位的企业,外资、合资企业,个体户和个别先富的市民,他们随时可以购车,而城市道路等交通基础设施的建设投资只是国家建设的一个方面。前者资金无限、渠道很多,随时可以投入,增长自然很快;而后者资金少、渠道单一,土地有限制,拆迁艰难,修建时间长,速度从来都很慢。据一些城市的统计,车辆的增长常常几年就翻一番,而道路交通设施则是慢增长,有时几年也不增长,这样何时才能保持平衡呢?而且由于我国正处于城市化的初期,城市人口迅速增长、流动人口量大,大中小城市的规模都在迅速扩大,即使个别城市筹足了资金,增设了交通设施,获得了短时间的平衡,但随着人口和经济发展,急剧增长的车、人流的涌入,平衡立即被冲破,很快又会出现拥挤、阻塞的局面,所以完全不控制需求,只是单方面地增加设施是不可能取得真正的供需平衡的。

1.3 使规划处于被动的适应状态

按照供需平衡理论进行城市交通规划,除预测规划时期可能发生的交通需求量之外,其主要的工作在于选择合适的扩充与建设交通设施的良好方案,增加道路设施的通行能力。整个规划过程的主要精力,大都放在寻求与选择优化的道路、轻轨等交通设施的建设方案上面,以满足不断增长的未来交通需求。而未来的交通需求常常是多变的,难以准确预测,这就使交通设施的规划始终处于被动应付的状态,无法引导与控制城市交通的发展方向,也无法在解决复杂的城市交通问题中发挥积极主动的作用,这也是城市规划难以完全实现的一个重要原因。

因此我们认为,一个城市在汽车化的初期,必须根据本地的特点,交通和基础设施的现状与可能提供的交通建设资金,对其交通发展战略进行深谋远虑的慎重思考,不能对城

市交通体系中"供给与需求"矛盾中"需求"一方放手不管,任其发展,单纯、被动地增加道路等交通设施与之相适应,这种勉强求得的平衡是不能持久的,甚至是难以实现的。我们需要的是在经济上可以承受、在时间上可以持续发展的更为有效、合理的平衡。

2 城市交通需求应合理控制

在我国现实条件下,对城市交通需求是完全不予干预让其任意发展,还是经过认真研究,从城市土地利用、能源环境、居民生活、城市的承受能力等各个方面进行全面综合的分析,选择对当前及今后均最为有利的发展战略,然后进行规划控制予以引导,这是一个重大的战略决策,需要我们慎重考虑。

目前我国是一个发展中国家,正处在经济迅速发展、汽车化刚刚起步阶段,还没有发展到骑虎难下的地步,还有可能争取在城市私人小汽车、摩托车尚未大量出现以前,建立一种合理控制交通需求的发展战略,这对于城市今后的繁荣和发展,防止交通拥挤和混乱、空气污染、环境质量下降是一个具有深远意义的战略选择。如果在一开始就选择一个科学的规划,适当控制无效交通需求和低效率交通工具的比重,并积极主动地做好引导工作,我们就有可能避免在某些资本主义国家发生的,为公众所深恶痛绝的,危害人体健康的汽车公害、环境恶劣等大城市病在我国重现。我觉得现在就要抓紧此项工作。

而且,这样做也是有可能的。长期以来,国家在经济发展中,对社会总需求与总供给、商品与资金的需求与供给、货币流通的需求与供给等,在发生矛盾或出现不平衡时,政府和有关部门总是一方面控制需求的增长,一方面又设法增加供给,即所谓双管齐下或双向控制,而不是单纯地增加供给,或单纯的控制需求。为什么在城市交通体系中需求与供给问题不能采取双向控制而必须让需求任意膨胀,古语云"扬汤止,不如釜底抽薪",意思是治本比治标更为重要,特别是在我国城市人口密集、用地紧张、设施不足的现实条件下,绝不能只治标而不治本,否则将后患无穷。所以,城市交通问题的解决,必须从两方面着手,既要大力建设必要的交通设施,又要千方百计地控制交通总需求的增长。从某种意义上来讲,应更多地从战略方针上考虑。

3 城市交通需求控制的初步设想

中国的城市交通问题,必须根据我们自己的国情从战略高度上进行研究。从根本上考虑,首先应控制交通需求,在控制需求的前提下求得供需平衡。为此对城市的规模、结构、形态、功能布局,道路网络的形态、结构、密度、节点的连通,交通枢纽的布局、位置、规模、类型,城市对外交通与外部的联系,市内道路系统与郊区公路系统的联系,管理营运系统的体制、方法、效率等与城市交通有关的各方面进行系统的认真研究,规划好城市的居住、工作、上学、购物及文体等活动,力求避免由于规划不当使人们产生不必要的出行和过长的出行距离,并使人们尽可能方便地利用公共交通,同时使公共交通在平面上能较为均衡地分布,不过分集中。当然要达到这一要求是很不容易的,需要开展认真的分析研究,下面谈点这方面的初步设想：

（1）在城市总体规划阶段，确定土地利用类型、功能布局时，要认真研究如何减少城市交通的总出行量，并将此作为一个重要因素来评价城市规划的质量和可行性。对于无公害的工业，可以采取"综合单元区"布置，使生产与生活区尽可能接近，对于中、小学生和其他就业岗位的分布也都应接近住宅，减少上班、上学和购物出行的需求量和出行距离。

（2）对大量吸引人流的商业，社会公用的大型建筑物，需尽可能地在全市范围内均衡分布，避免过分集中造成客流的密集和出行距离的拉长。

（3）在规划商务、行政、社会活动中心时，要按地区（如全市性、大区或小区性）分等级（全市中心、区中心或小区），在全市空间范围内均衡分布，不要过于集中。

（4）在确定道路网络形式与结构选择时，应以有利于城市客、货车流量在全市干线均衡分布和便于内外联系为原则，避免产生瓶颈断头、T形交叉和多路交叉，以防止人流、车流的过分集中形成阻塞和冲突。

在大城市或特大城市，城市出入口干道应在城市周边各个方向合理均衡地分布，以便同其他地区和城市有方便的联系而又无须通过繁忙的市中心区。

（5）大城市或特大城市的对外交通枢纽的布局如能在城市周边合理分布，将减少很多无效交通和缩短出行时间（距离）。

铁路车站、公路枢纽和对外港、站应适当分布，以降低人流的集中并减少市中心区的交通负荷。

（6）城市交通方式选择，宜在充分发挥各种交通方式的特点和优势的前提下，优先选用运量大、效率高、人均占路少的出行工具，以减少对道路交通设施的占用。

对于人均占路多的私用小汽车，应统筹规划，分阶段合理控制；对于摩托车，则应早下决心，严格控制。

（7）对于城市车辆的拥有量应适当控制，包括车辆的性质、类型、吨位等。在交通调查中，曾发现很多车辆的空驶率高，实载率低，这对于有限的城市空间和数量不多的道路设施是个浪费，应视交通的实际状况，规定可容许的各类汽车合适的拥有数量。在有些城市，已规定单日单号码车出行，双日双号码车出行，这多少也表明汽车的拥有量已超过了路网实际的容量，因而无法通过。

4 结束语

我们提出的城市交通总需求量的适当控制，不是把交通减少到最低程度，也不是消灭市中心区或让人们不出行，而是在完全不影响城市社会经济、生产、生活、商贸、文体等各种活动的前提下，通过对城市形态、路网形式、学校、商场、交通枢纽、客货站、场布局位置的深入研究和分析，在此基础上，把城市规划得更好，使各种设施、布局更加科学合理，以缩短上班、上学与购物距离，或减少不必要的出行，从而减少城市非必要的交通需求量，这是必须说明的。

这就表明，城市交通规划不仅要认真做好"加法"，增加交通设施供给的规划，更应该做好"减法",即从更加广泛的角度,包括政策、体制、经济管理等多方面予以研究,做好控制城市交通总需求量增长的规划,使城市有个合理的、供需协调的交通体系。

著名的英国城市交通专家 Michael Thomson 在 *Great Cities and their Traffic* 一书中写道:"对交通量的需求,应当像对待其他商品或服务设施那样,予以适当限制,这是唯一从根本上解决城市交通问题的战略。"我认为这是一个对我们这个人口众多国家的城市交通建设和城市环境等均有深远影响和现实意义的战略,希望能引起我国城市有关领导、规划部门、交通规划与管理部门及有关科技人员的重视和思考。

参考文献

[1] 汤姆逊. 城市布局与交通规划[M]. 倪文彦,陶吴馨,译. 北京:中国建筑工业出版社,1982.
[2] H. 别洛乌索夫. 苏联城市规划设计手册[M]. 詹可生,王仲谷,译. 北京:中国建筑工业出版社,1984.
[3] 徐吉谦. 交通工程总论[M]. 北京:人民交通出版社,1991.
[4] 鲍尔. 城市的发展过程[M]. 倪文彦,译. 北京:中国建筑工业出版社,1981.
[5] 王炜,徐吉谦. 城市交通规划理论与方法[M]. 北京:人民交通出版社,1992.

对城市交通发展总体战略规划的思考[*]

惠先宝,徐吉谦

(东南大学)

摘　要　本篇论述了进行城市交通发展总体战略规划的必要性,分析了决定城市交通发展总体战略规划的目标和内容的基本要素,并对该项规划的目标和主要内容提出了建议。

关键词　城市;交通;规划;发展

我国现行的城市交通规划是针对目前存在的城市交通问题提出的,这对于解决当前我国城市交通问题无疑是必要的。但由于对宏观战略性问题研究不够,规划方法上往往就事论事,抓住芝麻,丢了西瓜。为此,我们对规划方法进行了初步的研讨与思考,以期得到同行专家的指正。

1　城市交通发展总体战略规划的必要性

首先,城市交通发展的总体战略是个很重要的问题。城市道路系统的网络结构、交通政策、发展方向等总体战略问题将对整个城市交通产生深远的影响,其作用和影响年限为几十年,甚至上百年,因此,我们需要予以极大的重视,认真对待,用长远的、发展的眼光进行宏观规划和全面权衡。总体战略性决策一旦确定以后就难以更动,如果影响大局的战略决策不当,具体工作做得再细也难以补救。

其次,城市交通综合治理需要总体战略规划做指导。国内的城市交通问题已相当突出,需要进行交通综合治理。综合治理的方法、措施很多,如调整工业布局和路网结构、建设运输枢纽、兴建干道、改造老路、提高道路质量、调整商业中心和服务网点、减少总交通量等。但总的来说,需要一个总体战略作为指导,只有这样,才能使各项综合治理工作朝着整个城市交通的发展方向努力,做到协调、统一,以提高整体效益。

再次,城市交通规划需要和城市规划的各阶段相联系。从规划目的来讲,城市规划和城市交通规划都是为了使城市结构、工业、各种建筑物和设施的布局科学合理,方便人们生产、生活、工作和学习,便于经济、科技、文化活动的开展,都是为城市功能的正常发挥服务的。

---

[*]　本篇发表于《城市规划》,1990年第3期。

城市总体规划中虽应包括交通规划,但过去长期以来未认真进行,或做得很粗,缺乏充分依据,因此,不可能据此作为城市交通发展的总体战略规划,更不能据此作为交通建设的依据。

城市交通规划所需的基础数据,如人口、面积、土地利用及一些经济发展指标来源于城市总体规划,而城市总体规划只是城市发展的一个过程,它具有明确的阶段性、方向性和战略性。在这样的基础上进行城市交通规划,一些主要参数的确定,就没有必要作过细的推算,应当配合城市总体规划,尽快地将交通规划成果及时地反馈给城市总体规划。

从长远考虑,应该将现行的交通规划分为以远期为主的城市交通发展总体战略规划和以近期为主的实施性城市交通详细规划,使它们分别与城市总体规划和阶段详细规划相对应,并建议将城市交通发展总体战略规划纳入城市总体规划的范畴,将其作为城市总体规划的一个组成部分,争取与城市总体规划阶段同步进行,以期能相互反馈,收到事半功倍之效。

2 城市交通发展总体战略规划目标和内容的确定

城市交通规划的战略目标应在城市总体规划的前提下,在资金、技术、资源等许可的条件下,对城市交通系统的布局、建设、营运和管理做出最佳安排,以达到最合理的社会、经济和环境诸方面的协调发展。但是,不同阶段的交通规划应在总目标的指导下,明确各自的规划目标和主要内容。确定城市交通发展总体战略规划,主要考虑以下几方面的相关因素。

第一,城市交通发展总体战略规划的性质、作用。

城市交通发展总体战略规划是根据城市性质、规模、地位、功能、交通现状,以及城市经济、地理、环境等因素,确定城市交通的主要方面、各个发展时期的相互关系,制定出城市交通发展的总体战略规划。

战略规划是城市交通发展总体战略规划组织管理机构及有关规划人员对城市交通发展全局性的筹划和指导,是对城市交通的发展方向做出的决策。该规划是相对于城市总体规划阶段进行的,既可以作为详细交通规划的指导性文件,又可以在制定或修改城市总体规划时起重要的参考作用。

第二,适应城市发展与城市总体规划。

城市交通发展总体战略规划应作为城市总体规划的一个组成部分,确定该规划的目标和内容时应该考虑到总体规划的目标和内容,尽可能做到统一。

第三,政策、社会和经济等方面因素的制约。

我国由于经济、交通条件的限制,广大城市居民乐于使用方便的自行车交通,而且在一个时期内又难以完全改变,在城市交通发展总体战略规划中也必须认真寻求合理对策。只有这样,才能集思广益,充分反映公众的意愿,获得综合社会效益。

经济政策会影响到城市生产力的发展和布局,例如,沿海地区的经济发展战略定为"两头在外"的经济发展模式,这样的政策必然会影响沿海城市的工业性质、布局与经济发展速度,必然要加强同海外的贸易,也会在一定程度上改变现有的运输结构和交通方式。

交通政策对于城市交通发展是一项重要的敏感性很强的因素。根据国外交通运输发展的经验,我国正在逐步发展高速公路,高速公路的发展会形成区域的高速公路网络,其又会改变城市在整个区域运输网络中的交通作用。在进行城市交通发展总体战略规划时,应考虑到这样一些有重要影响的设施,从而进行快速道路系统、高速公路、交通走廊等规划。

城市及其周围地区经济的发展必然会增加城市交通的总体客、货流量,必然会提高人们对城市交通服务的要求。在确定规划目标时,既要尽量满足经济发展对交通的要求,并适当提前,同时又要考虑工程经济性,讲究实际效果。

第四,资料和规划方法方面。

资料收集可采用间接调查和直接调查相结合的方法,能够从城市总体规划或有关统计部门获得的可直接引用。对于用上述方法无法获得的资料,可以进行适当的补充调查,或者借鉴其他城市的资料,再根据实际情况进行适当修正。分析时主要采用简化的方法进行预测,从总体上掌握城市交通状况,从宏观方面提出规划方案。所以说,城市交通发展总体战略规划的目标不可能面面俱到,而只能根据实际可能收集到的资料和现有的规划方法,确定规划目标和主要内容。

第五,对不同层次、不同性质的规划目标应区别对待。

城市交通规划的目标是多层的,有的目标具有控制性和纲领性,应优先考虑,而有的低层次的目标则可以稍微迟缓一些,如二级、三级目标等。另外,这些目标的性质也是不同的,有的是控制性目标,有的是非控制性目标。对控制性目标,应该在整个规划过程中得到反映,真正起到控制作用。

3 对城市交通发展总体战略规划的目标和主要内容的建议

在以上分析的基础上,我们对城市交通发展总体战略规划目标和主要内容提出一个初步的设想。

3.1 规划目标

城市交通发展总体战略规划是为了使城市交通建设的发展能与整个城市的发展目标相适应,并满足日益增长的交通需求,保证城市各项功能正常发挥,其规划目的可概括为:一方面,从整体战略上使整个城市的客、货具有最大程度的可达性、易达性和机动性,即出行时间最短、出行费用最省,具有良好的系统通行能力、最大的安全性和可靠程度。另一方面,从总体战略上使交通系统最佳地适应城市的建设与发展,并不断提高城市整体环境质量和活力,即建设一个均衡通畅的交通网络,使之能充分满足国民生产、人民生活和社会发展的需要;合理安排交通用地,布置各项运输设施,创造良好的交通环境,使远期的交通增长对现有城市结构的不利冲击最小,使将来城市的开发尽可能地减少对自然环境的破坏,以保持生态平衡。

上述两个规划目的是概括性的总目标,在实际规划时,我们应该将这两个目的化为具体的详细目标。城市交通发展总体战略规划目标为:合理的交通结构;干道网系统适应交通需求;最省的交通建设投资;最佳的综合效益;提供良好的系统服务;适当的交通用地;综合运输设施的合理布置;最大的系统安全度;最大的系统可靠度;对原有交通设施的充分利用;最小的环境污染。

以上十一个目标的性质和重要程度是不一样的,其中目标三、四和六是控制性目标,其他的是非控制性目标。目标一至四是一级目标,目标五至七是二级目标,其余四个目标是三级目标。规划时应首先考虑一级目标,然后再依次考虑二、三级目标。

3.2 主要内容

对于上述规划目标,必须通过一系列的规划措施来实现。我们建议城市交通发展总体战略规划的主要内容为:确定规划年限,对城市及其周围地区的社会、经济及交通状况进行调查、预测;综合估测远景年城市综合交通和城市道路交通的客、货总需求量;确定各种运输方式在现代城市运输体系中的地位、作用及其发展规划;确定城市道路的主要线路结构,即纵、横、环、经及外交通干线道路与快速干道的综合体系;确定主要交通用地;规划交通走廊;选定主要的交通方式;确定主要运输枢纽和对外交通站场的规模、布局;提出城市交通发展的总体战略规划方案,并进行评估优选;提高城市环境质量、增加城市总体活力;估算城市交通建设与发展资金的供需与使用规划;拟定有关城市交通的基本政策与法令,并提出实施的建议。

4 结束语

对于城市交通发展总体战略规划的思考是一项系列性的工作,在明确规划目标和主要内容的基础上,应该进一步对规划方法的特点、原则、规划对策和步骤等方面进行一系列的探讨,并且能通过城市交通规划的实践不断完善城市交通发展总体战略规划方法。

试论城市交通系统的战略规划

徐吉谦,惠先宝

(东南大学)

摘　要　城市交通具有很强的社会性,如何制定城市交通规划需要有正确的规划理论和方法,现行的一次性交通规划不分层次、不分远近期、目标不集中、任务不明确,与城市总体规划不匹配。本篇提出城市交通战略规划应以远期为主,与城市总体规划相对应,交通综合治理规划则以近期为主,以解决当前的交通问题。

关键词　城市交通;战略规划

1　城市交通战略规划的必要性

对大城市交通建设和综合治理城市交通有决定作用的一个重要环节,就是要有一个科学、合理,符合我国城市特点及其发展规律的城市交通规划。而如何制定城市交通规划又需要有正确的规划理论和方法。目前,不少城市正在进行的几乎都是一次性的综合交通规划,这种规划不分地域层次,不分时间阶段,不分远期和近期要求,过程长、费用贵、工作量大,且与整个城市规划进程和阶段不协调、不对应、不能同步前进,以致城市总体规划的修订、检验和反馈作用难以发挥,甚至使人们产生误解,以为城市交通规划与城市规划是各不相干的两回事。实际上交通规划是城市规划的一个重要组成部分,两者无论在时间或地域上均具有密切的关系和内在的联系。

同时,由于城市交通具有很强的社会性,交通规划的实现必然涉及城市各个行业、各个部门和各个方面,如工厂、仓库、码头、车站和机场的布局等。因此不应孤立或单独地进行,而应与城市各规划阶段的过程协调或同步进行,否则交通规划的成果不能及时在城市总体规划中得到反馈,也就难以发挥对城市总体规划的检验、修正和调整的作用。

从功能方面讲,上述两种规划都是使城市结构、工业、各种建筑物与设施布局科学合理,城市用地合理;适合于人们生产、生活;便于经济、科技文化活动的开展,即都是为城市功能的正常发挥和完善服务的,只是侧重点不同。交通规划着重于城市交通运输方面的规划布局。由于一次性交通规划目标不够集中,既要解决远期的战略性规划,又要解决当前交通治理问题。因此,在规划中对客货运输的流向、流量、路网结构、交通基础设施和社会经济发展现状资料的收集与调查,不得不花很长的时间和很大的精力。而对于如何分

---

* 本篇发表于《中国交通工程》,1992年第1期。

析城市交通运输需求总量增长,如何结合城市现状建立城市交通的综合体系,如何确定各种运输方式在现代城市交通体系中的地位与作用,如何选择经济和综合效益俱佳的交通规划方案等重要的规划内容,往往又因市长们要先解决燃眉之急,而导致战略规划的要求得不到反映或规划的重点仍局限于近期的交通治理。这样就对长期的发展规划谋利不深、集思不广、策略不多,而治理方案又过多地迁就现状,以致没有选择的余地。因为这些城市的总体规划往往已经批准,并执行了很长一段时间,已无法使交通规划与城市总体规划同步进行,也无法使总体规划反映交通规划成果,只能采取补救的方法,再做一个交通方面的综合规划。采用这样的步骤,一方面可了解城市交通方面已存在的问题,另一方面为今后城市建设与交通建设提供一些可行方案或补救措施,其中部分措施可以通过老城区改造城市规划的修订予以实施。

从长远方面考虑,可将现有的交通规划划分为远期为主的城市交通系统的战略规划与近期为主的实施性城市交通综合治理规划,分别与城市总体规划和详细规划阶段相对应,并建议将此项工作纳入城市规划范畴,作为城市规划的一个组成部分,争取能相互反馈、相辅相成,收到事半功倍之效。

2 战略规划的总目标

城市交通系统的战略规划是较长时期内城市及附近地区交通用地、主干线路、枢纽、站场、码头、港口等各种主要设施建设发展的统筹规划和综合布置,是指导城市交通建设、发展、经营和管理的纲领性文件。其目的在于使城市交通的建设与发展,能与整个城市其他各项建设与发展相适应,并适当超前满足人们生产、生活、旅游等日益增长的交通需求,保证城市各项功能的正常发挥。其总目标是:

1. 使城市的人、物与信息具有适当的多种交通方式的可达性、易达性,即出行时间短、出行费用省,具有良好的系统通行能力、最大的安全性和可靠程度。

2. 使交通系统较佳地适应城市建设与发展,并不断提高城市的环境质量和活力,即有一个均衡通畅的交通网络,能充分满足国民经济、人民生活和社会发展所必需的政治、经济、文化、科技、学习和相互来往的出行活动与客货运输服务需求,合理地安排交通用地,布置各项运输设施,创造良好的交通环境与城市环境。

3 战略规划的特点

3.1 综合性强

1. 对于整个城市地区,无论是市内、市郊还是周围郊县的各种运输方式,包括公路、铁路、水道、空运、地铁、高架、轻轨等各种交通方式和运输设施均应予以综合规划。

2. 城市范围内工业生产、商业网点、文化、体育、学校、机关等交通需求的增长与入境、过境交通的增长均应按规划期限分别或综合进行估算或预测。

3. 规划城市在全国和地区干线运输网络(公路、铁路)中的地位、作用与发展前景。

4. 考虑城市与邻近地区的农业、矿藏等有重大经济价值的自然资源的开发、利用以及对城市建设发展有较大影响的地形、地质和地理特征。

主要是从城市规模、性质、社会经济、空间布局与发展进程在全国运输网络中的作用等方面进行综合分析与适当控制。

3.2 政策性强

要认真分析与交通规划有关的各项政策，诸如国家在城市建设发展与管理方面有关的方针、政策；国家对城市地区工商业、经济贸易等发展的有关政策；区域经济横向联合、对外开放对内搞活、市管县等有关政策；规划城市的交通建设与运输管理方面的政策，包括城市交通建设资金的来源、运输管理体制、汽车工业发展，各种类型车辆发展比例及发展速度等。

3.3 预见性

战略规划一般要考虑 20 年左右的远景发展：既从现实着手，又要着眼于未来的发展。把握发展的方向、速度和重点，提高对城市未来发展的预见能力是至关重要的，具体讲：

1. 对城市未来交通需求的预测，包括客运、货运、市内、市郊与对外交通需求的数量与质量方面的需求。

2. 对所有运输方式和运输结构组合发展的预测和规划。

3. 对交通用地需求长期发展的预测，包括对小汽车、交通走廊、转运枢纽、空中交换等的规划。

3.4 宏观性

由于战略规划着眼于未来发展，因而侧重于宏观全面性的内容。对于局部性、地方性细节就不必花费大量的人力、物力、财力和时间进行调查分析，具体讲：

1. 交通分区可以大些，如可放大 3～5 倍，甚至可以按市内、市郊来推算。

2. 调查项目可以少些，分类可以粗些。着重于大宗主要客货运项目。

3. 预测可多从总体上考虑。

3.5 具有充分的弹性

由于着眼于未来，而未来是可知的，但也是多变的。因此，长期预测要准确就很困难。此外，交通需求的增长同土地利用、社会经济发展有密切关系。交通在城市空间分布的不均衡性和时间分布的随机性是众所周知的，对此在长期战略规划时必须充分考虑。无论是需求量的决定，还是规划方案的选择，交通设施的布局，交通用地的安排，道路系统的网络容量等均需留有余地，保持充分的弹性，以便有较大的调节疏导能力。

4 战略规划的基本内容与任务

4.1 基本内容

1. 综合估测规划期间城市交通发展的客货运输总需求的数量、质量要求及主要流向分布。

2. 确定城市主要线路结构，纵横环径及对外交通干线道路与快速干道的综合体系。

3. 确定各种交通运输方式在现代化城市交通系统中的地位与作用。
4. 确定城市主要对外交通站场及运输枢纽的布置与规模。
5. 提出城市总体布局的修正与调整方案。
6. 制定全市性主要交通用地、交通走廊的发展规划与主要交通方式的选定。
7. 拟定有关城市交通基本政策与法令实施的建议。
8. 拟定城市交通运输的营运与管理的体制。
9. 提高城市环境的整体质量,增强城市的总体活力。
10. 估算城市交通建设与发展资金的供需与使用规划。

4.2 基本任务

1. 协调城市建设发展进程中,交通需求增长与运输设施增长之间的矛盾;地下和地上各种运输方式之间的分工合作,充分发挥每种运输方式的优势;中心区、市内、市郊各地区之间交通基础设施的配置问题;国家、集体和个体运输分工协作问题。
2. 适应城市建设发展与各项交通需求的增长速度,从总体战略上规划城市交通用地与各项交通建设的综合发展、投资的分配。
3. 根据交通需求预测和规划的技术经济分析,提出控制城市发展规模、结构、工业生产类型、人口分布、车辆拥有量、交通用地等的建议,控制城市的交通需求总量与仓库、码头、机场等运输的交通用地。
4. 为城市建设发展和交通建设的决策提供方案和基本数据,使城市用地和建设投资得以合理的分配,特别是规划必要的交通用地。

5 战略规划的主要原则

城市交通系统是城市社会、经济、科技、文教发展的基础,是城市建设与发展必不可少的有机组成部分。因此,城市交通系统的战略规划必然涉及今后城市的发展。同时,它又是一项难度较大、影响深远的综合项目,在决策时必须多方思考、综合权衡。我们认为下列原则应予以认真考虑。

5.1 要有明确的目标和必要的前提

1. 要有城市发展总体规划的设想,明确城市的性质、发展规模、用地范围、工业布局及用地规划。
2. 要通过科学预测,明确远期客货交通需求的发展,其数量和质量的要求。
3. 要制定总体战略目标和交通发展政策,使交通规划有所依据,否则,目的不明、方向不清,很难有的放矢。
4. 要着重研究和解决全市性的长期宏观规划、专项规划与敏感性分析。

5.2 要有系统工程观点和发展的观点

国内外交通规划的实践证明,城市交通,特别是大城市交通是个复杂的系统工程,必须从全局和整体出发将城市交通视为一个相互联系的有机整体,进行全面的综合分析,从整体上、系统上进行宏观控制。

在规划中要逐步树立起局部服从全局、个别服从整体、微观服从宏观、治标服从治本、眼前服从长远、子系统服从大系统的观点,使系统整体上合理、经济、优化,这样才能提高交通战略规划(以及交通治理)的综合效益和整体质量。

5.3 要有工程经济观点(讲究实际效益、综合效益)

在制定城市战略规划时应认真考虑如何充分利用现有基础设施,在不影响战略目标的前提下,应尽量予以利用,以节约投资。应注意与城市改造结合和多方案优化,力求降低各项治理费用。

5.4 发挥群众的积极性、创造性和主动性,提高市民参与规划的意识

城市交通问题涉及各个部门、各个行业并且关系到全市人民的工作、生活、学习和生命安全,是个重大的社会性问题。全社会的生产、流通、分配和消费各个环节均赖以实现,与工业、财政、经济、商业、贸易、科技文教、医药卫生等专业的发展均具有密切的关系。所以交通战略规划的全过程必须在市政府的统一领导下,组织各有关部、局、行业、学会、协会,如:城规、市政、交通、环保、运输、土木、水利等部、局或学会,积极献计献策、通力合作,才能提高规划的质量和保证规划的实现。

5.5 要注意提高城市环境的总体质量

反映城市特色,保护风景名胜和历史文物,创造良好的生活环境和工作条件,减少城市交通噪音、大气污染,提高城市整体质量,美化城市环境等。

5.6 要增加城市的总体活力、适应能力、承受能力

城市不断发展和向外扩大已成为不可避免的现象,因此,在进行交通规划时必须留有较多的回旋余地。

6 方法与程序

6.1 方法

1. 利用城市规划中土地利用分区规划的资料,预测城市远期各类土地利用数量与百分比,采用间接推断法、仿真法或类比法求算客运的总需求量。
2. 利用城市长期发展规模中的工业经济发展的控制指标和主要工业、企业发展的长期规划,用类比法、数学建模法、投入产出法确定远期的货运总需求量。
3. 采用较大的分区和主干线交通网络在市中心区至大区及重要交通枢纽作为交通分布分配。
4. 选择主要出行类别,如工作和学习出行进行抽样调查。
5. 简化计算程序以节省时间和费用。

6.2 交通规划的程序

城市交通规划属于软科学,又是综合学科,是一个复杂、困难的技术工作。不能想到什么就干什么,出现什么问题就解决什么问题,而要从城市交通系统特性的内在规律,满足各方面需求与战略规划的目的和要求出发,明确规划的步骤。根据系统原理和有关经验,现提出交通规划的基本程序和具体步骤:

1) 基本程序

1. 综合调查：(1) 社会经济方面，如社会、经济、人口、土地利用、郊区开发、商业发展等；(2) 交通要求方面，客货运的发展流向、流量等；(3) 现有交通设施状况的各项资料，如车辆、道路、交通营运及管理等，要求真实、准确。

2. 系统分析：通过系统全面的分析与综合，明确问题与矛盾、主要矛盾、矛盾主要方面以及矛盾的主次、轻重、缓急、相互关系、今后的发展动向和趋势。

3. 科学预测：分析预测对象的性质及内部矛盾随时间而发展变化的关系。建立预测模型、标定参数、验证精度，并按交通政策、城市总体规划方案进行检查。

4. 优化政策：对初步提出的规划，从战略、战术、治本、治标、局部、整体、临时、长远，以及管理工程等诸方面进行优选。

5. 效益评估（经济、社会、环境、工程技术）。

6. 不断改善与提高。

其中，综合调查是前提，系统分析是基础，科学预测是关键，优化政策是技术经济综合性分析、全面考虑的措施决策。评估（综合评断）则是对交通规划技术经济科学性和适用性的评断、估价和检查。

2) 规划工作总框图

城市交通系统战略工作总框图如图1所示。

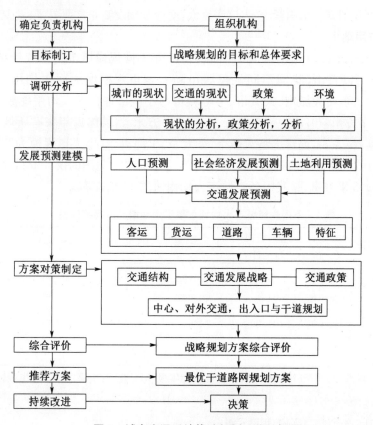

图1 城市交通系统战略规划工作总框图

试论城市客运交通可持续发展战略[*]

徐吉谦

(东南大学)

摘　要　本篇根据可持续发展的原则及土地、能源、城市发展及城市交通特点等相关统计数据,分析论述了我国城市客运交通发展应采取的战略对策,即坚持以运量大、能耗少、运效高的公共交通系统为主与造福后代的政策。

关键词　城市客运；可持续发展；城市交通特性

1　我国城市交通特点

由于国情不同,我国的城市不同于国外城市,特别不同于美国与加拿大等发达国家的城市,发达国家城市结构松散,人均城市用地多,人口密度小,建设资金充裕,交通基础设施数量大、质量高,而我国城市结构紧凑,人口密度大,交通基础设施非常薄弱、数量少、质量差。

1.1　人均城市用地少

据建设部统计年报,1981年、1991年与1995年不同规模城市用地统计结果列于表1。从表中数字可以看出,我国不同规模城市随着城市规模增大而人均用地减少。以1995年的数据为例,特大城市、大城市、中等城市与小城市各自的人均用地分别为74.64平方米、87.97平方米、107.94平方米与142.67平方米。虽然近年来有所增长,但所占比例很小,仅为2%左右,而许多特大城市,如北京、上海等10个人口规模为20万以上的特大城市,人均城市建设用地,仅为48.4平方米。1992年,美国的统计资料显示,其城市人均用地为1 003平方米,是我国各类城市人均用地的10倍左右。

表1　不同规模城市人均城市建设用地增长情况统计表

指标		全国城市合计	特大城市	大城市	中等城市	小城市
人均城市建设用地 /(米^2·人$^{-1}$)	1981年	74.10	68.86	62.21	76.48	102.51
	1991年	87.08	65.32	85.45	99.62	126.76
	1995年	101.20	74.64	87.97	107.94	142.67
1981至1995年平均增长率/%		2.25	0.58	2.51	2.49	2.39

资料来源：建设部综合财务司. 中国城市建设统计年报[M]. 北京：中国建材工业出版社,1997。

---

[*]　本篇发表于《城市研究》,1998年第6期。

1.2 人均道路用地指标低

为避免个别国家或城市统计数据代表性不强,将美国、法国、意大利、西班牙、日本等10个发达国家的大城市20世纪80年代左右的城市道路用地统计资料和我国11个大城市20世纪80年代中期所统计的城市道路用地的资料,分别列于表2与表3,并将其平均值列于该表右侧,则从两表(虽然同为80年代左右的统计,具体年份不完全相同,但这类指标变化慢,一般相差不大)对比可知,包括北美、西欧与日本的特大城市在内,其城市人均用地达836.5平方米,我国特大城市80年代实际人均用地仅为61.61平方米,相差达12.6倍,道路用地率发达国家为17.05%,我国为6.96%,相差达1.4倍,人均道路用地面积发达国家为21.4米²/人,我国为4.22米²/人,相差达4.1倍。城市道路网密度发达国家为16.21千米/千米²,我国为4.85千米/千米²,相差亦达2.3倍。

表2 发达国家十个大城市道路用地情况统计表

指标	纽约	芝加哥	旧金山	伦敦	米兰	巴黎	巴塞罗那	东京	名古屋	大阪	平均值
人均用地/(米²·人⁻¹)	603.9	1 715.3	2 288.0	238.5	388.3	247.7	1 675.0	150.2	—	223.4	836.7
道路用地率/%	25.4	23.4	14.9	16.6	8.7	20.0	15.8	14.1	14.4	17.2	17.05
人均道路用地/(米²·人⁻¹)	28.3	45.9	25.3	27.11	9.6	—	8.8	10.3	22.8	14.2	21.4
道路网密度/(米²·人⁻¹)	13.10	18.60	36.20	8.00	7.14	13.30	11.20	18.40	18.10	18.10	16.21

资料来源:《国内外城市交通基础资料汇编》,1985年。

表3 我国11个大城市城市道路与人均用地情况统计表

用地指标	北京	上海	天津	重庆	广州	武汉	沈阳	南京	哈尔滨	成都	西安	平均值
人均用地/(米²·人⁻¹)	82.80/110.00	29.51/42.01	52.04/80.82	50.60/60.10	59.98/71.94	72.17/77.78	73.11/71.20	80.32/97.38	63.15/101.09	48.01/59.50	66.07/90.00	61.61/78.35
道路用地率%	7.13/9.77	7.41/13.68	7.54/9.76	7.10/12.85	2.58/4.10	4.59/4.17	7.50/9.51	4.75/7.49	10.61/8.00	8.50/15.10	8.90/15.56	6.96/10.00
人均道路用地/(米²·人⁻¹)	5.91/10.75	2.18/5.75	3.92/7.89	3.59/7.72	1.52/2.94	3.31/3.24	5.49/6.77	3.82/7.30	6.70/8.09	4.11/8.98	5.88/14.00	4.22/7.58
路网密度/(千米·千米⁻²)	6.93	5.62	3.94	3.52	2.45	6.91	5.95	5.60	4.56	4.30	3.52	4.85

注:1. 横杠上为实际用地统计值,横杠下为规划用地值。
   2. 资料来源:《22个城市总体规划用地资料统计》,1990年。

1.3 平均出行距离短

由于我国城市多为紧凑型,市民活动范围较小,平均出行距离较国外的统计值低很多,据北京等15个大城市的调查统计(表4),各方式的平均出行距离为2.54~5.2千米,而美国芝加哥、华盛顿、布法罗、费城与明尼阿波利斯平均出行距离为5.8~8.2千米,约为我国的1.1~3.2倍。

表4 我国部分大城市平均出行时间与出行距离统计表

指标	北京	上海	天津	沈阳	武汉	广州	南京	成都
平均出行时间/分钟	31.2	27.8	23.2	25.2	29.8	26	23.4	21.7
平均出行距离/千米	5.20	3.99	3.78	3.40	3.58	3.84	—	3.45
平均出行速度/(千米·时$^{-1}$)	10.00	8.61	9.78	8.10	7.21	8.86	—	9.54
指标	长春	大连	抚顺	鞍山	郑州	杭州	石家庄	平均值
平均出行时间/分钟	74.5	34.5	29.6	25.0	19.7	21.2	20.4	28.88
平均出行距离/千米	3.74	—	4.65	3.74	2.54	3.36	6.34	3.97
平均出行速度/(千米·时$^{-1}$)	9.16	—	9.43	8.98	7.74	9.51	6.88	8.75

注:调查时间为20世纪80年代前后。

上述数据说明发达国家在城市与道路交通基础设施建设方面投入了大量的人力、物力,打下了坚实的物质基础,具有较高的建设水平。而我国由于历史原因工业化起步晚,加之又一度受政策误导,资金不足,城市基础设施非常薄弱,建设水平很低,同发达国家差距很大。

从城市结构布局看,我国多为用地紧凑、人口高度密集型城市。美、加等国多为用地宽裕、人口密度低的松散型城市,前者人均用地少,人均道路面积、道路用地率及路网密度指标很低,难以适应小汽车的充分发展,同时平均出行距离短,适合自行车的使用范围,而后者则有较大适应小汽车发展的空间和环境。

2 城市主要交通工具占地、能耗运效及对环境的影响

城市客运交通持续发展必然涉及城市可能提供的用地、能耗、环境与基础设施等,这些都是重要和敏感的问题,下面分析城市几种主要交通方式占地、能源消耗与对环境质量的影响等。

2.1 土地占用

不同交通方式或不同交通工具单位乘客占用土地面积不同,有的交通方式占地少,有的交通方式占地多,一般来讲,公共交通单位客运量占地少,而个体交通占地多,同时不同交通工具静止状态(静态)占用土地面积、行驶状态(动态)占用土地面积以及通过交叉口单位宽度、入口道的通过能力均不相同,下面拟就城市几种主要交通,对其在两种状态下的占地情况作一简要分析。

1. 静态(停车)占地

根据国家有关部委制定的规范与定额标准,将当前城市中几种主要交通工具在静止状态下占用土地面积及建造停车场、停车楼与停车库时,每个车位所需地面或楼板面积列于表5。从表中可见,公交车单位乘客占用空间最小,小汽车占用空间最大,自行车则介于二者之间,且比较接近公交车的占地指标。按单位乘客占地指标计算,停车场用地,小汽车为公交车的13~20倍,停车库用地小汽车为公交车的16~26倍;小汽车与自行车相比较,小汽车用地为自行车的11~13倍,故在城市用地偏紧状况下,公交车与自行车在静态用地方面较小汽车节省得多。

表5 城市主要交通方式静态占用空间面积表

车种	车辆轮廓尺寸		规定停车场车位占用面积/平方米			停车库、楼的建筑面积/平方米	每位乘客占用面积/平方米
	长/米	宽/米	面积/平方米	不同方式停车变化值	常用值		
自行车	1.9	0.6	1.14	1.5~1.8	1.6[1]	2.0[1]	1.6/2.0
二轮摩托车	2.0	0.8	1.60	2.3~2.6	2.5[1.6]	3.0[1.5]	2.1/2.5
三轮摩托车	3.2	1.6	5.12	13.0~17.5	15[9.4]	20.0[10]	—
小汽车	5.0	2.0	10.0	25.2~34.7	27[17.8]	40.0[20]	18/26.7
中型公共汽车	8.7	2.5	21.8	50.2~73.0	54[33.8]	65.0[32.5]	1.4/1.6
大型公共汽车	12.0	2.5	30.0	62.9~92.0	67[41.8]	80[40]	1.1/1.3
通道型公共汽车	18.0	2.5	72.0	85.0~132.0	108[67.5]	120[60]	0.9/1.0

注:1. 车辆尺寸等数据摘自《停车场规划设计规则(试行)》,公安部、建设部,1988年。
    2. 括号中数据为自行车占用面积的倍数。
    3. 斜线左侧为停车场面积,右侧为停车库面积。

2. 动态(行驶)占地

由于交通工具在行驶中,前后车头要保持一定的安全间距,且车速不同应保持的安全间距不同;同时,不同交通工具占用车道宽度不同,每辆车可能搭载的乘客人数不同,故单位乘客在行驶中占用道路面积也不相同。国家有关设计规范所规定的城市中常用的几种主要车辆占用道路面积列于表6,从表中数据可知,就单位乘客所占用的道路面积计,自行车为8平方米,摩托车为33平方米,小汽车为80平方米,公交车为0.94~3.1平方米。小汽车为公交车的26~85倍,为自行车的10倍,这一差距对于交通方式选择与经济效益影响巨大。

2.2 通过单位宽度交叉口引道的通行能力

交叉路口是整个路网的咽喉,道路通行能力往往取决于交叉路口,所以它是交通选择时必须考虑的因素之一。为了比较不同交通方式通过交叉口的效率,公共汽车按平均每辆车 32(40×0.8)人计,小汽车平均以1.5人计,自行车以1人计;自行车车道宽度为1米,公共汽车与小汽车的车道宽度为3.5米,通过交叉口入口车道宽3.5米的乘客人数列于表7。根据《中国城市交通发展战略国际研讨会》发表的"北京宣言"所指出的,交通的目的是为实现人和物的移动而不是车辆的移动,因此,我们不能以车辆的通过数作为衡量通行能力的标准,而应以通过乘客数计,如此,则公共汽车最大(28 800人/时),小汽车最小(2 160人/时),自行车居中(3 850人/时)。如设小汽车的运客能力为1,则自行车为其1.8倍,公共汽车为其13.3倍,同上海市调查结果相近(上海《文汇报》1997.3.7报道,在占用同等道路面积情况下,自行车的客运能力为小汽车的1.8倍)。

表6 城市主要交通方式常速时占用道路空间计算表

车种	常见速度/(千米·时$^{-1}$)	车头间距/米	车道宽度/米	占用道路面积/平方米	每年载客平均数/人	每位乘客占用空间/平方米	单位面积客运效率	
							以自行车运客能力为1	以小汽车运客能力为1
自行车	15	8	1.0	8	1.0	8	1	10
摩托车	30	20	2.0	40	1.2	33	1/4.1	2.4
小汽车	40	40	3.0	120	1.5	80	1/10	1
中型公共汽车	30	35	3.5	123	40.0	3.1	2.6	26
大型公共汽车	30	35	3.5	123	60.0	2.1	3.8	38
通道型公共汽车	25	30	3.75	113	120.0	0.94	8.5	85

表7 城市三种主要交通工具通过交叉口的乘客能力表

车种	通行能力/(辆·时$^{-1}$)	每车乘客数/人	车道宽度/米	3.5米入口车道通过乘客/(人·时$^{-1}$)	以小汽车通过能力为1
自行车	1 100	1.0		3 850	1.8(1.5)
小汽车	1 400	1.5	3.5	2 160(2 520)	1.0(1.0)
公共汽车	900	32	3.5	28 800	13.3(11.4)

注:1. 公共汽车载客40人,乘0.8的饱和系数,表左侧通行能力为规范允许值。
2. 括号中数值系以小汽车道宽度为3米计算结果。

2.3 几种主要交通方式能耗

我国煤、石油等不可再生能源虽储量较丰,如以人平均值计则排名较靠后,故从可持续发展的战略高度考虑,单位运量(人·千米)能源消耗则是一项重要的指标,为此将美国权威部门测定的多种交通方式单位能耗[千焦/(人·千米)]的指标列于表8,同现在车辆的实际情况可能有些出入,但其相对比值应相差不大。据上表设自行车能耗为1,则步行、公共汽车、火车、摩托车、小汽车和飞机的相应能耗为5.2,11.2,17.5,23.4,43.8与99.9,故从能源消耗考虑,摩托车与小汽车能耗太大,从长远计不宜选作主要交通方式。

表8 主要交通方式单位运量的能耗测定值(美国测定)表

交通方式	自行车	步行	公共汽车	火车	摩托车	小汽车	飞机
单位能耗/[千焦(人·千米)$^{-1}$]	63.84	328.86	714.00	1 117.62	1 495.00	2 795.10	6 378.96
以自行车能耗为1的各方式能耗比	1.0	5.2	11.2	17.5	23.4	43.8	99.9

资料来源:Bicycle/Pedestrian Planning and Resign,1974。

2.4 运输效率方面

根据北京市 1994 年的统计资料,出租车、私人车(含单位车)占市区道路交通量分别为 29% 与 48%,而所完成客运量各占市区的 6%,两者交通量之和占市区总交通量的 77%,而完成的客运量之和仅占市区客运总量的 12%,这说明其他 88% 的客运量,系由仅占市区交通总量 23% 的公共汽车与自行车完成,可见小汽车运效很低,特别是私人小汽车(含出租车)占全市区道路空间 48% 而完成的运量只占 12%,这一实际统计结果与理论上分析计算的结果基本一致。

2.5 环境质量方面

城市环境是全市人民赖以正常生活、工作的基础,身体健康的必要前提和保证,也是城市持续发展的基本前提,应当是重中之重,研究城市可持续发展的战略时应占有突出的地位。城市常用交通工具影响环境的排气情况显示小汽车的单位乘客运量(人·千米)污染物的排放量是公共汽车的 12 倍左右,而自行车完全没有废气与污染物,可以说是真正的绿色交通,如私用小汽车与公配小汽车日均行程按 40 千米计,出租小汽车日均行程按 250 千米计,并设两者合计平均日行程以 150 千米计,则 1 万辆小汽车每日将排放 60 吨有害的废气、废物。南京市目前各类小汽车总数大致以 4 万辆计,则每天向空气中排放 240 多吨有害废气,是城市空气污染的主要来源之一,对市民的身体健康不能不说是一个重大的威胁。

3 客运交通发展战略对策

3.1 对策的前提和原则

城市居民出行要求是多样化、多层次的,每种交通方式各有其适用范围、相对优势与服务范围,我们既要发挥各交通方式的优势,又要使其能互相合作、互相补充和互相协调以满足居民出行的不同需求,发挥系统的整体功能,取得合理的社会、环境、交通、经济及生态等综合效益。

鉴于此,在选择客运主要交通方式时,必须考虑以下几个原则性问题:① 占地,以节约城市用地、完成单位客运量占地最少为优。② 能源,以利用清洁能源、可再生能源或完成单位运量能耗较少为佳。③ 环境,以能改善城市环境质量或完成单位运量产生的废气、废物对环境所造成的负面影响最少为好。④ 运效,以安全、准点、运量大、运效高的方式为宜。

3.2 坚持以公共交通为主造福后代

根据 20 世纪 80 年代以来我国城市居民出行调查统计资料,大中城市出行需求量大,时间集中的是通勤、通学(上班、上学)出行,一般约占总出行量的 70%~90%(含回程出行)。所以解决大中城市客运交通的重点,必须面向广大职工,重点解决上下班的问题。这是一个量大而又集中的客流运输任务,现在主要由潮水般密密麻麻的自行车来完成,若换成小汽车则将填满所有大街小巷,必将造成全面阻塞无法通行,因此必须采用占地少、运量大、运效高的公共交通,包括地铁、轻轨等方式,既可高效完成运输任务,又可以达到持续发展,创造良好的城市生态环境的目的,造福子孙后代。

3.3 对小汽车实行适度发展、有偿使用与"以路定车"

小汽车是地道的高消费、高生活水平的产物,对于人口密度大、人均用地少的紧凑型城市,要大力发展小汽车,将小汽车作为主要交通工具是不现实的。所以小汽车对于我们这个人多地紧的国家只能用于旅游,出差接待外宾与可以付出高额报酬的少数经济富裕的居民。

对于部分人要求购买私人用小汽车也是很自然的,首先,国家实行社会主义市场经济,允许少数人先富起来;其次,社会出行需求是多层次、多样化的,不同收入、不同生活水平、不同工作岗位的人,其消费水平与出行需求各不相同,不能一刀切、一个样子;再次,买车也是对国家工业发展的支持。但从城市与城市交通可持续发展、城市用地、生态环境、交通状况与道路基础设施等长远观点考虑,到底能否发展小汽车,能否增加小汽车的拥有量,能增加多少辆,要认真对待,适度发展,因为小汽车与人相似,要有一定的生活条件和相应的空间,汽车同样要住房(车库、停车场)、要行(要可供行驶的道路)、要排泄废气(污染物),没有必要的城市空间与道路设施就会造成道路的阻塞,环境的污染。正因为如此,发展中国家,甚至工业发达国家和地区也有许多城市采取严格限制小汽车发展的政策,如新加坡、中国香港、韩国等多采用增收各种税费,以有偿使用为经济杠杆来抑制小汽车的过量发展;有些城市采取"以路定车",即视道路容车量的容许值来确定允许购车数量;还有些城市采取准购证购车,政府准购证的价格,多按小汽车使用在修建道路、建设停车库和污染治理等各方面所需付出的费用来决定。这是值得我们借鉴的。

3.4 控制城市汽车总拥有量

由于经济发展,生活水平提高,购车人数增多,许多城市均先后发生交通拥阻与严重的公害,大量修路、增加设施一方面征地难、费用高,同时也无法从根本上解决问题。许多国家通过多年的探索,大多数认为必须控制城市汽车总拥有量,特别是控制私人小汽车的拥有与使用。中国和许多发展中国家的大城市也开始采取限制汽车总量的措施。新加坡、中国香港、韩国等,对私人小汽车实行严格的限制措施,如禁行区、禁行线或禁行时间等,还有征收高额停车费、轮胎税与汽油税,有的城市实行单、双日轮流行驶。我国武汉、北京、上海、广州等城市也曾实行单双日轮流行驶,南京长江大桥及某些路段和地区也曾实行单双日轮流行驶。美国、日本、英国、法国等发达国家不少城市也因交通拥阻与严重的公害而实行某种方式的禁行与汽车总量的控制。

3.5 发挥自行车交通近距离优势与换乘功能

1. 充分发挥自行车在短距离出行中的优势

自行车由于其灵活、机动,适应大众要求,在城市交通中担负着重要作用,特别在上班出行中作用突出。据5个城市的调查统计,仅上班出行平均占76.5%,即3/4的人用自行车上班,个别城市达86.5%,其作用可想而知。但也说明其负荷过重,承担了一部分不应由其承担的远距离出行,这是不合理的。据大量的统计资料与研究结果表明,自行车在4~6千米范围内,省时、省力、方便、迅速,如上班、上车、购物可充分发挥自行车的优势,按平均速度12千米/时计,约为20~30分钟,如公交发达还可进一步减少自行车出行的优势范围。

2. 发挥自行车的换乘功能

实行以公交车为主的多元化交通,共同完成城市的客运任务,就要解决各种交通工具之间的换乘问题,或称衔接(接运)问题,如地铁、轻轨或公共汽车与步行及相互之间的换乘,以达到连续、快捷是非常必要的,因为从住处至各公交站点(起、终)一般需 5~10 分钟,由自行车接运则可节省很多时间。在国内外已有不少城市实行,效果很好,受到普遍欢迎,我们要大力支持。只要在大的枢纽站或集散站设置必要的停车设施,加以科学的规划和严格的组织管理,必将对改善城市客运系统的服务水平起到良好的作用。

关于我国城市客运交通结构发展的思考

张迎东, 徐吉谦

(东南大学运输工程研究所)

摘 要 城市旅客运输的发展在于建立合理的城市客运体系。本篇通过对各种客运方式的特点及其发展趋势的探讨,说明其在现在和未来城市客运系统内的地位与作用,进而阐明我国各类城市今后不同时期的客运交通模式和城市客运交通规划的主要目标。

关键词 城市客运系统;交通结构;发展

1 步行交通

步行是最原始,也是城市居民最基本的出行方式。只要城市用地布局合理,生活居住区设计得当,大多数居民的一般生活性出行以及中小学生的通学等均可步行实现。由于我国目前尚未建立起完善的自行车—公共交通换乘体系,步行还是各种交通方式换乘时的主要衔接方式。

一般来讲,步行时耗多在 15 分钟以内,步行距离多在 1~1.5 千米,超过 2 千米的很少。徐州市步行出行主要在 20 分钟以内,占步行总时耗的 69.3%。天津市(表1)居民出行距离增至 2.5 千米时,步行只占总出行方式的 3.2%。南京市(表2)居民 15 分钟内的出行量最多,超过 20 分钟的出行量明显降低,平均出行时耗为 15.5 分钟。

表 1 天津市居民步行出行空间分布表

步行距离/千米	0.5	1.0	1.5	2.0	2.5	3.0	3.5	4.0	4.5	5.0
比例/%	72.2	52.4	40.0	25.5	3.8	2.1	2.1	1.3	0.7	0

表 2 南京市居民步行出行时间分布表

时耗/分钟	≤10	11~15	16~20	21~25	26~30	31~35
出行量/人	461 875	185 775	126 325	27 175	97 350	5 800
比例/%	48.5	19.5	13.3	2.9	10.2	0.6
时耗/分钟	36~40	41~45	46~50	51~55	56~60	>60

---

* 本篇发表于《道路交通管理》,1991年第1期。

续表

出行量/人	11 850	4 950	5 050	1 125	9 500	14 600
比例/%	1.2	0.5	0.5	0.1	1.0	1.5

资料来源：按《南京市居民出行调查统计资料汇编》改制(1988.12)。南京市对不同职业城市居民出行方式的调查表明，在步行交通中，学生、工作人员的通学、通勤和家庭成员的生活性出行是两大组成部分，前者涉及城市干道，后者则大多发生在居住区内部。因此，在城市规划中，第一，城市道路设计应提供安全、顺畅的行人空间，足够的人行道、人行过街道，合理配置人行天桥、过街地道以及行人过街信号等，尽量减少步行交通流与其他交通工具的冲突，实行人车分离。第二，居住区设计应把步行交通放在首位，创造一个安全、便利、舒适、宜人的交通环境。第三，步行交通必须作为城市客运体系的一部分，通过综合交通规划，把它与自行车交通、公共交通及其他辅助运输方式结合起来，形成一个协调的运输系统。

城市规划，包括交通规划，无论其层次多高，都应以人的需求为基础，来满足人的生活和工作需要。不是使人适应、迁就我们所规划的城市。恰恰相反，是要规划一个使人在物质和精神方面都能充分发展的城市。因此，步行交通在我国的城市规划和设计中理应得到并占有适当的位置。诚然，随着社会的发展和交通工具的现代化，步行交通的功能越来越单纯，但这种可能性也相对降低。与古代原始的运输相比，机动交通反映了社会发展的必然趋势。然而，步行交通不仅现在必不可少，今后也将一直存在下去。这是因为，步行是人类自然属性的延续，是人与人之间、人与社会之间的纽带。完全排斥步行的所谓"现代交通"将不可避免地使人类疏离和自然之间令人愉悦的联系，从而异化成"机械的人"。

如果我们能及早意识到这一点，那么，我们的交通规划必然会不遗余力地为人们创建更多适宜的活动空间和生存环境，从而改善人的生活质量。

表3 部分城市出行结构比例表

单位：%

项 目	步 行	自行车	公 交	其 他	合 计
北京	13.79	50.28	27.71	8.22	100
南京	33.10	44.10	19.20	3.60	100
天津	42.62	44.54	10.33	2.51	100
徐州	31.19	64.03	3.21	1.57	100
成都	41.65	36.32	18.83	3.20	100
沈阳	29.00	58.65	10.1	2.25	100
广州	39.05	33.81	18.84	8.30	100

资料来源：1.《南京市2000年客运交通结构发展预测报告》(1990.3)。
2.《徐州市1988年居民出行调查报告》(1990.5)。

2 自行车与小汽车——个体交通工具的现在和未来

2.1 自行车交通

自行车是我国独具特色的个体交通方式，其特点在于灵活、方便、价廉、无污染，且当出行距离不长时，比公共交通省时，随意性强，因而在现存经济条件下对大多数居民有很强的吸引力。

自行车出行的时空分布依城市规模有所差异，其最佳出行范围通常为4~6千米，出行时间在20~30分钟。根据天津、上海的调查，自行车所占比重最大的出行距离均为3千米。南京市的自行车出行多在30分钟以内，占总耗时的89.8%，平均耗时约为19分钟。徐州市的出行时耗稍大一些，为30~40分钟，小于30分钟和40分钟的出行量分别占总出行的61.94%和89.73%。

若把5~6千米取作自行车的最佳出行距离，以此为直径得到的圆的面积约20~30平方米，其为自行车最佳出行范围。它几乎相当于多数中小城市市区的用地范围，对大城市和特大城市而言，基本上相当于城市某一交通中（小）区的用地范围。

基于以上分析，我国大城市的交通规划首先应将自行车出行分配于交通中（小）区，对于跨区交通，则充分依靠公共交通，建立起合理的自行车—公共交通换乘体系。对于缺乏或尚无公共交通的中小城市，交通规划应强化步行和自行车交通。

纵观今昔，我国自行车交通的发展除了源于自身的优势之外，还有其特定的外部环境。中国式的产业结构和社会经济条件，致使40年来，我国城市的自行车交通迅速发展。以徐州为例，1988年的居民自行车拥有量比1965年增长了10倍，平均每百人63辆，基本饱和。从全国范围看，截至1988年，自行车的社会拥有量已突破8亿辆，年生产能力也超过4 000万辆，成为名副其实的自行车王国。由于增长速度极快，又未制定系统的客运交通发展战略和长期的自行车交通战略发展规划，导致自行车在城市中发展失控。

自行车作为当今中国独步一时的大众化个体交通工具，在很大程度上弥补了日渐式微的公共交通，但城市道路上无所不在的自行车大军引起的事故、交通混乱和阻塞严重阻碍了机动交通的运行。

不过，如果我们就此认定自行车是中国城市客运交通落后的罪魁祸首，显然不是持平之论。自行车交通本身并不是城市交通问题的根源。相反，西方发达国家经受了比中国的自行车"综合征"有过之而无不及的汽车灾难，加上能源危机，他们已经意识到单一的、过度发展的个体机动交通对城市发展产生的严重后果，开始限制小汽车的继续增长，而致力于寻求新的交通系统。许多国家和地区开始重新重视、发展自行车和高效的公共运输系统。

那么，中国城市客运交通的出路究竟何在呢？关键在于从建立城市交通体系入手，从整体上解决公共交通和自行车的发展问题。一方面大力发展公共交通，改善公交结构，提高服务水平；另一方面将自行车交通的发展、运行从以前的自发状态引入秩序的轨道，强化自行车的近距离交通，结合公共交通规划科学地布设自行车场点，并悉心建立自行车—

公交换乘体系,使两种各自独立的出行方式成为相互衔接的有机整体。除此之外,任何权宜之计只能事倍功半,并给未来的城市交通留下严重的隐患。

2.2 小汽车交通

我国是否要发展个体机动交通,是当前国家交通及经济发展的敏感话题。笔者认为,无论我们的主观愿望如何,这一发展趋势都是不可避免的。

生活和工作的需要产生了出行要求,而人们在实现这一要求时,总是按经济状况选择可获得的相对便利的现实工具。可以认为,只要社会经济条件许可,人们自然会寻求更方便、更舒适、更安全、可达性更好的代步工具——除非再有其他的制约条件——许多人将选择小汽车。

从社会学角度看,人类在社会发展进程中小汽车的机动性和优良的可达性使人们在克服距离障碍方面进了一大步,从而大大拓展了人类的活动空间。

此外,随着国家经济的不断发展,人们物质文化的不断提高,他们的视野和活动空间也会日益扩大,小汽车的优势越加明显。这一交通需求使得小汽车的发展甚至将在中小城市中得以实现,于是和大城市的联系更加密切,而大城市的辐射力也会大大加强。

因此,可以说小汽车是社会经济发展的必然产物。换言之,当经济发展到一定水平时,汽车化的浪潮就会接踵而至。如果只是一味地人为限制它的发展,必然会在一定程度上影响经济的发展。

毋庸讳言,小汽车的出现将使已捉襟见肘的城市基础设施面临更大的压力,增加了新的困难,问题的症结依然是必须在城市综合客运系统中,从整体上引导小汽车有序和适度地发展。这样,我们就有可能利用小汽车发展的有利时机,使城市客运交通结构更加合理。同时,把它造成的压力转化为改善城市基础设施的动力。

3 城市公共交通

城市公共交通吸引乘客主要依靠良好的服务,其发展还必须得到明智的交通政策的扶持。我国城市公共交通由于政策导向上的失误和其他种种原因,一直是城市交通的一个薄弱环节。车种单一、服务水平低、运营效益差,面对日益增长的交通需求,显得力不从心。如此愈加刺激自备交通的增长。

由表3可以看出,徐州市公交出行与自行车出行量之比接近1:20。即使在特大城市,公共交通下降的趋势也非常明显。上海市公交出行与自行车出行相比,20世纪50年代占83%,80年代初降为73%,最近十年更是一度跌至50%。天津市60年代公交出行与自行车出行之比为4:1,公交占80%,现在仅占18.8%,成了1:4。可见,如何使公共交通摆脱每况愈下的困境,走上正常发展的轨道,已成为城市交通的当务之急。

表4 南京市公交出行时间分布表

时耗/分钟	≤10	11~15	16~20	21~25	26~30	31~35
出行量/人	17 600	17 850	32 775	17 025	105 325	18 675

						续表
比例/%	3.9	4.0	7.3	3.8	23.4	4.1
时耗/分钟	36~40	41~45	46~50	51~55	56~60	>60
出行量/人	47 450	31 700	35 675	12 025	85 475	28 875
比例/%	10.5	7.0	7.9	2.7	19.0	6.4

资料来源：按《南京市居民出行调查统计资料汇编》改制(1988.12)。

多年来，我国城市公共汽车和无轨电车几乎承担了全部的公共客运。目前的公共交通结构难以适应日益扩大的运输需求，其进一步发展也受到我国城市道路机非混行、路网密度低等交通条件的限制。所以，发展公共交通除了改善汽车行驶条件外，还必须调整公共交通的组成结构。对大城市和特大城市而言，有计划地发展大、中运量快速轨道运输系统，不失为一个行之有效的途径。

国外许多城市已经形成了以地铁和地面轨道交通为主体，以公共汽车为辅助运输工具的公共交通系统，在解决大流量的旅客运输问题方面成效显著。国内目前已有地铁的城市还寥若晨星。但从唯一拥有40多千米两条干线和环线地铁的北京市来看，其客运结构较为合理。步行、公交、自行车的出行比约为1∶2∶3.6，其中公交和自行车的出行比为1∶1.8。而同样是特大城市的天津，70年代初公交与自行车出行相比还占45%，到80年代初只有18.8%，其中一个重要原因，是1973年在世界性地取消地面轨道交通的浪潮中拆除了有轨电车，其乘客纷纷转向自行车和公共汽车，其中70%的客流转向自行车。

这再一次说明，我们的决策必须有充分的科学性和预见性。对牵动全局的问题，都应加以仔细地研究和探讨，从整体战略上全面分析问题的性质并找出可行的解决方法。否则会给城市的发展造成难以弥补的损失。

实践证明，地铁对于在较长距离内以较快速度集中疏运大量乘客有令人信服的功效。不仅如此，地铁对于土地开发、优化城市结构、增强城市活力都有良好的作用。一句话，地铁可以促进城市发展。

当然，发展轨道运输系统需要大量资金（目前我国城市地铁的造价在1.4亿元/千米左右）。只要我们量力而行，在切实需要修建地铁的城市经过全面、充分地论证和方案的优选，然后集中力量先抓硬件（如隧道开挖、轨道车辆、必要的安全设施等），其他设备因陋就简，努力使造价降低一些，就有可能在目前的经济条件下，初步建立我国的城市快速轨道运输体系，改善公共交通的组成结构，从而形成一个地面、地下二度空间的城市公交系统，即地铁—公共汽（电）车换乘系统。

4 城市客运交通模式和规划目标

20世纪下半叶，中国和西方发达国家的城市客运系统和个体交通经历了截然不同的发展过程。进入80年代，个体交通都达到了发展高峰，也都使城市交通面临前所未有的困境。虽然这一发展过程不是同一层次上的,相对于自行车,小汽车作为现代世界交通发展的主流无疑是一个巨大的进步,然而这种无序的、缺乏预见的增长对城市产生的消极影响却与中国自行车盲目发展引起的交通危机并无二致。人们越来越清醒地意识到,在技术、经济迅速发展的今天,任何一种交通方式都不可能单独承担当代城市的多层次、多样化客运需求,因而必须谋求建立合理的城市客运模式。

前面已讨论过,自行车是我国城市居民的主要出行工具。目前大部分城市适龄人口的拥有水平已达到甚至超过1辆/人,趋于饱和。今后一段时期其绝对拥有量还会有所增长,但随着城市化进程和经济的增长,随着公共交通的改善和机动交通的发展,它必将经历一个下降期,向其他更有吸引力的交通工具转化。而小汽车作为潜在的个体交通工具,将成为自行车的有力竞争者。

当然,经历了基本上是自发的无限制的自行车发展过程,使我们在今后自行车向其他运输工具转化的过程中,有可能避免重蹈西方工业国家小汽车泛滥失控的覆辙。也就是说,虽然利用小汽车代步是个人出行发展的一个趋势,但在这一变化过程中不能任其盲目发展。在制定经济政策、交通规划时,要寻求合理的公交客运模式,尽可能使这一变化首先转向公共交通。

此外,自行车本身具有的节能、灵活、方便等优点决定了它不但不会被小汽车完全取代,而且在短距离出行中仍有相当的优势,必然会在将来的城市客运交通中发挥积极作用。

对各类交通工具的发展前景做出的这些判断和预测使我们对城市客运规划的基本任务和未来城市客运模式的发展方向有了明确的认识。未来城市客运交通的根本出路,在于公共交通(轨道运输、公共汽车、其他辅助运输方式)和个体交通(步行、小汽车、自行车)之间的协调发展和相互衔接,其中主要有两方面的含义:

1. 首先要保证有强大吸引力的公共客运交通系统,这是大城市客运交通的基础。其理想模式是以地铁及地面轨道交通为基干,以公共汽车和出租车等为补充的轨道运输—公共汽(电)车换乘系统。

2. 在公共客运交通系统即轨道运输—公共汽车换乘系统的基础上,建立公共交通—个体交通客运系统,包括自行车—公交换乘系统以及小汽车—公交换乘系统。

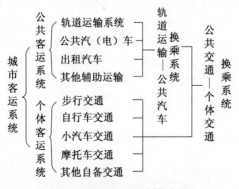

图1 城市客运系统模式图

实现城市客运系统模式,如图1,大致有以下3个过程:

(1) 近期,大城市和特大城市的客运模式为步行交通、自行车交通和公共交通;中小城市为步行交通和自行车交通。这些城市均以自行车交通为主(只有极少数的特大城市如上海,公共交通还占优势)。

在国家"优先发展城市公共交通"的政策指导下,调整公共交通结构,大力发展公共交通,初步建立自行车—公交及步行—公交换乘体系。

(2) 中期,大城市和特大城市的客运模式为步行交通、自行车交通、公共交通和小汽车交通;中小城市为步行交通、自行车交通和小汽车交通。自行车仍是个体交通的主体,小汽车处于发展初期,公共交通服务水平有所改善,初步建立的快速轨道运输系统对调整公交组成结构具有明显效果。

这一时期应注意对公交结构做进一步调整,尽量减少自行车的远距离出行,建立便利的自行车—公交(自行车—地铁)换乘体系。中小城市应强化对外客运系统,加强与大城市及邻近中小城市的联系。

(3) 远期,大城市和特大城市的客运模式为步行交通、公共交通、小汽车交通及自行车交通;中小城市为步行交通、小汽车交通和自行车交通。

这一阶段城市用地范围有所扩张,小汽车初步成为个体交通的主体,自行车在近距离出行和客运换乘体系中继续发挥积极作用。公共交通结构进一步改善,大中运量快速轨道运输系统逐渐成为公共交通的骨干,形成了便捷的、有良好社会服务性的轨道运输—公共汽车换乘系统。交通规划应进一步建立合理的小汽车—公共交通(小汽车—地铁)换乘体系,适当配置其他的辅助运输工具,和自行车—公交换乘系统一起,组成一个稳定的、相互协调的、适应各种不同层次出行需要的合理的城市客运系统。

随着经济技术的发展,客运交通模式也会发生变化,也可能出现更符合时代要求的新型运输工具。然而,客运模式的这种变迁,绝非是人为地随心所欲地限制或取消某种交通方式,片面地限制或放任另一种交通方式的发展。而是充分利用时代所能发现和能为时代所保留的一切交通方式,发挥各自的优势,为人们创造一个协调、高效的城市客运系统,创造一个和谐的、与自然相辅相成、充满活力、生机勃勃的城市环境,这是我们的最终目标。

轨道交通客流量预测的浅见*

徐吉谦

（东南大学）

摘　要　城市交通系统客流量发展预测是城市交通设施建设的一项基础性工作，它关系到路网的结构、形态、布局，路线的走向，交通方式的选择与枢纽站场的合理分布等。在城市快速轨道交通规划与建设中，未来规划年线网客流交通量至关重要。本篇就目前在轨道交通客流量预测方面存在的问题进行了探讨，并给出了对未来相关研究工作的建议。

关键词　交通规划；轨道交通；客流量预测

近年来，交通规划、城市规划与交通工程界的许多学者均认识到这一工作的重要性，因而对城市快速轨道交通的客流量预测技术进行了多方面的探讨，例如在重力模型、概率分布模型、时间序列模型、灰色系统模型等的选用和参数的确定诸方面均做了大量有益的工作，取得了一定进展，为城市快轨交通客流量预测做出了贡献。但由于我们在快轨交通规划设计与预测研究方面起步较晚，加上快轨客流量预测本身非常复杂，如快轨交通客流量的大小同城市规模、结构、性质、用地布局、社会政治、经济、文化生活等方面均有密切关系，影响因素多、关系复杂，且随时间增长而发展变化，其增长规律难以掌握。由于预测时间长，各项因素变化大，故更不易掌握，因此目前在这方面还存在以下几方面的问题。

1　缺乏适合我国交通特点的预测理论模式

由于快轨交通客流量预测技术路线与方法还没有形成成熟的、适合我国城市快轨交通长期客流量预测的理论模式，预测者往往借用国外某些一般预测模式，而国外的城市交通特点、交通环境与人们的交通意识等均同我国现在城市的实际情况有很大的差别，在使用过程中常常发生这样或那样的问题。

2　缺乏有经验、高质量的预测人才

现在有些从事城市轨道交通客流量预测工作的单位或人员，往往不是从事交通规划与交通工程或城市规划方面的专业人员，而是从事系统工程、计算机或数学方面的教研人员，他们理论素养固然很高，但对城市交通、快轨交通规划与预测却缺乏坚实的理论基础

---

*　本篇发表于《都市快轨交通》，1997年第3期。

与必要的专业知识,更缺乏交通预测工作的实际经验,特别是对市民出行活动规律,各交通方式的主要特征、适用范围以及预测环境变化对预测结果可能产生的影响等缺乏分析判断能力。

3 过分相信计算机的计算数据而忽视定性分析

有些预测人员过分相信计算机输出的数据,而忽视有经验人员的定性分析,忽视参变数的合理选用,殊不知尽管模式相同,但参变数的选用数值不同对计算结果影响很大,如高峰小时客流量与平均日客流量的比值选用不同数值,结果就相差很大。参变数的选用既要分析国内外同类性质城市的常用值,又要根据本市的经济水平、用地计划、就业岗位分布、出行活动的规律与交通特点进行反复论证,合理选用。若是在选定参变数时没有花大功夫进行认真的分析、比较,而后又过分相信计算机的计算结果,必然致使数测结果脱离城市客流发展变化的实际。

4 基础数据统计不规范

对客流量大小有重要影响的部分基础数据统计口径不一致,如对客流量影响较大的出行年龄、骑自行车起始年龄、出行定义等各城市统计口径相差很大,仅举一例,如外出多少距离或多长时间可作出行计算(即出行定义),有的城市定义为步行单程5分钟以上或自行车单程500米以上,另外一些城市则定义为步行单程8分钟以上或自行车单程80米以上,其结果必然在很大程度上影响居民出行量。

城市快轨交通客流量预测既有与一般交通量预测相同之处即共性问题,同时又具有其他交通量预测的不同之处即个性问题。为了提高预测质量,做好今后许多城市快轨交通量的预测工作,建议进行下列几项研究工作。

4.1 开展城市快轨客流量交通预测理论的研究

城市快轨交通设施虽然建设投资大,但占地少、运量大、营运费用低,对城市重大而深远的影响,对城市交通问题的解决具有重大作用,该建不建是损失,不该建而建也是损失,因而必须有相当数量的稳定客流量才能立项建设。所以客流量的预测工作期限长、要求高,与一般交通规划中的客流量预测有不同之处,如快轨交通的吸引力问题,由于它具有安全、准时、可靠、舒适等特点,与其他交通工具不同,因此要深入研究这些特征对乘客可能产生的吸引力,从而建立反映轨道交通特性的预测模式。

4.2 在预测方法上要采用多方案综合论证

客流交通量预测是对未来年快轨线路可能吸引客流范围内社会、政治、经济、用地性质、产业结构、就业岗位、运营形态、运输工具等发展变化做出预测,并在此基础上预测市民出行可能分配到本线路交通量的大小。这不完全是一项技术性工作,它还涉及政策控制、社会经济发展、技术进步和人们的交通意识、交通心态等问题,因此在预测时要多方面、多角度分析论证。例如:

1. 交通政策方面

从能源节约、土地利用、环境保护、商业发展等方面分析论证可能采取的有利于城市发展、有利于环境保护与有利于交通持续协调发展的交通政策。

2. 社会经济发展方面

从社会经济现状和今后发展变革的趋势,研究对城市居民出行需求总量、城市交通运输方式、客流分布、出行特征等可能产生的变化,及对长期客流量交通预测的影响。

3. 技术进步方面

从可视电话、互联网络、教育电视等新技术的发展和普及,从弹性上班实施的可能性与比重对未来规划年居民出行活动可能产生的影响来研究分析它们对客流量预测的可能影响。

4. 人们的交通意识或出行要求方面

分析未来规划年社会科学技术的进步,经济生活水平的提高,人们出行意识、心理、文化、娱乐观念的变化,对出行行为、出行需求可能产生的影响。

在综合上述几方面分析的基础上,再对预测结果做出比较论证,选择合理方案。

以上几点看法系笔者对快轨交通量预测的粗浅认识,片面不当之处,请批评指正。

一种新的城市快速轨道交通客流预测模式[*]
——"宏观控制、微观竞争"模式初探

陈学武,徐吉谦

(东南大学交通运输工程系)

摘 要 本篇从当前国内许多大城市积极兴建快速轨道交通设施的实际需要出发,运用交通工程、系统工程和控制论的理论与方法对城市交通系统的客流分配问题进行了研究。研究表明:城市快速轨道交通客流的分布与分配具有宏观受控和微观竞争的规律性,即快速轨道交通客流,宏观上是受到控制的,并且也应当给予适当控制,同时在微观上又存在着各交通方式之间的相互竞争。这一规律在我国新的社会主义市场经济体制下尤为明显,文章据此提出了进行快速轨道交通客流预测的一种新的模式——"宏观控制、微观竞争"模式,并相应建立了"客流分层分布与分配"模型,其能较好地反映我国城市交通系统客流分配的特点。

关键词 快速轨道;宏观控制;微观竞争

1 引言

当前,为满足日益增长的客运需求,许多大城市把目光投向了快速轨道交通设施的建设。在我国经济实力尚不雄厚、财政较为紧张的情况下,如何经济、有效地以轨道交通解决城市客运交通的供求矛盾,这是一个应当引起社会各方面重视的问题。显然,科学的客流预测,对发展快速轨道交通可行性论证、网络系统布局规划以及系统的合理建设规模、建设水平等问题的决策具有极为重要的作用。

本篇正是基于这一客观需要,对城市交通系统的客流分配问题进行了探讨,提出了一种新的客流预测模式,并建立了相应的模型。

2 宏观控制与微观竞争机理分析

在控制论中,所谓控制是指为了保持系统状态的稳定性或促使系统由一种状态向另一种状态转换,由控制者对控制对象施加的一种主动影响或作用。有无目的是控制行为同其他一切行为的最根本的区别,控制正是一种有明确目的的主动行为,在一定条件下,通过引入适当的控制机制,使系统状态向特定方向发展变化,以实现控制者的目标。

---

[*] 本篇发表于《地铁与轻轨》,1994年第4期。

控制广泛存在于人类社会各个领域的实践中。具体到城市客运交通领域来看，由于城市客运需求的多样性，如需求层次高低不同，出行距离远近不同，出行时间长短不同，且出行目的不同，出行者个人、家庭、社会特征各异，客观上需要城市交通系统提供多元化的服务，而不同交通方式因特定的技术、经济、运营特性，只能适应一定的需求，因此城市需要多种交通方式，但每种交通方式各有其适用的条件和相对合理的服务范围。从系统工程的观点考虑，既要发挥各种交通方式的优势、特点，又要使其相互补充、分工合作，发挥系统的整体效益，取得最合理的社会、环境、交通、经济综合效益，则必须从宏观上对城市交通系统的发展进行统筹规划、协调控制。

控制不仅必要而且客观存在。如对私人小汽车的控制，西方一些国家曾放任私人小汽车自由发展，不加控制，名曰充分满足人们的出行方式意愿，结果是不但无法满足这种意愿，相反给城市带来了交通拥挤、阻塞、环境污染、能源紧缺、用地紧张、城市综合效益下降等众多问题，小汽车本身的作用难以发挥，速度低、延误大。现在这些国家千方百计地想减少小汽车的出行，采取各种措施控制其增长和使用。

纵观国内外各大城市的交通工程理论与实践，我们可以看到，对城市交通系统建设与发展的控制大致可分为四个层次：

1. 远景战略规划层次

通过宏观预估未来城市总的需求，确定未来城市交通发展的战略目标，并根据城市经济、地理、区位和社会经济发展战略确定城市交通设施宏观构架与控制指标。

2. 综合交通规划层次

根据交通发展的战略目标、投资条件以及规划期城市客运需求状况，合理分配各种主要客运方式的客流，并从规划上对各种交通方式的线网布局、站场设置以及交通工具的发展水平进行协调控制。

3. 设计建设层次

根据投资能力、工程地质条件、环境保护、景观、用地等方面的限制和要求，对各项交通设施的建设规模、建设质量、建造形式等，同样也存在着控制。

4. 运营组织层次

为了充分发挥各种交通方式的效能，避免造成不必要的客流竞争，对各类车辆设备的数量、质量、公交车辆的发车频率、票价、运行线路、停靠站点、私人个体交通工具的购买与使用等也都存在着一定控制。例如，20世纪70年代末，香港在九广铁路和地下铁路建成投入运营初期，为了保障"两铁"的收益，曾制订若干交通运输政策，限制公共汽车对铁路的竞争。而到了80年代末，两条铁路的发展结束了，乘客量达到饱和，且在早高峰期间出现严重超载情况，这时政府认为没有必要再限制巴士对铁路的竞争，转而鼓励巴士改善铁路沿线的服务，以减轻铁路拥挤的状况。

可见由于控制的客观存在，城市交通系统的客流分配就不是单纯的各种交通方式自由竞争的过程。换句话说，对城市交通系统的客流分配应当进行适当控制。但由于人们出行时对交通方式的选择具有自主性、随意性，因此，微观上不同方式之间存在着相互竞争，客流分配控制只能是一种宏观调控，即通过立法、行政、规划、经济杠杆等手段协调控制不同交通设施与交通工具的发展规模、发展水平、服务质量与服务范围等,引导微观的出行者个人对出行方式的选择与使用,从而达到客流分配控制的目的。

3 "宏观控制、微观竞争"模式的总体构想

3.1 基本观点

1. 从国内外大城市客运需求多样化的特点以及系统工程的观点考虑,大城市客运系统应由多种运输方式组成,既要发挥各运输方式的优势和特点,又要使其相互补充、分工合作、相辅相成、协调发展,提高系统的整体效益并满足市民出行的各种要求。

2. 各运输方式之间既有分工合作的一面,也有相互竞争的一面,但竞争不是无条件的自由竞争,而是宏观决策控制条件下的局部竞争。

3. 城市快速轨道交通所承担的客运量应符合城市客运交通结构的总体规划要求,其分担的客流应是全市比较集中的、较长运距的客流,包括直接吸引的沿线附近的客流以及通过其他方式,如公交车、自行车等间接吸引的客流。

4. 客流的吸引条件不单单是时间或距离,而是时间、安全、方便、准时、舒适、经济等因素的综合作用。

5. 快速轨道交通线路的建成,对城市的改造、开发,特别是对整个城市道路网络的改造与公交线网的优化起促进作用,客流预测中必须考虑对规划期道路网络与公交线网的适当调整或重新优化组合。

6. 客流分配预测应从未来全市客流交通源所形成的出行 O-D 分布总况出发,考虑客流转换的动态变化趋势,把握住客流的主流和方向。

3.2 基本思路

首先在宏观上考虑城市现状居民的出行方式结构及形成原因,定性分析城市未来布局、规模变化趋势,交通系统建设发展趋势,居民出行方式选择决策趋势,财政、经济承受能力、投资条件等,并与有关城市进行横向比较,初步估测出规划期城市快速轨道交通客运量分担比例的可能取值范围,并以此作为流量分配控制的目标。

然后在微观上考虑各交通方式的特点、优点、缺点、适宜的出行距离,不同交通方式之间竞争转移的条件与可能性,居民出行选择行为心理等因素,建立快速轨道交通客流分担模型,并结合宏观控制目标的分析,对模型进行标定,据此计算轨道交通随距离变化的不同分担比例,经若干次参数调整与迭代试算,使城市快速轨道交通客运量分担比例处在第一步所估计的可能取值范围之内。

由此可知,"宏观控制、微观竞争"模式的关键在于:一是合理确定宏观控制目标,即规划期的轨道交通客运量分担比例(取值范围),二是建立符合客流分配特点的轨道交通客流分担模型。

关于规划期城市客运交通结构的合理确定问题,国内已有不少学者进行了深入研究,并取得了大量成果可供参考,在此不做讨论。

4 快速轨道交通客流分担模型的建立

4.1 竞争类方式与非竞争类方式的划分

根据"宏观控制、微观竞争"模式的基本观点,对比分析我国大城市未来主要客运交通工具在时间、经济、舒适、方便、安全等方面的服务特性,并考虑宏观控制条件下人们选择交通方式的实际状况,可将客运方式按是否与快速轨道交通存在明显的客流竞争关系划分为竞争类方式与非竞争类方式。

竞争类方式在一定的出行距离范围内与快速轨道交通存在较为明显的客流竞争关系。在我国特定条件下,这类方式主要包括自行车和公交车(指街道上的大、中、小型公共汽车,无轨电车,计程车等。)

非竞争类方式基本上不存在与快速轨道交通的竞争。这类方式主要有步行、单位小客车、私人小汽车、摩托车等。

通过竞争类方式与非竞争类方式的划分,在建立快速轨道交通客流分担模型时,就可不考虑非竞争类方式,可预先将非竞争类方式承担的出行量从出行总量中除去。这里需引起注意的是:尽管认为非竞争类方式的客流一般不向快速轨道交通转换,但必须考虑单位小客车、私人个体机动车占用城市道路交通设施、增加道路负荷度所产生的影响。

4.2 客流吸引的三种状态

这里首先引入一个"快速轨道交通车站步行吸引区"概念。

快速轨道交通车站步行吸引区是指这样一个区域,从该区域内任一点步行到达快速轨道交通车站的步行时间或距离是绝大多数人乐于接受的。关于步行吸引区大小,表1给出了国外的有关调查分析和研究结果。

表1 国外城市快速轨道交通车站步行吸引区大小情况表

步行时间 t/分钟		步行距离/千米	
$t \leqslant 10$	$t \leqslant 15$	市中心区	市边缘区
(乘客比例)80%	(乘客比例)98%	0.5～0.6	0.8～1.0

1988年,北京市地铁步行吸引情况见表2。

表2 1988年北京市地铁步行吸引情况统计表

步行到站时间/分钟	5～<10	10～<15	15～<20	20～<25	25～<30	30～<40	40～50	合计
步行到站距离/千米	0.1～<0.4	0.4～<0.8	0.8～<1.2	1.2～<1.6	1.6～<2.0	2.0～<2.4	2.4 及以上	
乘客数量/人	288	1 111	1 483	780	276	12	34	3 984
比例/%	7.2	27.9	37.2	19.6	6.9	0.3	0.9	100
平均步行时间约为12分钟				平均步行距离约为0.8千米				

快速轨道交通车站步行吸引区大小与一个国家的经济发展水平、人民生活的富裕程度、城市客运系统的总体水平、轨道交通路网密度、车站间距以及车站周围道路网络、公交线路、站点布设状况，还有地形地貌、气候条件等诸多因素相关，一般应通过调查确定，但也可通过类比分析来确定。

根据出行端点（"O""D"）是否位于快速轨道交通车站步行吸引区内，可将出行O-D点对划分为以下三类：

Ⅰ. 两个端点均位于步行吸引区内，称这类O-D量处于快速轨道交通的"直接吸引状态"，利用轨道交通出行的全过程可表述为：

O—步行—轨道交通—步行—D

Ⅱ. 只有一个端点位于步行吸引区内，称这类O-D量处于快速轨道交通的"一次换乘吸引状态"，利用轨道交通出行的全过程可表述为：

O—步行—轨道交通—其他交通工具—D

或　　　　　O—其他交通工具—轨道交通—步行—D

Ⅲ. 两个端点均在步行吸引区之外，称这类O-D量处于快速轨道交通的"两次换乘吸引状态"，利用轨道交通出行的全过程可表述为：

O—其他交通工具—轨道交通—其他交通工具—D

显然，不同吸引状态下的客流分配具有不同特点。

4.3　客流分层分布与分配模型

快速轨道交通客流分层分布与分配，是指在一定的宏观决策控制条件下，将交通区之间竞争类方式出行量按所处的吸引状态不同分别分配到快速轨道交通线路上。

设交通区 i 与交通区 j 之间竞争类方式出行量为 X_{ij}，其中快速轨道交通客流分担率为 $P_{sub}(i,j)$，则 i,j 两交通区之间快速轨道交通分担出行量 $Q_{sub}(i,j)$ 为：

$$Q_{sub}(i,j) = X_{ij} \cdot P_{sub}(i,j) \tag{1}$$

将交通区之间的轨道交通出行分担量分配到轨道交通线路上，首先得到车站的站间O-D量，据此可推算轨道交通线路的断面流量及车站集散量。

设：O、D分别表示出行起、讫点；

st,ed 分别表示利用轨道交通出行的起讫轨道交通车站。

ls,le 分别表示 O 经 st,ed 到 D 的最短距离（千米）。

Rw 为轨道交通车站步行吸引区当量半径（千米），一般取 Rw 为 0.5～1.0 千米。

令

$$JG(st) = \begin{cases} 0, & ls \leqslant Rw, \\ 1, & ls > Rw \end{cases}$$
$$JG(et) = \begin{cases} 0, & le \leqslant Rw, \\ 1, & le > Rw \end{cases} \tag{2}$$

则有状态变量

$$JGK = JG(st) + JG(ed) = \begin{cases} 0, \text{直接吸引状态}; \\ 1, \text{一次换乘吸引状态}; \\ 2, \text{两次换乘吸引状态} \end{cases} \quad (3)$$

下面分别给出三种状态下 $P_{\text{sub}}(i,j)$ 的计算公式。

1. $JGK=0$(直接吸引状态)

设 u 为从 st 到 ed 沿轨道交通线的最短距离(千米);

d_0 为轨道交通车站的平均间距,一般取 $d_0 = 0.8 \sim 1.2$ 千米;

l_0 为客流从竞争类方式(自行车、公交车)转入轨道交通的临界距离,显然 l_0 为流量分配控制参数,随城市的具体情况不同而异,一般可取 l_0 为 $4.5 \sim 6$ 千米;

Pt 为存在竞争的情况下轨道交通分担的出行比重,$Pt \in (0,1)$。

则有

$$P_{\text{sub}}(i,j) = \begin{cases} 0, & u < d_0; \\ 1, & u \geqslant l_0; \\ Pt, & d_0 \leqslant u < l_0 \end{cases} \quad (4)$$

Pt 的计算,可根据出行方式选择特性,采用如下形式的多方式概率分配模型:

$$P(K) = \text{Exp}[-\theta \cdot R(K)/\overline{R}] / \sum_{i=1}^{m} \text{Exp}[-\theta \cdot R(i)/\overline{R}] \quad (5)$$

式中:$P(K)$——第 K 种出行方式的分担率;

$R(K)$——第 K 种出行方式的阻抗值;

$\overline{R}$——各种可供选择的出行方式的平均阻抗值,$\overline{R} = \frac{1}{m}\sum_{i=1}^{m} R(i)$;

m——可供选择的出行方式种类;

θ——分配参数。θ 的取值与 m 有关,一般 $m=3$ 时,θ 取 3.5,$m=4$ 时,θ 取 4.5。

对于 $R(K)$,综合考虑交通时间、费用、广义舒适度(反映安全性、可靠性、方便性、舒适性等特征的参量)等因素,取用以下交通阻抗函数关系式:

$$R(K) = [C(K) + \lambda \cdot T(K)] \cdot \alpha(K) \quad (6)$$

式中:$C(K)$——第 K 种出行方式的交通费用;

$T(K)$——第 K 种出行方式的交通时间;

λ——时间价值,可取对应年度的人均每小时国民收入值;

$\alpha(K)$——第 K 种出行方式的广义舒适度系数,是一个无量纲的值,可通过有关调查分析确定。

2. $JGK=1$(一次换乘吸引状态)

设"O""D"间最短交通距离为 $l_{\min}$,若 $l_{\min}$ 超过竞争类方式(自行车、公交车)适合的出行距离(设为 l_1),且采用轨道交通的乘行距离 u 超过一定值(设为 l_2),使得利用轨道交通出行比竞争类方式要明显省时、省力,则可认为 l_1,l_2 为客流从竞争类方式向轨道交通转换的临界距离。显然，l_1,l_2 也是流量分配控制参数，一般 l_1 取 7.5～10 千米，l_2 取 6～7.5 千米。

则有

$$P_{sub}(i,j)=\begin{cases}0, u<d_0 \text{ 或 } \max\{ls,le\}\geqslant l_{\min};\\ 1, l_{\min}>l_1 \text{ 且 } u\geqslant l_1;\\ Pt,\text{其他}\end{cases} \quad (7)$$

式中，Pt,d_0,ls,le 同前。

3. $JGK=2$（两次换乘吸引状态）

在两次换乘吸引状态下，通常认为不存在客流全部从竞争类方式转向轨道交通的情况，因此有

$$P_{sub}(i,j)=\begin{cases}0, u<d_0 \text{ 或 }(ls+le)\geqslant l_{\min};\\ Pt,\text{其他}\end{cases} \quad (8)$$

式中，$Pt,u,d_0,ls,le,l_{\min}$ 同前。

由式(4)，式(7)和式(8)可知，快速轨道交通客流量是由两部分组成的，一部分是非竞争性客流，这部分客流不存在来自竞争类方式的竞争，直接转入轨道交通（分配率为1），另外一部分是竞争性客流，通过与竞争类方式竞争转换得到的（分配率小于1），各方式客流分担率大小取决于其所提供的综合服务效能的相对比较结果。

显然，轨道交通客流分担状况除了与城市客流分布总况密切相关外，还是流量分配控制参数 l_0,l_1,l_2 以及阻抗参数 $R(K)$ 的函数，即在城市客流分布总况（出行O-D分布）一定的条件下，轨道交通客流分担量的大小与分布取决于流量分配控制参数和阻抗参数的取值，而通过适当调整这些参数的取值，便可以实现宏观控制客流分配的目标。

5 结束语

城市快速轨道交通客流预测是一项十分重要而又困难的工作，预测年限长、影响因素多、涉及面广，目前尚无比较成熟的预测技术方法。本篇所做的工作是从新的角度进行的初步探讨，有些问题还待进一步研究和论证。文中不当之处，敬请读者批评指正。

参考文献

[1] 徐吉谦. 开展城市交通发展战略规划的探讨[J]. 现代城市研究,1989(5):31-35.
[2] 连世全,关宝树. 城市地下铁道合理规模初探[J]. 地铁与轻轨,1990,3(3):22-26.
[3] 彼得·霍尔. 城市和区域规划[M]. 邹德慈,金纪元,译. 北京:中国建筑工业出版社,1985.
[4] 高世廉. 地下铁道客流规划的基本模式[J]. 地铁与轻轨,1989,2(3):14-16。
[5] 陈学武. 城市快速轨道交通客流预测探讨[D]. 南京:东南大学,1992.

第二编

城市交通综合治理与需求管理研究

试论城市交通的综合治理*

徐吉谦

（土木工程系）

摘　要　本篇首先从城市交通系统的系统工程性、社会性和交通问题原因的多样等方面，说明对城市交通必须采取多种方式的综合措施进行治理；其次，阐述了"综合"的两层含义，综合治理必须要有一个战略性的总体规划，对治理的要求、目标、前提条件，交通对策等做出明确规定，并采用不同层次的多种方法择优选用，进而将城市交通系统归纳为五个子系统，系统间需保持平衡，以发挥系统整体功能；最后提出了综合治理的基本原则和治理的程序。

关键词　综合治理；系统工程；运输系统

1　城市交通综合治理的必要性

交通拥挤、道路阻塞、交通事故有增无减等现象不仅遍及各大城市，甚至延及不少城镇。随着改革开放政策的深入贯彻，市场日益繁荣，人口不断向城镇集聚，而城市继续向四周或高空发展，房屋高度、人口密度均不断提高，城市交通问题势将越趋严重。鉴于此，不少有识之士忧心忡忡，或剖析其形成之原因，或探寻解决之良策，有谓系市政基础设施欠账太多、拖延太久，老的路网格局不适应新的交通体系；有谓系管理不善，设施落后，缺乏章法，车路的潜力未能发挥；有谓系交叉口通行能力不足，车辆无法通过，要求多修立交；有谓系自行车失控，发展太快，占道路面积太多，影响机动车辆的运行，应严格限制或适当控制自行车的发展，等等。大都言之成理，各有所据，所提出的有关措施也有很强的针对性，但由于城市交通涉及社会、经济、城市结构、管理体制等各个方面，而且不同城市，问题各异，因而即使采纳上述建议，也只能奏效于一时一地，无法从根本和总体上解决城市交通系统的拥挤阻塞。因此必须根据城市交通发展的历史特点和城市交通系统本身的特性进行综合治理，其具体理由是：

1.1　城市交通问题产生的原因是多方面的

我国的城市交通问题是长期形成的，原因很多，既有历史上自然形成的城市布局、路网结构、路线功能、商业社会活动过分集中、管理方法、规章制度、思想认识和政策体制方面的问题，也有科技管理人员和资金不足的问题等。但由于每个城市各有自己的历史和地理特点，因而存在的问题也各不相同。有的即使问题相同，其严重程度和产生原因也可

---

*　本篇发表于《南京工学院学报》，1988年。

能不同,甚至同一道路上发生的问题也各不相同。故非单一措施和简单方法所能奏效,更不能千篇一律,百病一方,应根据实际存在的问题,提出有针对性的治理措施,这就必然要采用多种方法或多种措施进行综合治理。

1.2 城市交通有很强的系统工程特性

城市交通是由城市交通需求、运力、设备、营运、管理诸系统组成的(图1)。这些系统都有各自的特定功能,但又密切相关、相互依赖、相互联系、相互作用,任一要素均不能脱离系统的整体而单独地完成运输任务,只能在与系统整体协调一致的运行过程中起相应的局部作用。即使各要素都有非常良好的功能,如不能在发挥系统总体特定功能中相互协调、相互配合、密切合作还是不能发挥良好作用。

只有提高对城市交通系统工程特性的认识,在重视其系统工程整体功能的前提下,加强各子系统(要素)的功能,特别是加强关键性的薄弱环节,把子系统和大系统、局部和整体协调统一起来,使整个城市交通系统充分发挥其综合统一的整体功能。

1.3 城市交通具有很强的社会性

长期以来,人们习惯地将城市交通问题看成是交通管理部门和城市建设部门的事,认为交通不畅是因为道路太少,事故增多是因为管理不善。因此,对于当前城市交通的治理,也很自然地认为是交通管理部门和城市建设部门的事。这是城市交通治理成效不大的原因之一。其实今天的城市交通问题已涉及各个部门、各个行业并且关系到全市人民的工作、生活、学习和生命安全,成为全市性的一个重大社会性问题。其原因是:

(1) 运输工具拥有的广泛性

衣、食、住、行中行是人类生活必不可少的要素之一。而且随着社会的进步、科技的发展、经济的繁荣、人民生活水平的提高、世界整体性的增强,社会对行的要求越来越高,行的地位也越来越突出。火车、轮船、汽车、电车、飞机等各种交通工具日新月异地发展,数量的不断激剧增加,大都是为满足人们对行的迫切需求。在我国自行车早已普及,汽车的拥有量也迅速增长,不仅每个大单位都有汽车,而且有些单位多达几十辆。据江苏省的初步统计,专业的运输企业车辆占总拥有量的比例不到10%,而社会各部门拥有的汽车已达90%以上。这说明交通工具拥有的广泛性已达到相当高的程度。

(2) 营运过程的社会性

无论是汽车、电车或自行车都必须有供车辆通行的道路等基础设施,必须有组织营运和指挥运行的管理人员和设施,以及据以管理的交通法规和违章处理规则等,而这些设施的建立,规章制度的贯彻执行,无疑会涉及城市的规划、设计、建设、行政管理与营运等部门,涉及立法、司法和行政部门以及所有交通参与者。由此可见,城市交通的营运涉及社会各方面。要治理好城市交通绝不是城建和交管两个部门所能单独完成的,必须在市政府领导下,由各有关部门共同努力,并取得全社会的支持和合作。若是关门治理或独家治理,就很难取得显著的成效。

综合治理是一个复杂的难题,但却是最为经济有效的科学方法。而关门治理或任何一种单一的治理措施,一方面无法满足各方面对城市交通所提出的不同要求,不能解决城市交通的所有问题,另一方面也无法充分利用现有的市政基础设施,因而综合治理应大力提倡。

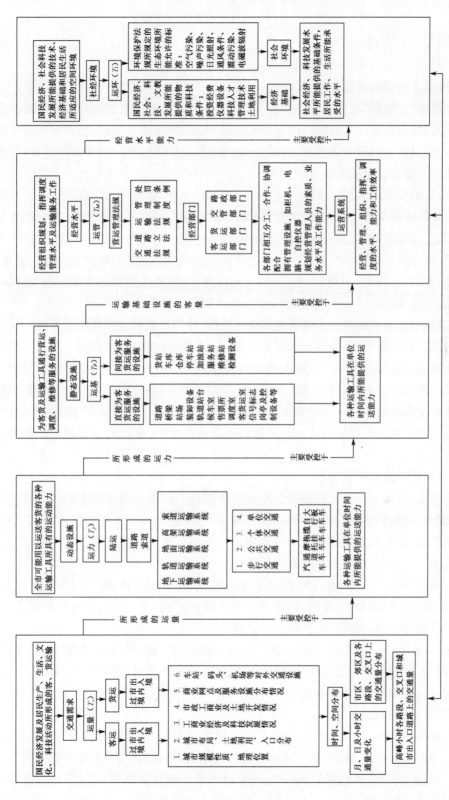

图1 城市道路交通运输综合平衡系统框图

2 如何综合治理

2.1 弄清综合治理的含义

综合治理的"综合"有几层含义。首先,这是由于城市交通问题的社会性所致。它涉及许多相关部门,也受到这些部门的制约和影响,要治理好城市交通,必须在市政府的统一领导下,组织相关部门共同参与,并综合他们的力量和智慧共同治理城市交通,而不是某一个部门所能独立完成的。

其次,是指交通的治理方法或措施不能简单的一体化,而要采取综合的方法。在治理时不能一律都修建某种工程设施,而要根据城市的特点、交通需求的发展、资金设备的来源、治理的总体要求,采取多种措施进行治理。

最后,综合治理中"治理"的含义也是广义的、多层次的,包括战略的、战术的、宏观的、微观的、治本的、治标的、简单的、复杂的,不同深度、不同要求的综合治理,而不是同一水平的措施。

2.2 明确城市交通系统在城市建设发展中的地位、作用以及同城市发展的关系

列宁说:"城市是经济、政治和人民生活的中心,是前进的主要动力"。这就从整个经济和社会发展的战略高度说明了城市的地位和作用,明确了城市的历史和现实任务。城市要完成这样艰巨繁重的任务,就必须要有一个良好的、适应范围较广而服务水平较高的四通八达的交通运输体系。这是城市建设发展,发挥正常功能和带动周围农村的经济、社会发展的基本条件。现代城市交通与全市的社会经济生产、生活和整个城市环境诸方面均有密切的关系。

2.3 建立主要系统的平衡框图

前已述及,城市交通系统有很强的系统工程特性。在综合治理时必须认真研究考虑各个系统间的有机联系、相互制约和相互依赖关系,使综合治理的各项措施,同系统总体能良好地协调,最有效地发挥系统的整体功能。根据系统工程和交通工程的原理和城市交通系统的特点,将其综合为下列五个系统:

1) 运量系统——运量(包括对外交通的运输数量和质量方面的需求量)应受运力(输送客货、信息的运输能力)的制约,即运力应与运量相适应,或基本满足运量的要求,否则客、货积压,信息不通,必然影响到社会经济等各项活动的开展。

2) 运力系统——运力应受到"运基"(为行人和运输工具转移或行驶服务的运输基础设施)的制约,即运基应与运力相适应,或基本满足运力的通行,否则行人、运输工具无法通过和正常运行,其结果必然造成压车、排队等候、延误时间,或道路阻塞、事故频发,达不到实现客、货运输的目的。

3) "运基"系统——运基受运管(对交通运输工具与基础设施的经营管理,控制、调节与维修等)的方式、方法、体制、管理水平和能力的制约,即运力、运基都要受运管这一环节的制约。如运管不当、落后或失误,其他子系统虽处于良好状态,也无法发挥其良好的正常功能而完成运输任务。

4) 运管系统——运管又受到运环(城市运输环境——社会、经济、体制、科技发展水平及其地理气候等社会环境和自然环境)的制约,即上述四个子系统都要受城市社会、经济及科技发展等自然及社会环境的制约或影响。

5) 运环系统——运环是指运输环境,包括:

(1) 国民经济发展与居民生产、科技文化活动所形成的客、货运输及信息传送的交通需求;

(2) 国民经济、社会、科技、文教发展所能提供的物质经济基础,现代化的技术装备及科技人才;

(3) 维护居民正常工作、生活和环境保护方面所能允许的空间环境标准。

为简明起见,将上述诸系统绘成框图(图1)。

从框图可明显地看出它们相互依存和相互制约的关系。这对于分析、认识城市交通问题的原因、性质和严重程度和指导城市交通的综合治理都有良好的作用。

2.4 确定综合治理的主要原则

城市交通系统是城市社会、经济、科技、文教发展的基础,是城市建设、发展必不可少的有机组成部分。因此,城市交通的治理必然涉及各个方面,涉及今后城市的发展。同时它又是一项耗资巨大、影响深远的综合项目,在决策时不能不多方思考,谨慎从事。笔者认为下列原则应予以认真考虑。

2.4.1 明确必要的前提

1) 要有城市发展总体规划,明确城市的性质、发展规模、用地范围、工业布局及用地规划。

2) 要通过科学预测,明确远、近期客货交通需求的发展、数量和质量的要求。

3) 要有治理的总体战略目标和交通发展政策,使交通治理有所依据,有明确的目标。

2.4.2 充分利用现有的基础设施和有关资料

在制定城市综合治理的总体规划和分项、分期、分地区的规划时,均应认真考虑如何充分利用现有基础设施。在不影响交通治理战略目标的前提下,提出一个既能最大限度地利用已有的主要基础设施,又能满足远、近期交通需求的城市交通综合治理的方案。对现有的各项基础设施要尽力予以利用。对于有关交通、市政基础设施的资料,亦应予以整理利用。

2.4.3 综合治理的各项措施应有机的结合或协调

1) 微观的、分项的、专门的交通治理计划应与城市宏观的总体规划相结合。

2) 近期的各项应急的治标措施应与远期规划的治本措施相结合。

3) 将提高现有市区交通系统的客货运输能力与减少全市各种无效交通(或不合理交通)总量协调起来。

4) 完善市区内部道路网络应与改进城市出入口干道和对外交通体系相互协调。

5) 改善市中心区的交通规划和增加静态交通设施应与老城市的改造、小区规划结合进行。

6) 强化交通管理措施和完善交通立法应与加强人民的遵纪守法教育相结合。

2.4.4 优选综合治理的各主要方案

对于综合治理的总体规划方案及分阶段各项治理的措施都必须进行可行性论证和综合效益的全面评价,力求在较多的方案中进行优选。

笔者根据系统原理和有关经验,提出了一个交通综合治理的程序框图(图2)。这是个粗线条的总的工作步骤,据此制定出综合治理的总体规划,使整个城市交通的综合治理工作有纲有目,有长期规划,有具体计划,有总体规划,有专项计划,做到远近相结合,标本兼治,分期实施,分项解决,以达到全市交通的综合治理。

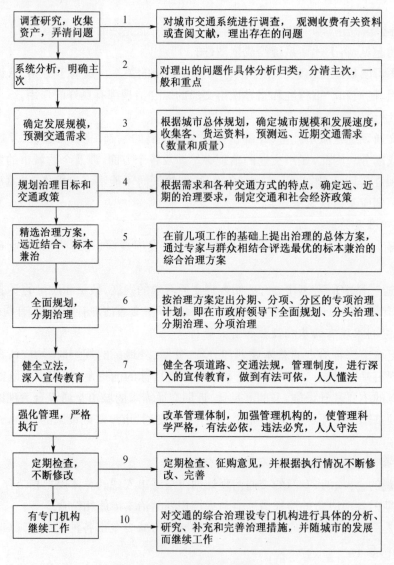

图2 城市交通综合治理程序框图

3 结束语

以上简述了城市交通为什么要采用综合的方法进行治理和如何进行综合治理,以期有助于提高交通治理的成效。笔者还要补充说明的是,城市交通治理是一个较长期的过程,交通治理的方案确定后还有许多工作需要继续进行,因此,建议有条件的城市都应该建立专门机构从事城市的治理,系统地、全面地掌握交通治理的规划和进程,并可积累资料和经验,这对提高城市交通的治理水平、综合治理的成效、掌握城市交通发展的趋势均有较大的好处。与此同时,对近期的治理工作也应予以重视,以缓解当前的矛盾,力争较快地取得成效。

参考文献

[1] 张树森. 对道路交通社会化的认识[C]//江苏省公路学会. 江苏省公路学会优秀论文集. 北京:人民交通出版社,1987.
[2] 列宁. 列宁全集[M]. 北京:人民出版社,1959.
[3] 徐吉谦. 采用系统平衡综合治理城市交通方法的探讨[C]//国际城市交通工程与规划学术会议论文集,1987.

城市道路交通组织管理*

薛珊荣,徐吉谦

(东南大学)

摘　要　随着城市汽车和自行车的大量增加,城市道路的交通组织管理是缓解交通拥挤、保证车流安全和畅通的关键。本篇根据国内外的经验实践,对城市街道以及平面交叉口的交通组织管理方法进行了系统性的探讨。城市街道的交通组织管理方法包括用行政措施影响行车时间的分布、统一组织城市交通及重新分配车流、限制货车通行和调整车流、快慢车分流和人车分离、实施单向交通。平面交叉口的交通组织管理方法包括布置交通岛、实施车流渠化、组织行人交通实施人流渠化、扩大交叉口和转弯车道设计、调整交通组织。

关键词　城市交通;交通组织;平面交叉口

1　城市街道上的交通组织管理

随着汽车、自行车的大量增加,为缓解交通拥挤、保证车流安全和畅通,必须要很好地组织城市交通和管理。在特大城市中心地区尚可进一步采取现代化的科学管理措施。根据国内外的实践经验,组织城市交通的方法有以下几个方面:

1.1　用行政措施影响行车时间的分布

各工厂企业错开职工上下班时间,甚至进一步调整职工工作单位,使其工作单位邻近居住街区,这是很有效地减少车流和降低高峰小时交通量的根本性措施。世界上各大城市把"错开工作时间"和采用"弹性工作时间"以及变换工作地点等措施作为缓和紧张的城市运输和降低高峰小时交通量的有效措施而广泛采用。北京市1979年预计冬季高峰客流要比1978年增长9%,由于在二百多个较大工厂企业实行错开上下班时间措施,高峰客流下降4%,即比1978年的预计减少13%。

1.2　统一组织城市交通、重新分配车流

开辟新干道和改造旧街道可以分散车流。为减轻城市中心交通拥挤,首先开辟环路和交通干道,将不必进入市区的客货汽车分配到环路和过境干道上去。同时,为保证新辟街道的行车速度不致因交叉口过多而降低较大,应封闭一些次要交叉口。

有些城市可选择一些旧街道、城墙、废河道等,通过裁弯取直改造成交通干道。例如合肥市将一条平行于全市商业大街而房屋稀少的前大街,拓宽取直改建成交通干道。还

---

* 本篇发表于《交通管理科技参考》,1992年第1期。

有杭州利用中河来填筑开辟新街道,长沙利用旧铁路基地修建南北向的交通干道。

1.3 限制货车通行和调整车流

我国城市内载货汽车占相当大的比例,因此,限制货车可使市区的汽车交通大为减少。北京、上海、广州、南京等很多大城市已限制货车白天在市中心区通行。上海规定中山环路以内市区,货车须有市区通行证方准在白天(7:00~19:00)行驶,这样,限制区内主要街道交叉口的汽车高峰小时交通量减少了10%左右。

调整公共交通线路和站点可以分散车流。目前在一些大城市的主要街道上,公共交通线路过分集中,这是人为地造成车流和乘客的拥挤。因此,公交线路应分布均匀,联系城市各区,这样既有利于居民出行,又使车流分散。对于汽车、公交车、自行车和人流高度汇集,而街道宽度不足的商业性大街,为保证大量人流安全通行,就必须进行更严格的车辆疏散。如上海南京东路在市第一百货商店的路段是宽度为21.5米的全市性大街,因为这个商店交叉口的高峰小时人流超过了5万人次,所以除禁止载重货车行车外,又被迫白天禁止自行车通行,并减少公共交通行驶线路。实行这些交通管理后,街上车流大大减少,因此,有可能将非机动车道辟为人行道,用连续性矮立柱与车行道隔开,基本上满足平日人流的通行。

1.4 快慢车分流和人车分离

目前,我国城市中某些街道汽车与自行车混合行驶还相当严重,这是造成交通拥挤和事故多的重要原因。因此,在交通干道上应采用绿化带或隔离墩将汽车与自行车严格隔离,形成三块板的路幅布置。当单向有两条以上的机动车道时,则用白色的路面标线划分车道,即指示同一方向行驶的车辆有条不紊地依规定的车道前进。强大的人流和自行车一样,是我国城市交通的特有现象。人流随意侵占车行道和任意横越街道的现象很普遍,这无形中缩小了车行道的宽度,造成人流、车流的相互干扰。人车分离是行人与车辆的交通分离,大致分为空间分离和时间分离。空间分离包括设置人行道、采用护栏方式将人流与车流严格地分离,开辟步行街、设置人行天桥或地下过街道等。这些措施使人流和车流各行其道、互不干扰。

时间分离是在一条街道上的人流和车流间歇地利用不同的时间以防止行人与车辆冲突而造成交通事故。其方式有允许行人穿越街道地段划上斑马线,设置指示行人横过街道的交通信号以及在时间上限制车流的步行街等。

1.5 实施单向交通

国内外实践经验表明,强制性单向行车是减少交通事故、提高行车速度和增加街道通行能力的有效方法。香港就是在采取了单向行车线等交通管理措施后,逐步实现街道信号灯控制自动化的。

我国城市的大多数街道都比较狭窄,不少街道容纳两辆汽车对开都比较困难,容易造成交通阻塞和意外事故。把大部分狭窄街道改为准许车辆从一端驶入,而从另一端驶出的单向街道是很必要的。如上海的南京东路将不准许通行的车辆疏散到相邻平行的二马路和三马路,使它们成为只准单向通行的街道。广州有32条街道,北京市区有30条街道在实施单向交通后,交通阻塞大为改善,车速也提高了。国外大城市也很重视组织单向交通,在美国有一半以上的街道被规定为单行线,如纽约市的单行线就长达4 000多千米。苏联规定凡不足18米宽的街道原则上都定为单向交通。日本横滨市路幅在5.5米以下的街道有5 320千米,占总里程的66.1%,充分组织单向道,使机动车运行分散,速度可达50千米/时。

2 平面交叉口上的交通组织管理

交叉口的交通组织管理大致有以下方面:
1. 将不同方向的交叉车流在空间进行分离,即立体交叉;
2. 在时间上进行分离,即交通信号控制;
3. 采用物理设施将同一平面内不同方向的车流分离,即平面交叉的交通渠化。平面交叉口的交通渠化是投资较少、收效大、能显著提高平面交叉口通行能力的交通组织管理措施。

2.1 布置交通岛、实施车流渠化

使用交通标志、路面标线和导向箭头可使车流渠化,但在交叉口上的渠化车流主要是通过布置交通岛来实现的。

交通岛按其功能及布置位置,可分为导向岛、分车岛、安全岛和中心岛等。

1. 导向岛可控制和指引交通,将车流引向一定的前进方向,以减少冲突点和缓和冲突角(通常为转弯行驶)。

2. 分车岛是分隔反向或同向快慢车流(通常为直向行驶)的长条形交通岛,以减少车流之间互相干扰和冲突。有时也用路面划线(双黄粗线宽0.5米)来替代。

3. 安全岛在宽阔的大街上,供行人过街时避车用,以减少车流、人流冲突。

4. 中心岛设置在交叉口中央,供车流绕行以消灭冲突点和控制冲突角。

大多数交通岛具有上述功能的两种或全部。交通岛的大小与形状随所起的作用而异,它取决于相交街道所形成交叉口的形式、面积和车辆的流量、流向。

在解决畸形交叉口的复杂交通时,为更好地发挥其渠化交通的作用,一般在修建永久性交通岛之前,可用移动式矮立柱或沙袋临时布置,通过观察车流的运行情况,不断调整与修改,直到车流通顺为止。

渠化交通的主要作用是保证车流的安全畅通,具体的布置方法有以下几种:

1. 在畸形、复杂的交叉口上,往往用几个简单的交通岛就能很好地组织交通,使混乱的车流各行其道。交通岛的形状、大小与位置等必须适当,才能更好地达到导向车流和行车安全的目的。

2. 布置交通岛限制车流行驶方向,使斜交对冲的车流变为直角交叉或同向锐角交织,以减少车流交叉时发生严重事故的可能性。

3. 在交通量较大、车速较高的交叉口上,布置交通岛渠化交通后,对分车岛可缩减其宽度,以利临时停车和左转弯车辆的运行。有时常在其上布置各种交通标志和信号设备,以作为行人过街时避车之用。

4. 对五岔交叉口以上的交叉口,要充分利用分车线和交通岛进行渠化交通,保证车流互不干扰地正常行驶。利用交通岛布置要限制车道宽度,防止超车,控制车速或转错车道。

交叉口上的渠化交通,从广义上说不仅要解决车流之间的机动车流与非机动车流之间的冲突,还必须要解决车流和人流之间的冲突。即车流要渠化,人流也要渠化。这样才能使车流畅通、人流安全。

2.2 组织行人交通实施人流渠化

交叉口不仅是车流汇集之处,也是行人密集的地方。在交叉口渠化行人交通的一般方法是合理设置人行横道,只准行人在指定地点循序越过街道,同时应加宽交叉口转角处的人行道宽度。此外,在城市建筑规划布局时,应避免将吸引大量人流的公共建筑布置在交叉口上。

人行横道线最常见的是在横道两侧画横道线,一般用白漆、有色水泥块或白色瓷片填嵌而成。我国一些城市还用废弃的碎碗片作为填嵌材料,效果也很好。在国外最常见的是将整条人行横道用白漆或特种塑料等画成两种颜色相间的带,称为"斑马纹"。它的特点是醒目,使驾车人员和行人都能一目了然。上海1978年首先在延安东路、西藏中路的"大世界"交叉口试用"斑马纹"人行横道示意线,效果很好。目前延安路已全面推广使用。

当交叉口或路段很宽阔、交通量大和行人多(每小时超过 8 000~12 000 人)时,都应考虑设置人行天桥或人行地下过街道。它是人车分离、保护行人过街和车流畅通的最安全措施。

2.3 扩大交叉口和转弯车道设计

接近交叉口处的车流按前进方向可分为直行、左转弯、右转弯车流。若路段上的车道数和车道宽度能满足直向行驶的要求,但驶到交叉口前,交叉口上车道数太少(不满三条),因红灯而停在停止线前的直行车辆就必然会阻碍右转弯车辆行驶,而通过交叉口时,左转弯车辆也会与直行车辆发生干扰。因此,在交通量较大时,为使左、右转弯车辆分道等候或各按其道行驶,保证直行车辆能成批通过交叉口,就必须增加交叉口上的车道数。

当交叉口上某方向总交通量超过 400 辆/时,而左转弯交通量超过 120 辆/时,在近叉口处应考虑设置左转分流车道。由于右转弯车和直行车混行时,车辆通过停车线的间隔时间基本相等,当设置左转弯专用车道后,右转弯车可与直行车混行。但为了提高交叉口的通行能力,当右转弯车辆超过 150 辆/时,要考虑设置右转弯专用车道。显然,路口处的车道数多于路段车道数,必定大大提高交叉口上的通行能力。一般根据路段上原有的车道数,单向可增加 1~2 条车行道。在路口增拓的每条车行道宽度一般不小于 3.0 米,在条件许可时,最好与路段上车道宽度相同。

2.4 调整交通组织

当旧城市街道系统改建、拓宽有困难时,常可通过调整和改变交通路线、定时限制车辆行驶、限制左转弯行驶或限制车速、组织单向行驶、封闭支路、调整公共交通路线和站点等一些措施,来减少交叉口上的车流阻塞。近几年来,我国大中城市通过上述各种措施,颇有成效地整顿了街道的交通秩序。如上海淮海中路在白天高峰交通期间,利用平行支路组织自行车交通以禁止自行车穿越商业街道,使淮海中路形成以三条公共交通线路行驶为主的专用道和人行道相结合的商业性大街,颇有成效。

单行线交通可行性探讨

徐吉谦

(东南大学)

摘　要　随着自行车交通的迅速发展，许多城市机动车与非机动车混行，出现了交通拥堵问题。单行线措施在国外多年的实践中被认为是最有效的交通组织管理之一。本篇分析了单行线交通的优缺点，以现有道路系统能否得到较大的改进，能否减轻交通的拥堵和阻塞，能否方便群众乘车，能否节约国家的投资和提高经济效益为原则，提出了组织单向行车的基本条件。

关键词　城市交通；交通组织；单行线

1　前言

随着城市各项事业改革步伐的加快，就业人数的增加，汽车拥有量和城市交通量的迅速增长，不少城市的一些主要干道已是车水马龙显得十分拥挤了。特别是近年来自行车交通的迅速发展，很多城市已形成机动车与非机动车混行，秩序乱、速度低、事故多、乘车难，以致经常发生拥挤、阻塞。如何解决我们城市交通的这种严重局面？完全依靠新建大街，既行不通，也拿不出这笔钱，只能靠多方面挖掘潜力，综合治理；在少拆迁或少增建新的街道或道路系统、少花钱或用好钱的情况下，提高我们道路的利用率和通行能力，扩大公交服务范围，方便群众乘车。但要达到这一目标是很不容易的，必须采取有效的措施。据国外多年的实践经验，认为最有效可行的措施之一，就是变部分双行线为单行线，或将一些宽度不足而无法双向通行汽车的街道和次要道路开辟为单向行车街道。这样就可以只花少量的钱，而增加相当多的可供公交车辆或自行车通行的线路。这对于改变城市交通拥挤、乘车难，交通流量分布不均(集中在少数几条干线上)和道路通行能力低是有很大作用的。对于减少拆迁，节约投资，提高经济效益，其意义也是巨大的。下面仅就单向交通的含义及基本优点与缺点，组织单向行车的基本条件等作一初步分析。

2　单行线的含义(指单向行车，后同此)

在城市某条街道或某几条街道上，组织车辆单向行驶称为单向行车或称单向交通。单行路、单行街道，又称单向通行街道，如组织多条街道单向通行并能相互衔接的系统称

---

*　本篇发表于《重庆交通大学学报〈自然科学版〉》，1985年第3期。

为单向行车系统。

单向交通有多种含义：

1. 固定型单向交通，一条街道的全部车道上，所有车辆全部时间都只准许沿同一方向行驶，而在另一条街道上则反其道而行之，全部车道所有车流全部时间都只准许向另一个方向行驶，这种行车组织，通常在平行而相邻近的街道上采用，并指定两条街道为单向配对行驶，亦称固定型单向交通或固定型单向行车。

2. 定时单向交通，平时双向运行，在某一时间内只准许单向运行的定时单向交通，即在一天的某一段时间实行单向行车。例如在早晨上班前，晚上下班后的一段时间里，车流方向有明显的不同，早上出城方向交通量特大，行车特别拥挤，晚上进城方向车流特别集中。这种两向不平衡车流常被称为潮流交通（Tidal Flow Traffic），这种交通情况，一般可采用定时单向交通，即早上上班前一段时间只准通行出城方向车辆，下午下班后一段时间内，只准通行进城车流，亦叫作完全单向定时交通，此种方法系用于只有两条车行道的较窄的街道。

3. 可逆性单向交通或称可逆性单行线，部分车道在规定时间变方向行车。若前述潮流式交通的街道车行道较宽，且有3～4条车道则可不用完全定时单向交通，而规定其中部分车道为变向车道。当主导方向车流特多时，可占用2条或3条车道，而另一方向则可只保留1条车道，当然两个方向车道数的分配应根据两向车流量的比例来考虑。如早上出城车流占总量的3/4，则4车道中的3条车道可分配给出城方向使用，而保留1条给进城专用；相反地，在下午下班时间后，进城车辆占总数的3/4，则可规定3条车道作为进城之用，而保留1条车道作为出城之用。在非高峰时间内两向流量相差不大，则两个方向仍可各有2条车道。

4. 定车种单向交通或称专用车道单向通行。在多种车流混合行驶的街道上，由于某种原因规定某种车辆只准单向行驶，例如许多老的城市街道，本来就不宽，由于汽车、自行车不断增加，车多、路窄难以通行，甚至完全阻塞，因此规定某种车只准单向行驶，这样可以减少拥挤碰撞。另外一种定车种单向交通，就是只准许某一车种单向通行，其他车辆均不得进入，例如某些过窄路段采取只准公共汽车单向行驶或自行车单向通行等。

3　单行线（单向交通）的主要优点

单向交通由于只准许一个方向行车，大大改善和简化了车辆的行驶条件，提高了通行能力和交通安全，也减轻了交通管理工作。在经济上可以少花钱或不花钱而取得有效的成果，增加了行车路线。因此，在国外被认为是解决老城交通拥挤的最简单而有效的方法之一。分析其优点大致有：

3.1　提高了通行能力

由双向行车改为单向行车，可使街道的通行能力提高20%～100%。英国C. A. O'Flaherty，在 *Highway and traffic* 一书中列出了单向行车与双向行车的通行能力（见表1），由此表可清楚地看出，单向行车较双向行车的通行能力强得多。美国交通和运输工程手册认为，单向行车道路的通行能力可以提高20%～50%。

表 1 单向行车与双向行车通行能力数值统计表

单位:小客车辆数/时

交叉口类型		车行道宽度/米																
		6.1	6.7	7.3	7.9	8.5	9.1	9.75	10.0	10.4	11.0	11.6	12.2	13.4	14.6	18.3	20.1	21.9
一般道路,无街道路人口,不许停车,可忽略横向交通干扰	单向行车	2 000	2 200	2 400	2 600	2 800	3 000	3 200		3 400	3 600	3 800	4 000		4 800			
	双向行车		双车道 →	1 200	1 350	1 500		3车道 →	2 000		2 200			4车道 →	2 400	3 000	3 300	3 600
									2 200									6车道
一般街道,对车辆停放有"不准停留"的限制,有通行能力大的交叉口	单向行车	1 300	1 450	1 600	1 800	1 950	2 150	2 300		2 450	2 650	2 850	3 000		3 700			
	双向行车	800	双车道 →	1 000	1 200		1 600	3车道 →	1 800					4车道 →	1 500	2 000	2 250	2 500
														1 350				6车道
一般街道,有等待的车辆,交叉口对通行有一定的限制	单向行车	800	950	1 100	1 300	1 450	1 650	1 800		1 950	2 150	2 350	2 500		3 200			
	双向行车	300 ~ 500	450 ~ 600	双车道 → 600 ~ 750			900 ~ 1 100	3车道 → 1 100 ~ 1 300						4车道 → 900 ~ 1 200	1 000 ~ 1 200	1 300 ~ 1 700	1 500 ~ 1 700	6车道 1 600 ~ 2 200

注:1. 双向车道包括双车道,3车道,4车道,6车道,其中4车道和6车道的通行能力为单向车流量。
2. 由表可知单向行车较双向行车的通行能力提高很大,甚至超过1倍以上,在我国具体条件下可能有所不同。

原因分析：

1) 双向行车街道的交叉口，冲突点多、延误时间长，常形成拥挤、阻塞，降低了道路的通行能力；而在单向街道的交叉口上冲突点少、时间延误短可增加通过时间，提高通行能力。

2) 单向街道将左转车变为右转车，减少了行车延误时间，亦可提高通行能力。

3) 双向行驶时，奇数车道往往不能很好地利用，单向行驶则可以充分利用。

4) 由于所有车辆均按同一方向行车，驾驶方便，相互干扰很小，可以有效地利用车行道。

5) 由于均为同一方向行车，对慢行车或停驻车辆易于实现超车，减少了慢行车对快行车的干扰，可以提高通过量。

6) 减少了加、减速度的次数，因同向行驶速度较为均匀。

北京市1981年在东单至东四，西单至西四实行了单向交通，经初步观测证实一般可以提高通行能力20%～50%。上海交通的"峰腰地带"（外白渡桥地区），在未实行单向交通前，该桥的饱和通行能力约为1 300辆/时，造成桥南经常排队，甚至一直排到河南路口，汽车过此地段费时长达40分钟之久，阻滞十分严重。自1977年对东大名路，大名路与东长治路及长治路这一段，改双向行车为单向行车后，外白渡桥的通行能力达到1 600辆/时，通行能力提高了23%，排队减短到50%，取得了不花钱，而解决了交通阻滞的良好效果。

3.2 提高了行车安全

由于双向交通改为单向交通后，运行路线简化，行车条件改善，事故率普遍降低。国外的一些研究报告和资料指出，事故总数一般减少10%～50%，对于某些恶性事故几乎不会发生（如会车时的对向碰撞等）。伦敦市对9条实行单向交通街道前后行车情况进行了对比，行程时间减少了10%～15%，事故率减少了10%～40%。美国《街道设计》一书总结单行街道的运行经验时指出，交通事故率一般可降低30%～50%。纽约市的统计资料表明，单向交通街道事故一般降低20%。苏联的资料说明，莫斯科市80余条街道改为单向通行街道后，车祸一般减少了30%，行人事故减少了37%，严重的撞车事故减少了35%（见表2）。

表2 英、美及苏联几个城市实行单向行车前后的运输效益情况表

城市	项 目	实行单向交通后所取得的运输效益
伦敦	① 运行时间	A街：−40%（9.6分钟～3.8分钟）
		B街：−40%（4.0分钟～1.6分钟）
		C街：−33%（9.0分钟～3.0分钟）
	② 早高峰流量	A街+9%　B街：不变　C街：+7%
	③ 高峰时期事故率	A街：行人事故率：−32%，总事故率：−21%
		B街：行人事故率、总事故率不变
		C街：行人事故率：−4%，总事故率：−14%

续表

城市	项 目	实行单向交通后所取得的运输效益
纽约	① 运行时间	南北干线：−35％，平均：−22％
	② 公共汽车运行时间	−17％
	③ 行车时间延误	东西干线：−40％
	④ 停车次数	南北干线：−65％
	⑤ 停车延误时间	−60％
	⑥ 交通事故率	行人事故：−20％
洛杉矶	① 通行能力	东行：+17％，西行：+13％
	② 平均车速	东行：+33％，西行：+15％
	③ 商业生活	无不良影响
休斯敦	① 通行能力	+19％
	② 行车时间延误	高峰时期：−13％
	③ 平均车速	+20％
	④ 交通事故率	车辆事故−36％，行人事故：−24％
莫斯科	80余条双向街道改为单向街道之后：① 车祸：−30％，② 行人事故：−37％，③ 撞车事故：−35％，④ 死亡事故没有发生	

注："−"号表示减少或降低，"+"号表示增加或提高。

我国东北的哈尔滨市通江街、高谊街、东直二道街这三条双向街道改为单行线后的一年中，没有发生一起严重的交通事故。

主要原因是：

1) 双向行车的超车、会车往往同对向车辆发生擦边碰撞，事故发生率很高，而单向行车由于完全同向行驶，排除了这种事故发生的可能性。

2) 双向交通在交叉口处有大量的左转弯车辆与直行车对穿，而此左转车是最难处理和最易发生事故的运行方式，单向行车道没有与直行车对穿的左转，大大减少了事故的发生率。

3) 减少了交叉口的交叉点、交织点和汇入点，因而减少了事故。常见情况下，单向交通与双向交通的冲突点如图1所示，单向街道与双向街道的冲突点数列于表3，以资比较。

4) 由于单向行车，行人过街只要注意一个方向，无须左顾右盼，从而减少了车辆与行人的事故率，也避免了来往车辆把行人夹在路当中的危险现象。

5) 因照明不良而引起的事故也大大减少，因为不存在对向来车的头灯眩光的问题了。

6) 行人过交叉口的事故率减少了，如图2所示，左侧行人过街可完全不受汽车干扰，从而非常安全。

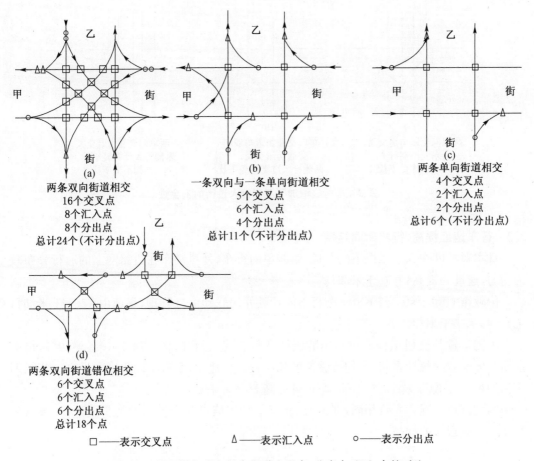

图 1 双向行车与单向行车街道交叉点、分出点、汇入点的对比

表 3 单向行车街道较双向行车街道冲突点减少数

车道数		可能的冲突点数			减少冲突点数目		
甲街 (1)	乙街 (2)	两条双向街道交叉 (3)	单向与双向街道交叉 (4)	两条单向街道交叉 (5)	(3)−(4) (6)	(3)−(5) (7)	(4)−(5) (8)
2	2	24	11	6	13	18	5
2	3	24	11	8	13	16	3
2	4	32	17	10	15	22	7
3	2	24	13	8	11	16	5
3	3	24	13	11	11	13	2
3	4	32	21	14	11	18	7
4	2	32	15	10	17	22	5
4	3	32	15	14	17	18	1
4	4	44	25	18	19	26	7

注：1. 当为 3 车道街道时，双向行车时每一个方向按 1 条车道计。
2. 表中所列的冲突点包括交叉点、汇入点，未计入分出点。

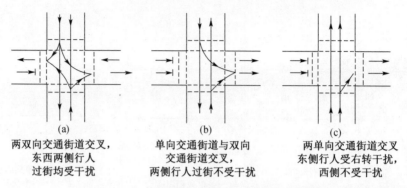

| (a) 两双向交通街道交叉，东西两侧行人过街均受干扰 | (b) 单向交通街道与双向交通街道交叉，两侧行人过街不受干扰 | (c) 两单向交通街道交叉东侧行人受右转干扰，西侧不受干扰 |

图 2　单行线增加了左侧行人过街的安全性

3.3 行车速度提高，行程时间缩短

日本对宽度在 5.5 米以下的车道，组织单向行车，使机动车在道路网上的通行分布较为均匀，速度约提高到 50 千米/时。

伦敦市 Gloucesfer 与 Kater 施行单向行驶并用联动信号管理，车速由 12.9 千米/时，上升到 27.4 千米/时。

美国运输与交通工程手册列出的统计资料表明，行程时间可减少 10%～50%，得克萨斯州休斯敦的统计表明，平均行驶速度和全程运行速度，都有不同程度的提高。苏联列宁格勒单向交通的观测资料表明，车速可提高 20% 左右。

国内试行情况亦大致相同，据上海、北京与哈尔滨市几个城市的初步统计，一致认为行车速度有很大的提高。

其原因为：

1) 由于单向运行无会车碰撞的危险，提高了车速。

2) 因单向运行方向一致，车流波动小，速度较为均匀稳定，行程时间变化系数小。据伦敦市统计，公共汽车在双向行驶的街道上行驶，行程时间变化系数[①]为 0.37，而在单行线上，下降到 0.17。

3) 减少了过交叉口延误等车时间，使运行时间缩短。

4) 超车容易实现，阻车压车的情况减少，提高了行驶速度。

5) 同一方向行驶便于组织联动自动信号，也对提高速度有利。

3.4 经济效益提高

1) 对新建街道按双向行车要求，有很多狭窄老街不能利用，要开辟新的道路就必须投资重建，而采用单向行车则可部分予以利用，少量投资或无须投资，就可开辟新的行车路线，以缓和目前交通紧张的局面，扩大公交服务范围。

2) 对于改建情况，目前已采用双向行车的街道，因车辆增加，宽度显得不足，需要拆除两边房屋、人行道绿化树木、电线杆柱等。实行单向行车就可以避免这些拆迁，特别是

---

① 变化系数 $= \dfrac{\text{行程最长时间}(T_1) - \text{行程最短时间}(T_2)}{\text{行程平均时间}(T_\text{平})}$

老的城市,质量较高房屋均在沿街面上,两侧拓宽就把好的房子全拆光了,损失太大。

3) 营运费用降低,因行程时间缩短,延误时间减少,速度提高而获得经济上的效益。

4) 管理费用节省,据美国资料,1950 年费城(Pihladelphia)3 500 千米的街道中有 725 千米单行线,需要管理的交警比双向街道减少了 75%。纽约市内 2 400 千米的单向街道上,需要的管理人员比双向街道减少了 80%。

5) 提高了道路利用率,原来一些狭窄的不能双向行车的街道,无法发挥作用,如实行单向行车则可充分利用,道路的利用率可以大大提高。现在各大中城市中,像这样没有利用的道路还有相当大的比例,据统计上海约有 68%,南京约有 65%,广州约有 50%。

6) 改变车流在城市街道网上分布严重不均的现状。城市公共汽车及货运车辆多集中于几条宽阔的干道上,而一般狭窄的街道均无车行驶,如能采取单向行车,将这些较窄的街道予以适当利用,则既可减少干线超负、拥挤,又可扩大服务面,提高经济效益。国外将实行单向行车所取得的运输效益列于表 4,这是美国莫德斯托市的一份统计资料,物资损失和行车事故减少,运程增加,取得了很好的经济效益。

表 4　1958 年美国莫德斯托市 8 条 5 千米长单行线运输效益统计

项目	第 1 年	第 2 年	备　注
汽车总行驶里程	+28%	+24%	+号表示增加或提高
行驶时间	−50%	−50%	
物资损失	−10%	−33%	
事故数量	−10%	−28%	−号表示减少或降低
行人事故数量	−57%	−29%	

4　单行线的主要缺点

1. 增加行程距离,为到达同一目的地,由双向行车改为单向行车后,车辆有可能要多行驶一段距离,即较原先行程长度增加。

2. 不易习惯,对于初次到达本市的司机有可能一时不易习惯,特别是在开始实行的一段时间内。

3. 当单向系统的两条对向行车的街道相距较远,又无明显的指示标志或信号时,可能会使某些司机一时间不知车向何处去。

4. 对于急救车、消防车、过境车等可能造成一定困难,有时还得绕道而行,才能到达目的地。

5. 居民搭乘公共汽车,上下班时可能要多走一段路程,因对向行驶的公共汽车站不在同一条街道上。

6. 对于居民区的环境影响,本来一些窄的街道无汽车通行非常安静,实行单向交通后,利用此街道通行公共汽车对环境产生不利影响。

7. 实行单向交通对商业的影响视处理情况而变,英国的资料认为可能影响某些零售店的销售额,对商业有不利影响;美国的资料认为单行线对商业有利,因为促进了人们的出行。看来关键在于规划设计是否合理,若能增加总的运量则生意兴隆,若运量降低则可能影响货物销售。

5 组织单向行车的基本条件

总的来说,我国有许多城市都适宜于组织单向行车,但究竟哪一条街,哪一段道路可以组织单行线,还要具体地进行全面分析,视其是否有适合的先决条件,一般应以现有道路系统得到较大的改进,能减轻交通的拥挤和阻塞,能方便群众乘车,节约国家的投资和提高经济效益为原则,具体实行时,还必须考虑以下几个方面。

1. 必须能解决双向交通所不能解决的问题,比双向交通有更多的优点,如能提高通行能力和行车速度,增加交通安全和扩大公交服务面。

2. 能消除交通拥挤、排队,减少起终点两端的行程时间,改善交通运行的状况。

3. 有平行、邻近通行能力大致相近的街道时,可以配对组织单向行车,若两街道通行能力不等则难以配对。若通行能力相近则可配对,最少应能满足该方向原来的交通需求量,否则会形成新的拥挤、阻塞。

4. 配对街道不能相距太远,以 200~300 米为最佳,若超过 600 米,则乘客上下车的步行距离拉长,要额外花费时间和精力,给乘客带来不便。

5. 利用次要道路,开辟新的单向交通路,专门通行公共交通路线,改变目前不少地区无公交车的情况,还可吸引部分乘客到次要路上乘车减轻干道公交车的压力,亦可更好地为次要路段居民服务,扩大公交服务范围。

6. 利用干道两侧的狭窄街道,组织自行车专用线而使干线成为汽车专用道,这样可以提高通行能力和行车速度。

7. 信号标志要显著,易于识别,夜间应有灯光照明或设反光标志,使司机尽早明确此路段允许的行车方向,不致弄错逆行或临时措手不及。

8. 要规划好单向行车与双向行车的过渡路段以保证交通安全,最好能规划多条单向行车路线,组织单向系统,可以便于相互连接自成体系。

9. 保证交叉口有足够的行车视距,可使行人、司机均能及时了解车辆运行方向,以减少车辆转弯时同行人及非机动车的冲突。

10. 在实行单向行车前后要认真做好单向行车线路、交通规则的宣传教育工作,使所有用路者都能清楚地了解有关规定。

11. 在单行线规划设计前要做好调研和可行性分析,主要弄清路网的几何线形、密度、主要道路宽度、断面形式、交叉口平均间距和管理方式,交通流的组成、分布、流向、流量、流速变化与空间分布。此外也应从经济、营运方面考虑,改变前后客货运所费时间、经济效益、社会影响、环境影响等。

就是说组织单向行车不是无条件的,而是要在调查研究和可行性分析论证之后,视其具体路网情况、线路情况和交通情况进行综合性规划和具体设计,以满足各方面通行的需要。

6 结束语

采用单行线街道是运用定向控制和空间分离的原理,以街坊或街区为分隔物,将不同方向的车流完全分离隔开,以消除相对行驶车辆的可能碰撞,减少此项阻滞和时间的延误,提高行车速度、通行能力和行车安全的一种交通管理或工程技术的有效措施。

在工业发达国家早已普遍使用并取得了非常好的效果。我国最近几年少数大城市也开始试用,但由于各种原因,如对单行线缺乏认识、了解很少、没有使用经验、缺乏信心、不习惯等,因而未能给予应有的重视和认真的研究。通过上述初步分析,我们认为采用单行线的管理方式,特别适合于有大量混合交通行驶的大中城市,适合于老城因交通量增长而需改建街道,适合于交通流量分布不均、干线负担过重而又有大量较窄街道的城市。合理组织单向行车,充分发挥部分次要街道的作用,对于改善当前部分城市街道的交通拥挤、行车速度下降状况,分离机动车与非机动车,减少交通事故是一项简便而有效的措施;对于节约城市建设投资、少占用地、少拆房屋均具有很大的经济和社会意义。

参考文献

[1] Baerwald J E, Huber M J, Keefer L E. Transportation and traffic Engineering handbook [J]. Persons and Personal Charactheristics, 1965.

[2] 渡边新三. 交通工程[M]. 赵恩棠,张文魁,译. 北京:人民交通出版社,1981.

大城市交通需求管理研究*

周鹤龙,徐吉谦

(广州市交通规划研究所 东南大学交通学院)

摘 要 本篇首先对交通需求管理产生的背景、含义与目的及发展概况进行介绍;然后提出实施交通需求管理措施所应遵循的公平合理的原则、经济与环境可持续发展的原则、优先发展公共交通的原则、道路时空资源均衡使用的原则、多方结合协调发展的原则、坚持因地制宜经济适用的原则、社会可接受原则7条主要原则;最后根据城市交通需求管理所涉及的问题,将交通需求管理划分为四个层次,在此基础上进一步对城市交通需求管理措施进行探讨。

关键词 大城市;交通需求管理;交通规划;交通管理

1 引言

1.1 产生背景、含义与目的

为解决大城市的交通阻塞问题,通常的做法是进行大规模的交通基础设施建设。然而,基础设施的改善会诱发小汽车的大量发展,进一步刺激交通需求的增长,使交通拥挤状况不但没有缓和,反而变得更加严重,从而陷入汽车增长—环境恶化—修建道路—小汽车继续增长—再建路—再恶化的恶性循环。由于单纯依靠交通供给的手段无法解决交通拥挤,许多国家转而从交通需求本身来做文章。

交通需求管理,英文的缩写为:TDM,与之相关联的英文词包括:Transportation Demand Management,Traffic Demand Management,Travel Demand Management。对上述英文词的中文释义加以综合,可基本理解交通需求管理的含义。

简言之,交通需求管理是指通过调整用地布局、控制土地开发强度、改变客货运输时空布局方式和改变人们的交通出行观念和行为来达到减轻城市交通拥挤的一系列管理措施。综合的交通需求管理方案涉及的要素包括:(1)提供其他可选择的交通方式和服务;(2)引导出行者转向其他交通方式和服务的激励措施;(3)有效平衡交通需求和交通设施关系的发展;(4)使方案能付诸实施的一系列保障措施。

交通需求管理的主要目的在于:运用交通规划与城市规划的互动及反馈原理,合理布局城市,减少与避免不必要的交通发生、吸引及出行需求的过分集中;通过交通管理,缓解城市交通需求与有限交通设施的矛盾,实现城市土地、道路空间高效能的合理利用;大力

---

* 本篇发表于《城市规划》,2003年第1期。

发展高效能、低污染的公共交通方式,抑制低效高污染的个体交通方式;科学合理地调控不同时段、不同区域、不同路段上的机动车流量,避免交通在时间、空间上的过度集中。

1.2 交通需求管理的发展概况

交通需求管理作为一种调控城市出行需求、提高交通系统运行效率的对策,早在1970年就在部分国家得到初步的研究和运用,但一直没有得到决策部门的充分重视。进入1980年,许多人开始意识到,有限的城市空间、土地与能源资源无法满足人类无止境的交通需求。甚至连土地充裕、国力雄厚的美国,也由于小汽车的不断增长,道路建设不能遏制交通阻塞日益恶化的无情现实,最终接受了"道路建设无法解决交通拥挤"的结论。

1992年,美国出版了《交通需求管理手册》,宣传其对缓解交通拥挤、改善环境质量、提高道路使用效能的重要性。

新加坡于1970年开始实施交通需求管理,政府通过采取小汽车牌照限额发放、大力发展公交、区域特许证制度(ALS)、电子道路收费(ERP)等一系列措施,使交通阻塞得到有效的控制,取得了很大的成功。中国香港和日本也先后采取了TDM的若干措施。

2 交通需求管理措施的实行原则

交通需求管理如同双刃剑,实施得当能促进城市经济的发展、交通的流畅,实施不当会对城市经济产生不良的影响。为保证交通需求管理措施的有效性,实施时需审慎地考虑以下7条原则:

(1) 公平合理的原则

交通是为了满足全体市民的出行需要,必须体现公平的原则。不仅要改善少数人出行条件,更要解决广大市民特别是工薪人员和学生的上班上学出行;不能只为小汽车行驶的快速、舒适而忽略广大民众步行、骑自行车与搭乘公交条件的改善。

(2) 经济与环境可持续发展的原则

城市交通是城市经济与社会可持续发展的重要条件,交通需求管理不能以抑制社会经济发展为代价,也不能以恶化环境为代价来换取交通的改善,而要在保证经济与环境可持续发展的前提下,各得其利,即在交通改善的同时促进经济发展与环境的改善。

(3) 优先发展公共交通的原则

从某种意义上来说,交通设施也是一种产品,作为产品就应该有偿使用,并体现等价交换原则。对于占用土地资源和城市空间较多的个体交通方式收费太低,会导致使用者过多,总体效益下降,道路设施供不应求,最终将导致交通阻塞。对于占用空间资源较少的公共交通服务,其舒适性差、速度低,收费不能太高,必要时政府还要适当补贴,以提高城市交通系统的总体效益,满足城市社会经济的发展和大众的出行需求。经济杠杆的调控有助于优化城市交通结构,充分发挥道路设施的潜在能力。

(4) 道路时空资源均衡使用的原则

交通需求管理需充分利用现有的道路时空资源,使道路网无论在空间或时间方面均能得到充分、高效的利用,即尽可能使车流量较为均匀地分布在全市道路网络上,在一天的时间内也尽可能地减少由于交通过分集中而造成的阻拥现象。

(5) 多方结合协调发展的原则

交通需求管理的政策、措施与方案应坚持宏观与微观相结合的原则。应通过宏观分析制定需求管理的总体战略方案,并在宏观战略指导与微观分析的基础上,制定具体的有效措施,两者应分工合作、紧密结合、相互协调。

动态交通与静态交通的需求管理也要互相结合、协调发展,动与静是相对的、伴生的,必须在重视城市动态交通的同时,也重视静态交通。

(6) 坚持因地制宜经济适用的原则

交通需求管理的策略方案不能千篇一律、生搬硬套,对不同的用地性质、街区环境、区位、路网结构、交通结构、车辆组成、管理体制等,要区别对待、具体分析、充分论证。

(7) 社会可接受原则

道路交通需求管理的政策措施涉及面很广,要取得成功、收到实效,必须获得各相关部门的理解、信任和支持,特别是使用者的理解和支持。首先要使公众乐于接受或愿意接受,这是获得成功的重要前提。

3　交通需求管理措施的层次(或阶段)

交通需求管理影响面广,社会性、政策性、系统性强,许多问题涉及城市性质、土地使用、生产力布局等各个方面、各个层次。根据"元科学"原理与资深专家多年的工作实践和分析研究,认为不少问题在高层次易于解决而在低层次却难以解决,甚至无法解决。因此交通需求管理,首先应争取在高层次和源头上加以考虑,能于高层次解决的不要推延到低层次,这是明智之举。

城市交通需求管理所涉及的问题,大致分为以下四个层次:

(1) 城市性质、规模、结构与功能定位层次(或阶段)。这是最高层次,也是从源头上解决交通问题的最佳层次。此时做好未来交通发展的战略方案,认真处理好交通与城市发展的关系,困难不是太大。

(2) 城市总体规划层次(或阶段)。这是次高层次,或称基础层次,这个层次决定了土地利用,功能分区,人口、就业岗位等分布,也决定了交通发生、吸引、分布、集聚强度和城市交通的主要流向与流量。

(3) 城市综合交通规划层次(或阶段)。这是关键层次,任务是落实城市道路网络、路网结构、交通枢纽、交通结构、站场布局、港口布局及对外交通干线等专业规划,从而确定客货运与交通设施在城市空间范围的分布。它是解决城市交通问题的重要阶段,对实现需求与供给的平衡起着关键性的作用。

(4) 交通监控、组织与管理层次,也是最后发挥作用的层次。对交通进行监控、组织与管理是解决城市交通问题的最后一个层次,或者说是最后的措施,也是实现交通安全畅通的最后保障。这一层次就是在现有既定布局的基础上做好车流、人流的组织调配,进行监控、指挥、引导与疏解,尽量做到人车分流、快慢分流、静动分流以改善交通秩序、提高交通运行质量与道路的通行能力。其特点是直接面对交通参与者,面对动态的车流、人流,措施的好坏,是否有效,很快就会反映出来;另一个特点就是前面几个层次未解决的问题或解决得不好的问题,都会在实践检验中暴露出来,因此这个层次所需解决的问题往往是前面积累下来的,有时也是非常困难的问题。

4 交通需求管理措施

据前述交通需求管理划分的城市交通的四个层次,以下拟将一、二两个层次合并,三、四两个层次合并分别论述。

4.1 交通需求管理第一、第二层次的措施

第一、第二层次属于城市功能定位与城市总规方面,对于老城或新建成地区来说,功能定位、土地利用、分区规划与生产力布局基本定局,要重新改变已比较困难了,但对于将要扩张的新区或拆旧翻新的小区,可采取以下几项措施:

(1) 在开发建设新区时应完善文体、教育、卫生、商贸等生活、市政配套设施,以减少不合理的非必要的出行。通过增强吸引老城中心区市民迁入、定居的力度,减轻老城中心区人口和就业岗位的过分集中,为合理分散老城市中心区的拥挤发挥作用。

(2) 结合老城区的拆迁更新,优化各小区居住、就业等用地类型配比,使居住与上班就近,减少跨区长距离的通勤、通学出行,减少出行距离与总的交通运输量。

(3) 对某些敏感地区或地段,对土地使用功能和开发强度均应严格控制,防止交通吸引与发生过分集中,造成拥挤阻塞。

(4) 对于较大的城市新开发地区,在可能条件下建立城市副中心,避免中心区过分集中。

(5) 理顺道路网络结构功能。对于道路网络的功能、各类道路结构的组合与配比要加以分析诊断并进行优化。快速路、主干路、次干路与支路应各司其职,配比合理。目前有不少城市对主干路比较重视,兴建了不少,而对于次干路特别是支线重视不够,或者干道系统功能不清、主次不分,导致主干路负荷过重、交通拥塞,并对居民的生活环境产生不良影响。

4.2 交通需求管理第三、第四层次的措施

第三层次,原属城市综合交通规划方面的任务,但以前的综合交通规划多着重于建设规划,而对于管理方面未能给予应有的重视,之后只能采取补救措施,故将其同第四层次一道论述。

(1) 减少不必要与不合理的出行
  • 合理选定客货运站场
优化客货运交通枢纽、物流集散中心、客运换乘站等的规模、选址与布局,以减少出行集中程度、出行总量与出行距离。

(2) 优化交通结构
北京宣言的第一原则指出,"交通的目的是为实现人和物的移动而不是车辆的移动。"

美国的一位运输部长指出：如果美国的小汽车都能乘两人，即两人同乘一辆，那么美国的交通问题就完全解决了。这说明交通方式结构是个大问题。控制或削减时空资源消耗大、公害严重、运效不高的交通方式，使交通方式结构趋于合理，主要措施有：

• 优先发展公共交通

大力支持公共交通的发展，从政策、资金、税收等各个方面予以大力支持，调控或适当限制某些低效率、高污染的交通方式。

• 对于特大城市要积极发展轨道交通

特大城市客流量大，市区用地紧张，应选用运量大、公害少、占地少的地铁等轨道交通以满足城市的客流要求。

• 设置步行、自行车优先区

对于某些交通拥挤的商业中心区，从改善环境出发鼓励步行、骑自行车，可定时或定路段设定步行或自行车专用区。

• 合理控制出租车的总量

现有不少城市公交衰落，出租车过分发展，以致主干道或次干道上车流中50%以上为出租车占用，而所完成的运量则不到总量的10%。

（3）空间均衡法

城市道路网络上车流的分布往往很不平衡，市中心区或某些路段上流量很大，造成交通拥堵；而另外一些地区或道路上车流量很小，道路有较大的潜力。当然，要流量在全部路网上完全均衡分布是不可能的，管理的任务就是要尽量减少因交通流过分集中造成节点或某个路段的交通拥堵，尽量设法均衡分布、减少集中程度，发挥所有道路的运力，其主要措施有：

• 区域限制法

采取区域通行许可证制度，限制某种车辆进入，或某一时段限制进入交通过于繁忙的中心区或某一交通拥挤路段。如北京市禁止某种车辆进入内环地区。

• 调整工作岗位

对工作岗位过分集中的地区，发生局部拥挤时可适当调整土地利用和分散岗位分布，以减轻局部地区的交通压力。

• 组织单向交通

路网密度较大又有相互平行的路段，在有条件组织配对通行时则可组织单向交通。单向交通组织便于充分利用较窄的道路，简化交通冲突、提高通行能力。

• 设置可变车道

如高峰时某一流向车流特别多时，可以改变双向均分车道数的常规，如将二去二回改为三去一回或一去三回，常峰时再恢复二去二回。

• 变更线路

充分利用动态信息和路网上实时的车流分布资料，引导车辆变更线路，利用通行能力有富余的道路，以绕过拥挤或阻塞路段。

（4）时间调控法

交通流在全天24小时内的分布并不非常均匀，一般全天有2～3个高峰时段，大都在上下班时间出现,在此短时间内车流十分拥挤,而其余时间则车辆不多,因此如何削峰或避峰以减少路口的拥挤就非常重要,目前主要措施为:

• 错时上班

根据高峰时段的拥挤状况,在市区采取错时上班,分为两或三批,每批一般错开 30 分钟。

• 弹性上班

允许部分员工自己设定他们上班和下班时间,完成 8 小时即可离岗,当然有多种方法,如早到达早离开、迟到迟走。

• 压缩工作日

允许部分职工缩短每周的工作日,而工作可由另外几天延长工时来补足,如每周 4 天,每天 10 小时。美国丹佛市压缩工作日的措施实行后,早高峰下降了 14%,晚高峰下降了 13%。

• 分期度假

现在的节假日全市都同时放假,如有可能适当错开,如双休日周六、周日改为周日、周一,可使交通流在各周日的分布较为均衡。

(5) 经济手段

• 对于拟控制的某种车辆,采取增收税费的措施调控其总量的增长。

• 财政补贴或减税法

对于某种需大力提倡发展的车辆,政府可以采取减税或财政补贴的办法维持其正常营运,或促其发展,如公共交通方式差不多所有国家均采取适当补贴办法。

• 分时收费或累进收费

对于某些停车泊位不足或商务中心等繁华地段,可在拥挤时段提高收费,平峰时段降低收费以调控停车数量。

• 征收拥挤费

对于交通过分拥挤地区或路段采取收费制度,近年来不少国家采用,如新加坡长期坚持拥挤地区的收费制度,从最初的人工收费方式演变到先进的能自动进行车辆检测和收费的电子道路收费系统(ERP)。

(6) 行政措施(谨慎使用)

对于某种交通行为、运载工具,在某地区、某路口或路段不宜进入、不宜发展,而其他措施又难奏效时不得已的情况下,采取行政命令的办法,予以调控或禁限。

• 禁止车辆拥有,或限制拥有

禁止某种车辆登记注册,如有些城市对摩托车、助力车禁止发牌或限量发牌等。

• 限时通行

某些城市由于车辆过多,市区过分拥挤,采取单日允许单号车通行,双日允许双号车行,如武汉长江大桥由于过分拥挤曾试行过。

• 禁止某种方向行车

如许多交通繁忙路口普遍采用的禁止左转车辆通行,或禁止穿越城市中心方向行车。

・禁止或限制某种车辆通行

有些城市中心地区或某些繁华路段,禁止货车白天通行,禁止三轮车、人力车、拖拉机等通行,如南京长江大桥很长时间一直禁止货车白天通过。

(7) 运用高新技术减少出行,发挥道路设施的潜力

・电子商务和电话会议

充分利用现代通信手段,如电话、可视电话、电视机、计算机、宽带网等减少商业与行政活动中的出行,或代替部分出行。

・利用现代信息技术与卫星定位系统

通过传输与显示系统不断提供行驶中的车辆位置与各路段的实际流量状况的信息,为司机选择行车路线创造条件,这对均布路网车流量,减少某些路段、路口的拥挤有良好的效果。

・电话上班

允许员工在家上班以减少出行,在美国有 400 万电话上班者,且每年以 20% 的速度递增,加州电话上班使工作出行减少 30%。

(8) 其他措施

・停车换乘枢纽

在城乡结合部客运枢纽或地铁大站附近,设置换乘站,为个人转乘公交或换乘地铁提供方便,可以减少小车出行。

・货物集中运送

对于货物采取有计划地组织聚集、贮存、运输、配送或转运以提高运输效率,减少空载,减少无效出行,缩短运距。

大城市 CBD 交通特性的探讨*

魏文斌,徐吉谦

(江苏省交通科学研究所 东南大学)

摘 要 本篇通过对国内外大城市 CBD 交通特点的比较,提出了我国大城市 CBD 的九项交通特征,最后,对大城市 CBD 交通综合治理的目标、步骤和方法,提出了一些建议。

关键词 CBD 交通特点;综合治理

CBD 是 Central Business District 的英文缩写,一般译成"中心商业区""中心商贸区"或"中心商务区"。它不同于一般的商业中心,而是将大城市的商业、金融、贸易、信息、管理、文娱等融为一体的综合性经济活动中心。

1 国外大城市 CBD 的交通特点

大城市 CBD 所处的地理位置,及其在整个城市结构中的地位,使它与城市中其他地区相比有着鲜明的特点,也决定了该地区特殊的交通条件和状况。

我国大城市 CBD 的交通特点同西方国家有非常显著的差异:① 美国、加拿大 CBD 的范围比我国大得多;② 美国、加拿大的居民到 CBD 的出行方式几乎被小汽车和公交平分,而我国则是由自行车、步行、公交三分;③ 美国、加拿大 CBD 内的工作岗位数比我国多;④ 美国大城市 CBD 内工作出行的比例最大,而我国却是购物和公务的比例最大。

2 我国大城市 CBD 的交通特点

同国外相比,我国大城市 CBD 的交通现状,一般具有以下特点:

1. 出行吸引力强,相对可达性高。由于 CBD 是全市经济、文化、商务等多功能中心,有比较方便的交通,无论对本市还是对周围地区都有很强的吸引力。大连市 CBD 处于中心"蜂腰"地段,是全市商业、文化中心,大型公建、高楼耸立。大连火车站、汽车站、公交枢纽汇集。据统计,每天有 50 万人次以上公交客流到达,有几十万辆自行车经过,并部分停车购物。

2. 交通量大、交通发展迅速。首先,CBD 拥有大量的工作岗位(特别是第三产业的工作岗位),商业、娱乐场所、办公楼等,这些高度集中的公建设施吸引的交通量往往占全市

---

* 本篇发表于《现代城市研究》,1994 年第 3 期。

的很大比例。同时,CBD处于交通枢纽位置,以致自行车、行人、机动车等各种交通量都很大。如大连市中心的中山路为全市唯一的东西向的多功能干道,各路口高峰机动车流量大于2 000辆/时,青泥洼路口超过3 000辆/时,加上机动车与非机动车混行,功能不清,使整个"蜂腰"路段长期处于超负荷状态下运行。

其次,CBD的过境交通量也很大。如北京的北二环,刚连通就承担了中心区交通负荷的33%,在南二环未连通之前,每天在高峰时段进入二环以内的车流中仍有30%的穿城交通量。可见,过境交通对CBD也是一个难以忍受的压力。

再次,是中转交通量大。这主要指公共交通乘客,转乘、换乘及部分过境观光的人特别多。如天津劝业场地区共有公共电、汽车线路18条,其中15条为始发线路,日乘车人次达25万,在这里换乘的客流高峰时间内(上午6:00—8:00)达2.15万人次。

另外,无论是CBD的吸引交通量,还是CBD的交通方式结构和交通工具的发展,都非常迅速,日新月异。

3. 昼夜交通量反差大。发达国家的CBD,在一段时间内曾发生衰落现象,造成部分居民和办公机构外迁,晚上CBD成为流浪汉、无家可归者的栖息场所。但目前我国的CBD正处在兴旺发达之际,虽然白天人口远远多于夜间(见表1),但许多大城市都在积极发展"夜市",CBD更是发展夜市的重点地区。

表1 我国部分大城市CBD或CCA(城市中心区)昼夜人口对比

单位:万人

城市	白天	夜间
上海	180	73.05
北京	31.9	16.9
天津	71.43	21.36
西安	34	6.44
沈阳	121.5	70

4. 交通用地少。在面积不大的CBD范围内,很大一部分用地被商业建筑所占,交通用地很少,而交通量却很大,势必造成CBD交通用地十分紧张。如郑州市二七广场现有面积共3.68万平方米,车行道面积为1.68万平方米。在节假日,自行车占用1.2万平方米,机动车停车占用0.6万平方米,剩下0.2万平方米,供每小时进入的2.6万行人步行使用,加上小商贩占地,形成行人拥进自行车车道,自行车被挤入机动车道的不良现象。

5. 交通方式复杂多样。在我国大城市CBD内,几乎汇集了该城市的各种车辆和行人,彼此互相干扰,使交通状况更加恶化。在CBD混行的交通方式中,公交线路多,客运需求量大,往往形成过分集中,或者由于公交站点布置不当以致行人与车流发生冲突,都会使CBD的交通更加拥挤。

CBD内部行人多,过街量大,特别是较大的百货公司或商场,吸引顾客的能力很强,而行人过街给主干道上机动车和自行车的行驶都带来了一定的困难。如大连市中山路南北两侧是CBD的核心,但中山路又是东西向交通大动脉,从友好街到友好广场的五个路口,除了青泥洼有地道外,其余平交路口形成长时间的六道"人墙",每天有 40 万人次的行人穿越,严重影响了中山路车道功能潜力的发挥。据调查统计,高峰小时解放路口穿越中山路的人流达 2 万人次,荣盛街超过 1 万人次,这使机动车车速下降,各个交叉口的延误也明显增加。

6. 停车需求量大,车位少。由于 CBD 的吸引力很大,因而无论是机动车还是自行车的停车需求量都很大,但 CBD 现有的停车场地少,一般都供不应求,因而无处停车、停车混乱成为 CBD 的一大特点。天津市劝业场地区正式的社会停车场只有一处,路内、路外停车位之比为 1:13.6,而国外百万人口以上大城市,路内、路外停车位比为 1:4～1:7。同样,自行车正式停车场只有一处,其余均系利用便道及小胡同作为临时停车场。上海市已完成的一项市中心停车调查表明:4.2 平方千米的 CBD 内,机动车停车位短缺达 1 800个,停车场饱和度达 3.14;自行车停车位短缺 1 万个,停车饱和度达 2.47,可见停车场地不足是 CBD 的突出问题。

7. CBD 内部人流方向多变,交通容量小。人们去 CBD 往往有多种目的,可划为有目的行走和随意行走。有目的行走特点为:① 选择最佳途径;② 绕过障碍物;③ 受外界影响小;④ 在一定时间或一定方向易形成汇集人流,甚至冲击人流。随意行走属逛街型人流,节奏缓慢,走走停停,其特点是:① 行走路线易受吸引点影响,并在障碍物地停驻;② 人群速度基本相近;③ 易受外界影响,包括气候、环境的舒适度等,因此常造成行人拥挤和分布不匀现象。两种行走的共同特点是:① 周边式行走;② 行走速度受人群密度及行走距离的影响,人越多,干扰阻力越大,行人步行速度就越慢。

另外,由于 CBD 公建设施的内部楼层小,或者门口空地少,顾客缺少活动空间,只好在街道上走来走去,造成 CBD 内到处人山人海。如天津市 CBD 内中心公建为 21 万平方米,人流量达 28.5 万人次,平均每人次只有 0.74 平方米。

8. 交通服务水平低,交通环境差。由于 CBD 内交通用地紧张,交通量又大,人车相互拥挤,加上交通服务设施严重不足,必然造成道路服务水平低下,并缺乏和谐的行人交通环境。据 1983 年调查,南京新街口现状营业面积与附属设施面积之比为 10:1,距离有关部门 1:1 的要求甚远。同时 CBD 内严重缺乏休息空间,到达该地区的人中 45.3%没有休息,来去匆匆,56.1%的人因此提前回家,64.6%的人认为改善新街口环境的首要问题,是增加绿化休息广场。

9. 交通事故多。由于 CBD 内交通流量大,用地紧张,交通方式复杂,车流混行,交通管理困难,很容易发生交通事故。

3 大城市 CBD 交通治理的建议

解决大城市 CBD 的交通问题需标本兼治,既要增加交通用地,又要分解交通、加强管理,只采用单一的方法是无法奏效的。评价 CBD 交通条件优劣的指标,既要从迅速、方便、舒适等方面考虑,也要从外部可达性、内外交通联系和内部活动方便程度及货物运输等方面进行评价。它要求与市内外交通保持密切的联系,要保证内部交通系统完善,顾客活动方便自如,整体连续,各路段交叉口通行能力、停车容量满足人们的需求。而且,在现代社会,人们对交通的要求远远超过其本身,由交通引起的人居环境影响和市民心理感受越来越受到重视。特别在我国大力发展社会主义市场经济的时代,"经济杠杆"渗透到各个领域,对交通的经济性评价正越来越快地被放到应有的位置上。因此,追求局部地区交通状况的改善,而不考虑由此引起的其他经济、社会效应已成为过去。在对 CBD 这样一个既是商业发达、经济效益显著,又是交通枢纽的特别地区进行交通治理时,其最高目标为:改善交通环境,保证 CBD 充分的活力,更好地发挥其地理位置的价值,更强地显示其商业职能及金融、贸易部门所应具有的职能,取得更大的经济、社会效益。

因此,在进行城市总体规划时,必须对 CBD 有一个专门的规划,要根据 CBD 的特殊地理位置及其在城市中的中心地位,考虑该地区的规划指标或交通指标要同其他地区有所不同,应该具有自己的特色。并且,CBD 的交通治理要和城市现状、城市规模的发展相适应,还要同观念的更新,以及政府、企业、个人在用地区位和交通方面做出的各种决策和选择相适应。

大城市 CBD 交通综合治理的步骤为:① 交通调查;② 根据交通现状,运用诊断模型进行分析,确定问题的所在及严重程度;③ 根据交通调查资料,运用 CBD 交通区位模型预测发展前景;④ 根据本城市 CBD 交通治理的条件和约束,确定是以近期治理为主,还是以长期规划为主,并运用具体手段和措施,以付诸实践。

对 CBD 的交通治理应分两个层次进行,第一层次着重于近期的、局部的,主要内容为:① CBD 行人交通系统要连续、通畅,有良好的可达性;② CBD 停车面积要适度增添,加强停车管理;③ CBD 交叉口要大力改善与治理;④ CBD 内部道路网络要理顺;⑤ CBD 公共交通的线路与站点要合理分布;⑥ CBD 的交通管理与法规要相应调整。CBD 交通治理的第二层次是关于长期的、整体的治理方法与措施,它与近期治理的不同之处在于:拆迁与投资量大,工程费用高、时间长,牵涉面广,需要与政府和城建、规划、商业等部门共同协商,取得配合与支持。近期治理是解燃眉之急,只有进行长远的 CBD 交通战略规划,把它作为城市的心脏,全面规划、重点解决,才能真正缓解 CBD 的交通问题,也才能使全市道路交通网络的通畅成为可能。第二层次应从以下几方面考虑:① 过境交通的疏解与治理;② 调整 CBD 布局形式;③ 调整 CBD 用地结构(增加交通用地);④ 加强 CBD 交通设施的建设(停车场、换乘站);⑤ 加强交通政策的调节作用;⑥ 从城市规划与城市发展考虑,使大城市的 CBD 更加繁荣昌盛,使 CBD 的环境更加美丽,交通更加便捷。

参考文献

[1] 楚义芳. CBD 与城市发展[J]. 城市规划,1992(3):3-8.
[2] 邹哲. 浅议旧城改造中的市中心交通规划[J]. 天津建设科技,1992(3):9-12.

第三编

城市交通网络容量与系统评价研究

城市道路网广义容量研究及其应用*

杨 涛,徐吉谦

(东南大学运输工程研究所)

摘 要 城市道路网总体容量和交通负荷是城市道路网规划、建设中的一项重要决策指标。本篇借用"城市的时间与空间消耗"的概念,提出了城市道路网广义容量的概念,讨论了其定义和意义,论证与经典容量的内在联系,给出了实用计算公式和案例分析,最后提出了提高道路网总体容量的一些途径和措施。广义容量与经典容量比较,具有意义明确、综合性强、求算方便等优点。

关键词 道路网;广义容量;经典容量;时空消耗

城市道路网总体容量和交通负荷是城市道路网规划、建设中的一项重要决策指标,过去都是用单个路段和单个交叉口的通行能力来评估的。这样做存在两个问题:一是逐个路段、逐个交叉口地计算整个路网的通行能力,工作量非常繁复;二是个别路段,交叉口的容量简单累加(即使是加权累加)并不一定就是路网整体容量。因此,有必要突破传统的道路通行能力(我们称之为经典容量)概念,研究能客观反映城市道路网总体容量的指标定义和算法。

20世纪80年代初,法国工程师路易斯·马尚提出了"城市的时间与空间消耗"的概念。这一概念抓住了城市交通的实质,是很有见地的。国内关忠和、木纳等人也提出了类似的概念,做了一些初步探讨。由此看来人们对这一概念的认识还是初步的,既缺少理论论证,更缺少实用计算公式和应用实例分析。本篇借用马尚提出的概念,对城市交通系统做进一步分析,并提出城市道路总体容量的一个广义概念,讨论它的定义、意义、与经典容量的内在联系、实用计算公式和算例,最后提出了提高道路网总体容量的一些途径和措施。

1 广义容量的定义

对城市道路设施来说,无论是静态的还是动态的,在一定时期内都是有限的、相对稳定的。城市交通洪流中的每个人、每辆车都在这一定的时间、空间容量内占有了一部分。因此,这些设施所能容纳的交通人流、车流在一定的时间、空间内都是有限的。

广义地说,城市道路设施的总容量为:

$$C = A \cdot T \tag{1}$$

---

* 本篇发表于《城市道桥与防洪》,1989年第1期。

式中：A——城市道路设施有效面积；

T——城市道路有效营运时间。

从这一广义概念出发，我们可以分别定义城市道路静态交通容量（指停车）、动态交通容量：

$$C_{静}=A_{静} \cdot T_{静} \tag{2}$$

$$C_{动}=A_{动} \cdot T_{动} \tag{3}$$

符号意义与(1)式类似。

这样的容量定义也许太抽象，然而我们可以按个人或车辆的时空消耗概念将它们转化为这些设施在一定时间内所能容纳的交通人口数和交通车辆数，即：

$$C_{人}=\frac{C}{C_{i人}}=\frac{A \cdot T}{C_{i人}} \tag{4}$$

$$C_{车}=\frac{C}{C_{i车}}=\frac{A \cdot T}{C_{i车}} \tag{5}$$

式中：C——城市交通设施总容量，由(1)式给出；

$C_{人}$——交通设施所能容纳的交通人口；

$C_{i人}$——一个交通人口正常的时空消耗；

$C_{车}$——交通设施所能容纳的交通车辆；

$C_{i车}$——一辆车正常的时空消耗。

由此，我们马上又可以引出城市交通设施负荷的概念：实际的交通人口或交通车辆与所能容纳的最大人口或交通车辆的比值，即：

$$\eta_{人}=\frac{N_{人}}{C_{人}} \times 100\% \tag{6}$$

式中：$N_{人}$——实际的交通人口。

$$\eta_{车}=\frac{N_{车}}{C_{车}} \times 100\% \tag{7}$$

式中：$N_{车}$——实际的交通车辆。

有了这样一些概念，我们既可以对城市总的道路、静态交通、动态交通容量进行评价，也可以对某一局部（一个区、一个步行街区、一个市中心）或某一条道路的交通容量进行评价，还可以分别对各种交通方式进行评价。

2 时空消耗的定义

所谓时空消耗，就是交通个体（人或车）在一定时间内占有的空间或一定的空间上使用的时间，单位是米^2·时/人或米^2·时/车。时空消耗可以根据不同的交通个体（行人、旅客、车辆）、不同的交通方式（步行、自行车、公交、小汽车等）、不同的时间区段（一小时、一日、一周等）、不同的使用情况（停放、行驶等）来定义和评价。下面我们来讨论几种常用的时空消耗。

2.1 行人的时空消耗

行人的时空消耗定义为他在步行时所需要的动态空间与步行时间的乘积。设一行人步行了 $L_步$ 的距离,步行速度为 $v_步$,步行时需要的动态个人空间,侧向为 $d_人$,正向为 $l_人$(均包括人体本身),如图1所示。按定义,他在 $L_步$ 的距离内的时空消耗为:

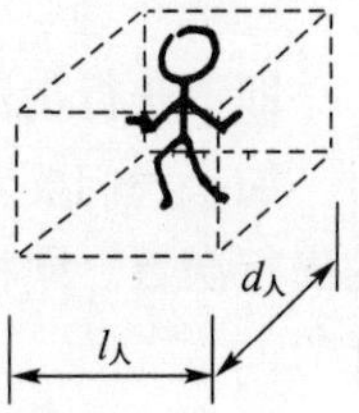

$$C_{i人} = l_人 \cdot d_人 \cdot t_人$$
$$= l_人 \cdot d_人 \cdot \frac{L_步}{v_人} \tag{8}$$

图 1 个人空间

但是,一般地,我们考察整个行人流的人平均时空消耗。以宏观理想状态下的连续人流计,如图2。设步行长度为 $L_步$,步行时的个人空间为 $d_人 \cdot l_人$,步行时最佳人流量为 $q_人$,则平均行人的时空消耗为:

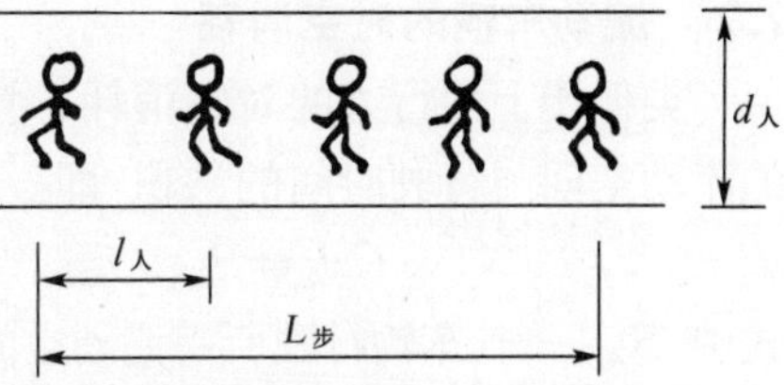

$$C_{i人} = \frac{L_步 \cdot d_人}{q_人} \tag{9}$$

图 2 理想状态下连续人流

考察(8)、(9)两式,我们发现这两式的实际意义是等同的。事实上,宏观地考察(8)式,则式中 $l_人$ 就是行人间距,$v_人/l_人$ 就是行人流量 $q_人$,这样就是(9)式了。因此,这两式只要用一个式子就够了。

宏观地考察,$L_步$ 取居民一次平均步行距离。这个距离的大小与道路网密度、公交网密度有关,可以通过居民出行调查后回归得到。$q_人$ 即最佳行人流量(单位人行道),与步行速度和个人空间有关。关于行走时的个人空间 $d_人$、$l_人$,根据笔者的观察研究,认为 $d_人$ 可取 0.9～1.2 米(侧向个人净空只需 0.3～0.5 米),$l_人$ 可取 1.5～2.0 米(正向个人净空只需 1.0～1.5 米)。如果要详细分析的话,还应考虑不同的区域和不同的服务水平下不同的动态个人空间,这在行人交通规划时是有用的。

[例1] 测得居民平均步行距离为500米,取 $d_人 = 1.2$ 米,$l_人 = 2.0$ 米,$v_人$(步行速度)$= 4\,000$ 米/时,则

$$q_人 = \frac{4\,000}{2.0} = 2\,000(人/时)$$

$$C_{i人} = \frac{500 \times 1.2}{2\,000} = 0.3(米^2 \cdot 时/人)$$

故居民步行500米长需要的时空消耗为 0.3 米$^2 \cdot$时/人。

[例2] 设有一面积为0.25平方千米(即500米×500米)的步行街区,其中步行街道面积占总面积的15%,调查得行人在该街区中平均步行距离为1 500米,该步行街区在营业高峰小时能容纳的最大行人数是多少?

解:$L_步 = 1\,500$ 米,$d_人 = 1.2$ 米,$q_人 = 2\,000$ 人/时

$$A_步 = 500 \times 500 \times 15\% = 37\,500(平方米)$$

由式(9)得 $C_{i人} = \dfrac{1\,500 \times 1.2}{2\,000} = 0.9(米^2 \cdot 时/人)$

由式(4)得 $C_人 = \dfrac{A_步 \cdot 1}{C_{i人}} = \dfrac{37\,500}{0.9} \approx 41\,667(人)$。

即该步行街区在营业高峰小时能容纳四万一千余人通过。

如果我们要考虑一天内,一个居民需要的出行步行时空消耗,那么,就要考虑他一天的出行次数。同样,我们宏观地取居民平均出行次数为 $n_人$,则居民一日平均步行时空消耗为:

$$C_{i人} = n_人 \cdot \dfrac{L_步 \cdot d_人}{q_人} \tag{10}$$

2.2 流动车辆的时空消耗

类似于上面行人的时空消耗,对于单一机动车辆,它的时空消耗等于该车行驶时所需的流动空间与行驶时间的乘积,即

$$C_{i车} = S_动 \cdot t_车 \tag{11}$$

式中:$S_动$ —— 车辆行驶所需流动空间,$S_动 = d_动 \cdot l_动$,$d_动$ 是指车辆行驶时所需横向安全宽度,计算时可以近似地取一条车道的宽度,$l_动$ 是车辆行驶时安全车头间距;

$t_车$ —— 车辆行驶时间,取机动车平均出行时间。

同样,考虑理想状态下连续车流中的某一辆车的时空消耗,我们可以得到类似于(9)式的公式:

$$C_{i车} = \dfrac{L_车 \cdot D}{Q} \tag{12}$$

式中:$C_{i车}$ —— 流动车辆的时空消耗;

$L_车$ —— 车辆在市内的营运距离;

D —— 车辆行驶时的安全宽度;

Q —— 一条车道实用通行能力。

这里,$L_车$ 应取平均一辆车在市内的行驶距离。$L_车$ 要通过机动车一日出行调查得到,一般与用地规模、路网布局有关。

如果要考虑平均一辆车一日内的时空消耗,则要在(12)式右边乘上平均一辆机动车一日出行车数,变为:

$$C_{i车} = n_车 \cdot \dfrac{L_车 \cdot D}{Q} \tag{13}$$

同理,我们可以给出自行车的时空消耗:

$$C_{i自} = S_自 \cdot t_自 \tag{14}$$

或

$$C_{i自} = n_自 \cdot \dfrac{L_自 \cdot d_自}{q_自} \tag{15}$$

式中符号意义同前。

2.3 停放车辆的时空消耗

停放车辆的时空消耗很简单,等于停放占用面积乘上停放时间,即

$$C_{i停} = S \cdot t \tag{16}$$

式中:S —— 停车占用的面积;

t—— 停车时间。

用此式与(2)、(5)式可以估算出给定停车场面积在特定的时间内能容纳的最大停车数。

按照法国的做法,他们将机动车行车时空消耗和停车时空消耗均折算为每个出行人口的时空消耗,即在(13)和(15)式右边除以每辆车的载客人数,这样便于比较不同出行方式的运输效率,如表1。从该表中可以看出,地铁的运输效率最高,因为地铁的人均时空消耗最省。

表1 各种交通方式与千米人均出行时空消耗表

单位:米^2·时/人

交通方式	停 留	流 动	总 损 耗
步行者	0.0	2.0	2.0
双轮车			
工作(9小时)	13.5	7.5	21.0
娱乐(3小时)	4.5	7.5	12.0
购物(1.5小时)	2.3	7.5	10.0
小汽车(1.25人/辆)			
工作(9小时)	72.0	18.0	90.0
娱乐(3小时)	24.0	18.0	42.0
购物(1.5小时)	12.0	18.0	30.0
公共汽车(60人/辆)			
一般道路	0.0	3.0	3.0
专用道路			
(60辆公共汽车/单向小时)	0.0	6.0	6.0
(30辆公共汽车/单向小时)	0.0	12.0	12.0
地铁			
30 000人/单向小时	0.0	1.0	1.6

按表1折算以后,根据城市拥有的道路面积,各种车辆数,我们可以估计理想状况下一个城市可能允许的最大流动人口数。然后,再考虑其他各种因素,如交通管理、交通组织、居民出行频率、必要的服务质量、居住密度、就业程度等因素进行适当折减,就可估算出实际可能容纳的流动人口数。完成这一步骤需要进行大量的调查分析。

3 广义容量与经典容量的内在联系

以上我们讨论了广义容量和时空消耗的定义、意义及实际用途。宏观地讲,所谓城市道路广义容量就是一定的道路网空间在一定的时间内所能容纳的最大流动人口或流动车辆数。但是,如果我们将这个概念缩小到一个路段上来考察,将意味着什么呢?

用时空消耗来表征的路网总体容量为:

$$C_{流} = \frac{C}{C_i} \tag{17}$$

式中:$C_{流}$ —— 设施能容纳的交通参与者的数量;

C —— 设施总容量,$C = A \cdot T$(意义同前);

C_i —— 单位参与者的时空消耗,对于机动车,

$$C_i = \frac{L \cdot d}{Q_i} \tag{18}$$

式中:L —— 出行距离;

d —— 侧向安全宽度;

Q_i —— 单位车道最佳流量(实用通行能力)。

现在我们来考虑一个中间没有支路的路段,它满足这样的条件:

1. 有效面积

$$A = L \cdot D \tag{19}$$

式中:L —— 路段长度;

D —— 路段有效宽度。

2. 路段中无车辆进出,因此,所有车辆在路段上的行驶长度就等于路段长度 L。此时,用时空消耗来表征该路段的交通容量,可得:

$$C_{流} = \frac{A \cdot T}{C_i} = \frac{A \cdot T \cdot Q_i}{L \cdot d} = \frac{L \cdot D \cdot T}{L \cdot d / Q_i} \tag{20}$$

式中:$\frac{D}{d} = n$,即为车道数。

当 $T = 1$,即取单位时间,如 1 小时,上式可简化为:

$$C_{流} = nQ_i \tag{21}$$

上式右边恰好为该路段的实用通行能力 N,即:

$$C_{流} = N \tag{22}$$

由此,我们发现了一个有趣的结果,即由时空消耗表征的容量概念,在路段上与经典的通行能力是不谋而合的。这就完全证明了"时空消耗说"在理论上和实践上的合理性。

由此,我们又很容易推出用时空消耗表征的交通负荷(饱和度)在路段上与经典的交通负荷(饱和度或 V/C 比)是完全耦合的。

4 广义道路网容量的确定及应用

4.1 计算公式及修正系数

由(5)式及(7)式知,要确定一个城市道路网总体容量或交通负荷,必须确定三个参数:城市道路设施有效面积、城市道路有效营运时间、交通个体的时空消耗。下面分别讨

论这三个参数的确定。

1. 城市道路设施有效面积 A

所谓道路设施有效面积是指能保证交通个体安全、正常使用的道路面积。

城市道路按服务对象不同分三类：机动车道、非机动车道、人行道。一般地，凡铺装路面宽度在 3.5 米以上者可以计入城市道路。行车道宽度在 6 米以上者认为可以通行机动车。根据我国城市道路特点，这三类道路占城市道路总的比重分别为：机动车占 40%～60%，非机动车占 45%～60%，人行道占 10%～15%。如设城市道路总面积为 S，某一类道路所占比例为 a，该类道路净面积为 $S_{i净}$，则

$$S_{i净}=S \cdot a \tag{23}$$

在计算道路有效面积时，还需考虑下列几项修正：

(1) 等级修正系数 k_1。对机动车道，如以主干道面积为标准面积，其余各级按各级道路通行能力与主干道通行能力之比折算为主干道面积，并考虑各级道路的相对比重，转化为综合折减系数 k_1，取 $k_1=0.75\sim0.8$[①]。对自行车道、人行道，均取 $k_1=1.0$。

(2) 车道修正系数 k_2。对于标准车，考虑车道宽度能否充分满足。对机动车道，可取 $k_2=0.9\sim0.95$。对自行车、人行道，可取 $k_2=1.0$。

(3) 路线平均使用频率系数 k_3。考虑驱车者对线路的熟悉程度和行车时的选择偏向，以及路线所处区域等因素，取 $k_3=0.7\sim0.8$。

(4) 干扰系数 k_4。考虑路旁停车（如公交站台）、设摊、堆放等干扰因素，取 $k_4=0.70\sim0.85$。

如此，某一类城市道路的有效面积可由下式求得：

$$A_i=S_{i净} \cdot k_1 \cdot k_2 \cdot k_3 \cdot k_4=S \cdot a \cdot k_1 \cdot k_2 \cdot k_3 \cdot k_4 \tag{24}$$

2. 城市道路有效营运时间 T

一般来说，城市交通问题主要出在高峰期。衡量城市道路容量能否满足要求，主要看高峰期（1 小时或 15 分）能否满足要求。因此，我们主要考虑高峰小时中的有效时间（连续车流通行时间）。

计算高峰小时有效营运时间，必须考虑交叉口的影响，根据各城市交叉口设计、组织、管理不同，一般可取综合折减系数 k_5。取 $k_5=0.6\sim0.9$。通常可取 0.7～0.85。

因此，高峰小时有效营运时间为：

$$T=60 \cdot k_5 \tag{25}$$

3. 交通个体高峰小时的时空消耗 C_i

$$C_i=a \cdot t \cdot n \cdot k_6 \cdot k_7 \cdot k_8 \tag{26}$$

式中：a——交通个体动态面积，主要取决于交通个体本身的尺寸、行驶速度和安全、心理需要。对行人，$a=1.0\sim2.4$ 平方米；对自行车，$a=7.0\sim9.0$ 平方米；对一辆标准卡车，$a=52.5\sim70$ 平方米。

t——出行时耗，需要通过出行调查确定，与城市规模、路网、公交状况、城市布局等

---

① 这里的各个修正系数取值范围，均是初步建议值，有待进一步研究确定。

因素有关。

n—— 日出行次，需要通过出行调查确定。一般居民日出行次为 2.5～3.0 次。常州市自行车日出行次为 1.5 次。常州、沈阳、徐州三市的机动车日出行次分别为 2.83 次、3.24 次、3.00 次。

k_6—— 高峰小时出行比重，需要通过出行调查确定。

k_7—— 高峰小时时间不均匀系数，可取 $k_7=1.1\sim1.3$。

k_8—— 车型修正系数。对机动车，以解放牌卡车为标准车，考虑各种车辆比重及相对于标准车型换算系数来修正。取 $k_8=0.9\sim0.95$。其余取 $k_8=1.0$。

因此，由式(5)得城市道路网总体容量为：

$$N_i=\frac{A_i \cdot T}{C_i}=\frac{S_{i净} \cdot k_1 \cdot k_2 \cdot k_3 \cdot k_4 \cdot 60 \cdot k_5}{a \cdot t \cdot n \cdot k_6 \cdot k_7 \cdot k_8}=K \cdot \hat{N}_i \quad (27)$$

式中：

$$K=\frac{k_1 \cdot k_2 \cdot k_3 \cdot k_4 \cdot k_5}{n \cdot k_6 \cdot k_7 \cdot k_8} \quad (28)$$

$$\hat{N}_i=\frac{S_{i净} \cdot 60}{a \cdot t} \quad (29)$$

$\hat{N}_i$ 实际上就是城市道路网对某类交通个体的极限容量。

4.2 实例分析

作为示例，我们借用某城市的交通调查资料，来估计该市的自行车、机动车交通容量及负荷。

根据调查，该市的交通基础设施和车辆出行等基本数据如下：

全市道路总面积为 112 万平方米，其中自行车道占 50%、机动车道占 40%、其余占 10%。全市自行车保有量为 316 200 辆，机动车保有量为 6 300 辆。自行车一日出行次数为 1.5 次，其中高峰小时占 9%。机动车一日出行次数为 2.83 次，其中高峰小时占 15%。自行车市内出行一次平均时耗为 16.53 分。机动车市内出行一次平均时耗为 15 分。根据以上基础数据资料，并考虑该市道路网结构及交通组织、组成等情况，进行一系列修正，从而得出该市自行车、机动车的容量及负荷，详见表 2。

表 2　某城市自行车、机动车交通容量计算表

项　目	单　位	符　号	自行车	机动车
道路总面积	万平方米	S	112	112
所占比重		α	0.5	0.4
等级修正系数		k_1	1.0	0.75
车道修正系数		k_2	1.0	0.90
路线平均使用频率系数		k_3	0.7	0.75
干扰系数		k_4	0.75	0.70
净面积	万平方米	$S_{i净}$	56	44.8
有效面积	万平方米	A_i	29.4	16.51
交叉口综合折减系数		k_5	0.7	0.7
高峰小时有效营运时间	分	T	42	42
动态面积	平方米	a	8	70

续表

项　目	单　位	符　号	自行车	机动车
平均出行时耗	分	t	16.53	15
一日出行次数		n	1.5	2.83
高峰小时出行比重		k_6	0.19	0.15
高峰小时时间不均匀系数		k_7	1.2	1.2
车型修正系数		k_8	1.0	0.95
高峰小时时空消耗	米^2·分	c_i	45.23	508.13
极限容量	万辆	N_i	25.40	2.56
实际容量	万辆	N_i'	27.30	1.36
拥有量	万辆	Q_i	31.62	0.63
交通负荷		η	1.16	0.46

由表2可知,该市的自行车交通已经处于超饱和状态,这时非机动车对机动车会造成很大干扰。该市的机动车饱和度还很低,因为全市总的机动车保有量仅有六千多辆。这里没有考虑到过境交通的影响。事实上部分车辆也是占用了一定的道路网容量的。尤其是中小城市,这部分占的比例还相当大,实际应用时应予考虑。

5　提高道路网总体容量的途径和措施

如前所述,城市道路网广义容量基本公式是:

$$C_人 = \frac{A \cdot T}{C_{i人}} \tag{30}$$

要提高城市道路网总体容量,不外采取以下几种途径:

5.1　增加道路网有效面积 A

道路有效使用面积是交通个体的有效容纳空间,是保证交通客、货流正常输送的最基本条件,首先应该得到充分保证。增加道路网有效面积可以采取多种措施,如:

1. 进行道路建设。包括改建、扩建、新建道路设施;打通瓶颈路段;开设立体型道路空间等。

2. 调整规划布局,提高道路使用率。要防止交通流集中出现在少数几条干道上,而其他道路的使用率很低的现象出现。要增加交通流的直达性,减少不必要地占用道路空间。

3. 加强组织管理,减少道路干扰。要增强道路的专用化程度,尽量使行人、非机动车、机动车各行其道。严禁路边设摊、非法占用道路面积。

5.2　增加道路网有效营运时间 T

交通运输的时间效益是一个关键因素,对提高道路网总体容量有着显著影响。增加道路网有效营运时间主要可从两方面来考虑:

1. 改善交通控制和管理,减少时间延误。可以采取如下一系列措施:

(1) 在快速干道交叉口建设立体交叉。

(2) 在主次干道交叉口采用色灯、环交形式,改善这些交叉口的交通组织。

(3) 优化色灯控制的配时。

(4) 实行色灯控制交叉口的线或面联控。

(5) 采用其他办法改善交叉口交通组织,如建立优先行驶权,加强交通民警的管理等。

2. 加强交通组织制度,增加非高峰时间的利用率。可以采取下面一系列具体措施:

(1) 调整职工上下班时间,减轻高峰期交通压力。

(2) 规定送货车夜间行驶。

(3) 根据方向不均匀性,调整车道的使用规则。

5.3 减少交通个体的时空消耗 $C_{i人}$

减少交通个体的时空消耗不但是出行者所希望的,而且对提高道路网的总体容量也十分有利。如前所述,交通个体的时空消耗是交通个体动态面积与出行时间的乘积。对出行者来说,不希望减少他(它)的动态面积。因为如果减少了动态面积,就可能影响到他的舒适和安全。但就城市交通总体来看,为了增加道路网时空容量,还是希望减小交通个体的动态面积。因此,要鼓励人们采用运输效率高、占用道路空间小的交通方式。例如鼓励人们乘坐公交车、地铁,不鼓励大量采用私人交通、个人交通工具等。

减小交通个体时空消耗的另一个重要措施就是减少交通个体的出行时间。从活跃城市生活、城市居民交通需求心理来说,正常的居民出行次数和时间是应该得到保证的。我们希望的是尽量减少城市居民、车辆不必要、不正常的出行时间。这就要在城市总体规划布局之初予以充分考虑,避免居民日常出行的长途旅行,应当考虑到功能分区,各种生产、生活设施之间的配合协调。

另外,采用错时制上下班也是减少高峰小时交通个体出行时耗的有效措施。

总之,影响城市道路网总体容量的因素是很多的,不应当囿于单一的措施来提高道路网容量,而必须采取多种途径、多种措施综合治理的办法来解决。这样,才能真正充分发挥城市道路网应有的潜力。

6 结束语

以上我们从交通个体的时空消耗概念出发,提出了城市道路网广义容量的概念,讨论了它的定义、意义,论证了它与经典容量(道路通行能力)的内在联系,给出了实用计算公式。就道路网总体容量而言,广义容量与经典容量比较,具有意义明确、综合性强、求算方便等优点。这样就为正确估计城市道路网总体容量提供了一条简单实用的途径。

广义容量有关参数的修正和取值尚需结合部分城市的交通调查做进一步的研究。

运输网络极大流的一种新算法[*]

杨 涛, 徐吉谦

(东南大学运输工程研究所)

摘 要 从网络整体水平来研究道路网的容量是一个没有得到很好解决的课题。本篇根据运输网络的特点,应用网络流理论基本定律,提出了一种无向网络极大流算法。利用该算法不必将无向网络转化为有向网络,可直接进行道路网容量分析。文中给出了计算机程序框图和实例分析。

关键词 运输网络;无向网络;ECS

1 引言

实现道路交通供需动态平衡是道路网规划改造、建设的战略目标之一,在规划水平上,道路网的总体容量和交通负荷是衡量道路交通供需平衡、决定投资方向的重要决策指标。道路网总体容量模型要求解决如下一些问题[1]:

1. 预估路网总体容量,以判断现状路网饱和度、潜力;判断规划路网的极限容量。
2. 确定关键路段和交叉口。
3. 预测某一或几个关键路段与交叉口改建后总体容量的提高。
4. 确定改建的先后次序和路网布局的总体平衡性。

传统的道路通行能力对于一条路段、一个交叉口来说,在理论上是很容易理解和确定的,而要求一个路网整体的"通行能力",情况要复杂得多。

1956年,美国普林斯顿大学两位著名的运筹学教授福特(Ford)和福尔克逊(Fulkerson)基于图论,针对运输网、通信网、电网等一类带普遍意义的容量问题,提出了网络流模型[2]。1962年,他们俩又首先给出了求解网络最大流问题的第一个算法——标号法[3]。由于计算机技术的迅速进步和普及,网络流问题在通信网、计算机网、电网络的容量分析和可靠性检验中有了较广泛的应用[4]。然而,到现在为止,网络流理论在运输网络问题中还没有很成功的应用实例。主要问题是现有的网络流模型与实际道路网相差太大。第一,理论模型都是有向的(单向),而道路网一般是无向的(双向),或者是无向、有向混合型的(双向、单向交通结合)。尽管理论上可以将无向网转化为有向网来计算,然而,这样的转化与实际道路网上的流量、流向可能有很大的出入。第二,道路网与通信网、电网、计算机网的一个最大区别在于前者是完全开放式的网络,网络的每个节点都可能成为源点

---

[*] 本篇是国家自然科学基金研究项目,发表于《土木工程学报》,1991年第1期。

(Send Node)或储点(Sink Node),并且是随机的;后者的源点和储点一般是固定的,中间点和边都是封闭的。理论模型适用于后者,即不适用于前者。针对以上问题,本篇提出一种新的网络流算法——衍生割集网络极大流算法(Evolving Cut Set Method,简称 ECS 法)。ECS 法可直接用于求算无向网络极大流问题,并且在初始源点集和储点集给出后,其他节点在算法进行过程中等可能地成为源点和储点,这就为我们进行运输网络容量分析提供了一条新路。当然,其他类似的无向网络容量问题也可用本方法来分析。

2 无向网络流基本原理

2.1 无向网、无向路径

无向网络 $W-G(V,E)$ 的定义与有向网络 $W-C(V,U)$ 基本上是一致的,所不同的是有向网上每条线是有向的,称之为弧,而无向网上每条线是无向的,称之为边。对后者,相应的从起点到终点的每一条路径也是无向的。正因为这样,每条路径的两个端点既可作为起点,也可作为终点。

2.2 无向网络流

在一条无向路径 r 上,从一个起点 v_s 到终点 v_t 输送某种介质(人流、车流),则称对该路径分配了一个流量 f^r_{at}。相应地,也就对在该路径的每条边上都加了一个流量 $f^r_{ij} = f^r_{at}$,一条边上的流量 f_{ij} 是经过该边上的所有路径上的流量之和,即

$$\sum_{r=1}^{p} f^r_{at} = f_{ij}$$

式中: p 是经过边 e_{ij} 的路径数。

各边上的流量 f_{ij} 的集合 $f=\{f_{ij}\}$ 称为该无向网络的网络流。

2.3 无向网络可行流

设 $f=\{f_{ij}\}$ 是带有源点集 s 和储点集 t 的无向网络上的流,如果 f 满足下列条件:

1. 对任一边 $e_{ij} \in E$,有

$$0 \leqslant f_{ij} \leqslant C_{ij}$$

式中: C_{ij} 为边 e_{ij} 的容量。

2. 对任一点 $v_{ij} \in V\setminus\{s,t\}$,有

$$\sum_{i,j \in R} f_{ij} - \sum_{i,j \in R} f_{ji} = 0$$

则称 f 是网上的可行流。一个网络的极限流量就是从源点集 s 到储点集 t 所能通过的最大可行流。

2.4 福特-福尔克逊定理

关于网络的最大可行流,1956 年福特和福尔克逊给出了如下定理[2]:

任一个带收发点的容量网络中,最大流的流量等于最小割集的容量。

上述定理对于有向网络和无向网络均成立。有了这一定理,求解网络最大流问题的核心就归结到寻找网络的最小割集上。

2.5 运输网络的抽象

我们知道,运输网特别是公路网和城市道路网,每个路段一般是双向的。对于单向街道往往有很接近的对向平行街道与之相配。因此,无论是公交网优化计算,交通分配还是交通网络容量分析,一般都把运输网抽象为无向网。

对于确定型网络流问题,必须给定网络的源点集和储点集。前面已提到,运输网的源点和储点是随机的,不确定的,这给分析带来极大困难。为简化起见,我们假定运输网的源点集和储点集是确定的。这一假定尽管有一定误差,但也有一定的现实依据。比如,对城市道路网来说,一般重要的交通集散点(城市道路出入口、车站、码头、货场、大型企业、商业中心等)均是相对固定的,对于解决主要交通集散点和主要流向上的交通拥挤问题,这种简化假定是允许的。

图1为某大城市干道网抽象网络图。图中带"*"的节点为主要交通集散点,各边所注数据是根据各条干道几何尺寸、布置形式以及考虑交叉口折减等因素后确定的可能通行能力(百辆/时)

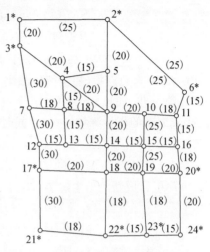

图1 某大城市干道网抽象网络图

3 ECS 数学模型

定义1 设网络 $W-G(V,L)$ 的源点集(即发点集)为 s,包含源点集及若干个与 s 相通的中间点的集合 s',称为源点集 s 的衍生源集。s 称为初始衍生源集。所有衍生源集的集合记为 $\tilde{S}$。

定义2 设 i 为与 S' 邻接,但不属于 S' 的一点,$i \in V$,则所有这些点的集合 SN 称为衍生源集 s' 的邻接点集。

定义3 设 $s'_t \subset \tilde{S}$,s'_t 中的点可以从初始衍生源集 s 至多经 l 步可到达,称 s'_t 为 s 的第 l 步衍生源集。相应的 SN_l 称为衍生源集 s'_t 的邻接点集。

定义4 设 $j \in SN_t$,且 $j \notin t$,(t 为终点集,或称储点集),从起点 s 只能经 l 步到达终点 j,则称这种点为衍生点。由这些点与 s'_t 组合可以得到新的衍生源集。由 s'_t 的衍生点组成的集合 PS,称为 s'_t 的衍生点集。显然,$PS_1 \not\subset t$。

定义5 设 $G(s'_t, Ls'_t)$ 是由 s'_t 生成的子图,该子图的余图 $G(\overline{s'_t}, L\overline{s'_t})$ 称为 s'_t 的衍生余图。

由上述定义,我们知

$$s'_t \cap SN = \varnothing \tag{1}$$

$$SN \in \overline{s'_t} \tag{2}$$

若记 $C = \{l(x,y), l \in L, x \in s, y \in SN\}$,则根据割集定义[5],可知 C 为网络 $W-G(V,L)$ 的一个 $s-t$ 割集。每一个衍生源集对应着一个 $s-t$ 割集。这样,我们通过逐步

扩充衍生源集可找到网络 $W\text{-}G(V,L)$ 的所有 $s-t$ 割集。步骤如下：

ECS 算法：

起始步：
$$\begin{cases} s_0(1)=s, \\ SN_0(1)=SN, \\ PS_0(1)=SN_0(1), \\ C(1)=(s_0(1),SN_0(1)) \end{cases} \tag{3}$$

式中，SN 为源点集（初始衍生源集）s 的邻接点集，$C(1)$ 为第一个 $s-t$ 割集。

第一步：如果 SN_0 中有 n'_0 个点，那么我们分别取其中的 1 点，2 点 …… n'_0 点与 $s_0(1)$ 组合，成为新的衍生源集 $s_1(i)$。同时，求出相应的邻接点集 $SN_1(i)$、衍生点集 $PS_1(i)$、割集 $C^1_{s,t}(i)$。

1^0，对于第 $l-1$ 步的第 i 个衍生源集 $s_{t-1}(i)$ 在其衍生点集 $PS_{i-1}(1)$ 中取一点 a 与 $s_{t-1}(i)$ 组合成新的衍生源集，即
$$s_1(k)=s_{t-1}(i)\oplus a_{j1} \tag{4}$$
$$a_{j1}\in PS_{i-1}(i)$$
$$j_1=1,2,\cdots,n^i_{i-1}$$
$$n^i_{i-1} \text{ 为 } PS^i_{i-1} \text{ 中的顶点数。}$$

$2°$，取两点 a_{j1},a_{j2}
$$s_1(k)=s_{i-1}(i)\oplus a_{j1}\oplus a_{j2} \tag{5}$$
$$a_{j1},a_{j2}\in PS_{i-1}(i)$$
$$j_1=1,2,\cdots,n^i_{i-1}-1$$
$$j_2=j_1+1,j_2+2,\cdots,n^i_{i-1}$$
$$\cdots\cdots$$

$n°$，取 n 个点 $a_{j1},a_{j2},\cdots,a_{jn},n\leqslant n^i_{i-1}$
$$s_1(k)=s_{i-1}(i)\oplus a_{j1}\oplus a_{j2}\oplus\cdots\oplus a_{jn} \tag{6}$$
$$a_{j1},a_{j2},\cdots a_{jn}\in PS_{i-1}(i)$$
$$j_1=1,2,\cdots,n^i_{i-1}-(n-1)$$
$$j_2=j_1+1,j_2+2,\cdots,n^i_{i-1}-(n-2)$$
$$\cdots\cdots$$
$$j_n=j_{n-1}+1,\cdots,n^i_{i-1}$$
$$n=1,2,\cdots,n^i_{i-1}$$

终止步：若 $\forall PS(k)=\varnothing$ 时，算法终止。

易知，第 $l-1$ 步，第 i 个割集衍生出的新割集数为
$$C^1_{n^i_{i-1}}+C^2_{n^i_{i-1}}+\cdots+C^{n^i_{i-1}}_{n^i_{i-1}}=2^{n^i_{i-1}}-1 \tag{7}$$

∴ 第 1 步的割集数为
$$M_1=\sum_{i=1}^{M_{l-1}}(2^{n^i_{i-1}}-1) \tag{8}$$

网络的全部 $s-t$ 割集数为

$$M = \sum_{i=1}^{l*} M_1 \tag{9}$$

式中：$l*$ 为终止步长度。

可以看出，一个网络的 $s-t$ 割集数随衍生点数呈幂指数增长。当衍生点数很多时，割集数将是非常巨大的。但是，对城市道路网来说，由于各节点的邻接点一般不超过 3 到 4 个，衍生点一般只有 1 到 2 个，因此割集数是有限的。另外，为了减少不必要的割集数，给出如下定理：

若衍生余图 $G(s'_t, \overline{Ls'_t})$ 中有一个或几个点与终点集 t 是分离的，则该割集不是真割集。

证明：因为这些点与终点集 t 是分离的，即它们之间没有边，所以这些点只与衍生源集有联系，这说明，这个衍生源集的割集中除了有与终点集相连的边以外，还有与这些分离点相连的，与终点集不通的多余边。因此，该割集不是真割集。

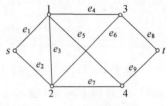

图 2 一个无向网络图

这样的割集显然不可能是最小割集，因此可以舍去。

【例题】 用衍生割集法（ECS 法）求如图 2 所示网络的所有 $s-t$ 割集。

解： 这里 $s=\{s\}$
$$t=\{t\}$$

起始步：
$$s_0(1)=s, SN_0(1)=(1,2), PS_0(1)=SN_0=(1,2)$$
$$C^0_{s-t}(1)=(e_1,e_2)$$

第一步：
$$s_1(1)=[s_0(1)\oplus 1]=(s,1), \quad SN_1(1)=(2,3,4), \quad PS_1(1)=(3,4)$$
$$s_1(2)=[s_0(1)\oplus 2]=(s,2), \quad SN_1(2)=(1,3,4), \quad PS_1(2)=(3,4)$$
$$s_1(3)=[s_0(1)\oplus 1\oplus 2]=(s,1,2), \quad SN_1(3)=(3,4), \quad PS_1(3)=(3,4)$$
$$C^1_{s-t}=(e_2,e_3,e_4,e_5)$$
$$C^1_{s-t}=(e_1,e_8,e_6,e_7)$$
$$C^1_{s-t}=(e_4,e_8,e_6,e_7)$$

第二步：
$$s_2(1)[s_1(1)\oplus 3]=(s,1,3), \quad SN_2(1)=(2,4,t), \quad PS_2(1)=\theta$$
$$s_2(2)[s_1(1)\oplus 4]=(s,1,4), \quad SN_2(2)=(2,3,t), \quad PS_2(2)=\theta$$
$$*s_2(3)[s_1(1)\oplus 3\oplus 4]=(s,1,3,4), \quad SN_2(3)=(2,t), \quad PS_2(3)=\theta$$
$$s_2(4)[s_1(2)\oplus 3]=(s,2,3), \quad SN_2(4)=(1,4,t), \quad PS_2(5)=\theta$$
$$s_2(5)[s_1(2)\oplus 4]=(s,2,4), \quad SN_2(5)=(1,3,t), \quad PS_2(5)=\theta$$
$$*s_2(6)[s_1(2)\oplus 3\oplus 4]=(s,2,3,4), \quad SN_2(6)=(1,t), \quad PS_2(6)=\theta$$
$$s_2(7)[s_1(2)\oplus 3]=(s,1,2,3), \quad SN_2(7)=(4,t), \quad PS_2(7)=\theta$$
$$s_2(8)[s_1(3)\oplus 4]=(s,1,2,4), \quad SN_2(8)=(3,t), \quad PS_2(8)=\theta$$

$s_2(9)[s_1(3) \oplus 3 \oplus 4] = (s,1,2,3,4)$, $SN_2(9) = (t)$, $PS_2(9) = \theta$

$C_{s-t}^2(1) = (e_2, e_3, e_5, e_8, e_8)$

$C_{s-t}^2(2) = (e_2, e_8, e_4, e_7, e_9)$

$C_{s-t}^2(3) = (e_2, e_8, e_8, e_7, e_8, e_9)$

$C_{s-t}^2(4) = (e_1, e_3, e_5, e_5, e_9)$

$C_{s-t}^2(5) = (e_1, e_3, e_4, e_7, e_8)$

$C_{s-t}^2(6) = (e_1, e_3, e_4, e_5, e_8, e_9)$

$C_{s-t}^2(7) = (e_5, e_7, e_8)$

$C_{s-t}^2(8) = (e_4, e_8, e_9)$

$C_{s-t}^2(9) = (e_8, e_9)$

由于 $s_2(3), s_2(6)$ 的衍生余图中有分离点，故 $C_{s-t}^2(3), C_{s-t}^2(6)$ 不是真割集，应舍去。此时，所有的 $PS_2(k)$ 均为空集 $\varnothing$，故算法终止。该网络共有 11 个 $s-t$ 割集（图 3）。

网络的所有割集求出以后，我们就可以很容易地通过这些割集容量之间的比较，求出最小割集的容量（即极大流）。最小割集容量为

$$\min C = \min\{CC(1), CC(2), \cdots, CC(M)\} \tag{10}$$

式中，$CC(i)$ 为第 i 个割集的容量。

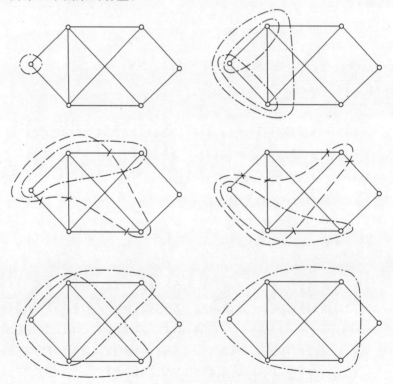

图 3　用 ECS 法求出的网络割集

4 ECS 计算机程序框图及说明

本篇编制了 ECS 网络容量模型 FORTRAN 程序,在东南大学 DPS-8 型计算机上调试通过。其程序框图如图 4。

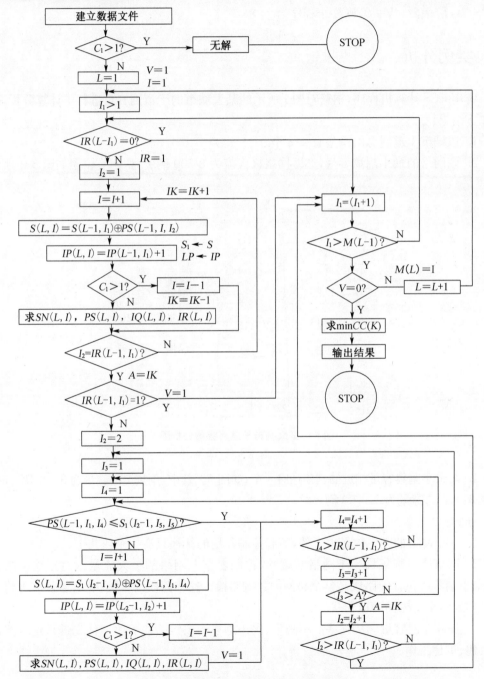

图 4　ECS 网络容量模型计算机程序框图

图 4 框图是该程序的主程序逻辑框图。图 4 中,$S(L,I)$ 为第 l 步第 i 个衍生源集;$SN(L,I)$ 为第 l 步第 i 个衍生源集的邻接点集;$PS(L,I)$ 为第 l 步第 i 个衍生源集的衍生点集;$IP(L,I)$ 为 $S(L,I)$ 中的节点数;$IQ(L,I)$ 为 $SN(L,I)$ 中的节点数;$IR(L,I)$ 为 $PS(L,I)$ 中的节点数;$M(L)$ 为第 l 步的割集数;$CC(K)$ 为第 K 个割集的容量;C_1 为逻辑变量,判断是否存在分离点的割集。$C_1<1$,存在分离点,舍去;V 为逻辑变量,判断是否 $\forall PS(L,I)=\varnothing$。$V=0$,则终止程序。

5　实例分析

应用 ECS 计算机程序,本篇对图 1 所示的某大城市的干道网容量进行了计算分析,得出如下结果:

1. 该城市干道网总的割集有 478 个。
2. 该网络的最小割集容量,亦即网络极大流为 8 500 辆／时,割集位置如图 5 中所示割集 1。

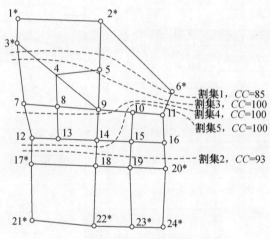

图 5　某大城市干道网容量分析图

3. 与最小割集容量相近的割集还有 4 个,如图 5。其中,割集 2 的容量为 9 300 辆／时;割集 3、4、5 的容量为 10 000 辆／时。

分析:

1. 一个网络的割集数是很大的,但起控制作用的往往只有一个或几个。
2. 网络最小割集相当于网络的瓶颈,控制着整个网络的极大流量。对运输网络来说,最小割集所包含的路段是整个路网的关键路段。这些路段的营运状况、通行能力将直接影响到整个运输网的运营状况。
3. 提高路网容量应从这些最小割集、次小割集的关键路段着手。优先进行这些路段的改建、扩建工作。

6 结论

衍生割集极大流算法的理论依据是最大流最小割集定理。其基本原理是从源点集开始逐步扩大衍生源集来寻找网络的所有 $s-t$ 割集。所有 $s-t$ 割集找出以后，再搜索最小割集。在衍生源集逐步扩充的过程中，网络上各节点先后由储点转化为源点，这反映了运输网络的特点，因此对运输网络的容量分析就比传统的网络流模型更为实用。

利用ECS法不但可以求出最小割集容量，而且可以求出次小割集容量、第三小割集容量等，这也是别的网络流模型难以做到的。不仅如此，ECS模型可以直接指出任一割集在网上的位置（即路段）。用ECS模型，我们可以方便地求得网络的最大容许流量，与网上实际的流量比较，可以判断网络的总体负荷、交通网尚存的服务潜力。根据最小割集的位置，我们可以找到制约网络总体容量的关键路段，从而决定规划、建设的优先权。根据次小割集、第三小割集等与最小割集容量相近的割集位置，判断在最小割集容量扩充后，关键路段将如何转移，这样，为道路网规划布局的均衡性提供了依据。

最后必须指出，本篇仅讨论了无向边容量网络问题，对于点容量网络和混合型网络则可以通过转化，变为边容量网络来求解。

应用网络流模型进行运输网络的极大流研究还仅仅是一个开端，还有许多工作值得进一步研究，如根据网络源点、储点的重要性进行容量分析；随机边容量、点容量的网络流分析等。这些研究都可能为运输网的极大流分析做出贡献。

参考文献

[1] 杨涛. 城市道路网总体性能评价与建模[D]. 南京：东南大学，1988.
[2] Ford L R, Fulkerson D R. Maximal flow through a network[J]. Canadian Journal of Mathematics, 1956, 8: 399—404.
[3] Ford L R, Fulkerson D R. Flow in network[M]. Princeton: Princeton University Press, 1962.
[4] Frank H. Communication, transmission and transportation network[M]. New York: Addison—Wesley Publishing Company, 1971.
[5] 苗邦均. 应用图论[M]. 北京：铁道出版社，1980.

交通网络总体建设水平 FUZZY 自评判法*

杨 涛，徐吉谦

(东南大学运输工程研究所)

摘 要 为进行交通网络总体建设水平多指标综合评价，本篇引入了 FUZZY 综合评判法，并对该法进行了改进，提出在一定的评分准则下，可用样本数据间的相对比较值来建立 FUZZY 隶属度矩阵，这样可以减少调查工作量，减少评判的主观性成分，增加评价结果的可靠性。

关键词 交通网络；建设水平；FUZZY 自评判

1 引言

一个地区、一个城市的交通网络建设水平有许多指标来反映，如平均路网密度、平均道路面积率、车辆拥有率、交通成网率、各级道路相对百分率、优质路面铺装率、控制管理设施配备率等。然而有了这些指标还不能直接判断交通网建设水平的高低，因为这些指标都只从某一侧面反映了交通网的建设水平，而且指标与指标之间又存在一定的内在联系，同时还需与地区或城市的规模、人口、自然地理、社会经济等因素联系起来。因此，必须进行多指标综合评判，才能得出较为正确的结论，从而为交通网的规划建设提供依据。

多指标综合评价法有很多种，如价值分析法、单纯表法、模糊综合评判法(FUZZY 综合评判法)、主分量分析法(R 型分析法)等。FUZZY 综合评判法是近年来发展较快，应用范围正在迅速拓展的一种新方法，其优点在于考虑到了客观事物内部关系的错综复杂性和价值系统的模糊性，而其缺点可能在于过多地考虑了主观性，因为 FUZZY 综合评判法有两重主观因素：第一，隶属函数一般是主观确定的；第二，权系数是主观确定的。两种参数一般通过特尔斐调查得到。为了克服这一缺点，力求评价客观科学，本篇提出了一种用评价对象样本数据来确定隶属函数的 FUZZY 自评判模型，给出了计算框图，对全国十八个特大城市道路建设水平作了评估。

2 FUZZY 自评判模型的建立

FUZZY 综合评判基本模型如图 1。其中关键在如下两步：确定单因素评价矩阵 $\underset{\sim}{R}$ 和

---

* 本篇是国家自然科学基金资助项目，发表于《重庆交通学院学报》，1990 年第 3 期。

计算模糊评判子集 $\underset{\sim}{B}=\underset{\sim}{A}\circ\underset{\sim}{R}$。上式在于等式右边的 FUZZY 算子 $\underset{\sim}{A}\circ\underset{\sim}{R}$。这一算子与常规的矩阵运算是不同的。

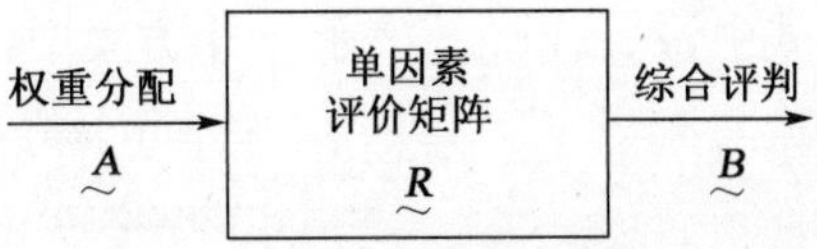

关于 FUZZY 算子，目前已有近十种计算模型。根据汪培庄、陈永义、王光远等人的研究，认为有三种计算模型比较实用可靠，列于表1。

图 1 FUZZY 综合评判模型

表 1 FUZZY 算子计算模型表

算子模型	MODEL-FE1	MODEL-FE2	MODEL-FE3
∨ *	$a \vee b = \max\{a,b\}$	$a \oplus b = \min\{a+b,1\}$	$a \oplus b = \min\{a+b,1\}$
∧ *	$a \wedge b = \min\{a,b\}$	$a \wedge b = \min\{a,b\}$	$a \cdot b = a \times b$

注：表中"∨*"表示广义加法运算，"∧*"表示广义乘法运算。"∨"表示"取大"运算，即在两个元素中取极大值，"∧"表示"取小"运算。

单因素评价矩阵也称隶属度矩阵。所谓隶属度，就是某一指标属于某一评价等级的程度。对隶属度函数的研究也很多，已经提出的模型有几十种了。实际应用中，对于产品选优，多方案评价这类问题则需要采用主观测评法、专家调查法，即所谓特尔斐法。然而，采用特尔斐法存在两个问题：

(1) 测试样本的选取很重要，选取样本的专家一定要对被评价对象的各种特性十分了解，专业水平和实践经验很丰富，否则，得出的评价矩阵就没有权威性。做好这项工作难度较大。

(2) 这种方法要进行大量的调查工作，费用和时间是可观的，有时由于条件限制而无法进行。

实际上，对于一些被评价对象，我们已经有了各指标的统计资料，目的只是为了在这些被评价对象之间进行排序、选优，我们能否利用这些统计资料进行相对比较来确定隶属度函数呢？我们认为是可行的。事实上，用特尔斐法调查时，评价主体也是根据这些指标的历史资料及自己的经验来评判打分的。FUZZY 自评判隶属度函数模型就是根据这个思想提出来的。

为了进行相对比较从而确定隶属度函数，必须对原始数据进行标准化处理。

设有 p 个方案，$i=1,2,\cdots,p$；m 个指标，$j=1,2,\cdots,m$。对于这 p 个方案，测得各方案 m 个指标的原始数据为：

$$\begin{cases} x_{11}, x_{12}, \cdots, x_{1m}, \\ x_{21}, x_{22}, \cdots, x_{2m}, \\ \cdots\cdots \\ x_{p1}, x_{p2}, \cdots, x_{pm} \end{cases}$$

$$x_{ij} = \frac{x_{ij}-x_{j\min}}{x_{j\max}-x_{j\min}}$$

式中,$x_{j\min}, x_{j\max}$ 表示 p 个方案中,第 j 个指标实测数据的最小、最大值,即:

$$x_{j\min} = \min\{x_{1j}, x_{2j}, \cdots, x_{pj}\}$$
$$x_{j\max} = \max\{x_{1j}, x_{2j}, \cdots, x_{pj}\}$$

通过这样的处理,得到的数据满足 $0 \leqslant x_{ij} \leqslant 1$,且不改变原始数据的差异性。

在标准化处理后,我们就可以根据 x_{ij} 的大小来评价第 i 个方案,第 j 个指标在总的 p 个方案中的相对优劣了。

如果我们对于每个指标 j,确定 n 个评语,$l=1,2,\cdots,n$,对应于很差、差、一般、较好、良好等,相应地,我们将标准化后的数据所在的区间 $[0,1]$ 也等分成几个区间。一般可取 $n=5$,对应的评语集是:{很差、差、一般、较好、良好}。$[0,1]$ 被划分成这样五个子区间:$[0,0.2),[0.2,0.4),[0.4,0.6),[0.6,0.8),[0.8,1.0)$。

在划分后的子区间上,我们定义隶属函数

$$r_{j1}=1, r_{j2}=r_{j3}=r_{j4}=r_{j5}=0, \qquad x_{ij} \in [0, 0.2);$$

$$r_{j1}=\frac{0.4-x_{ij}}{0.2}, r_{j2}=1-r_{j1}, r_{j3}=r_{j4}=r_{j5}=0, \qquad x_{ij} \in [0.2, 0.4);$$

$$r_{j1}=0, r_{j2}=\frac{0.6-x_{ij}}{0.2}, r_{j3}=1-r_{j2}, r_{j1}=r_{j5}=0, \qquad x_{ij} \in [0.4, 0.6);$$

$$r_{j1}=r_{j2}=0, r_{j3}=\frac{0.8-x_{ij}}{0.2}, r_{j4}=1-r_{j3}, r_{j5}=0, \qquad x_{ij} \in [0.6, 0.8);$$

$$r_{j1}=r_{j2}=r_{j3}=0, r_{j4}=\frac{1.0-x_{ij}}{0.2}, r_{j5}=1-r_{j4}, \qquad x_{ij} \in [0.8, 1.0),$$

$$i=1,2,\cdots,p; j=1,2,\cdots,m; l=1,2,\cdots,n$$

显然,这样定义的隶属度函数满足

$$0 \leqslant r_{jl} \leqslant 1$$

$$\sum_{i=1}^{n} r_{jl} = 1$$

为了清楚起见,我们将上述关系列于表 2。

表 2 FUZZY 自评判隶属函数表

隶属度	$x_{ij} \in [0, 0.2)$	$x_{ij} \in [0.2, 0.4)$	$x_{ij} \in [0.4, 0.6)$	$x_{ij} \in [0.6, 0.8)$	$x_{ij} \in [0.8, 1.0]$
r_{j1}	1	$\frac{0.4-x_{ij}}{0.2}$	0	0	0
r_{j2}	0	$1-r_{j1}$	$\frac{0.6-x_{ij}}{0.2}$	0	0
r_{j3}	0	0	$1-r_{j2}$	$\frac{0.8-x_{ij}}{0.2}$	0
r_{j4}	0	0	0	$1-r_{j3}$	$\frac{1.0-x_{ij}}{0.2}$
r_{j5}	0	0	0	0	$1-r_{j4}$

表3 十八个特大城市道路网建设水平FUZZY自评判计算结果表

MODEL-FE_1			MODEL-FE_2			MODEL-FE_3		
名次	城市	总评分	名次	城市	总评分	名次	城市	总评分
1	大连	3.2400	1	大连	2.2191	1	鞍山	3.9915
2	哈尔滨	2.8500	2	鞍山	2.1746	2	大连	3.8675
3	北京	2.7671	3	北京	1.9593	3	北京	3.1394
4	鞍山	2.7500	4	武汉	1.8155	4	长春	2.8111
5	长春	2.0582	5	哈尔滨	1.4974	5	哈尔滨	2.4776
6	武汉	2.0500	6	青岛	1.3925	6	武汉	2.4701
7	青岛	1.9300	7	长春	1.3743	7	沈阳	2.3258
8	沈阳	1.4800	8	沈阳	0.9109	8	青岛	1.9843
9	南京	1.3500	9	南京	0.8110	9	南京	1.6117
10	上海	1.2300	10	上海	0.7734	10	天津	1.4880
11	济南	1.2200	11	济南	0.7114	11	太原	1.4277
12	天津	0.9390	12	天津	0.6329	12	上海	1.3781
13	太原	0.8236	13	西安	0.6183	13	济南	1.2808
14	西安	0.6500	14	太原	0.5757	14	西安	1.2216
15	成都	0.6300	15	成都	0.4177	15	成都	1.0764
16	昆明	0.5646	16	昆明	0.3260	16	昆明	1.0280
17	重庆	0.2700	17	重庆	0.2700	17	重庆	1.0000
18	广州	0.2700	18	广州	0.2700	18	广州	1.0000

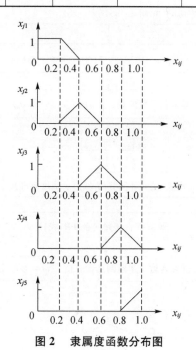

图2 隶属度函数分布图

一旦隶属度矩阵$\underset{\sim}{R}$确定以后,我们就可以进行FUZZY综合评判了。我们称隶属度用表2形式确定的FUZZY综合评判模型为FUZZY自评判模型。

FUZZY 自评判模型有如下一些特点：

(1) 本模型不需要通过特尔斐法来确定隶属度矩阵，这就克服了特尔斐法的两个缺点。

(2) 本模型减少了主观因素的影响，使 FUZZY 评价增加了客观可信性。

(3) 这里采用的隶属度函数是分段线性的，如图 2。这对有些方案评价问题可能不合适，需要针对具体问题作做正。

3 FUZZY 自评判模型计算机程序框图

图 3 是 FUZZY 自评判模型计算机程序框图。

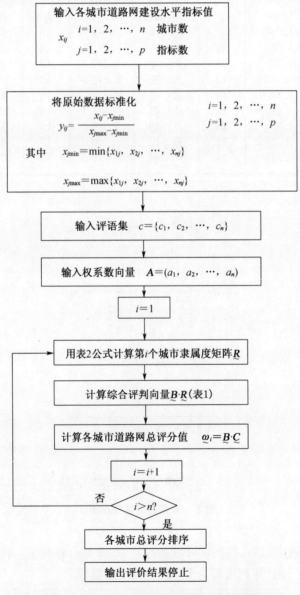

图 3 FUZZY 自评判模型计算机程序框图

4 实例

根据建设部提供的统计资料,利用 FUZZY 自评判模型,我们对全国十八个特大城市的道路网建设水平作了初步评估,评价结果如表3。

从表3中可以看出,三种算子模型得出的结果大致上是一致的,其中 MODEL-FE$_1$ 和 MODEL-FE$_2$ 相合程度更好些。这样,我们就从总体上对各城市的道路网建设水平有了比较清楚的认识。从评价结果看,大连、鞍山、北京、哈尔滨等这些城市的道路网建设水平在全国特大城市中处于较高的水平;沈阳、南京、上海、天津等城市处于中等水平;而成都、昆明、重庆、广州的道路网建设水平相对比较低。这个结果基本上符合统计年(1982)我国特大城市的道路建设状况。

5 结束语

FUZZY 自评判模型基于被评价对象的样本数据建立隶属度函数,减少了 FUZZY 综合评判法的主观因素,减少了调查工作量,提高了评判结果的可信度。本模型既可用于不同地区、不同城市间交通网建设水平的横向比较,又可用于同一地区、同一城市不同时期交通网建设水平的纵向比较。当然,对于交通网络总体建设水平评价,不但要选择正确的评价方法、模型,同时还要建立科学的评价指标体系。后一方面的研究工作及成果将另文介绍,这里不再赘述。

参考文献

[1] 中国建筑学会. 国内外城市交通基础资料汇编[G]. 中国建筑学会,1985.
[2] 贺仲雄. 模糊数学及其应用[M]. 天津:天津科学技术出版社,1983.
[3] 陈永义,刘云丰,汪培庄. 综合评价的数学模型[J]. 模糊数学,1983(1):61-70.
[4] 王光远. 论综合评判的几种数学模型的实质和应用[J]. 模糊数学,1984(4):81-88.
[5] 杨涛. 城市道路网总体性能评价与建模[D]. 南京:东南大学,1988.

城市交通规划评价方法初探[*]

李洪武, 徐吉谦

(江苏省公安厅交通管理局　东南大学运输工程研究所)

摘　要　本篇运用系统的、动态的观点,从宏观的角度出发,将城市交通规划的评价划分为总体合理性、适应性、协调性、预期效益四部分,较全面地分析了城市交通规划所涉及的因素,且做了相应的讨论,并提出了自己的见解。

关键词　城市交通规划;指标;评价方法

1　城市交通规划评价的意义和作用

1.1　问题的提出

近年来,为从根本上解决城市交通问题,许多专家学者做了大量的工作,然而所用方法是否适宜,评估手段是否有效,仍需作进一步的补充完善,这要求从理论上、方法上予以更新发展。

1.2　评价的意义和作用

(1) 方案的优化:规划时进行规划方案的选择,以求优化,必须经过多方案的评价,并以一定指标表示其价值,使决策者对方案的优劣一目了然。

(2) 决策的支援:当决策者从多个方案中选择一个方案感到为难时,如果有方案的评价指标与方法,就可作为决策的参考。

(3) 决策行为的说明:明确的评价过程,可使人们详尽地领略规划决策的行为。

(4) 问题的分析:评价本身即是问题的分析。

总之,评价是使其他人(包括方案提出者在内)了解规划的行为、性质、特点的一种途径。使其采取合理的措施,最大限度地发挥现有城市交通体系的活力。更重要的是在某些已知信息的基础上,激发规划人员的思维,充分掌握未来发展的不确定性,不断地提高规划的质量,更好地进行城市交通规划。

2　城市交通规划的总框图

用系统工程学的观点来看,城市交通是城市大系统的一部分,是一个弱结构开放系

---

[*]　本篇发表于《城市规划》,1990年第3期。

统。时间和空间是其最根本的属性,因而也是研究交通问题的出发点。同时城市交通自身又含有若干子系统,他们之间的状况将直接影响城市交通的总体效应。此外,交通规划的最终目的是为人及人所居住的环境服务,必须达到一定的要求。根据这样的特点,笔者设计了专家咨询表,在全国范围内进行调查。根据反馈做了调整补充,得到如下评价目标体系(图1)。

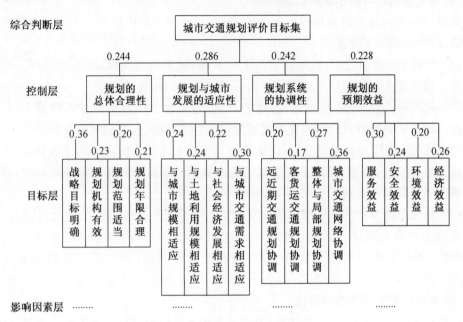

图 1 评价目标体系示意图

3 城市交通规划各项指标的分析

3.1 城市交通规划的总体合理性

城市交通规划的总体合理性,就是面对城市实体,从合理的角度出发,设计预定的目标,从总体上对交通规划予以把握。

对战略目标的实现,可由战略重点、战略步骤、战略措施来完成。明确地提出规划机构的合理组成,在城市交通规划的范围内,考虑城市交通的辐射特点、城市交通体系的空间层次、城市的结构形态、发展规模、用地布局、空间布局,并结合经济上的联系特点,地理上的完整性,行政区划的一致性,以市区为基础,在整个市辖区的范围进行城市交通规划。

至于规划年限问题,建议采用表1。

表 1 规划年限建议表

规划类型	期 限
临时局部交通治理	及时性
分区交通规划	5～10 年

续表

规划类型	期限
交通走廊规划	10～20 年
全市交通战略规划	20～30 年

3.2 城市交通规划与城市发展的适应性

要使城市交通规划的效用得到最大的发挥，其必须与城市这样一个实体保持某种程度的适应，为此做如下考虑：

（1）与城市规模的适应，应根据城市人口规模、城市用地规模，相应地选择主要的交通方式。这里的人口规模应是城市常住人口与流动人口的合成。

（2）运用灰色系统关联度的理论，确定社会、经济发展中对交通量影响最大的因素，以体现某城市的具体特点。特别要考虑城郊周围经济梯度、人口梯度的影响。

（3）与土地利用规划的适应，不仅仅是为了容纳土地活动所产生的交通量，更重要的在于相互调整、相互配套，消除不必要的无效交通量。通过最短路网络流的办法，使规划的交通网络容量与土地利用活动所产生的交通需求相配合。

（4）通过提供种种形式的交通用地，及对交通用地进行适当的布置，由其所产生的各项交通容纳能力来确定与城市交通需求的适应性。这里特别要注意的是城市路网的干道密度、不同功能分区的密度分布、空间密度分布问题，并注意与道路用地占比相配套。

3.3 城市交通规划系统的协调性

要取得一个良好的城市交通体系，其内容与形式的协调是至关重要的。此外，注意到城市交通规划的表现形式、特定的属性以及目标实现的阶段性，这种协调必须是空间的协调、时间的协调、实现程序以及内容的协调。

（1）运用动态优化决策方法，不仅要考虑不同时期的投资问题，而且还要考虑规划期各年交通网络上交通量的流量、流向分配，使交通工程项目的设施建设能按轻重缓急达到远近期规划协调的目的。

（2）通过各类城市客运交通方式的构成、综合运输结构各种特性的研究，由现行城市交通综合运输结构，并根据我国客货运输量及其结构的发展趋势，确定交通方式的合适比例范围。此外，结合客货规划的配套分析，减少相互之间的冲突，反映城市客货交通规划的协调性。

（3）交通规划实施过程中一些情况的变化，使得随时间的推移，局部的交通情况与整体交通对其要求有所错位，从而使产生的交通流量、流向分配出现问题。在实际处理时，既要考虑局部交通情况，又要考虑其在整个交通体系中的地位，采用敏感度分析的方法，由局部交通容量的变化情况及整体交通供应能力的应变情况，判别整体、局部交通规划的协调性。

（4）以前通常采用可达性的指标来评价城市交通网络，且对可达性的定义作了种种探讨，但笔者认为仅就这一点远不能说明问题，从协调的角度出发，更应考虑到这样几个情况：

① 城市交通网络的协调

a. 城市交通网络必须符合城市的规模、性质、地理地貌条件,符合城市周围地区的经济梯度、人口梯度及相邻城市的分布状态;

b. 符合城市经济、文化、政治的凝聚和辐射影响范围;

c. 考虑城市交通体系在不同区域范围内的协调(全国、地区、市内等)。

② 城市路网形态协调

必须根据城市的结构形态,城市用地的功能分布及发展形态变化,对外交通的主要位置、方向,城市主要的客流、货流方向以及城市的自然地理特征选择相应的城市路网形式。

③ 城市路网干道比例的协调

由于各类交通发生源和吸收源强度的不同,各种活动空间、地区之间的交通联系亦不同,必须根据网络的负荷能力,由协调性准则确定适当的比例,由不同类别的干道组成城市道路网。

④ 城市交通枢纽点——交叉口处理的协调

交叉口作为网络中的关键点,影响整个交通网络的交通供应能力及服务水平,起着控制作用。应视技术经济、地形条件及用地范围的可行性予以定夺。根据协调性的原则,基于城市规划建设特征、交通控制特征,确定合理可行的交叉口方式。

3.4 城市交通规划的预期效益

城市交通规划所要实现的效益不能仅局限于可见的直接经济效益,而更应注意虽不可见,但对社会却能形成冲击,潜移默化改变人们的生活习惯和精神面貌,最终可能带来整个社会进步的间接效益,这是最根本的,也是任何规划最终所追求的目标。城市交通规划的预期效益,不同于现状城市交通的综合效益,充其量只是规划所要实现的城市交通的综合效益,它着重处理的问题是如何采取适应的措施来达到规划者所希望的效果。

4 综合评价

4.1 二级综合评价方法

为了能更好地反映城市交通规划的优劣所在,与以往的评价方法不同的是,本篇采用二级综合评判方法来达到评价的目的。

一阶综合评价法:

$$D_j = \sum_{j=1}^{4} a_j w_j$$

一阶最优评价法:

$$D_{max} = 4\text{Max}\{w_1, w_2, w_3, \cdots, w_n\}$$

一阶最劣评价法:

$$D_{min} = 4\text{Min}\{w_1, w_2, w_3, \cdots, w_n\}$$

二阶综合评价方法:

$$D(ui) = \sum_{k=1}^{3} \beta_k D_k$$

式中:a_j —— 指标满足程度;

w_j —— 目标权重;

$$\beta_k > 0, \sum_{k=1}^{3} \beta_k = 1,$$

β_k 取何值视具体情况而定。

4.2 规划评价所需资料

a. 城市性质及城市社会经济发展预测资料;b. 城市交通现状资料;c. 城市交通规划资料。

4.3 规划评价程序

a. 定性、定量指标的确定;b. 分别对各个层次进行评价;c. 城市交通规划的综合评价。

5 结束语

通过上面的分析,城市交通规划的评价工作大体上可沿此脉络进行:

1. 通过总体合理性的评价,说明城市交通规划的预备工作进行得如何。

2. 通过适应性的评价,说明城市交通规划与城市发展之间的关系,对于各具体城市,其评价指标参数值的确定应视具体情况而论,以保证评价方法具有可操作性。

3. 通过协调性的评价,使城市交通规划从过去分散的、局部的、静态的评价上升到系统的、全面的、动态的评价。

4. 通过城市交通规划预期效益的评价特点,严格澄清与城市交通现实效益评价的区别。

5. 通过二阶综合评判方法分析各个方面评价的结果,使评价自成一体,更有利于人们了解、选择规划方案。

第四编

大城市城乡结合部交通与出入口干道规划设计理论

高等级公路与城市连接的探讨*

徐吉谦

（南京工学院）

摘　要　本篇首先论述了高等级公路对于以经济较发达的城市为中心带动周围农村统一组织生产和流通，发挥城市功能，密切城乡联系，促进乡村地区发展的重要作用；其次分析了高等级公路网大中城市、集镇的连接形式，高等级公路与市区道路的连接，以及高等级公路通过市区内部的处理方法，还列举了国内外一些城市的连接实例。对于当前公路建设中处理公路与城市的关系，具有一定的现实意义。

关键词　高等级公路；连接

1　前　言

高等级公路（主要指高速公路及Ⅰ、Ⅱ级公路）与城市如何连接，无论从交通规划、城市发展，还是从工程经济、营运经济、社会效益和环境效益等方面来看，都是一个相当复杂的课题。它与城市的性质、规模、客货运、交通量等有密切的关系。它不同于一般低等级公路与城市的连接，也不同于铁路与城市的连接，它有自己特殊的要求，并随社会经济的发展，现代化城市建设进程以及高等级公路建设的发展而产生并提出新的课题。

按系统工程理论分析，城市道路网是一个子系统，郊区乡区公路网也是一个子系统，两者共同组成这一地区的路网大系统，因此公路与城市的连接，也就是做好这两个系统的连接和组合。它关系到能否充分发挥两个系统的作用，既要有利于公路系统的作用发挥，又要有利于城市道路系统功能的发挥，同时也应有利于整个地区城乡经济的发展。要解决这一课题必须同城市规划、市政建设及公路建设等部门共同研究，并纳入城市发展的总体规划、对外运输总体布局中综合分析，作为近期和远期发展全面安排，同时使该区域经济规划和公路网发展规划协调一致。

高等级公路与城市的连接，遵守的基本原则，连接的方法、形式和注意事项，都未进行过系统的分析和研究，因此目前只能参考国内外资料，做一初步分析，欠妥之处，欢迎批评指正。

---

* 本篇发表于《华东公路》，1987年第1期。

2　不同规模城市的交通性质和比重

高等级公路与大城市及中小城市的连接,有着不同的要求,主要是由于大中小城市交通性质和交通需求不同而引起的。

现代城市的交通按性质划分有市内交通、进出城交通及过境交通三类。对于小的乡镇基本都是过境交通,但随着城市范围的扩大,发展到一定规模时,市内交通迅速增长,进出城镇交通也逐渐增大,而过境交通则逐渐减少。因此三种交通所占的比例不是定值,而是随城市规模和性质的变化而变化。城市规模越小,则进出城交通和过境交通的比重越大。日本资料(表1)表明,人口在10万以下的小城市中,市内的交通量约为总交通量的50%,而过境交通却占20%以上,说明城市越小,过境交通比重越大。

表1　日本部分城市交通所占比例

城市人口/万人	过境交通所占比例/%	出入境交通所占比例/%	市内交通所占比例/%
0~<5	23(31.6)	35(68.4)	42
5~<10	20(40.0)	30(60.0)	50
10~<20	10(27.8)	26(72.2)	64
20~<30	4(18.3)	18(81.7)	78
30~100	3(15.8)	16(84.2)	81

注:括号内数字系仅计算过境与出入境交通。

英美两国的资料(表2)表明,人口在30万以上的城市过境交通比重很小,只有7%~10%,人口为10~30万的城市过境交通占16.2%~20%,人口为8万~10万的城市过境交通明显增大,占30%左右,而人口在2 500人以下的小居民点过境交通高达50%以上。我国几个城市的统计资料(表3)也表明随城市人口增长,过境交通有减少的趋势。

但个别城市因所处地理位置和在国道网上所起作用不同而异。如天津的过境交通比重小于北京,南京的过境交通比重大于徐州。

表2　英美两国部分城市过境交通所占比例

城市人口/千人	过境交通占总交通量的比例/%	
	美国	英国
<2.5	50.7	50~80
2.5~<10	43.3	38~63
10~<25	21.9	30~50
25~<50	21.0	20~40
50~<100	18.2	15~30
100~<300	16.2	<20
300~<500	7.2	<10
500~1 000	4.2	<5

表 3 我国几个城市过境交通所占比例

城市名称	市区人口/万人	过境交通所占比例/%
上海	600	1～2
北京	400	2～4
天津	300	1～3
徐州	77	5～7
南京	200	12～15

因此大中小城市的交通组成所占比重不同,连接方式上也不会相同。其次公路等级不同,也对连接形式提出不同的要求。

3 高等级公路与城市的连接形式

3.1 高等级公路与小城市及乡镇的连接形式

高等级公路交通量大,行车速度高,如直接进入县城或穿过集镇,不仅房屋拆迁量大,投资多,而且受集镇上非机动车和行人的纵横向干扰大,影响交通安全、行车速度和通行能力,甚至形成瓶颈地段,堵塞交通。同时打乱原有城镇的规划布局,造成对原有城镇的硬性分割,给居民生活、工作、学习带来不便,噪音、废气亦危害居民,因此,在考虑高等级公路与城镇连接时,既要有利于城镇,又不危害城镇,使出入境交通各得其便,而不打乱原有城镇的规划布局,为此可采取"近而不进,离而不远"的连接原则。至于距城镇的远近问题应视具体情况和公路的远景规划而定。

目前我国现行连接方式有四种:

(1) 直穿式

(图1、图2)过境公路直接进入市中心或通过市区,既是公路的组成部分,又是城镇的街道,这种方式不宜采用。但由于历史的原因,实际上我国有不少小城镇是随着公路交通运输事业的发展而形成和发展起来的,所以穿城路段既是公路干线,又是具有城市性质的街道,既为市内交通服务,又为过境交通服务,从而造成功能混乱,过境车辆难以通行,车速降低,事故增多。目前公路穿越市区,甚至穿越主要生活区或商业中心的问题依然存在,必须引起注意。

图 1 过境公路穿越城镇

图 2 过境公路穿越市区

为适应现代交通运输的需要,对上述情况除了当两旁原有的建筑红线很宽时,可以暂时组织三幅路,将过境交通与市内交通分隔开外,均应予以调整、改善。其办法是改线、避城、绕行,把公路与城市道路分开,过境与城市交通分开。

(2) 绕行式

公路由城镇一侧或两侧绕行通过,如图3。原来公路的弯道上,则于弯道内侧绕行,以利线路便捷。

图4中原来公路分割城镇,绕行线可布置在城镇一侧,这样线路既短又顺。

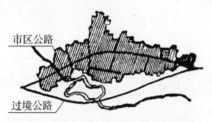

图3 过境公路于原路内侧绕过城镇

图4 过境公路于城一侧绕过

图5是丘陵或山区线路斜穿市区,可布置为单行线双侧绕行,减少工程量。总之,绕行应视实际状况而定。

(3) 切线式

图6是解决原有城镇与公路矛盾的常用方式之一,避免了过境交通进入城镇,原公路成了市内主要街道。

图7、图8为高等级公路沿城镇的一侧切线布置,另修支线连接城镇。这样过境车辆可以高速、安全地通过,而城市亦不受其干扰。

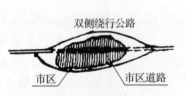

图5 公路于两侧以单行线绕过

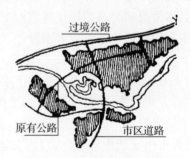

图6 过境公路与城市相切

图7 过境公路与城市相切并用绿带或林荫道予以分隔

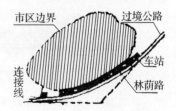

图8 过境公路沿市区边缘布置

(4) 分离式

高等级公路在离城镇或市区一定距离处通过。一般来说，公路等级越高，通过城镇的规模越小，则过境交通的比重越大，进出小城镇的交通比重越小，因此公路可以离开城镇一定距离，其与城镇的连接方式可视城镇的形态、进出城镇交通量的大小及公路的线形采取单线连接或双线连接（图9、图10、图11）。其优点为公路与城镇互不干扰，可实现高速安全行驶。

 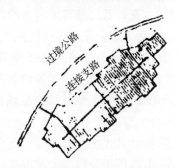

图9　城市与公路用单线连接　　图10　城市与公路用双线连接　　图11　两条支线连接公路与城市

至于公路离城镇市区边缘距离多远为好，可视城镇远景期发展的规划、等级和要求用地宽度，以及保护城市环境不受噪音、灰尘、废气污染等原则确定，其连接支线以短捷为宜，最好不大于2千米。

(5) 其他布置方式

① 半封闭或全封闭式（图12）

将高速公路布置在城市的一侧通过，利用立体交叉引两条支线作为区域的联系，并组成半封闭或全封闭的形式，使过境公路与城市完全分开，以达到公路不干扰市镇，而又有方便的交通联系的目的。

② 利用多条过境公路（图13）

将城镇街道与两条过境公路连接起来，常采用就近修支线连接的方法，使支线与高等级公路相连，必须做好连接设计。

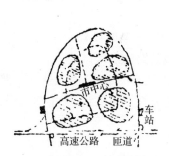 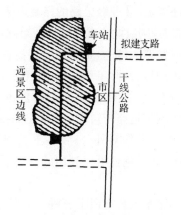

图12　从高速公路立交引支线与城市连接　　图13　城镇与两条过境公路连接

③ 小城镇与两条过境公路的连接(图 14)

高等级公路与小城镇的连接,应离开适当距离,用支线连接的方式,既可保证城市安静,又可安全行车,还能保证公路与城市在一定时期内有适当的发展余地,而直接由市内通过的方法最为不利。

3.2 高等级公路与大城市的连接形式

高等级公路与现代化的大城市关系密切,有些大城市已发展成为多条高等级公路的枢纽,有的成为高等级公路的起(讫)点,而高等级公路又是大城市间的重要交通干线,或为大城市与卫星城镇的连接干线。除很少一部分为穿城而去的过境交通外,绝大部分为出入城市交通,因此其连接方式比高等级公路与中小城镇的连接复杂,但高等级公路与大城市连接时应满足以下几项基本原则:

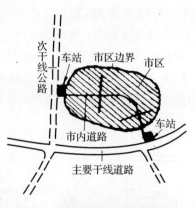

图 14 由两条支线连接城镇

① 满足长途及短程客货运大交通量的要求;
② 能保证车流适当高的速度(即不过分减速);
③ 能保证各类车辆行驶的安全舒适性;
④ 保证城乡及各方面用路的直接方便,而不过分拉长距离;
⑤ 与其他运输方式协调,并互相配合;
⑥ 与城市功能、路网的布局密切配合,尽量减少彼此间的干扰;
⑦ 工程建设投资及营运费用经济合理。

苏联关于城市对外公路布置曾明确指出,主要通行过境交通的Ⅰ、Ⅱ、Ⅲ级公路以及专为工业、企业运输服务的道路,均应避开城市居民点,而采取绕行方式,但应有与城镇连接的通道。在相互有联系的县城、乡镇,除长途公路外,还应有地方性的通道。如果公路通过市区,应按城市要求设计干道,其标准应符合城市道路设计的规定,通过能力应满足两者的共同要求。

苏联还规定Ⅰ、Ⅱ、Ⅲ级公路的路基边缘到城市建筑红线的距离不应小于 200 米。当必须通过居民点时,则应设计成隧道或高架桥,使其与城市道路主要干线相交,并采取立交形式。

对于有铁路入城的,则可使公路沿铁路线引进,如为沿河城市,则可沿桥位方向引入,这可使城市用地合理,工程经济,线形顺适。

当地方性交通干道上对外交通量占 30% 以上时,应考虑设置专用的辅助车道,并利用此道作为城市道路与过境公路的连接或作为过境公路的出入口。

在新建Ⅰ、Ⅱ级对外公路时,不宜利用城市周围现有的道路,因为这些道路是供地方交通使用的,如经论证可以利用的,则应另建新的地方性专用道路,防止功能混杂,影响行车速度和安全。

连接的基本方式有以下五种:

(1) 进入或直穿市中心(图 15)

一般大城市往往是高等级公路的终点或起点,出入城市的通道多,对外公路又终止于市区边缘,长途客车站应设在市区边缘,不进入市区中心。对于范围大的城市,为给旅客更大方便,故可布置部分线路进入市中心区,并与车站直连。这种布置方式,旅客上下车方便、迅速,但常因市区交通功能混杂,发生干扰,车速降低,事故增多,故不采用直接进入市中心区的方式,而采用路堑式、高架式或地下式,以保证高速行驶。

高速公路进入市区的方向、位置取决于出入境交通干道的方向、位置及市区交通吸引点的分布。

通过市中心区的方式,又可分为单线起终点式[图15(a)]、直线穿行式[15(b)]、丁字式[图15(c)]及十字式[图15(d)]等。

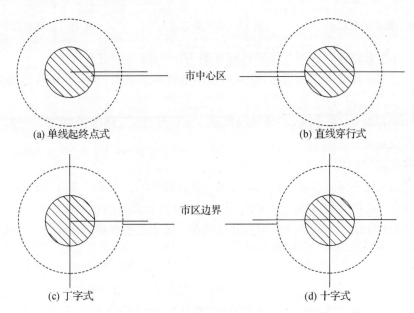

图 15 高等级公路直接进入市中心的方式

(2) 周边式

当有多条高等级公路进入城市时,为避免在市中心区相交,采用半封闭式或闭合式环形干道,即将进入路线终止于环道,过境交通沿环道绕行,禁穿市区,而入城交通可通过环道进入市内道路系统(图16)。

除单环周边式外,还有双环周边式(图17),它适用于郊区工业较多,且相互间有大量交通来往的城市,以公路干线组成市外环道,既可供过境交通绕行,又兼作各工业区连接纽带。

(3) 多环道式(图18)

特大城市诸如国家首都,交通往来频繁,进入城市的高等级公路多,一个环道难以将全部车流及时疏散到城市各个区域,同时郊区工业发达,与各卫星城镇间联系密切,为加强环向联系常设置三层或多层环道,如北京、莫斯科、伦敦。

内环:沿市中心区边缘布置,作为市内各区间的环向联系并阻止过境车辆直接进入市中心。

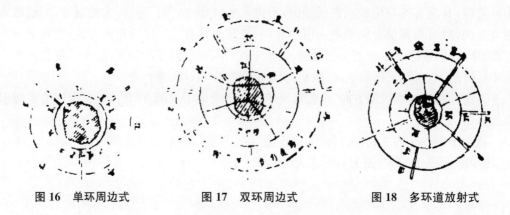

| 图 16 单环周边式 | 图 17 双环周边式 | 图 18 多环道放射式 |

二环：联系近郊各工业区并担任环向联系，阻止过境车辆进入市区；

三环：控制过境交通进入市区，使其由本环道转移到过境公路，并担负远郊区的环向联系。

内环半径可取 2~4 千米，二环半径可取 5~10 千米，三环半径可取 20~25 千米，但要视具体情况定值。

(4) 综合式(图 19)

综合式为上述直穿式与周边式相结合的一种连接形式。根据入城干道的交通性质、城市各交通吸引点的位置和市内路线的情况，使入城高速公路有的直穿市中心[图 19(b)]，有的通过外环，有的通到内环[图 19(c)]，其目的在于防止过境车辆进入市中心，分车流并引导中心区的车流直接进入，以方便旅客。

(a) 双环道单线直穿式　(b) 双环道双线直穿式　(c) 带环道的井字式

图 19　综合式连接法

(5) 双系统式(图 20)

高等级公路与市内道路均自成系统，交叉时采用立体交叉，公路与城市交通不直接接触，但在必要的入口应与城市道路连通，而这种连接方式中还有平行式。对于沿江、河、溪路或河谷、海湾等狭长地形发展的带形城市，高等级公路可大致平行于城市长轴，沿一侧或两侧布置。而城市道路可采用支线与之连接(图 21)，连接点可采用立交或建立集散道路等连接方式。

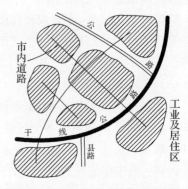

图 20　公路与市内道路各成系统

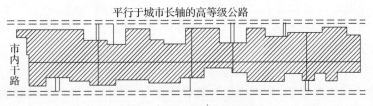

图 21 平行式连接示意图

3.3 国外高等级公路与大城市的连接实例

国外由于汽车多、交通发达、公路网密度高、高速公路多,许多大城市都有很多高速公路交会或通过,不少大城市成为公路交通的枢纽或集散点,为了处理好多路入城交通,常采用多层环道,先让车辆分层驶进环道,然后利用环道实现转换方向、过境和进出城市,这样就可各得其便而不致相互干扰。现就大城市布置实例,简介如下。

(1) 伦敦

全市面积约为 1 600 平方千米,人口约为 700 多万,市区面积约为 373 平方千米,拥有汽车 200 多万辆。英国几乎所有主要公路干线都通过伦敦,但有些国家级公路只通到远郊,有的公路通到外环为止,有的公路进入三环,而进入内环道的公路只有 14 米,其中主要干道只有 8 条,最后进入市中心区的只有 5 条主要干道。

计划的环形干道有 4 条(图 22)。

一环(内环)道:是市区环形干道,离市区中心(皮卡迪利广场)约 4~5 千米,总长共 49 千米,担负市内主要区间的环向客运,并将主要干线公路运来的乘客分布到市中心区。

二环道:在内伦敦区边缘与原有的北环道连接,组成环形干道。主要担负近郊各区间的环向客、货运输并组织以放射方向进入本环的过境交通转换方向。

三环道:穿过外伦敦区,连接远郊各区,供环向客、货运输通行,对过境交通起分流作用,并防止其进入市区。

外环道:亦称公路外环,位于伦敦地区的外围,担负伦敦外围的环向客、货运输和部分过境交通。它虽在伦敦区外围但属于国家高速公路系统的组成部分,不属于城市郊区体系。

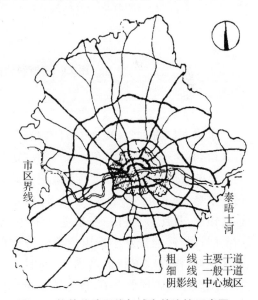

粗 线 主要干道
细 线 一般干道
阴影线 中心城区

图 22 伦敦公路干线与城市的连接示意图

(2) 莫斯科

为解决好外地及邻近卫星城镇汇入的多条高等级公路与城市的连接,采用环形放射形式,使莫斯科作为首都同全国各地保持直接方便的联系,而又不让所有高等级公路直接进入市中心,影响市内道路的通畅,并运用多层环形干道,使外地进入的高等级公路,有的终止于四环,有的通到三环,少数可直达二环。各级公路的过境车辆根据其各自要求分别从外环或三环驶出。这种多层次环形放射式布置方式克服了单纯放射式的缺点,使环向、径向各区间均可就近联系。

图 23 为莫斯科市公路同城市的连接示意图,其采用典型环形放射式布局,将外地及邻近城市主要干道汇集起来,车辆按各自需要分别与城市各环道连接,使各类交通车辆各行其道。

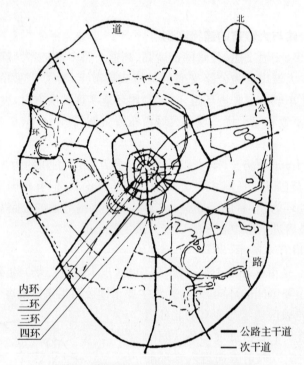

图 23　莫斯科公路与城市的连接示意图

(3) 东京

东京人口约为 2 400 万,市区内有 840 多万人口,148 多万辆小汽车,1958 年制定了高速公路的发展规划,计划建 8 条高速公路承担对外联系,总长近 70 千米,如图 24 所示。它连接银座、日比谷、神田、赤板等市中心区,并向羽田、蟠谷、池袋及小松川桥四个方向的外围区延伸,构成放射状道路系统,同时沿中心区周围修建市内环形干道,将上述 8 条放射干道连接起来,又于离市中心区径向 10 千米处修建第二环形干道,以加强周围地区内的环向联系,并使部分过境交通沿环道驶出,不进入

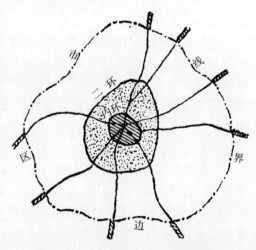

图 24　日本东京出入口干道示意图

内环或市内。

(4) 巴黎

巴黎素有城市皇后之称,有2 000年历史,面积约为760平方千米,人口约655万;中环路内的市区面积约为105平方千米,人口为260多万,现有汽车200多万辆。

通往郊区的公路可分为四类:高速公路、国家道路、省级道路和地方道路。与巴黎市区连接的19条公路中,有11条主要干道拟建高速公路,其中6条已建成。这些高速公路均不穿过市区(图25),而是直接与中间高速环形道路相连,将过境交通从环道分出,这些公路均为上下行各有6车道、通行能力大、标准高的道路。

上述四例的特点是将高速公路多建在建筑密度高的市区,环向交通均是通过修建多层环道的方式解决的。

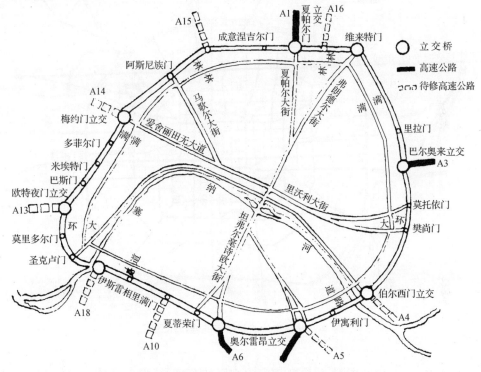

图25 巴黎林荫环路与高速公路的连接示意图

3.4 国内高等级公路与城市的连接简介

(1) 北京市

北京市为解决公路与城市的连接,减少市中心区和市区干道上的交通负荷,使进出城市的车辆能以较短的距离和较高的车速通过环形线路转换方向,并给市区两对角线方向交通和过境交通创造快速行车条件,规划修建了多层环形干道和环形公路以连接各进入的公路。

已确定的北京市总体规划,由4条环形干道,3条环形公路干道和9条主要放射性出入口干线道路及若干条次要放射性公路组成(图26)。

4条城市环形干线,主要连接城内几个区域的环向交通,使其彼此直接联系更加方便。考虑到已有的街道,这些环线除四角为拐弯的曲线路段外,基本由两条东西线与两条南北线组合而成,既具有环向行车作用,又具有东西南北直行作用。根据路网密度的要求,确定了4条环行线路。

城市内环线:为市中心区内的交通线路,经过东单、西单等主要商业区及繁华大街,绕市中心一周,其全长19千米,现在交通量已相当大。

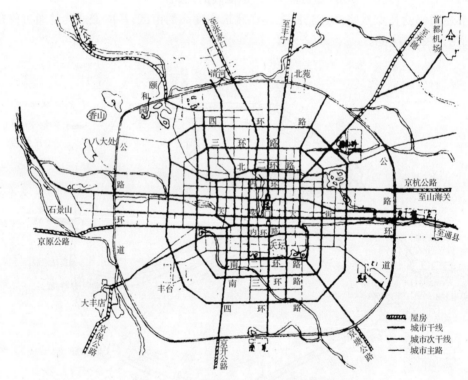

图 26　北京市公路与城市的连接示意图

城市二环线:在市区周围,疏导穿越市中心区的车流,减少车流对市中心区的交通压力,让部分车辆沿环道绕城而过,阻止其进入市中心区。1980年通车,全长23千米。

城市三环线:位于总体规划的市区中部,是联系城市各区间的主要干线,全长48千米,东部、东南部、北部已初步形成,西部和西南部还在建设,此环道目前主要用以担负货运,将来亦为重要客运交通环线。

城市四环线:主要联系东北部、东郊工业区以及主要仓库区,全长65千米,除西部及北部外,其余地段未修建,将来建成后主要作货运快速环线之用。

3条环形公路干道为:

公路一环道:位于城市发展规划区的边缘,连接过境或进入公路,使其不穿越市区,由该环道绕行通过,或借用环道转入市内道路进入市中心区。

公路二环道:经过郊区各县,解决外围各城镇和地区之间的相互联系和通行环向交通,同时亦作连接放射性公路干线之用。

公路三环道:位于远郊地区,贯穿西部及北部山区,跨越东南郊区,解决远郊沿途城镇和地区之间的环向联系,并为放射性公路干线的过境交通较早地提供转向条件,从而可以缩短行程。

九条主要放射性公路干线为京承、京榆、京塘、京开、京保、京原、京大、京张、京丰,连接河北、山西、天津等省市(图27)。

(2) 兰州市

兰州为历史名城,今系甘肃省省会,有90多万人口,建成区面积为90多平方千米,因沿黄河发展,东西向长40多千米,南北向仅宽4~5千米,为典型带形城市。对外有兰新、兰银、兰青、甘川、西兰等主要干线公路,组成四通八达的公路网。正因东西长、南北短,所以东西向的大宗客、货运量集中,南北向运量小而分散,但在道路方面南北向的横穿路多,而东西向的道路少。公路干线从城市东西两端进入,大量车辆直穿市区,在平行于城市轴向的一侧沿山开辟一条快速干道,连接东西两端的公路,引出过境交通,不让其进入或通过市中心区。同时还修建了一条东西向的河北干道,加强城北区的东西向联系,这既解决了公路同城市的连接,又疏导了该市对外运输,其线路布置如图28所示。

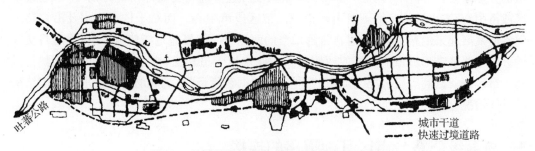

图27 兰州公路与城市道路系统的连接示意图

(3) 成都市

成都系四川省会,市内人口约124万,建成区面积约61平方千米,是西南地区的科技、文化中心,也是军事要地和交通枢纽,除3条铁路外,还有11条公路交会于该市,而干线公路直接进入该市,因此过境和市内交通、进出城交通相互影响,造成拥挤、阻塞,事故增多,规划中采取分流措施,拟建3条环形干道以改善公路与城市的连接并加强城区环向交通的联系。

内环道:既为联系市中心各生活区与商业区的环向交通干线,又为干线公路车辆进入市中心区的分布道路,同时也可阻止过境车辆直接进入市中心区。

二环道:为城市中间各区环向客、货运输交通干道,担负过境交通转向,阻止过境交通直接入城(图28)。

三环道:为远郊快速交通干线,担负远郊环向各区间的客、货运交通与分流过境交通,以减轻二环的交通负荷。

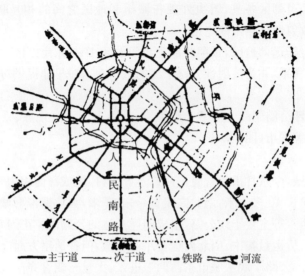

图 28 成都公路与城市道路的连接示意图

上述几例表明,高等级公路与圆形或接近圆形或方形城市的连接,可采取多层环形干道的方形布置,从外围进入的公路先与环向干道相连,过境交通即由此分出,不必通过市区或市中心,进出城的车辆则可由环道驶向市区或市中心。而对于依山傍水及沿铁路或河谷而发展起来的带形城市,可自带形城市的两侧或一侧修建过境快速干道,然后将交会的公路干线从带形城市的两端或两侧引入与此快速干道相交,则过境交通可由此驶出或转入市区。所以高等级公路与城市的连接,应根据客货运量、流向的运输要求和城市结构等具体情况分析确定。

4 高等级公路与市区其他道路的连接

我国城市道路根据交通性质和功能不同划分为快速干道、主干路、次干路和支路四类。高等级公路包括高速公路和一、二级公路。在各级道路相互连接时,应考虑其性质类别、等级和设计车速,同等级、设计车速相近的道路连接时较为顺适;而与不同类别、等级和设计车速度差别较大的道路连接时,应采取设变速路段进行调整,使其相互适应,以求安全、顺适。国外规定相差两级以上的道路应尽可能避免直接连通,各级道路是否适宜直接连通,建议参考表 5。

其他各级道路与高等级公路连接,一般有以下三种基本形式:

1) 横向道路不直接与高等级公路连接或交会,先通过集散道路,再汇入高等级公路;

2) 横向道路在不同水平面上与高速公路简单交叉,只允许直行方向车流通过,左右转方向车辆必须通过绕行间接汇入;

3) 采用互通式立体交叉,保证直行及左右转弯车辆均能通过引道或匝道进入高等级公路或离开高等级公路。

表5 各类道路相互连接适合情况表

道路类别	高等级公路	快速干道	主干道	次干道	支道
Ⅰ 高等级公路	√	√	△	×	×
Ⅱ 快速干道	√	√	√	×	×
Ⅲ 主干路	△	√	√	√	×
Ⅳ 次干路	×	△	√	√	√
Ⅴ 支路	×	×	△	√	√

注：√适宜连接；△尚可连接；×不宜连接

根据我国《城市道路设计规范》的规定：高等级公路与各级城市道路交叉必须采用立体交叉；快速干道与快速干道交叉必须采用立体交叉，与主干道交叉也应用立体交叉。

主干路与主干路相交，当交通量超过4 000～6 000辆/时（以小客车为单位）亦应考虑立体交叉，主干路与其他等级道路交叉视地形和经济效益决定，有利时亦可设立交。

各互通式立体交叉的最小间距，在市区以小于1 000米为宜，在郊区以不小于1 500米为宜。

5 高等级公路通过市区的几种方式

在市区范围内建筑及路网的密度大，高层建筑多，要拆房建干道是很困难的。此外，随着城市工业发展，交通日益增长，出现了交通拥挤、车速低、事故多等情况，特别在市中心地带更为严重。据有关调查资料，世界上许多大城市中心区的车速约为16千米/时，甚至有的只有10千米/时。如我国的上海市中心区为15千米/时，北京市为14千米/时，天津市为12千米/时，对城市各项活动产生很大的影响。因此，许多国家均采取工程或管理措施来改变这种状况，主要采取以下几种方案。

（1）立交方案

线路仍布置在现有街面，与其他主要道路相立交，行人横穿采用过街天桥或地下道以排除干扰，保证高速和连续通行，两旁设防护挡墙或护栏以消除各种干扰。这种方案道路工程量小、投资少，但立交工程量大，施工困难，纵断起伏大，行车欠舒适。同时占用街面，拆迁、占地多，苏联多采用此法。

（2）高架桥或高路堤式方案

国外多采用高架桥，因建筑高路堤取土困难，压实不易，故采用平缓边坡，但占地多，陡峻边坡又需兴修挡墙，增加造价，更重要的是不能满足城市街道建筑艺术、空间环境及景观方面的要求。高大的路堤横卧市区，分割市面，给人以沉重、压抑和严峻的感受。而高架桥则不然，其上可行车，其下亦可行车、行人或作商场、停车场、仓库之用。特别是由于独轨运行成功，结构减轻、造价降低，因而高架桥的形式、结构与色彩可以多方面选择，使其尽可能与建筑物及周围环境配合协调。

其缺点为：造价高、噪声污染、阻碍视线、遮挡阳光。

(3) 地下式方案

一般有两种方式,即路堑式和隧道式。对于合适的谷地或废弃的护城河,可用以修建路堑式高速道路,既可省工、减少投资,又可免去平面交叉,在路堑行车无干扰、速度高、污染少,侧坡还可绿化。

隧道式可不占用城市用地,减少城市的污染和噪音,还有利于战时防空,车速高而行驶安全,但缺点为工期长、造价高,地下管线迁移和地下水的处理都很困难。

因此,高速道路通过不同城市、不同地区,究竟应采用何种方式应根据具体条件从工程经济、营运费用、管理方式、环境要求、社会影响等方面进行综合权衡,全面分析,谨做决策。

参考文献

[1] 别洛乌索夫. 苏联城市规划设计手册[M]. 詹可生,王仲谷,译. 北京:中国建筑工业出版社,1984.
[2] 郑祖武. 城市道路交通[M]. 北京:人民交通出版社,1984.
[3] 斯莫利亚尔. 新城市总体规划[M]. 中山大学物理系,译. 北京:中国建筑工业出版社,1982.
[4] 汤姆逊. 城市布局与交通规划[M]. 倪文彦,陶吴馨,译. 北京:中国建筑工业出版社,1982.
[5] 鲍尔. 城市的发展过程[M]. 倪文彦,译. 北京:中国建筑工业出版社,1981.
[6] 同济大学,等. 城市对外交通[M]. 北京:中国建筑工业出版社,1982.

城乡结合部交通规划方法探讨*

徐吉谦,赵同安,周鹤龙,杨 涛,惠先宝

(东南大学)

摘 要 本篇系国家"七五"重点科技攻关项目23-3-2-6子项,"大城市辐射交通与城乡结合部交通"研究的专题报告之四(城乡结合部交通规划方法探讨),主要探讨了结合部交通规划的特点、目标、内容、原则、方法与程序。它是"辐射交通特性""结合部交通规划理论"与"预测方法"三篇报告的续篇,限于理论水平和实际经验不足,不当之处,敬希指正。

关键词 城乡结合部;交通规划;辐射交通

1 城乡结合部交通规划的含义和特点

1.1 城乡结合部交通规划的含义

城乡结合部交通规划就是根据预测的城市的扩张速度,结合城市总体规划和交通发展需要,合理制定城市郊区、郊县道路系统的发展建设方案和分期实施计划,使城乡结合部路网和交通设施能满足城市地区近、远期国民经济发展和交通增长的需要,同时使公路、城市出入口道路分工合作相互协调,很好地为城乡建设和人民生活、生产、工作服务。城乡结合部交通规划就是要确定城乡结合部的道路网络,确定径向、环向道路的条数、等级、标准,相应设施与交叉的类型,合理组织交通,协调各种交通方式,使城乡结合部交通适应城市的动态变迁和交通发展要求,并通过交通规划对结合部用地进行合理地规划调整,科学地引导城市发展。

1.2 城乡结合部交通规划的特点

根据城乡结合部交通规划理论的研究,基于结合部的性质、地位、功能与作用的分析,交通状况的调查,城乡结合部交通规划具有以下特点:

(1) 动态性。城市化继续发展,城市用地扩大,城乡结合部就随城市发展而不断向外推移,因此其交通规划要适应这种状况,必须留有较大的弹性,故其规划只能是动态规划,既要考虑当前作为结合部的郊区性,又要为以后过渡到城区创造条件。

(2) 层次性。结合部内连市区而外接乡区,近城区一侧有明显的城市性质,远城区一侧以农副业或乡镇企业为主,故必须按不同层次进行分析规划,并应处理好不同层次的过渡。

---

* 本篇是国家自然科学基金委员会赞助项目,发表于《中国交通工程》,1996年第1期。

(3) 宏观性。由于结合部是过渡地区,要适应城市和乡区的变化情况,适应城市的发展与用地的扩张,故不可能太细,只能采取定量与定性相结合的规划并以宏观规划为主。

(4) 区域性。城乡结合部既有城市性也有郊区或乡区等区域性,实质上是区域性交通和城市交通规划的结合。

(5) 综合性。由于结合部有工、商、农、林、牧、副、渔等多种生产方式,多种职业的居民,长途、短途出入境与过境等性质不同的交通方式的多项内容与不同层次的要求,故具有相当大的复杂性和很强的综合性。

2 城乡结合部交通规划的目标和内容

城乡结合部的交通规划是一项动态规划,在进行时,应首先明确规划的目标、内容、范围和深度,然后经过全面调查,掌握资料,认真研究,全面分析,提出几种规划方案,最后进行可行性分析、经济效益论证以提出满意方案。

2.1 目标

应首先弄清规划的目标是什么,通过规划准备解决哪些已存在的问题和达到什么样的预想效果。这些目标应包括城市及其区域的社会、经济、交通运输、环境等方面。

根据城乡结合部交通规划的含义、特点,结合城乡结合部自身的功能、特点,考虑城区、结合部、乡村三种地域分布特性,提出如下目标。

(1) 适当的可达性,疏通城市对外交通,加强城市与周围地区的联系,促进整个城市地区的社会、经济的全面发展。以城市带动乡村,逐步缩小城乡差别,促进我国的城市化进程。

(2) 扩大城市的对外开放程度,增加城市的辐射能力,加强城市的内外联系,合理引导过境交通,缓和城区交通拥挤状况,使城市居民有一个较好的生活、居住环境。同时,提高交通运输的经济效益。

(3) 建立道路网络与城市及全国公路网的通道联系。城乡结合部的交通规划应合理引导城市的地域扩张,做好结合部与城市及全国公路网的交通联系。

(4) 城乡结合部的交通规划应使结合部内各种交通与运输方式和谐畅通,同时也要保障城市对外交通及过境交通通畅并相互协调。

2.2 内容

(1) 分析预测

调查分析交通的现状并预测远、中、近各期的流量流向分布与总体需求的增长趋势及增长量。

(2) 道路网系统规划

在调查研究、科学预测的基础上,确定结合部范围的路网系统及主要径向、环向道路的条数、等级、标准,并提出新建或改建的若干方案,择优选用。

(3) 交通枢纽规划

交通枢纽规划应使路网上各种运输方式和各方向的流量能安全、迅速地通过运输枢纽并相互协调,以保证流向的转换与客货流的运送与接收。

（4）交通走廊规划

很多城市的发展是沿城市辐射干线（包括高速公路、快速干道及主要公路干线等）的发展,总称对外交通走廊。这个走廊对城市及结合部均至关重要。因此,要对交通走廊进行规划,以期合理引导城市的地域扩张。

（5）交通流组织规划

根据城乡结合部的交通量、交通组成、流向分布与枢纽布局,提出不同规划年限各交通方式如何协调一致发展,共同承担城市对外交通、过境交通和城乡结合部内部的交通。

（6）客货运交通路线规划

城乡结合部客货运交通规划应满足：

① 城乡人民日渐增长的物质与文化的需求与相互交往；

② 城区与卫星城镇间的客货联系；

③ 城区与结合部枢纽的联系。

概言之,城乡结合部的客货运交通路网规划是指通过对城市客货流的调查,对位于城乡结合部范围内的客货运路线、站点和停车场用地进行合理的用地布置与选择。

（7）用地规划布局调整

根据上述规划,提出城郊用地的布局调整意见,反馈给总体规划部门,由总体规划部门从城市发展及交通实际的需求进行统筹分析,确定用地布局的调整,使之更加科学合理。

3 城乡结合部交通规划的基本原则

在城乡结合部交通规划中所必须遵守执行的具有指导意义的基本原则,主要有下列几条：

1) 满足城市总体规划与城市发展的需求——正确处理好与区域规划及城市总体规划的关系

城乡结合部的交通规划是区域规划与城市总体规划的重要组成部分。因此,它的规划布局必须纳入城市交通规划和对外交通的总体规划,并满足城市与对外交通发展的要求,保证城市与周围地区及其他城镇、公路系统与城市道路系统构成一个相互协调、密切联系的有机整体。

城乡的性质、规模、结构、形态、功能布局、发展趋势,周围城镇体系及地理形势等决定了城乡结合部的发展和规划布局。而城乡结合部的规划、建设和发展又必然影响城市的发展和功能的完善。因此城市总体规划能否很好实现,能否满足城市发展和对外交通发展的要求,关键在于能否通过城乡结合部的交通规划和对外交通予以实现。

使结合部道路在空间平面及结构形态上与公路系统和城市道路系统能相互协调,在时间方面满足远、近期径向、环向各方面交通发展的数量增加和质量提高的要求。同时使结合部的道路规划布局与城市总体规划布局相互协调、有机联系。其运输能力、运量应与公路、城市道路、铁路、港口码头、机场的运输能力相协调,以保证城市交通运输的畅通和协调,形成一个密切配合,联系转运方便,互不干扰的综合运输体系。

2) 满足现今和未来交通发展的需求——处理好近期和远期不同交通需求的关系

城乡结合部的交通规划首先应满足交通需求,规划出合理的道路走向,道路系统、道路结构、路网密度以及道路设计速度、线形标准等均应满足使用要求和有关标准值。同时还应考虑近期和远期的不同要求,当近期建设与远期规划相差较大时,为发挥投资效益,节省投资和节约用地,可考虑分期发展建设。但应综合考虑,全面安排,远近期相结合,并有利于近、远期建设协调发展。既要使近期工程能满足现在和今后一段时间内的使用要求,又要使近期工程在远期仍能充分利用,同时还应考虑到便于远期工程的施工。结合部的道路交通规划,不能只着眼于现实问题,还要根据城市性质、规模的发展变化,人民的物质、文化、生活水平的提高,交通运输的需求及运输工具的发展变革,从各方面认真研究,进行宏观和控制性预测,在用地与通行能力方面一定要留有发展余地。以远期的要求作为规划布局的控制依据,而后进行近期的具体设计,按远期的规划布局方案控制近期设计,而近期设计作为实现远期规划布局的初步阶段。

3) 满足结合部地区的交通需求——处理好与周围地区的交通需求的关系

现代化大城市是兼有多种功能,具有复杂结构和丰富内容的大规模综合体,是一个地区、省乃至全国的经济、文化教育、科学技术、政治、商业、贸易、金融的中心,吸引和影响着周围地区及其他城市,分布在其周围的卫星城镇、工矿企业、机关、生活居住区、风景游览区、对外交通设施(码头、站场),均通过结合部保持与城市各方面的联系。因而结合部道路必须满足其所接连区域的交通要求(数量、质量),使城市和这些区域之间有便捷、通畅的交通联系,促进相互间的合作、商业和贸易的发展。

4) 适应结合部流量、流向分布特性并使城市至各区域具有相应的可达性,处理好道路走向与物流、人流流向的关系。

5) 满足城市道路系统与公路系统的需求——处理好与公路系统和城市道路系统的关系

城乡结合部介于城市与乡区之间。而市内道路与乡区公路又是两种性质、功能、任务、特点和环境不同的系统。故结合部道路规划布局应起到过渡与协调作用,使结合部交通能安全、方便、快速,过境车流能以较高车速流畅通过,从数量和质量上满足出入城交通不断增长的需求。

城市道路和公路系统在地域环境、交通环境、交通特性等方面不尽相同,为使这两个系统间有良好的衔接和过渡,而不致产生突变,应有一个适应、渐变的过渡过程,使二者的等级、指标、纵横断面诸方面相互协调。

6) 适应自然环境、协调景观问题——处理好与地理、自然及建筑环境的关系

现代城市规划中,环境效应的作用越来越突出,也越来越为人们所重视。结合部道路在满足交通方面诸项要求的同时,也必须适应城市自然与建筑环境。既要满足道路工程技术标准(如平面线形横断面形式、纵坡等),又要充分利用自然环境,使结合部与城市环境及景观、郊区环境及景观均能协调,并尽可能美观、自然、和谐、顺适,减小对自然环境的

破坏和对两侧职工、居民的工作和生活的干扰。

7) 结合部交通规划要有适当弹性

结合部道路交通用地和两侧红线控制应有适当弹性,使其具有适应城市发展和应对突发性事变(如战争、政策调整、布局变化、地震、塌陷、火灾、车祸等突发性事故)的能力,即使发生了这类事故,结合部道路仍能部分或全部发挥其功能、作用,使城市这个大系统不致完全瘫痪。

4 城乡结合部交通规划的方法和程序

4.1 基本方法

(1) 全面、深入地调查研究目的在于很好地掌握与城乡结合部交通规划有关的历史以及现状的第一手资料,以便找出问题所在并提出有效的解决方法与规划方案。

① 调查范围

城乡结合部交通规划调查的范围应大于结合部交通规划的范围。根据我国大城市的具体情况,建议调查范围应包括建成区、郊区、郊县及地域上相邻的其他地区,重点在于建成区、郊区、郊县,一般调查区为城市郊区、郊县及毗邻的其他县区。

② 调查内容

城乡结合部调查内容详见表1。

表1 城乡结合部交通规划调查内容一览表

项目	建成区	城乡结合部	郊区与毗邻的乡区
社会经济	城市性质、特点、规模(人口、面积)、社会发展状况、商业分布、历史、古迹、风景名胜	地形、地貌、人口、面积,社会经济发展状况,商业分布,乡镇工业特点,发展形势,大型投资项目及开发区状况,风景名胜	地理特征,人口、面积,能源矿产,经济发展,旅游风景,自然环境条件等
土地利用	各类型用地规划布局,所占比重可能演变的趋势	用地结构及规划布局,街道化程度,大型投资项目,工业企业布局及发展趋势	大型投资项目,城镇体系,居民点分布,产业布局
道路交通	路网密度、干道密度、布局走向、交通量及分布、出入城交通量、重要交通枢纽、主要出入口干道	路网密度、干道密度,水运状况及铁路、道路布局结构,走向适应状况,路网交通量、重要交通吸引量 郊→郊交通量 郊→城交通量 过境交通量	道路网布局,高等级公路情况,道路走向、状况,交通量及分布 乡村→郊区交通量 乡村→城市交通量 重要交通发生或吸引点

③ 调查方法

由于城乡结合部的交通规划涉及因素众多,因此在进行调查时,应抓住主要矛盾和矛盾的主要方面。书面材料和实地考察相结合。充分利用现有资料,适当进行补充调查。

也可参考同类、同等规模城市的资料。

具体调查时,将城市的现状和城市的历史相结合,将社会经济、土地利用与道路交通相联系,由过去、现在预测未来,由社会经济、土地利用预测交通。

(2) 系统分析就是系统地研究城乡结合部道路系统所涉及的诸因素及这些因素对结合部规划的影响。

① 城市性质、规模的影响

城市的性质决定城市的功能,影响城市的布局。城市的规模决定城市的人口、面积。因此,城市的性质、规模对城乡结合部道路的规划特点、范围和布局有一定的影响。对某些具有一定特色的城市如风景旅游和历史文化名城,沿海开放城市,山区城市或矿业城市等应充分分析其特色和特殊要求。

② 城市总体规划和区域规划的影响

城市总体规划是城市建设总的布局。城市总体规划和区域规划在很大程度上决定了城市的布局形态,交通运输的趋向。城乡结合部的径向道路应在充分了解城市布局现状并认真研究总体规划和区域规划的基础上进行。

③ 城市及周围地区的经济联系

城市与周围地区经济联系的强弱可直接表现为交通联系的强弱。城市与周围地区某个局部地区的经济联系越强,则两者之间的往来就越多,两者之间的交通量就越大,反之亦然。城市与周围地区的联系强弱变动不一,反映城市同周围地区正在发展变化。在进行城乡结合部交通规划时,应通过道路交通联系,促进交通的发展与改善,引导城市向合理方向均衡发展。

④ 自然环境条件

每个城市都有比较独特的自然环境,城乡结合部亦然,各种运输方式的采用和组合,都与自然环境密切相关。规划时应充分利用自然地理条件,发展合理的与其他运输方式协调一致的公路运输,以提高整个城市对外运输的效率。

(3) 在调查研究及系统分析之后,根据城乡结合部交通规划的目标、任务,综合考虑城乡结合部交通系统所涉及的环境因素的影响并进行系统综合,亦即城乡结合部交通规划方案的确定。

系统综合首先必须实现城乡结合部交通规划的目标,再考虑城市的性质、规模,城市总体规划和区域规划,城市与周围地区的经济联系,自然环境条件等的影响。这些因素不是独立的,而是相互联系的,相互制约的。对于不同城市,这些因素的影响程度及考虑其影响的方法也不尽相同。但无论对哪个城市,考虑这些因素必须从综合的角度出发,使综合贯穿于整个过程,注重规划的综合效益。

4.2 规划程序

(1) 划定城乡结合部的范围

根据城郊土地利用资料,深入分析,参照城市发展的历史进程和发展趋势,结合现行行政区划,确定合理的郊区范围(见表2)。

表 2 按大城市不同规模和经济活动能力分级的结合部交通规划范围

城市分级	城乡结合部交通规划研究范围
特大城市(京、津、沪、沈、穗、汉)	大于市辖区,一般考虑郊区、近郊县
一般大城市	市辖区,一般只考虑到郊区

(2) 确定城市土地的扩张速度

根据城市土地面积历年资料,进行面积当量半径增长变化的历史分析,确定城市土地的扩张速度和演化规律。结合城市、社会发展战略规划,推断近、中、远三个不同时期城市土地扩张的增量,对城市径向交通的动态性有一个明确的认识。

(3) 确定城乡结合部交通规划的年限

在进行具体规划时应参考表 3 所建议的年限,根据本市的交通发展战略规划与城市总体规划,参考城市土地扩张速度的演变规律,确定该城市的规划阶段和规划年限。规划年限既不能只顾眼前利益而忽略长远,又不能忽视眼前利益而只顾长远打算。

(4) 根据交通需求预测,结合城市总体规划,确定城市交通走廊规划、交通枢纽规划、道路网规划,并合理组织交通流。

(5) 协调建成区、城乡结合部、乡区这三大地区的路网结构、布局。

上述三个地区功能特性的差异,表现在道路交通上,则是道路交通的等级、标准、车辆组成的不同。由于界线的模糊性和城乡结合部的动态性,三个地区界面间如何演变甚为重要。这就要求结合城市土地扩展速度及规划年限,合理制定不同规划年限的过渡范围和过渡措施。

表 3 城乡结合部交通规划和城市交通规划三个层次规划年限对比表

单位:年

地域	规划层次		
	近期治理规划	中长期综合规划	远期战略规划
城市	0～5	10～15	20～30
城乡结合部	0～5	10～20	20～40

5 结束语

关于城乡结合部交通规划的研究是个新课题,涉及面广,不定因素多,我们研究的时间不长,规划的理论与方法均研究不深,文献资料的积累不多,水平有限,加之缺乏这方面的实践经验,错误与不妥之处,欢迎提出意见和来函指正。

参考文献

[1] 赵同安. 城乡结合部交通规划研究[D]. 南京:东南大学,1990.
[2] 惠先宝. 城市交通发展总体战略规划方法的探讨[D]. 南京:东南大学,1989.

[3] 同济大学. 城市对外交通[M]. 北京:中国建筑工业出版社,1985.
[4] 彼得·霍尔. 城市和区域规划[M]. 邹德慈,金经元,译. 北京:中国建筑工业出版社,1987.
[5] 周鹤龙. 大城市辐射交通研究[D]. 南京:东南大学,1988.
[6] Bryant C R, Russwurm L H, Mclellan A G. The city's country side:Land and its management in the rural-urban fringe[M]. Longman,1982.
[7] 汤姆逊. 城市布局与交通规划[M]. 倪文彦,陶吴馨,译. 北京:中国建筑工业出版社,1982.
[8] 徐吉谦,赵同安,杨涛. 大城市城乡结合部交通规划研究[J]. 城市道桥与防洪,1994(2):1-8.

大城市城乡结合部交通规划研究

徐吉谦，赵同安，杨 涛

（东南大学运输工程研究所）

摘　要　本篇首先提出了城乡结合部交通研究的背景，对城乡结合部进行了定义和范围界定。其次，从城乡结合部的环向交通、过境交通、径向交通等角度对城乡结合部交通特性进行了全面剖析。最后，详细阐述了大城市城乡结合部交通规划步骤，主要从规划目的、特点、目标、内容、原则、方法和程序等方面展开。本篇对城乡结合部的交通规划有着重要的指导作用。

关键词　城乡结合部；交通特性；交通规划

1　概述

1.1　问题的提出

城市化的发展带来了经济发展和繁荣，但同时也给大城市的交通带来许多困扰。和世界先进国家的情况相比，我国的城市化水平还很低，真正的城市发展才刚刚开始，人们要求更方便、更快速的公共交通和更自由、更舒适的私人交通，这是一个不可逆转的趋势。一方面，大城市本身的扩展和人口密度的增大造成对交通需求的增长；另一方面，大城市周围地区的迅速发展，又给城市交通带来新的困扰，特别是近年来改革开放和市管县政策的实施，扩大了城市的管辖范围，增加了城乡间的物资交流、商品交流和人员往来，使城乡间的交通联系日益频繁，从行政关系和经济联系上将城乡融为一体，决定了城市不仅要为本城区服务，更重要的是为其周围地区服务。

大城市是地域的中心，对其周围地区有着很强的吸引力和辐射力，使其成为大量交通的集散场所，从而造成径向交通流在地域交通中占主导地位，城市化进一步发展增强了城市对周围地区的辐射影响，也促进了城市的发展。城乡接壤地带的交通也随之日益重要，因而如何合理组织与规划大城市城乡结合部的交通，已成为研究城市交通发展战略的一个重要方面。

本研究旨在从思想认识和理论概念上打破旧的城市交通概念的桎梏，适应我国国民经济起飞和城市化过程加速的趋势，在实践上为开展城乡结合部交通研究和规划提供理论依据和技术指标，推动我国大城市辐射交通和城乡结合部交通规划的迅速展开。

---

*　本篇是本国家自然科学基金会资助研究课题，发表于《城市道桥与防洪》，1994年第2期。

1.2 城乡结合部的含义与范围

1.2.1 城乡结合部的含义

城乡结合部是指城市和乡区接壤地带，一般包含建成区外围的近郊区或郊区全部。它是城市发展的备用地带，其性质不同于乡区也不同于城市。在土地利用方面，既有城市性土地利用亦有乡村性土地利用，既有城市属性因素，亦有乡村属性因素，相互交织，互相渗透。其人口密度、建筑密度、产业结构、职业性质、人口构成等介于城市与乡村之间，它同城市关系密切，互为依存。城市的政治、经济、文化、科技、教育、生活方式、价值观等影响并带动城乡结合部发展，因此城乡结合部既是城市的门厅，又是城市人民生活供给的主要基地。

1.2.2 城乡结合部的范围

影响大城市城乡结合部（郊区）的因素很多，有城市规模、性质、工业、经济发展、土地开发利用、历史状况、地理条件、交通网络、科技、文化发达程度、交通特性等，当然，不是所有因素均有同等的影响，也不是所有城市均受同一因素的影响。由表1可知，国内十个特大城市的人口平均值为341.1万，市区与郊区当量半径R的平均值为24.30千米，建成区当量半径r的平均值为7.1千米，郊区径向外延长度一般在10~30千米范围内，更多的城市郊区范围约在16千米，计算的平均值为17.2千米，R/r的平均值为3.4，而A/a的平均值为12.1。

由表1可知，国外十个大城市的人口平均值为378.9万，R的平均值为29.5千米，r的平均值为13.2千米，郊区径向外延长度在10~27千米之间，平均值为16.3千米，R/r的平均值为2.23，A/a的平均值为4.97。

对比国内外十大城市人口，市区与郊区、建成区当量半径及郊区径向外延长度可知平均人口相近，而我国的建成区偏小，人口密度偏大。市区与郊区总面积的当量半径平均值，我国为24.3千米，国外为29.5千米，这表明国外市区与郊区的总面积比我国稍大，而郊区的径向外延长度却十分相近，国外为16.3千米，我国为17.2千米，这说明我国十大城市郊区（结合部）的大小基本同国外相近。

表1 国内外十个大城市市区与郊区、建成区面积及当量半径统计表[1-2]

城市	平均人口/万人	市区与郊区总面积A/平方千米	建成区面积a/平方千米	市区与郊区当量半径R/千米	建成区当量半径r/千米	郊区径向外延长度l/千米	面积之比A/a	当量半径之比R/r
国内十大城市平均值	341.1	1 983	164.4	24.3	7.1	17.2	12.1	3.4
国外十大城市平均值	378.9	3 030.6	610	29.5	13.2	16.3	4.97	2.23
国内/国外	0.90	0.65	0.27	0.82	0.54	1.06	2.43	1.52

注：1. 国内10大城市为北京、天津、沈阳、武汉、广州、重庆、哈尔滨、西安、南京、大连。
2. 国外10大城市为纽约、洛杉矶、伦敦、汉堡、巴黎、东京、罗马、大阪、加尔各答、里约热内卢。

1.3 大城市结合部空间扩展演变

城乡结合部位于城市边缘,是城市向外扩张的前沿地带,城市用地扩张规律必将对城乡结合部的交通规划产生重要影响。同时,深入了解城郊用地演变特点是对其进行交通规划的前提和基础。我们对国内 11 个大中城市进行咨询调查和基础资料整理分析,得出如下结果:

1. 我国城市土地演变的共同点是先由慢(1949 年前)到快(20 世纪 50 年代),再由快到慢(20 世纪 60~70 年代),然后再由慢到快(20 世纪 80 年代)。城市当量半径平均扩张速度介于每 10 年 0.5~1.6 千米之间,扩张速度符合 S 形曲线 $y=1/(a+be^{-x})$ 规律。因此在进行城乡结合部交通规划时,在距建成区 3~5 千米范围内的道路应具有更高的应变性和过渡性,以适应作为未来城市道路的需要。

2. 特大城市市区向外推移速度放慢,大中城市近几年城市土地面积将有较大的扩张。因此特大城市在进行城乡结合部交通规划时,应注重解决对外交通和城乡结合部内部的交通问题,而大中城市要求城乡结合部交通具有较高的应变性和过渡性。

3. 大城市目前依靠卫星城镇疏散城市人口的不多,但是,大城市已经有单中心向多中心以及组团城市发展的趋势,卫星城镇已有较大发展的势头。上海、北京、南京等大城市卫星城镇发展较快,已初具规模,大连开发区 2000 年将发展到 40 万人,远期达到 80~100 万人,一旦政策优惠,交通条件优越,我国大城市的卫星城镇对于疏散市区人口将起一定的作用。因此,在进行城乡结合部交通规划时,应特别注意并加强城市与周围卫星城镇的交通联系。

1.4 大城市城乡结合部交通发展

1.4.1 城乡结合部交通性质

城乡结合部处于城市与乡区相连接的部位,为外部客、货车辆进入城市的必经之地,该区内既有出入城区的径向辐射交通,又有不进入城市的过境交通与市区的环向交通,从交通性质分析,既有长途的客、货运输车辆,又有短途的地方性交通。这一区域是城市与周围地区交通联系的门户和咽喉,是交通流向、流量变化很大,十分繁忙的地区,具有城市交通向乡区过渡的特性。

1.4.2 城乡结合部交通演变

无论从历史上还是现代城市的发展来看,城市的发展,往往取决于城市交通的发展。城市产生初期,交通工具以步行为主,城市发展缓慢,城市的辐射能力较小,与周围地区的交通联系极少。电汽车的应用,扩大了城市居民的出行范围,延长了居民的出行距离,增强了城市的辐射能力,城市沿着辐射干道迅速向外扩张,城市结构逐渐走向开放,城区不再有明确的界限。随着小汽车和快速道路的产生,城市用地呈现非连续跳跃式发展,城市延伸到乡村的广大地区,城乡融为一体,出现城市带和城市群。

2 大城市城乡结合部交通特性分析

2.1 城乡结合部环向交通特性分析

一般来说,城乡结合部的交通以径向辐射交通为主交通,环向交通为辅交通,这是大城市对其周围地区有很强的交通吸引所致。环向交通的组成应与环线所在区位的径间交通相当,交通量随环线半径的增大而递减(见表2)。每一环上的车速取决于环线上不同地段的等级、周围环境等,其大小随环线半径的增大而增大。

我们根据统计资料进行回归分析,过境交通百分率具有随城市人口增加而减少的特性,可用下面表达式说明:

$$V = 122.586 - 18.6797 \log W$$

式中:V——过境交通(百分率);
　　　W——城市人口(人)。

根据上面式子同样可以计算出入城交通(百分率),即:$1-V$。

表2　巴黎规划环线交通强度表

区位	交通量/(万辆·日$^{-1}$)	距市中心距离/千米
一环	20	5
二环	10	12
三环	5	22

入城交通的百分率随城市人口规模的增大而增加,然而,进入市中心区交通的百分率却具有与其相悖的特性。在进入城市的交通中,城市规模越大,去市中心交通所占的比重却越小,表3为美国的统计,反映了这种规律。

表3　美国城市交通统计

城市人口/千人	城市数量/个	去城市交通百分率/%	过境交通所占百分率/%	去商业区交通百分率/%	去商业区占去城市交通百分率/%
<5	11	46.1	53.9	22.9	49.7
5~<10	29	47.6	52.4	23.6	49.6
10~<25	43	61.6	38.4	26.0	42.2
25~<50	36	73.4	26.6	24.8	33.8
50~<100	25	78.3	21.7	21.6	27.6
100~<250	31	82.1	17.9	20.2	24.6
250~<500	6	89.3	10.7	21.4	24.0
500~<1 000	9	91.4	8.6	12.5	13.7
≥1 000	3	89.7	10.3	9.5	10.6

2.2　城乡结合部过境交通特性分析

影响城市过境交通所占比重的因素很多,主要有城市的规模、性质、区位地理状况、原有的交通设施等,国外对城市过境交通在交通总量中所占比重的研究表明,其随城市规模的增大而逐渐减小,这一普遍规律已为大量观测资料所证实,美国(表3)、日本(表4)、英国(表5)对不同规模城市过境交通已有一个大致的范围可以参考。我国由于研究不够，目前还没有足够的数据可以提供确定性的指标。

表4 日本过境、出入境和市内交通所占比重表

城市人口/万人	过境交通/%	出入境交通/%	市内交通/%
0～5	23(39.6)	35(60.4)	42
>5～10	20(40.0)	30(60.0)	50
>10～20	10(27.8)	26(72.2)	64
>20～30	4(18.3)	18(81.7)	78
>30～100	3(15.8)	16(84.2)	81
>100	<3		

注：括号内数字为仅计算过境与出入境交通的比重。

表5 英国过境交通占总交通量的比重表

城市人口/千人	<2.5	2.5～<10	10～<25	25～<50	50～<100	100～<300	300～<500	500～1 000
过境率/%	50～80	38～63	30～50	20～40	15～30	<20	<10	<8

2.3 城乡结合部径向交通特性分析

大城市城乡交通可分为辐射(径向)交通与非辐射交通。辐射交通随其距城市远近的不同，其交通组成、交通强度、交通速度与环境均有急剧的变化。

2.3.1 交通组成变化

城乡结合部位于城市与乡区之间，在城市出入口道路上表现出交通组成随离城距离的增加而变化，越接近城市交通组成越复杂，这也是城乡结合部交通特性之一。一般情况下，各种车辆所占百分率随距城区距离呈线性分布，汽车、拖拉机、人畜力车所占百分率随离城距离增加而递增，自行车递减。汽车中，货车所占百分率呈线性递增，客车呈负指数递减。

2.3.2 交通强度变化

研究表明，大城市辐射交通强度在近距离范围内可用负指数曲线描述，呈现渐变性特点，其表达式为：

$$N(x) = N_0 e^{-x(a+bx)}$$

式中：N_0—— 市中心的辐射客流强度；

x—— 与市中心的距离；

a、b—— 回归系数；

$N(x)$—— 与市中心距离 x 处的客流强度。

随着离建成区距离的增大，辐射客流的吸引点渐趋分散，超过一定距离界限时，客流量会由逐渐衰减转变为跳跃或跌落，此跌落度即周围城镇所吸引的客流量(见图1)。

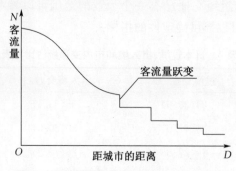

图 1　客流辐射强度在空间上的变化规律

2.3.3　交通速度变化

大城市辐射干线的实际观测统计资料表明,随着车辆接近市区而速度明显下降,一般测点间距为 10 千米,下降值为 40% 左右,如宁杭各线 2 K 为 17.4 千米/时,17 K 为 37.7 千米/时,相差很大。

2.3.4　纵横向干扰变化

径向线路的交通干扰,无论是横向过街行人或纵向各车种之间的干扰均随其距城市渐近而加剧,即越接近城市,干扰越大。反之则小。

2.3.5　时间与空间分布方面也有其特殊的变化规律

如早高峰小时滞后(约 1 小时)而晚高峰小时提早(约 1 小时),分布时间较为集中,高峰小时交通量占全天交通量比重较大。方向分布不均衡性较大。

3　大城市城乡结合部交通规划

3.1　城乡结合部交通规划的目的

城乡结合部的交通规划就是根据预测的城市的扩张速度,结合城市总体规划和交通发展需求,合理制定城市郊区、郊县道路系统的发展建设方案和分期实施计划,使城乡结合部路网和交通设施能满足城市地区近、远期国民经济发展和交通增长的需要,同时使公路、城市出入口道路分工合作、相互协调,很好地为城乡建设和人民生活、生产、工作服务。城乡结合部的交通规划就是要确定城乡结合部径向、环向道路的条数、等级、标准、相应设施与交叉的类型,合理组织交通,协调各种交通方式,使城乡结合部的交通适应城市的动态变迁和交通发展要求,并通过交通规划对结合部用地进行合理调整,科学地引导城市发展。

3.2　城乡结合部交通规划的特点

根据城乡结合部交通规划理论的研究,基于结合部的性质、地位、功能与作用的分析,交通状况的调查,结合部交通规划具有以下特点:

1. 动态性。结合部随城市发展而不断向外推移,城市化继续发展扩大,因此其交通规划只能是动态规划。

2. 层次性。结合部内连市区而外接乡区,近城区一侧有明显的城市性质,远城区一侧则相反,故必须按不同层次进行分析规划。

3. 宏观性。由于结合部是过渡地区,要适应城市和乡区的变化情况,故不可能太细,只能采取定量与定性相结合的规划,并以宏观规则为主。

4. 区域性。城乡结合部既有城市性也有区域性,实质上是区域性交通规划和城市交通规划的结合。

5. 综合性。由于结合部有工、商、农、林、牧、副、渔等多种生产方式及长途、短途出入境与过境等性质不同的交通方式的多项内容与不同层次的要求,故具有很强的综合性。

3.3 城乡结合部交通规划的目标

应首先弄清规划的目标是什么,通过规划准备解决哪些已存在的问题和达到什么样的预想效果。这些目标应包括城市及其区域的社会、经济、交通运输、环境等多方面。

根据城乡结合部交通规划的含义、特点,结合城乡结合部自身的功能、特点,考虑城区、结合部、乡区三种地域分布特性,提出如下目标:

1. 适当的可达性,疏通城市对外交通,加强城市与周围地区的联系,促进整个城市地区的社会、经济等的全面发展,以城市带动乡村,逐步缩小城乡差别;促进我国的城市化进程。

2. 合理引导过境交通,缓和城区交通拥挤状况,使城市居民有一个较好的生活、居住环境。同时,提高交通运输的经济效益。

3. 建立道路网络与城市及全国公路网的联系,城乡结合部的交通规划应合理引导城市的地域扩张,做好结合部与城市及全国公路网的交通联系。

4. 城乡结合部的交通规划应使结合部内各种交通流与运输方式均和谐畅通。

3.4 城乡结合部的规划内容

1. 分析预测,调查分析交通的现状并预测远、中、近各期的流量流向分布与总体需求的增长趋势(城乡结合部交通预测本篇限于篇幅略去)。

2. 道路网系统规划

在调查研究和科学预测的基础上,确定径环向道路的条数、等级、标准,并提出新建或改建的若干方案,择优选用。

3. 交通枢纽规划

交通枢纽规划应使路段上各种运输方式不同方向的流量能安全、迅速地通过运输枢纽并相互协调,以保证流向的转换与客货流的运送与接收。

4. 交通走廊规划

很多城市的发展是沿城市辐射干线(高速公路、快速公共交通线等)即对外交通走廊向郊区推移。因此,要对交通走廊进行规划,合理引导城市的地域扩展。

5. 交通流组织规划

根据城乡结合部的交通量、交通组成、流向分布与枢纽布局,提出不同规划年限各交通方式如何协调一致发展,共同承担城市对外交通、过境交通和城乡结合部内部的交通。

6. 客货运交通路线规划

城乡结合部客货运交通规划应满足：

(1) 城乡人民日渐增多的物质与文化的需求与相互交往；

(2) 城区与卫星城镇间的客货联系；

(3) 城区与结合部枢纽的联系。

概言之，城乡结合部的客货运交通路线规划是指通过对城市客货流的调查，对位于城乡结合部范围内的客货运路线、站点和停车场用地进行合理的用地布置选择。

7. 用地规划布局调整

根据上述规划，提出城郊用地的布局调整意见，反馈给总体规划部门。

3.5 城乡结合部交通规划的原则

1. 满足城市总体规划与城市发展的需求——正确处理好与城市总体规划的关系

城乡结合部的交通规划是城市总体交通规划的重要组成部分。因此，它的规划布局必须纳入城市交通规划和对外交通的总体规划，并满足城市与对外交通发展的要求，保证城市与周围地区及其他城镇、公路系统与城市道路系统构成一个相互协调、密切联系的有机整体。

2. 满足现今和未来交通发展的需求——处理好近期和远期不同交通需求的关系

城乡结合部的交通规划首先应满足交通需求，规划出的道路走向、路网密度以及道路设计速度、线形标准等均应满足使用要求和有关标准值，同时还应考虑近期和远期的不同要求。

3. 满足结合部本地区的交通要求——处理好与周围地区的交通需求的关系

结合部道路必须适应其所连接区域的交通要求（数量、质量），使城市和这些区域之间有便捷通畅的交通联系，促进相互间的合作、商业和贸易的发展。

4. 适应结合部流量、流向分布特性并使城市至各区域具有相应的可达性——处理好道路走向与物流、人流流向的关系。

5. 满足城市道路系统与公路系统的需求——处理好与公路系统和城市道路系统的关系

城乡结合部介于城市与乡区之间，故结合部道路规划布局应起到过渡与协调的作用，使结合部交通能安全、方便、快速，过境车流能以较高车速流畅通过，从数量和质量上满足出入城交通不断增长的需求。

6. 适应自然环境、协调景观问题——处理好与地理、自然及建筑环境的关系

现代城市规划中，环境效应的作用越来越突出，也越来越为人们所重视。结合部应与城市环境景观、郊区环境景观均能协调，并尽可能做到美观、自然、和谐、顺适，减小对自然环境的破坏和对两侧职工、居民工作和生活的干扰。

7. 结合部交通规划要有适当弹性

结合部道路交通其用地和两侧红线控制应有适当弹性，使其具有适应城市发展和应对突发性事变（如战争、政策调整、布局变化、地震、塌陷、火灾、车祸等突发性事故）的能力，即使发生了这类事变，结合部道路仍能部分地或全部地发挥其功能、作用，使城市这个

大系统不致完全瘫痪。

3.6 城乡结合部交通规划的方法

1. 调查分析

全面深入地调查研究,目的在于很好地掌握与城乡结合部交通规划有关的历史的、现状的第一手资料,以便找出问题所在并提出有效的解决方法与规划方案。

(1) 调查范围

城乡结合部交通规划调查的范围应大于结合部交通规划的范围,由此,根据我国大城市的具体情况,建议调查范围应包括建成区、郊区、郊县及地域上相邻的其他地区,重点在于建成区、郊区、郊县。一般调查区为城市郊区、郊县毗邻的其他县区。

(2) 调查内容

城乡结合部调查内容详见表6。

表6 城乡结合部交通规划调查内容一览表

项目	区位		
	建成区	城乡结合部	郊县地区
自然状况	地形、地理特征,山、水、风景、公园、名胜古迹	地形、地理特征,山、水、田林分布,矿业资源,自然环境条件,名胜古迹	地形、地理特征,山、水、田林分布,矿产资源,自然环境条件,名胜古迹
社会经济	面积、人口、房屋、建筑密度,城市性质特点,经济发展状况,工、商业分布(含商场)	面积、人口密度,经济发展状况,工商企业分布,大型投资项目分布	面积、人口密度,经济发展,农牧业、工商企业分布
土地利用	用地规划布局,各类用地比重,市中心状况(单中心、多中心、面积、就业岗位)	土地开发状况与条件,用地结构及现状布局,大型投资项目分布,工业布局等	土地规划状况,可修建大型投资项目分析,城镇体系,居民点分布,矿产资源分布与开采计划
道路交通	路网密度,干道密度,布局走向,快速干道,地铁,轨道线路,交通及分布,方式结构,出入城交通量,环道数,重要交通枢纽,主要出入口干道	路网密度,干道密度,布局走向,道路网适应状况,路网交通量,重要交通吸引量,郊—郊交通量,郊—城交通量,过境交通量	公路网布局,高等级公路情况,公路网适应状况,交通量及分布,乡区—郊区交通量,乡区—城市交通量,重要交通发生或吸引点

(3) 调查方法

由于城乡结合部的交通规划涉及因素众多,因此在进行调查时,应抓住主要矛盾和矛盾的主要方面。历史材料和实地考察相结合。充分利用现有资料,适当进行补充调查。也可参考同类、同等规模城市的资料。

具体调查时,将城市的现状和城市的历史相结合,将社会经济、土地利用与道路交通相联系,由过去与现在预测未来,由社会经济、土地利用预测交通。

2. 系统分析

系统地研究城乡结合部道路系统所涉及的环境因素及考虑这些因素对规划的影响。

城乡结合部交通规划的影响因素是指那些和城乡结合部道路交通相互影响、相互制约的因素，分析这些因素正是为了使城乡结合部交通规划趋于科学、合理。

(1) 城市性质、规模的影响

城市的性质决定城市的功能，影响城市的布局；城市的规模决定城市的人口、面积。因此，城市的性质、规模对城乡结合部道路的规划特点、范围和布局有一定的影响。

① 风景旅游和历史文化名城

有很多城市，其风景旅游点分布于郊区、郊县，这就要求在进行城乡结合部的交通规划时，道路的布置要适应景观要求，使道路与风景区(点)历史文物、名胜古迹及周围环境相协调，道路的走向或布局应结合自然地形和风景点特征，将其联系在一起，以方便游览，为游人创造良好的空间构图和最佳景观效果。

② 沿海开放城市

沿海开放城市是随着改革开放而出现的一种新型城市，这些城市紧靠大海，在其交通运输体系中，水运占了相当大的比例。公路的布局一般是呈扇面向内地辐射，各辐射干线间的联系往往靠半环线连接，对这类城市的交通规划，一要考虑每个城市径环向路网发展的要求，二要考虑多个东部沿海开放城市间的协调一致性，三要考虑为港口码头服务便于水陆联运的问题。

③ 山区城市

山区城市由于特殊的地理环境和自然条件，多为组团式或条带式。

④ 矿区(业)城市

矿区城市在进行城乡结合部的交通规划时，应根据产品、原材料种类和数量，考虑设专用公路与铁路线等。运输干线的布设尽可能避开居住区，以减少污染、噪声对居民生活、休息的危害。道路和设施应考虑矿藏的数量和开采年限，做到既经济又实用。

(2) 城市总体规划和区域规划影响城市建设总体布局

城市总体规划和区域规划在很大程度上决定了城市交通布局和交通运输的网络。城乡结合部的径向道路应在充分了解城市布局现状和未来的流量、流向分布并认真研究总体规划和区域规划的基础上，进行系统分析和优化。

(3) 城市及周围地区的经济联系

城市是周围地区的政治、经济、文化的中心，与周围地区互相依存，城市的发展、兴衰往往同周围地区交通联系的强弱有密切的关系，联系密切则繁荣发展，因此在进行城乡结合部的交通规划时，应通过道路交通联系，促进经济发展，引导城市向正确方向均衡发展。

(4) 自然环境条件

每个城市的自然环境不尽相同，城乡结合部亦然，各种运输方式的采用和建设都应与自然环境密切融合。规划时应充分利用自然地理条件，发展合理的与其他运输方式协调一致的公路运输，以提高整个城市对外运输的效率。

3. 系统综合分析

根据城乡结合部交通规划的目标、任务，综合考虑城乡结合部的交通系统所涉及的环境因素的影响并进行系统综合，确定城乡结合部的交通规划方案。

系统综合首先必须实现城乡结合部交通规划的目标,再考虑城市的性质、规模,城市总体规划和区域规划,城市与周围地区的经济联系,自然环境条件等的影响,从综合的角度出发,使综合贯穿于整个过程,注重规划的综合效益。

3.7 规划程序

1. 划定城乡结合部的范围(参见表7)。
2. 确定城市土地的扩张速度(参见表1)。
3. 确定城乡结合部交通规划的年限(参见表8)。
4. 城乡结合部内道路网交通量预测及分配。
5. 根据交通需求预测,结合城市总体规划确定城市交通走廊规划、交通枢纽规划、道路网规划,并合理组织交通流。
6. 协调建成区、城乡结合部、乡区这三大地区的路网结构进行布局。

表7 按城市不同规模和经济活动能力分级的结合部交通规划范围

城 市	城乡结合部交通规划研究范围
特大城市(京、津、沪、沈、穗、汉)	大于市辖区,郊区及近郊县
一般大城市	市辖区,一般只考虑到郊区

表8 城市和城乡结合部交通规划三个层次规划年限

单位:年

地域	近期治理规划	中长期综合规划	远期战略规划
城市	0~5	10~15	20~30
城乡结合部	0~5	10~20	20~40

4 结束语

城乡结合部交通规划的研究是个新课题,我们研究的时间不长,在理论、方法研究均系初步探讨,文献资料的积累不多,水平有限,错误与不妥之处,欢迎指正。

参考文献

[1] 赵同安. 城乡结合部交通规划研究[D]. 南京:东南大学,1990.
[2] 惠先宝. 城市交通发展总体战略规划方法的探讨[D]. 南京:东南大学,1989.
[3] 同济大学. 城市对外交通[M]. 北京:中国建筑工业出版社,1985.
[4] 彼得·霍尔. 城市和区域规划[M]. 邹德慈,金纪元,译. 北京:中国建筑工业出版社,1987.
[5] 周鹤龙. 大城市辐射交通研究[D]. 南京:东南大学,1988.
[6] Bryant C R,Russwurm L H,Mclellan A G. The city's country side:Land and its management in the rural-urban fringe[M]. Longman,1982.

大中城市出入口干道交通特性的探讨[*]

徐吉谦，武 进，黄富明

（土木工程系）

摘 要 本篇根据交通工程学原理,对近20个城市出入口道路交通调查观测资料进行了统计分析,对出入口干道的交通组成,交通量的时间分布和纵向分布,行车速度变化,纵横向干扰和交通环境等基本交通特性首次提出一些规律性的认识和变化模式。表明出入口干道具有明显的过渡性、集散性和方向不均性等特点,属多功能的短程干线,它既有别于公路,也不同于城市道路。这些特性的发现,对于进行出入口干道的规划、设计及管理等均具有较大的理论和现实意义。

关键词 城市出入口干道；交通特性；交通组成；交通量；纵向分布；时间分布；行车速度

1 城市出入口干道交通组成特性

公路的交通组成一般比较简单,特别是高级公路,除少量拖拉机、自行车和行人外,几乎完全是汽车,据统计其组成大致为:汽车占64.6%,自行车占12.4%,拖拉机占10.3%,人、兽力车占12.7%。城市道路的交通组成就比较复杂了,一般包含公共汽车、载货汽车、小汽车和大量的非机动车及行人。机动车与非机动车之比约为1∶12,若按拥有量计算则机动车与非机动车之比可高达1∶50。大中城市的出入口道路的交通组成则更为复杂,车类繁多,有长途客货车、短途公交及货车、大量的自行车、拖拉机、人兽力车等,同时还有少量行人,其性能各异,如速度、动力、净空、灵活性等均各不相同。据大量调查统计,各类汽车占45.6%,自行车占42%,拖拉机占7.7%,人兽力车占4.7%,与公路、城市道路的交通组成均不相同,而且其随距离市区的远近而变化,其中汽车、拖拉机、人兽力车所占百分比随离市区渐远而递增,自行车则随离市区渐远而线性递减,如图1所示。据观测,其中货车所占百分比随距市区渐远而线性递增,客车则呈负指数递减。各类汽车中变化幅度最大的中型货车(30%)呈递增趋势,小型货车(20%)、客车(15%)和大客车(20%)呈递减趋势,而大型货车(9%)及拖拉机(6%)幅度变化小,基本为均匀

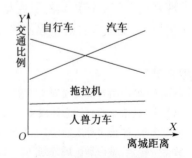

图1 交通组成随离城距离而变化的示意图

---

[*] 本篇发表于《南京工学院学报》,1988年第1期。

分布。

影响出入口道路交通组成的因素很多,随各地具体条件而变化,其组成百分比和分布模式亦不完全一致。目前,非机动车仍处于相当重要地位,在规划设计时应予以重视。

2 城市出入口干道的特性

大中城市出入口道路具有自己的干道特性,主要有:

2.1 过渡性

由于出入口道路位于城市与乡区之间,一端连接城市道路,具有城市道路交通的特性,车种混杂、非机动车多、横向干扰大、速度低;另一端与乡区公路相连接,具有乡区公路交通的特性,车种简单,非机动车少、干扰少、车速较高。此外,过渡性还反映在交通环境、交通管理、交叉口间距、行人干扰等方面。

2.2 集散性

随着科技、文教、卫生、商业活动日益发展和集中于城市,且集约化的大规模生产和社会化的生活方式以及各种福利设施均有综合化发展的趋势,致使大量客、货流从四面八方汇集到城市。特别是"市管县"体制的逐步实现,进一步加强了城市的吸附作用,从而使周围地区的客、货流更加向城市聚集,通过城市的吸收、消化、加工,而后又由城市向四周扩散开去。这一集中和扩散的过程大多通过城市出入口道路来实现。

由于具有这种集散客货运输的性质,横向支线不能封闭,须向沿线的工厂、商店、公司、集镇或农村开放,从而给管理、规划和设计带来不少困难。

2.3 复杂性

复杂性反映在以下方面:

(1) 交通性质方面:有长途、短途、客流、货流。

(2) 道路功能方面:有地方性交通和过境交通,既有公路功能,又有城市道路功能。

(3) 交通组成方面:有机动车和非机动车,还有行人。

(4) 交通干扰方面:既有纵向各车种之间快慢车的相互干扰,又有交叉路口、人行横向过街道、车站及沿线进出口的干扰。

(5) 交通环境方面:由城市进入乡区,由街道化、半街道化、封闭多变的复杂环境到山林、田野、农庄、村镇等开放空旷的环境。

2.4 方向不均衡性

一般公路与城市干道在一定长度内上行、下行两个方向交通量的分布大致相等,流向差异最大一般亦不超过55:45。而城市出入口道路特别是近城市一端两个方向的交通量相差很大,一般出城的高峰多发生在早上,而入城的高峰多发生在下午,单方向的交通量约占总量的60%,个别工业发达、职工人数众多的近郊区,早上出城方向的交通量与晚上进城方向的交通量占总量的70%。严重的方向不均衡状况对道路横断面、车行道宽度的确定和交通管理有很大的影响。

3 城市出入口干道交通量纵向变化特性

城市近郊一般均布置有工厂、商业、仓库或风景游览区、村镇居民区等,城市越大吸引力越大,郊区的范围也越大,所以越靠近市区,交通量越大;离城市越远,则交通量越小。

一般公路与城市道路,不同路段的交通量除节假日外,沿行车方向的变化不是很大,其变化量均不超过 7%。也有些公路变化量会显著些。但大中城市的出入口干道的交通量与之相比,在不同路段变化不但快而且幅度大。对部分大城市出入口干道不同路段交通量的观测统计,说明其交通量随离市区距离的增大而迅速减小(图 2)。如上海 204 国道相距 4 千米,交通量下降了 47.5%(每千米约下降 12%)。南京 312 线 17 千米下降了 67.9%(每千米约下降 4%),济南 104 国道 5 千米下降了 34.5%(每千米约下降 7%)等。一般大城市过境交通量小、变化大;小城市过境交通量大但变化小,美国和日本的资料也证实了这一点。

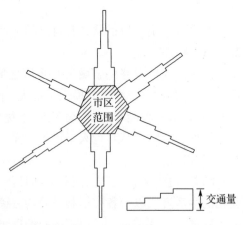

图 2 交通量随离市区距离的增大而递减示意图

4 城市出入口干道交通量纵向分布模式

根据有代表性的城市出入口干道的观测资料分析,交通量的纵向变化受城市吸引力、郊区工商业发展水平及沿线土地开发利用程度、村镇居民分布状况的影响,通过作图与计算可归纳为两种数学模式:

1. 交通量随距离的一次方呈指数递降,由近城端至远城端逐渐降低,如图 3 中曲线 A 所示。

$$N(x) = N_0 e^{-ax} \tag{1}$$

2. 交通量随距离的平方呈指数递降,如图 3 中曲线 B 所示。

$$N(x) = N_0 e^{-\beta x^2} \tag{2}$$

式中:x—— 距市建成区边缘的距离;
　　N_0—— $x=0$ 处的交通量;
　　α、β—— 分别表示交通量的纵向分布参数;
　　$N(x)$—— 距市建成区边缘 x 千米处的交通量。

此两式的主要差别在于 x 为零处交通量的变化不同。

由式(1)得

$$\frac{dN(x)}{dx}\Big|_{x=0} = (-\alpha)N_0 e^{-\alpha x}\Big|_{x=0} = -\alpha N_0 \neq 0$$

这表明在 x 为零处交通量未达到最大值,随着道路由市建成区边缘向市内延伸,交通量还将继续增加(参见图3曲线A)。

由式(2)得

$$\frac{dN(x)}{dx}\Big|_{x=0} = (-2\beta x)N_0 e^{-\beta x^2}\Big|_{x=0} = 0$$

这表明在 x 为零处交通量已达最大值,随着道路由市建成区边缘向市内延伸,交通量将下降(参见图3曲线B)。

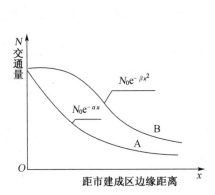

图3 交通量纵向分布模型曲线示意图

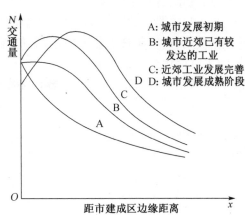

图4 城市不同发展阶段的分布曲线示意图

式(1)近似地反映了中小城市郊区尚未发展情况。式(2)近似地反映了大城市郊区工业已有发展的情况,即在近郊区已有发展较好的工商业及市政设施。出入口干道延伸至市区边界处,交通量已达最大值。通过资料分析,交通量纵向分布模式还可进一步发展为C型和D型曲线,如图4所示。当城市发展到一定规模,郊区的工业日益增多时,交通量的分布模式逐渐向C型转移,未到市区边缘交通量已达最大值,最后城市趋于成熟,郊区工业、企业趋向于饱和,此时交通量的变化多趋向于D型,最大交通量距市区边缘更远。

纵向分布参数 α 和 β 的值均可通过回归分析的方法求得,根据现有资料分析计算得出参数 α 在 $0.003 \sim 0.044$ 范围内变化,而 β 在 $0.0002 \sim 0.057$ 范围内变化,相关系数 $y = 0.90 \sim 0.98$。

5 城市出入口干道的交通量在时间上的分布特性

大中城市出入口干道的交通量由于其所处地理位置,受城市的影响,一般同城市性质、规模、郊区范围和工业化程度有关,根据现有资料的统计分析得出如下的初步结论:

5.1 季节性变化(月变化)

城市出入口干道的交通量在一年内随季节不同而变化的幅度小于公路,因为它主要承担市区与郊区进出城及城市间的客货运输任务,全年比较稳定,不同于以旅游和农业为主的公路。

根据一些大中城市出入口干道交通量的观测资料,拖拉机、人兽力车受季节性农业和节日影响较大,月变化系数幅度大于汽车,最大月份为12月,最小月份为2月,其幅度为1 ± 0.50;汽车交通量变化幅度为1 ± 0.20;自行车交通量全年均较稳定,变化幅度小于汽车,一般在1 ± 0.15范围内。

距市区的距离,对出入口道路交通量月变化系数也有影响,且影响较大,汽车、拖拉机随离市区距离的增大月变化系数减小,而人兽力车则相反。

此外,同城市规模有关。城市越小,变化幅度越大,反之,城市越大,则变化幅度越小。

5.2 周变化(日变化)系数

出入口道路上的周变化系数,除星期日外,平时变化不大(表1),周系数约在1 ± 0.06范围内波动,而星期日则显著减小,一般均小于0.9,且城市规模越大,沿线开发程度越高,星期日的周变化系数越小。

表1 周变化(日变化)系数

城市及线路名称	一	二	三	四	五	六	日
扬州328国道6.4千米	0.99	1.03	0.98	1.03	1.06	1.06	0.85
盐城204国道1千米	1.02	1.03	1.02	1.03	1.10	1.03	0.87
南通204国道15千米	0.99	1.02	1.00	1.03	1.04	1.05	0.88
平均值	1.00	1.03	1.00	1.03	1.07	1.05	0.87

注:表中数据观测时间为1983年。

星期六的晚高峰较平日稍大,星期一至星期五均为早高峰大于晚高峰。

5.3 小时变化

城市出入口道路交通量小时变化同城市性质、规模和市内的交通量变化有关,同时也与近郊区的工商业发展情况密切相关。一天有两个明显的高峰时间,上午在8:00~10:00,下午在16:00~18:00(星期六下午可提早为15:00~16:00)。与市内早高峰时间相比约迟1小时,而晚高峰时间则约早1小时。分布时间较为集中,高峰小时交通量占全日总交通量的比重较大,甚至达20%以上(表2)。如南京市的出入口道路早高峰时间比市内滞后1小时,而晚高峰时间比市内提早1小时(图5)。

表2 高峰小时交通量占全日交通量的百分比统计表

单位:%

城市名称	机动车		自行车	
	中心区	出入口道路	中心区	出入口道路
北 京	8.8	11.5	11.7	18.4
石家庄	12.8	16.3	23.1	36.3
南 京	8.6	12.3	12.4	14.2

注:表中数据观测时间为1982—1983年。

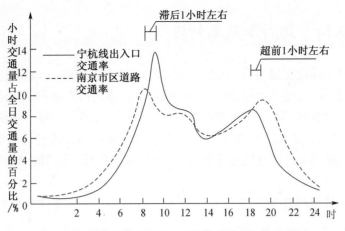

图 5 南京城市道路与出入口干道小时交通量变化图

对于以行政商业为主的干线,出境与入境交通有两个高峰时间,而游览风景干道通常只有一个早高峰时间(图 6)。

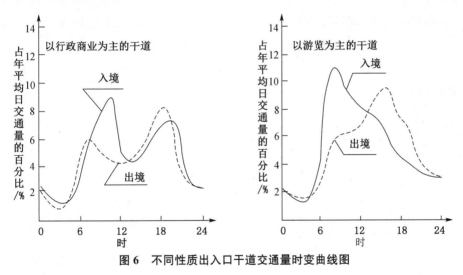

图 6 不同性质出入口干道交通量时变曲线图

表 3 为特征小时交通量所占百分比。

表 3 江苏省四市出入口道路特征小时交通量占平均日交通量的百分比

单位:%

小时系数城市路线名称	高峰小时	第八位	第二十位	第三十位	第五十位
南京 204 国道	12.0	11.6	11.1	11.0	10.6
扬州 308 国道	16.2	13.2	12.6	12.3	11.9
南通 204 国道	15.0	14.0	13.0	13.0	12.0
盐城 204 国道	19.2	17.4	15.8	14.9	14.4

注:表中数据观测时间同表 2。

6　城市出入口干道行车速度特性

城市出入口干道的交通组成、交通量均随离市区的远近而变化,越靠近市区交通组成越复杂、交通量越大、交通干扰越多,因而车速越低,造成拥挤阻塞和时间延误。据几个城市的实测,测点平均间距为 14.4 千米,车速平均下降了 37.8%。而一般乡区公路车速变化甚微,如南京宁六公路从 1 千米到 23 千米共上升 2.6%,几乎没有什么变化。

影响出入口道路车速变化的因素很多,主要为交通组成、交通量、纵横向干扰及交通环境的变化。

对车速变化规律的初步观测研究,发现出入口道路行车速度的分布不同于一般的乡区公路。

对南京几条出入口道路进行观测,发现车速分布偏向于低端,其频率分布直方图(图7)偏向低速一侧,呈非对称下降,峰值常偏左,以皮尔逊Ⅲ型曲线拟配尚可符合。再对另一条线路的车速进行检验,结果其基本符合皮尔逊Ⅲ型曲线,其累计频率分布曲线的斜率变化范围在 10%~90%,而在 10% 以下及 90% 以上的车速出现次数极少。故城市出入口干道车速的波动范围应取累计频率的 10%~90%(图8),比公路上 15%~85% 的上下限宽。

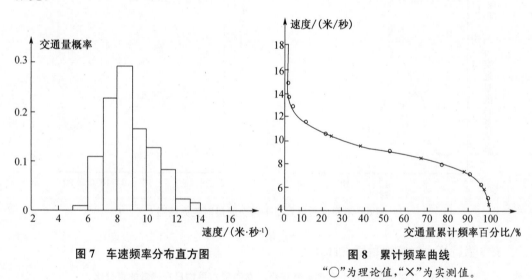

图 7　车速频率分布直方图　　图 8　累计频率曲线

"○"为理论值,"×"为实测值。

7　结束语

大中城市出入口道路及其交通性质是否不同于公路与城市道路而具有自己的特性,是一个有争议的问题。许多人认为出入口道路就是公路,应当完全按公路的技术标准进行设计,也有人认为它是城市道路的延伸,应当按城市道路设计,笔者根据调查观测的资料,进行了初步统计分析,认为城市出入口道路,既不同于公路也不同于城市道路,而且有自己的交通特性,因此应按其固有的交通特性,制定出入口道路的技术标准,这不仅对规划、设计出入口道路有重要作用,而且对城市交通建设和道路技术标准的制定也有重要的意义。

参考文献
[1] 徐吉谦.关于大中城市出入口干道的特点和平面定线的几个问题[J].华东公路,1982(1):19-31.
[2] 黄富明.大中城市出入口道路规划设计研究[D].南京:南京工学院,1986.
[3] 武进.大中城市出入口干道交通特性研究[D].南京:南京工学院,1985.

关于大中城市出入口干道的特点和平面定线的几个问题[*]

徐吉谦

（南京工学院）

摘　要　本篇首先从交通性质、交通组成、交通量变化、交叉口间距、周围环境等角度对大中城市出入口干道的特点进行了分析，随后结合部分大中城市出入口干道的设计工作经验对道路建设中的远近期的结合问题、老路的利用问题、郊区城镇的过境问题以及机动车道和非机动车道的分隔问题提出了建议。本篇对于当前大中城市进出口干线公路的修建有一定的指导意义。

关键词　出入口干道；定线；大中城市

20世纪70年代期间，我们先后参加过几条大中城市出入口干道的定线设计工作，在定线测设过程中碰到了一些不同于一般公路的问题。通过工作、学习和总结，有以下几点认识和粗浅体会。

1　大中城市出入口干道的特点

大中城市出入口干道的兴建，全国不少城市已逐渐展开，有些人认为大中城市出入口干道就是高等级公路，应按一、二级公路的技术指标进行定线设计；有些人则认为出入口干道是城市道路的延长和继续，是城市道路的一部分，应按城市道路设计。

出入口干道有它自己的特点，既不同于公路，也不完全同于城市道路。众所周知，在广大乡村地区，主要供汽车行驶的道路称公路、野外公路或乡区公路。在城市里主要供汽车行驶的道路称为城市道路、城市街道、大街或街区道路。而大中城市出入口干道，实际上是介于乡区公路与城市道路之间的过渡段或者说是公路与城市道路的连接段。各国的定名不统一，有的国家称之为入城干道，有的称之为市郊道路，有的称为近郊道路，也有的称为郊区干道。其主要特点为：

　　1. 交通性质的不同

公路担负着较远距离的长途客货运输任务，汽车沿途停靠站少、停靠时间间隔很长，一般是几个小时或半天，甚至行车百千米以上才进站停车一次，运行速度较高，其中二级公路平均运行速度可达50千米/时[②]，而且行驶的车辆系专业性的客、货运输车辆。而大

---

　　[*]　本篇发表于《华东公路》，1982年第1期。
　　[②]　1980年12月，交通部公路规划设计院规划室《国产汽车平均运行速度部分调查观测资料的初步整理分析》。

中城市出入口干道除担负着部分公路性质的长途客、货运输外,更主要的是担负着城市与郊区间近距离的短途客货运输,行驶的车辆多为非专业性质的运送农副产品、日用品、工业品和建筑材料的车辆。尤其是行驶于郊区的公共汽车,其沿途停靠的时间间隔短(一般约10分钟),停靠站多(一般约为2~3千米或5~6千米),车辆的平均行驶速度低,约为20~25千米/时。但是它同城市内部道路的性质也不一样,城市道路主要为通行城市内部的客、货运车辆服务,几乎都是短途的而且两旁为完全街道化的连续不断的房屋,交叉口和公共汽车停靠站间距很短,频繁出现。

表1 公路混合交通中各类车辆占有率表

省份	观测站的名称和编号		观测时间(月数)	观测起止月份	各类车辆占有率/%				各省的平均值/%			
					汽车	拖拉机	人、兽力车	自行车	汽车	拖拉机	人、兽力车	自行车
黑龙江	1	梅里斯	7	6~12	68	11	16	5				
	2	牡丹江	7	1~7	61	10	23	6				
	3	集贤	8	1,3~5	53	14	21	12	61	12	20	8
辽宁	4	沟帮子	12	7~10	44	14	34	8				
	4	沟帮子	12	1~12	44	14	34	8				
	5	南关岭	5	6~9,11	84	11	3	2	64	13	18	5
北京	6	土桥	12	1~12	57	13	12	18				
	7	良乡	7	6~12	78	8	9	6	68	10	10	12
山西	8	新城	3	6~8	72	12	9	7				
	9	平定	4	6~9	77	7	11	5	75	10	10	6
河北	10	正定	12	1~12	39	20	27	14	39	20	27	14
江西	11	赣州市	12	1~12	68	9	11	12				
	12	莲塘	3	1~3	75	11	3	11	72	10	7	12
云南	13	菊花村	4	7~10	64	7	18	11				
	14	禄丰	4	7~10	68	6	21	5	66	6	20	8
广西	15	腾翔	12	1~12	74	10	2	14				
	16	新圩	12	1~12	48	6	1	45	61	8	2	30
甘肃	17	平凉	6	1~6	63	9	14	14	63	9	14	14
宁夏	18	得胜	8	5~12	70	9	14	7				
	19	上前城	8	5~12	56	10	25	9	63	10	20	8
陕西	20	豁口	3	10~12	74	9	6	11				
	21	铺镇	3	10~12	64	11	9	16	69	10	8	14
河南	22	尚集	12	1~12	56	15	18	11	56	15	18	11
广东	23	横江	3	10~12	73	9	2	16				
	24	联和	12	1~12	68	11	1	20	71	10	1	18
所占比例的总平均数:					64.8	10.5	12.9	11.9				

注:1. 各省的平均值,系简单的算术平均。
2. 资料来源:交通部公路规划设计院规划室《关于交通量观测和资料的初步分析与探讨》,1981年3月。

表 2 部分大城市出入口干道交通组成统计表

市名	观测站名称或城市出口方向	观测时间	各类汽车 数量/辆	各类汽车 比例/%	拖拉机 数量/辆	拖拉机 比例/%	非机动车 人、兽力车 数量	非机动车 人、兽力车 比例/%	非机动车 自行车 数量	非机动车 自行车 比例/%	各类车辆合计/辆	备注
③北京	②102－连①东－30K	1979年8月	2 800	54.7	704	13.8			616	31.5	4 120	①东、西等系该城市出口方向数字
沈阳	101 火车站 西北	1979年8月5日	1 088	50	235	11			853	39	2 176	②107－甲17宁以下10等为国道的编号
长春	302 西北 15K	1979年8月15日	1 732	57.2	194	6.4			1 102	36.4	3 028	③北京资料系摘自《全国大城市人口交通规划设
哈尔滨	301－12 东市郊	1979年12月25日	2 386	64	431	12			879	24	3 696	计交通量现状》,1980年公路规划院规划室
石家庄	107－甲17 北 15K	1979年8月15日	2 143	33	1 504	23			2 860	44	6 507	④昆明、西安、天津三市系调查报告,1980年
济南	104－8 北－9K	1979年8月5日	682	40.8	137	8.2			852	51	1 671	⑤有些调查资料未列入,本表人、兽力车数量的比例过总计值计算
成都	108－18 西南 26K	1979年9月5日	3 192	48.8	272	4.1			3 082	47.1	6 546	
太原	307 东－4K	1980年1~5月	1 294	62	245	12			538	26	2 077	
郑州	310－8 西－西－14K	1978年12月	3 344	58	1 011	17.6			1 400	24.4	5 755	
杭州	302－7 东北 10K	1979年8月5日	728	55.5	43	3.5			540	41	1 311	
④昆明	贵阳线 贵东站	1980年	9 993	35	918	3	1 517	5	16 156	57	28 584	
西安	东出口	1980年8月	4 177	31	442	3	286	2	8 657	64	13 562	
	西出口	1980年9月	3 088	29	361	3	670	7	6 426	61	10 545	
	渭河桥	1980年9月	4 850	28	931	5	1 630	10	9 609	57	17 020	
天津	津沽	1980年9月	7 181	45	1 817	11	1 201	9	5 638	35	15 837	
	津塘	1980年5月	7 912	54	605	4	405	3	5 621	39	14 543	
	津同	1980年5月	4 037	56	712	10	390	5	2 145	29	7 284	
	津北	1980年10月	4 596	35	1 578	13	734	6	5 949	46	12 857	
总平均				47		9		⑤(2.6)		41.4		

2. 交通组成的不同

公路交通组成,特别是高级公路的交通组成比较简单。除有少量的拖拉机、自行车和行人外,几乎完全为汽车,车种单一,即使等级稍低的三、四级公路,车种也没有大中城市出入口干道复杂,表 1 所列主要为三、四级公路的车辆组成统计资料,其中汽车占主要地位,平均为 64% 以上,拖拉机及人、兽力车及自行车各约占 10%,行人几乎没有。大中城市出入口干道的交通组成就比较复杂,一般为非机动车占 50% 以上,表 2 为几个大中城市的车辆组成统计资料,其中各类汽车平均只占 47%,自行车平均占 41.4%,拖拉机和人、兽力车合计约占 10%,而且行人众多,随时可横穿道路。甚至有的城市,非机动车的交通量超出机动车 2～10 倍,而且车辆繁多,如公共汽车、小汽车、垃圾车、运粪车、马车、拖拉机、平板车、架子车和自行车等,其速度、性能和净空要求均不一致,据安徽省安庆市的出口二级公路 1981 年 7 月 29 日的统计资料,汽车 2 165 辆,拖拉机 475 辆,人力车 1 492 辆,自行车 10 273 辆,机动车与非机动车之比约为 1∶4.5,即机动车辆只占非机动车的 1/4.5(约为 22%)。可见大中城市出入口干道的交通组成,远较乡区公路复杂得多,甚至比城市内部的交通也更为复杂。

3. 交通量的变化不同

一般来说,一条公路或城市道路各路段的交通量总是有些变化的,而不是固定不变的,但高级公路长途汽车交通量的变化一般不是很显著,如据福州—厦门线公路交通量统计,闽侯时洋(32K+500)至莆田赖溪(118K+000)185.5 千米机动车由 2 086 辆减少到 1 990 辆,非机动车由 1 001 辆增加到 1 069 辆,其变化量均不超过 10%,当然也可能有些公路变化量大些、显著些。而据大中城市出入口干道交通量的统计资料,其中上海 204 国道 12K 处交通量为 7 726 辆/天(为混合交通量,以后同此),16K 处为 4 054 辆/天,约降低 48%;南京 312 国道 10K 处交通量为 6 877 辆/天,27K 处为 2 237 辆/天,约降低 67%;济南 104 国道 4K 处交通量为 2 141 辆/天,9K 处为 1 401 辆/天,19K 处为 1 212 辆/天(表 3)。由此可以看出,交通量随着离市区的距离增大而递减。一般情况下,入境交通多则变化速度快、变化量大;而过境交通多则变化量小、变化速度慢,因为入境交通多为受到大中城市工业产品或文化设施的吸引而来的,附近郊区或集镇的车辆,随着离开城市距离的减小而增多,且来往频繁;过境交通主要为通过该城市的车辆,同离市区远近关系不大,变化亦不显著。根据国外的统计资料,随着城市规模的增大,入境交通所占比例亦增大,过境交通所占比例减小,表 4 所列为美国的观测统计资料,其中人口为 50 万到 100 万的大城市入境交通高达 94.1%,过境交通只占 5.9%,但 5 万人口的城市入境交通占 80.1%,而过境交通占 19.9%。当然国外资料是在一定条件下得出的,不一定完全适合我国的情况,但还是有道理的,因为城市小,工业产品的种类和数量少,吸引外地车辆入城能力就小;城市大工业产品多,吸引郊区或郊外车辆进入城市的能力就大,所以大城市的入境车辆所占比例高于小城市是符合推理的,大中城市出入口干道交通量的变化,比乡区公路大,也是很自然的。

此外,大中城市为一个地区或一个省的政治、经济、文化的中心,对于附近郊区或郊县的客流所具有的吸引力,也是造成大中城市出入口干道交通量变化的一个因素。

表 3 大中城市出入口干道不同地段交通量统计表

城市名称	观测点编号	观测点地名	出口方向段距城市距离	交通量/(辆·天$^{-1}$)				观测年月
				各种汽车	拖拉机	非机动车	总计	
上海	204甲$_1$	嘉定杨家桥	西北 12K	6 300	663	763	7 726	1979.8
	204甲$_2$	嘉定绿家桥	西北 16K	3 279	400	377	4 056	
南京	312	岔路口	东 10K	5 696	931	250	6 877	1979.10
	312	东阳	东 27K	1 830	409		2 239	
济南	104	洛口渡口	北 4K	1 093	211	837	2 141	1979.5
	104	西车	北 9K	682	137	582	1 401	
	104	孙耿	北 19K	642	96	474	1 212	
长沙	107—8	井湾子	南 7K	2 629	444	302	3 375	1979.8
	107—9	易家湾	南 32K	2 581	318	64	2 963	
太原	307	晋祠	西南 20K	1 836	600	356	2 792	1980.5
	307	清徐	西南 39K	1 123	634	325	2 082	
福州		福厦线	6—7K	2 283	839	5 614	8 726	1980.6
			32·5K	2 070	152	898	3 120	

表 4 美国不同规模城市入境交通与过境交通所占比例统计表

城市规模/千人	过境交通/%	入境交通/%	其中到中央商业区/%
0～<10	57.7	42.3	24.3
10～<25	32.7	67.3	31.1
25～<100	19.9	80.1	33.2
100～<250	15.4	84.6	22.1
250～<500	10.4	89.6	24.2
500～1 000	5.9	94.1	18.2

4. 交叉口间距和周围环境的不同

乡区公路两旁的自然环境为山、水、田地和森林,空气新鲜,视线开阔,支线少,交叉路口间距长,且多不加管制,横过公路的行人及路肩上非机动车和行人都很少,净空足,视距好,对汽车行驶干扰小;而大中城市的郊区干道,两旁多为街道化或半街道化的工厂、商店、学校、机关宿舍等建筑物,连接的支线或横向道路多,公共汽车停靠站间距和交叉路口间距短,且多为信号灯控制,车辆运行时须多次停车,横穿公路的行人、两旁的行人和非机动车也比较多,汽车实际上是夹在非机动车和行人之间,因此对汽车的行驶干扰大,正如一些市郊汽车司机所反映的那样:"大老爷(手扶拖拉机)横冲直闯,二老爷(大的胶轮拖拉机)摇摇晃晃,三老爷(大车)寸步不让,四老爷(自行车)见缝就钻,真老爷(汽车)左让右让靠边站。"严重影响汽车的正常行驶。

当然随着国民经济的发展，人、兽力车可能逐步减少，但自行车还将继续增长，几个大城市的统计资料(表5)表明，自行车的年递增率为11%左右，因此在一个相当长的时期内还必须认真考虑这些非机动车辆的存在和影响。

表5　我国几个大城市自行车增长情况表

年份	北京 数量/万辆	北京 增长率/%	上海 数量/万辆	上海 增长率/%	天津 数量/万辆	天津 增长率/%	沈阳 数量/万辆	沈阳 增长率/%	南京 数量/万辆	南京 增长率/%	杭州 数量/万辆	杭州 增长率/%
1970	151		96.3		76.6		58.75		17		10.4	
1971	163	7.9	106.3	10.4	79.9	4.3	62.15	5.79	17	0	12.2	17.3
1972	179	9.8	114.2	7.4	88.3	10.5	67.73	8.98	17	0	15	23.0
1973	196	9.5	124.7	9.2	99.5	12.7	69.10	2.02	17	0	15.5	3.3
1974	213	8.7	140	12.3	108.1	8.6	70.2	1.60	20.1	18.2	17	9.7
1975	231	8.5	148.4	6	117.2	8.4	77.1	9.83	22.7	12.9	19.5	14.7
1976	251	8.7	160.0	7.5	127.5	8.8	84.1	9.08	25.4	11.9	21.7	11.3
1977	271	8.0	170.0	6.3	138	8.2	89.0	5.82	27.9	9.8	24.5	12.9
1978	298	10.0	180.0	5.9			96.9	8.88	31.5	12.9	29.2	19.2
1979	325	9.1		10.4	302		102.5	5.78	40.0	27.0	35.7	19.9
年递增率/%	(2.15)	10.8	(198.8)	10.6	(3.94)	11.5	(1.65)		(2.35)	10.9	(2.87)	11.1

注：1. 资料来源：《北京自行车交通系统和交通流理论的研究》，北京建筑工程学院，1980年。

2. 全国自行车工业研究所资料：全国48家工厂共34个自行车品种，平均每年的增长率约为8%。

3. 括号内数字系以1970年或1971年数量为基数，同1979年数量相比所增长的倍数。

此外，对于排水、绿化、管理设施等要求均有所不同。

从以上简述的大中城市出入口干道的一些特点，可以明显看出，它与一般乡区公路不完全一样，因此，对于大中城市出入口干道的设计，不能简单地完全按乡区公路设计。应该充分认识其固有的特点并深入理解它。这对于做好大中城市出入口干道的平面定线、线形设计和横断面组成设计等都是非常重要的。例如我们了解到大中城市出入口干道具有交通组成复杂、非机动车比例大、车种多的特点，交通量随离城市距离的增大而迅速减小的特点，因此在设计横断面时就可以考虑按车种的不同性质将其划分为几块版组成的横断面，也可以根据不同地段的交通量的变化而设计成不同车行道宽度，而不能像乡区公路那样设计成单一不变的横断面，其他如交通性质、周围环境、停车间隔时间长短的不同，对于线形、排水、视距设计，可能的通行能力，安全设施的配备等，都具有很大的影响。

此外，由于大中城市出入口干道对行车速度的要求不可能有一级公路那样高，因此，在平面线形的某些技术指标方面，可以比一级公路适当放低，这对山区城市郊区干道的修建有很大的现实意义。出入口干道尽管在横断面方面要求很宽，要进行分道行驶，但在平面要求方面却不一定很高，这也可以说是一个派生的特点。

上面所列举的大中城市出入口干道一般的特点，只是我们的一些体会，在不同性质、不同地区或不同地形特征下，还有其具体的特点和要求，设计时还应从实际情况出发，调查研究，实事求是地具体分析其本身固有的特点，估计远景交通量的发展、车辆组成的变化、行驶速度的变化、运输方面的变化以及各方面对公路的要求，据此做出符合交通运输发展实际的远期规划和近期设计方案。

2 远近期的结合问题

道路工程建设如果只满足于对当前现实问题的解决，而不认真思考将来的发展，或对于远期发展估计不足、重视不够，都会给以后的交通运输发展带来难以估计的损失。大中城市出入口干道是城市的咽喉要道和对外门户，对整个城市发展及工业生产、人民生活影响极大。道路一经建成，一些工厂、仓库、商店、宿舍、机关等建筑物及地下管道等，就会逐步地在其两旁确定下来。此类建筑物一经兴建，以后再想改变道路的位置和线形，或裁弯取直，或加宽路基，或重建立体交叉就非常困难了，过去城市建设中的大量事实证明了这一点。很多老城市的街道亟须拓宽，计划搞了几十年，会议开了几十次，仍然难以实现，就是由于两旁建筑物的拆迁难以解决。其中有些建筑物质量好、造价高，拆迁必然造成很大损失，也必然要受到各方面的阻挠而无法实现。所以大中城市出入口干道也应作为百年大计的基建项目，认真考虑其今后的发展，要求在定线时不仅着眼于现实问题，而且还要把远、近期工程的要求结合起来，至少要把时间坐标再向前延伸 20~30 年或更远一些来思考可能出现的问题，预计今后城市性质、城市发展的规模，人民的物质文化生活的提高对道路交通运输工程的要求，以及运输工具的发展和变化，从而对线位、线形、用地、技术标准与环境美化等方面认真研究、仔细斟酌，留有一定的发展余地。

特别是最近几年的郊区干道建设应更多地考虑远期发展的问题。十年动乱，使得我国不少大中城市的基本建设几乎完全停止，甚至连必要的维修保养工程也都撒手不管，以致各方面欠账甚多。现在在党和政府的大力关怀下，住宅建筑、市政公用设施等正在逐步展开。广大人民的物质、文化生活水平也正在逐步提高，各种文化生活出行和城市客运量都在开始增长。上海市的平均日运量由 1978 年的 686 万人次增至 1979 年的 822 万人次，约增长 19.8%；南京市 1979 年的平均日运量比 1978 年约增长 20.7%。汽车、自行车的拥有量也开始增长，从表 6 所列几个大城市近 10 年来的汽车拥有量的变化，可以看出近几年城市汽车拥有量开始加快增长，自行车的增长率亦显著增大（表 5），这就必然给大中城市出入口干道增加运输任务。同时还应考虑到我们的底子薄，基础差。联合国交通考察团通过对匈牙利的考察，认为布达佩斯的公交车辆拥有量 1.5 辆/1 000 人，基本上是符合标准的（他们的小汽车还十分发达）。而我们天津市 1979 年为 0.57 辆/1 000 人，1985 年规划指标为 0.4 辆/1 000 人，1990 年规划指标为 0.57/1 000 人；杭州市 1985 年的规划指标为 0.635 辆/1 000 人，1990 年为 0.943 辆/1 000 人，这就相差很大了，何况不少城市目前连 0.1 辆/1 000 人的水平还达不到，今后一个时期必然要有较大的发展。

表 6 我国几个大城市汽车增长情况表

年份	北京 数量/万辆	增长率/%	上海 数量/万辆	增长率/%	天津 数量/万辆	增长率/%	沈阳 数量/万辆	增长率/%	南京 数量/万辆	增长率/%	杭州 数量/万辆	增长率/%
1970	2.38		2.25		1.46		0.71	53.5	0.49		0.31	
1971	2.80	17.6	2.57	14.2	1.70	16.4	1.09	15.5	0.63	28.6	0.36	16.1
1972	3.34	19.3	3.19	24.1	2.02	18.2	1.28	17.4	0.97	54.0	0.47	30.6
1973	4.11	23.1	3.86	21.0	2.50	23.8	1.58	23.4	1.16	19.6	0.54	14.9
1974	4.96	20.7	4.57	18.4	2.97	18.8	1.93	22.2	1.61	38.8	0.62	14.8
1975	6.26	26.2	5.14	12.3	3.55	19.7	2.31	19.7	1.84	14.3	0.71	14.5
1976	7.17	14.5	5.91	15.2	4.23	19.2	2.70	16.9	2.25	22.3	0.76	7.0
1977	6.97	−2.7	6.39	8.1	3.95	−6.6	2.83	4.8	2.42	7.6	0.89	17.1
1978	8.13	16.6	6.91	8.1	4.46	12.9	2.63	−7.1	2.67	10.3		
1979	10.0	23.0	7.8	12.9	5.00	12.1	3.40	29.3	3.5	31.1		
年递增率/%	(4.2)	17.4	(3.47)	14.8	(3.42)	14.63	(4.79)	19.00	(7.14)	24.44		

注:1. 资料来源:《北京自行车交通系统和交通流理论的研究》,北京建筑工程学院,1980年。
   2. 括号内数字为1979年或1978年的车辆数为1970年或1971年车辆数的倍数。

因此,我们认为,郊区干道选定的线位和线形的标准,必须既要满足当前现实的需要,又要认真考虑远期规划的发展,以远期的要求作为道路用地、平、纵面线形的控制依据,先确定发展的远期规划方案,而后进行近期的具体设计,远期的规划方案控制近期设计,而近期设计作为实现远期规划的初步阶段,远、近结合,全面规划,分期修建,先后有序。

那种强调认真考虑远期发展就会浪费投资,甚至认为道路是非生产性的服务设施,紧缩一点,标准压低一点,少给点用地,少给点投资不仅不会有什么问题,反而能节约建设资金等观点,其实是对大中城市出入口干道基本建设的重要性和深远影响缺乏深刻的认识。仅就微观经济而论,某些单位当时的投资额可能会减少一些,但由于投资少,标准低,质量差,没有一点发展余地,以致工程设施一开始就处于极限状态,必然形成车辆降速、阻滞、堵塞,甚至经常发生事故,从而给各方面带来时间损失、经济损失和人员伤害。结果势必又要重新投资改建,甚或不长时期又要求重建,所以从宏观经济分析,以整个国民经济的投资效益来衡量,不仅没有节约投资,反而造成损失,增大了投资。

3 老路的利用问题

大中城市出入口都有老的道路,在兴建高级郊区干道时,都会碰到老路如何处理与利用的问题。

一般情况下,利用老路的有利条件为:路基经多年行车碾压,比较稳定;可以照顾老路两旁原来的用车单位;占地少;土方工程数量减少,节约投资,部分绿化树木和部分排水设施可以利用等。不利条件为:老路多半在大车道或低级道路的基础上改建而成,线形标准低,弯道多,坡度陡,延展系数大;沿线两旁的商店、学校、机关宿舍往往形成集镇,要加宽或裁弯取直，就必须拆迁很多房屋，而且集镇两边多为质量较好的房屋，拆迁的阻力大、困难多。当新老线路的走向基本一致，等级相差不太悬殊，老线两旁集镇少，穿越的县城可以避让，拆迁量不大，可利用的线段多，又有拓宽取直的条件，能节约土地，并以较小的代价获得较高线形标准时，则可尽量先考虑对老路的充分利用。

如果原有老路的等级低，弯多坡陡，线形差，穿越城镇多，拆迁量大，实际可利用的百分比很小，那么不宜利用。如果勉强凑合，势必要降低技术指标或达不到线形标准，否则就会增大投资，且影响沿线城镇的生产发展和生活安宁，同时新线通过城镇和居民点时，行车速度无法提高，安全又难以保证。

当郊区现有道路的占有率不高，利用老线的农业机械和非机动车又多，拟建的新线与老线干扰不大时，则可将原有的老线作为通行非机动车和农业机械之用，而另建的新线作为汽车行驶的专用道路。这样不仅解决了老路的利用，老路沿线有汽车单位的用路以及农业机械的用路等问题，而且也解决了混合交通的老大难问题，为提高汽车行驶速度和交通安全创造了良好的条件。

老路分担了农业机械和非机动车的行驶，新路的负担可以减轻，任务也较为简单，横断面就可以相应地减窄。因此，虽然新建路要多占用一些土地，但不会增加很多。在具体选用时，可根据实际情况，提供几个方案进行技术、经济的远近期结合，建设费用与经营费用等全面的分析比较，在此基础上综合权衡，决定取舍。对于线路重大方案的决策，应采取郑重审慎的态度，仔细研究，反复斟酌，广泛征求意见，并与有关单位共同商讨，以收集思广益之效，而免主观片面之弊。

4 郊区城镇的过境问题

大中城市出入口干道或较高等级道路同沿线集镇或县城的关系必须妥善处理。

高级公路进入县城或穿过集镇，不仅房屋拆迁量大、投资多，而且受集镇上非机动车和行人纵横向的干扰，这必然影响交通安全、行车速度和通行能力，甚至形成瓶颈地段堵塞交通。对于城镇建设，固然有交通方便之利，但要占用城市用地，拆去房屋，打乱城镇原有的规划布局，甚至造成对原有城镇的硬性分割，从而使居民生活、工作、学习生产不便。尤其是大交通量的高速车流，在市内来往奔驰，必然威胁行人的安全，而噪声、废气及飞扬的尘土亦必然影响居民宁静的生活，危害身体的健康。

因此，我们在定线时，既要使道路能很好地为沿线城镇人民服务，提供安全、方便、迅速、舒适的交通运输，而又不遭受噪声、废气污染、飞扬尘土和交通事故等的损害。为达此目的，可以采取"近而不进、离而不远"的定线原则，使路线接近城镇而不直穿或进入，但亦不要离得很远，至于近到或离开到什么程度，应结合这些城镇及公路的远景发展规划，使"近"而不致互扰，"离"而不致联系不便，并为两方面发展都留有适当的余地。

至于集镇和县城的连接线采用何种方式，可视具体条件，如地形地物及交通量的大小等而定，并以短捷、顺舒、方便为原则。采用支线连接时，既可采用单一支线（图1），亦可采用双支线（图2、图3），支线长度（由干线至城镇远景发展规划的边缘）以 0.5～2.0 千米为宜。

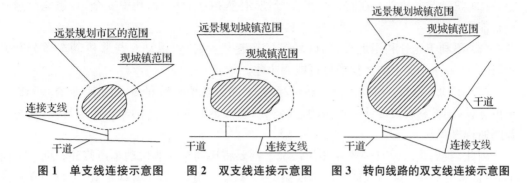

图 1　单支线连接示意图　　图 2　双支线连接示意图　　图 3　转向线路的双支线连接示意图

5　机动车道和非机动车道的分隔问题

由于大中城市郊区干道交通量大、交通成分复杂，要求的车行道多、宽度大，还要设分隔带、绿化带，故其总宽度多在 20 米以上，表 7 所列为全国部分大中城市郊区出入口干道规划横断面，其中不论是一块板或两块板断面，都将机动车道与非机动车道布置在同一平面上，其实这两类车辆对线形及路基、路面的要求不尽相同。仅就线形而言，机动车比非机动车要求高，如分开设置则非机动车道可以更易于利用地形或利用原有的老路，从而减少工程数量，节约投资。表 7 所列规划断面形式，没有一个将两种不同车道分开，均放在同一平面上，这样的布置只能以满足机动车为主，兼顾非机动车。其优点为：

表 7　我国部分大中城市出入口干道的规划断面情况汇总表

省市名称	辽宁		黑龙江	天津		安徽		成都	大连	唐山	长沙	北京			青岛	云南	南京	河北	山东	广州	广西
线路简称	沈抚	营大	大庆	明海	北勤	民扬	合芜	立天	大金	唐古	长潭	京密	京张	京开	青岛出口	贵昆	宁六	孟山	济南出口	广大	南吴
规划总宽度/米	29	24	32	23	50	23	30	25	32	20	20	28/25	34.6	20	22	20	25	23	32	17.5	18
断面形式（几块板）	1	2	4	1	3	3	3	1	2	1	3	1(2)	3	1	2	2	2	3	3	3	1

注：1. 本表中数字摘自全国"一级公路建设方案和交通管理座谈会"上的资料，1980 年 12 月。有的线路已经建成，有的尚未修建。
　　2. 京密公路近郊区为 28 米一块板，远郊区为 25 米二块板。
　　3. 一块板形式横断面将非机动车布置在两边。

(1) 可以减少填方或挖方地段的路基和路堑边坡部分所占用的土地；
(2) 混合行驶，机动车道和非机动车道路面可以相互利用，维护管理起来比较方便；
(3) 可减少设计和测量的工作量。

其缺点为：
(1) 非机动车对平面线路要求较低，但也按机动车的相同标准进行设计，从而增加了工程数量和建设费用；

（2）机动与非机动车在同一个平面行驶，必然相互干扰，不利于安全，且影响车速和通行能力。

（3）不利于充分利用地形，山区城郊地形起伏大时，将机动车与非机动车道分开设置，比合在一个平面上的工程数量可能要小些。

（4）机动车道与非机动车道合在一起时，老路与老桥不易利用，而机动车道和非机动车道分设，则可利用线形标准不高的老路和承载力不大的老桥，供非机动车行驶，而另建新路通行汽车。

因此，我们认为没有必要在任何情况下都要将机动车与非机动车道修建在同一平面上，可根据地形和老路情况或按两条线路（一为机动车道，一为非机动车道）进行独立的设计，或两不同车道合在一起，但可分别设置在不同高程上。这对于丘陵和山区城市、郊区干道建设可能有一定的经济意义。当然具体的规划设计应分别做出方案进行技术、经济的分析、对比、择优选用。

对于大中城市出入口的名称，目前叫法很不统一，有的叫大中城市出口一级公路，有的叫大中城市进、出口一级公路，有的叫大中城市出、入口公路，有的叫大中城市进、出口干线公路，还有的叫大中城市出、入口国道，我们建议把名称简化，统一为大中城市出入口干道。

至于如何根据我国的具体情况和交通特点，特别是大中城市出入口的交通特点，修好城市出入口的干线道路，我们经验很少，研究不够。上述一些看法，只是我们工作、教学和学习中一些肤浅的认识，甚至是错误的，欢迎批评指正。

大城市入城干道的设计和建筑[*]

徐吉谦

(东南大学)

摘　要　本篇摘译自苏联《城市交通与运输问题论文集》。文章作者为了解决大城市入城干道的设计和建筑问题,对莫斯科、列宁格勒和基辅以及其他大中城市的干道交通网进行了调查。按照交通密度将入城干道分成三级,并提出了各级干道推荐的横断面形式、入城干道宽度计算方法及几何线型布置等。

该文对我国大中城市入口道路的技术改造将会有一定借鉴作用。

关键词　入城干道;横断面;入城干道宽度

1　现有的入城干道

在大城市中,每天进入及驶出的汽车经常运送万名以上的旅客和 10 万吨以上的货物。

进入大城市的大量汽车分布在城市干线道路、一般道路及街道上。在此条件下,由市外进入市区的汽车与目前城市里的小汽车、货车、公共汽车、无轨电车和有轨电车以及大量的行人交通相会或交叉。

在市外高速行驶的汽车一进入市郊或城市范围就急剧地降速。那么,在市外公路干道上所获得的时间上和经济上的效益将化为乌有。

为此,一方面要使市外进来的车辆有高速行驶的可能性,另一方面又要保证城市近郊和市内的车辆与行人能正常和安全地通行,于是在大城市中就产生了一种特殊的城市干道,即所谓的入城干道。

因此,入城干道应当理解为干道的这些地段,城市之间的干线公路与其所连接城市干道与街道的多种车流的汇合路段,在此路段上同时分布有郊区进来的车辆与市内地方性的车辆,且行驶的车辆具有不同的速度。

干道的这些地段,时常作为由城市到干线公路、过境干道、快速交通街道的车辆的进出口地段。

在市内与郊区车辆混合行驶的情况下,迫使大城市中的入城干道,相对一般的城市之间的干道或市内的干线道路具有某些不同的要求。

不间断通行的大城市入城干道的建设任务,除了解决地方性的市内和郊区的车辆交通外,分布在此入城干道上大量城市之间的车辆的无阻通行,也是一个远未解决的迫切

---

* 本篇发表于《华东公路》,1983 年第 1 期。

问题。

为了解决这个问题,对莫斯科、列宁格勒和基辅等城市现有的入城干道进行了调查。

我们对莫斯科、列宁格勒、基辅和我国一些大城市现有干道交通网的调查与观测结果进行了分析整理,还对与此有关的其他中小城市之间的线路上交通流分布的调查与观测结果进行了整理分析。

例如,进入莫斯科市区范围的有14条干道,这些入城干道在从城市的边界到第三环道的路段如图1所示。

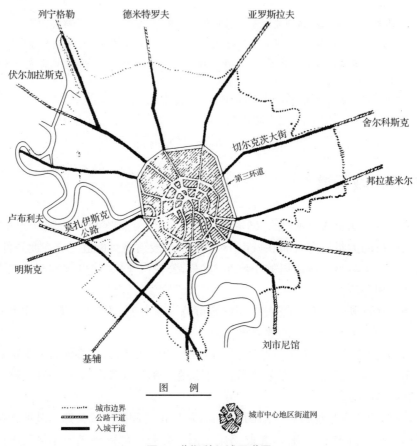

图 1　莫斯科入城干道图

莫斯科入城干道的长度,从每条公路干道与新的城市边界交接处开始到与市中心街道网连接处为止,为10～17千米。

进入列宁格勒市内的10条公路干道如图2所示,列宁格勒现有的这些入城干道的长度为7.5～11.6千米。

进入基辅市内的6条公路干道,如图3所示,基辅现有的这些入城干道的长度为3～10千米。

应当指出,进入与穿过柏林市区的公路干道有17条,进入华盛顿的有11条,进入伦敦的有 10 条,进入纽约的有 9 条,进入巴黎的有 19 条(图 4)。

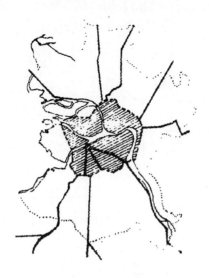

图 2 列宁格勒入城干道图

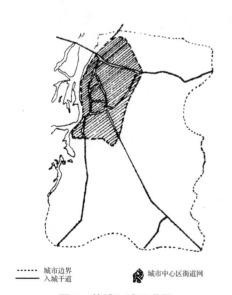

图 3 基辅入城干道图

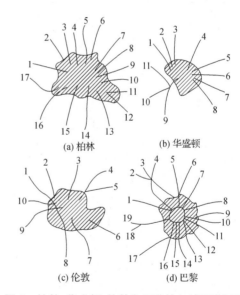

图 4 柏林、华盛顿、伦敦和巴黎的入城干道网图

莫斯科市由于交通繁重,改建了雅罗斯拉夫公路(现今的和平大街)从全苏农业与工业展览馆到尼日斯科火车站广场一段[图 5(a)],恩图兹阿斯托夫公路从城市边界到伊利奇关口广扬的一段[图 5(b)],梁赞公路从城市边界到阿别里马诺夫斯克关口广场的一段[图 5(c)],瓦尔舍夫斯基公路[图 5(d)]以及什图里斯基街道从城市边界到色尔布霍夫斯基关口广场的一段,莫查伊斯克公路(现今的库图佐夫斯基大街)从库图佐夫村镇广场到得

罗高米罗夫斯基街道[图 5(a)],好罗舍夫斯基公路从城市边界到伯高瓦街道(图 5(c))及列宁格勒公路(现今的列宁格勒大街)从伯高瓦街道到别露日斯基车站一段[图 5(e)]。

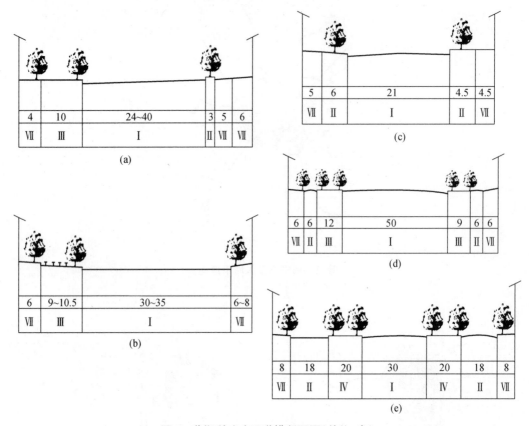

图 5 莫斯科改建干道横断面图(单位:米)

(a)和平大街;(b)恩图兹阿斯托夫和瓦尔舍夫斯基公路;(c)梁赞和好罗舍夫公路;(d)库图佐夫斯基大街;(e)列宁格勒大街。Ⅰ行车部分;Ⅱ地方性道路;Ⅲ有轨电车路基;Ⅳ林荫大道;Ⅴ草地;Ⅵ自行车道;Ⅶ人行道。

1958 年,完成了卡卢日斯基公路从莫斯科的基辅干道到卡卢日斯基关口广场一段(现今的列宁格勒大街)的改建工作。

改建了列宁格勒的莫斯科大街从城市边界到和平广场的一段[图 6(a)和(b)],布尼莫尔斯基大街从城市边界到以乌沙可夫命名的桥头一段[图 6(c)],奥布荷夫斯基防御大街中间的一段[图 6(d)],恩格斯大街从城市边界到卡尔马克思大街中的一段[图 6(e)]。

在基辅改建了从巴脱那桥到拉兹维尔克广场上的一段汽车干道[图 7(a)];改建了从城市边界到梁赞广场的、瓦西里柯夫斯基街道中的一段[图 7(b)];改建了布列斯特—立陶宛公路上的个别地段[图 7(c)]。

对于设计和建造大城市的入城干道,还有大量的工作要去完成。

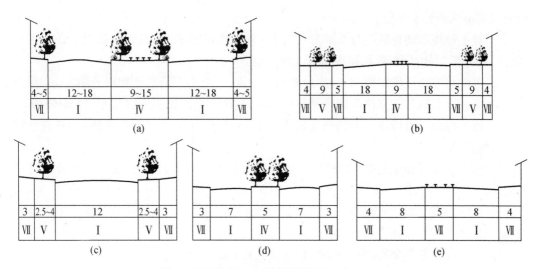

图 6　列宁格勒改建干道横断面图(单位:米)

(a)和(b)莫斯科大街；(c)布尼莫尔斯基大街；(d)奥布荷夫斯基防御大街；(e)恩格斯大街。
Ⅰ行车部分；Ⅱ有轨电车路基；Ⅳ分隔带；Ⅴ草地；Ⅶ人行道。

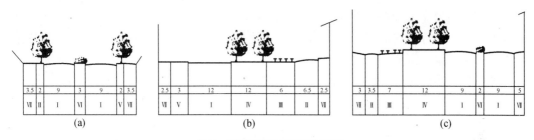

图 7　基辅改建干道横断面图

(a)公干路道；(b)瓦西里柯夫斯基大街；(c)布列斯特—立陶宛公路。Ⅰ行车部分；Ⅱ地方性道路；Ⅲ有轨电车路基；Ⅳ林荫大道；Ⅴ草地；Ⅵ分隔带；Ⅶ人行道。

2　大城市入城干道的分类及推荐的入城干道横断面

大城市的入城干道决定了它在整个城市街道网中的意义,及相交于它的城郊干道的等级,以及汽车干道的特点和交通密度,可分为以下三级:

Ⅰ级——昼夜两个方向的年平均交通量大于 15 000 辆。
Ⅱ级——昼夜两个方向的年平均交通量达 15 000 辆。
Ⅲ级——昼夜两个方向的年平均交通量达 10 000 辆。

当设计大城市新的入城干道的横断面时,必须考虑如下的基本条件:

1) 在总的横断面图上,应当分别为市外过境车辆的行驶和地方性的城市内部车辆的行驶规定单独的行车部分。

2) 对于过境车辆行驶的行车部分,应当布置在横断面的中央部分;而对于地方性车辆行驶的行车部分,应布置在靠近建筑红线的地方。

3) 对向行驶的过境车辆间,应当设专门的分隔带,将上下行车流加以分隔。

4) 供过境车辆与地方性车辆行驶的行车部分,彼此之间也应当设置专门的分隔带。

5) 行车部分应当按各种车辆速度的不同划分,故每种不同速度的车辆,均有自己固定的行驶区域。

6) 对于行车部分车行带的数量,应当根据所采用的行车速度和通行能力通过计算确定。

7) 入城干道上的行人交通,应当与汽车交通完全隔离,行人与过境车辆行车部分相交,应当借助于天桥及地下过道来解决。

8) 对于有轨电车交通,应当划分出专门的、独立的路基。

9) 当两旁的住居房屋与工业、企业的建筑物高度大致相等时,入城干道横断面上的独立的有轨电车路基,最合理的方案应当是布置在横断面的中间部分;当在入城干道上一侧具有很多的住宅或工业建筑时,电车路基的合理布置应当是放在靠近建筑物较多的一侧。

为了避免电车交通与汽车交通过多的交叉,还必须考虑将电车线路布置在与入城干道邻近并与之平行的城市街道上,电车线路的连接点、终点站与其分支线,也应布置在靠近入城干道的城市街道与通道上。

考虑到上述要求,建议大城市入城干道的横断面,可采用如图 8~图 10 所示。

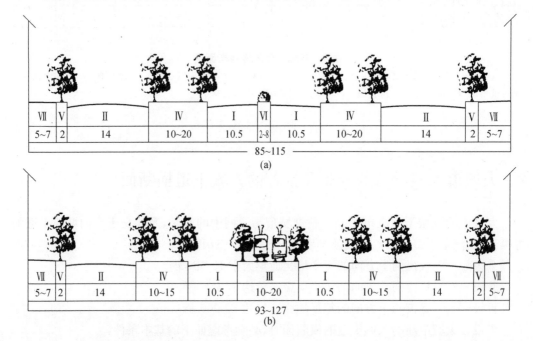

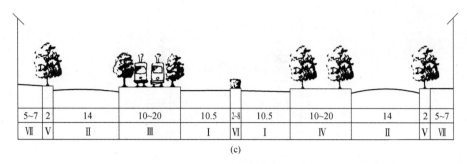

图8　Ⅰ级入城干道横断面图（单位：米）

（a）不设有轨电车路基；（b）中间设有有轨电车路基；（c）有轨电车路基布置在一侧。Ⅰ行车部分；Ⅱ地方性道路；Ⅲ有轨电车路基；Ⅳ林荫大道；Ⅴ草地；Ⅵ分隔带；Ⅶ人行道。

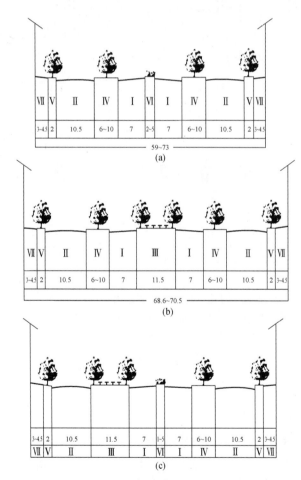

图9　Ⅱ级入城干道横断面图（单位：米）

（a）不设有轨电车路基；（b）中间设有有轨电车路基；（c）电车路基布置在一侧。Ⅰ行车部分；Ⅱ地方性道路；Ⅲ有轨电车路基；Ⅳ林荫大道；Ⅴ草地；Ⅵ分隔带；Ⅶ人行道。

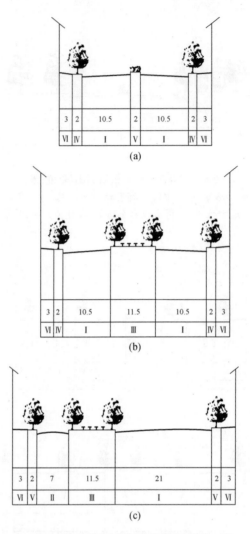

图 10　Ⅲ级入城干道的横断面图(单位:米)

(a) 不设有轨电车路基;(b) 中间设有有轨电车路基;(c) 有轨电车路基布置在一侧。Ⅰ行车部分;Ⅱ地方性道路;Ⅲ有轨电车路基;Ⅳ草地;Ⅴ分隔带;Ⅵ人行道。

3　入城干道宽度的计算方法

入城干道的总宽度应当根据入城干道所有的组成部分的总和,规定干道的横断面:包括用以通行入城的过境车辆行车部分的宽度;城内的地方性的车辆行车部分的宽度;人行道宽度;有轨电车路基宽度以及分隔带、绿化带宽度。

首先必须确定的是过境的与地方性城市车辆的行车部分的宽度。

入城干道行车部分的宽度,应根据入城车辆的尺寸与入城车辆所必需的车道数来决定。

根据现有的及远景的交通密度的分析结果,采用最大的高峰小时的行车辆数。

行车部分的行车带的数量,应根据所采用的车辆类型(公共汽车、无轨电车、小汽车与货车)及车辆的特性(速度、停车数量及停车场等)来决定。当设计与建造入城干道时,必须力求使每一种车辆均有各自的行车带。

因此,为了确定入城干道行车部分所必需的行车带数,首先必须确定允许的最大的行驶速度及各种形式车辆行车部分一条车行带的通行能力。

3.1 入城干道上允许的最大交通速度

根据技术的完善程度不断提高汽车运输的交通速度。现将城市运输各种形式车辆的最大技术速度列于表1。郊区汽车干道与郊区公路的计算行车速度可参照表2。城市街道设计的计算行车速度可参照表3。

表1 城市运输各种形式车辆的最大技术速度

车 辆 种 类	最大速度/(千米·时$^{-1}$)
小汽车	90～140
货车	60～70
公共汽车	60～95
无轨电车	55～75
有发动机车厢的电车	50～80
机器脚踏车	120

注:我国现有汽车和混合交通达不到上述速度,故应按我们的实际情况采用,设计速度及其他指标均应从我国实际出发。

表2 郊区汽车干道与郊区公路的计算行车速度

公路等级	供设计用的计算行车速度(千米·时$^{-1}$)	
	正常道路条件下	受限制道路条件下
Ⅰ	120	120
Ⅱ	100	100
Ⅲ	100	80
Ⅳ	80	60
Ⅴ	80	40

注:1. 计算行车速度是单辆汽车在车辆与路面黏着力正常的条件下的车速。
2. 对于主要用于快速客运交通的高速干道,行车速度可以提高到160～180千米/时,并相应地改变公路的几何组成部分。

表3 城市街道设计的计算行车速度

街 道 等 级	设计用的计算行车速度/(千米·时$^{-1}$)
全市性的	80～100
区域性的	60
地方性的	30

干道的实际速度(包括入城干道)应不超过 40~50 千米/时。

如我们及国外的实际经验所指出,这些数值的规定,应当考虑行车速度的提高而修订相应的指标。

不允许在现有入城干道进入市区后,失去自己原先的快速特性。

消除了降低车辆行驶速度的一系列因素之后,入城干道上的车辆完全有可能用最大的设计行车速度运行,其数值可以达到表 4 所列出的数值。

表 4 入城干道的计算行车速度

入城干道等级	计算的行车速度/(千米/时)
Ⅰ	100
Ⅱ	80
Ⅲ	70

3.2 入城干道的通行能力

在平面交叉口采用色灯信号或交警指挥的情况下,行车部分一条行车带的通行能力取决于交叉口间的间距与交叉口的本身(交叉口或广场)。

在交叉口之间行车部分一条行车带的理论通行能力可按如下的公式确定:

$$N = \frac{3\,600V}{L} \tag{1}$$

式中:N—— 一条行车带的通行能力,即在 1 小时内通过某一截面的汽车数量;

V—— 最大的计算行车速度;

L—— 汽车在行车部分上行驶时,前后两车之间的距离。

行驶中的两车之间的间距可按下列公式确定:

$$L = l + \alpha V \times \beta V \tag{2}$$

式中:l—— 设计的车辆长度;

V—— 最大的计算行车速度;

α—— 考虑到当前面汽车停止时,司机意识到必须制动的必要时间与制动时间之和;

β—— 考虑到汽车轮胎与路面的黏结力,最大的纵向坡度与加速度等。

各种类的车辆以不同速度行驶时,在交叉口之间的行车部分上一条行车带的通行能力,按公式(1)和(2)计算,且当 $\alpha=1$,$\beta=0.15$ 时,通行能力可以参照表 5 中数据。

表 5 一条行车带的通行能力   单位:辆/时

车辆种类	行驶速度/(千米·时$^{-1}$)							
	120	100	90	80	70	60	50	40
小汽车	600	667	720	800	850	930	1 020	1 110
货车					450	550	650	750

但是当行车部分有足够宽度，可以按车辆行驶速度划分车道并对出其不意的停车有可能绕越时，入城干道行车带的通行能力可以采用比表 5 所列的较大数值。对于小汽车，当速度为 80～100 千米／时，其通行能力为 667～800 辆／时。

在平面交叉情况下，行车部分一条行车带的通行能力可以按巴尔可夫与尤金娜的公式确定：

$$N = Em = \frac{3\,600t}{Tg}$$

式中：E——1 小时内色灯信号工作的循环数；

$\quad\quad m$—— 在许可通行的一个循环时间内，沿一条行车带通过交叉口的汽车数；

$\quad\quad t$—— 对于通过汽车所必需的持续工作时间（绿灯与红灯信号），它取决于相交道路车流数量的比值（以负担最重的行车带计）；

$\quad\quad T$—— 色灯信号全循环工作时间，取值范围为 50～100 秒；

$\quad\quad g$—— 汽车通过交叉口的时间间隔，取值范围为 2.5～5 秒，它取决于汽车的种类。

入城干道交叉口上行车部分一条行车带的通行能力按这个公式计算（取决于汽车间的时间间隔）时：对于小汽车为 480～600 辆／时，对于货车和公共汽车为 300～400 辆／时。

3.3 入城干道行车部分宽度

如上所述入城干道行车部分的宽度取决于车辆类型的尺寸以及用于车辆行驶的必需的行车带数。

车辆行驶的一条行车带的宽度，可以根据预计到的最大多数的车辆类型与行驶中的车辆之间的隙距，或距边线缘石之间的隙距来确定。

行驶于汽车干道上及我们城市里面的各种类型车辆的最大宽度列于表 6。

表 6　各种类型车辆的最大宽度

车　辆　种　类	车辆宽度／毫米
小汽车	1 960
货车	2 480
公共汽车	2 500
无轨电车	2 680
有轨电车	2 600

注：Ma3—525 自动卸货汽车宽度为 2 960 毫米。

行驶中汽车车厢之间的隙距宽度取决于行驶速度、行驶方向（对向和同向）。当速度接近于零时，汽车之间最大的允许接近值，与车辆的种类、路面的质量、司机的技术熟练程度及交通组织等有关。

为了确定入城干道汽车之间最小的隙距数值，建议采用波良可夫提出并经作者补充的公式。

对向行驶时：

$$\bar{y}_B = abc + 0.02\sqrt[4]{(v_1+v_2)^3}$$

同向行驶时：

$$\bar{y}_\Pi = abc + 0.02\sqrt[4]{y_1^3}$$

式中：a——当速度接近于零时，汽车之间的最大允许接近值，对于小汽车应取 0.6 米，对于公共汽车应取 0.7 米。

b——路面形式与质量的系数，对于沥青混凝土与水泥混凝土路面可取 0.88，对于条石、马赛克及其他块石面层可取 0.95，对于拳石铺砌可取 1。

c——交通组织的系数，对于过境的市外车辆沿专门行车道行驶时可取 0.9，对于通行市外的及市内的车辆，在同一行车部分上行驶时可取 1。

(v_1+v_2)——两对向行驶的汽车速度。

y_1——汽车超车时的行驶速度。

对于入城干道汽车之间的最小隙距可以按下式计算。

对于小汽车：

$$\bar{y}_B = 0.6 \times 0.88 \times 0.9 + 0.02 \times \sqrt[4]{(120+120)^3} \approx 1.69(\text{米})$$

$$\bar{y}_\Pi = 0.6 \times 0.88 \times 0.9 + 0.02 \times \sqrt[4]{(120)^3} \approx 1.20(\text{米})$$

对于货车：

$$\bar{y}_B = 0.6 \times 0.88 \times 0.9 + 0.02 \times \sqrt[4]{(65+65)^3} \approx 1.24(\text{米})$$

$$\bar{y}_\Pi = 0.6 \times 0.88 \times 0.9 + 0.02 \times \sqrt[4]{65^3} \approx 0.94(\text{米})$$

对于公共汽车：

$$\bar{y}_B = 0.7 \times 0.88 \times 0.9 \times 0.02 \times \sqrt[4]{(65+65)^3} \approx 1.3(\text{米})$$

$$\bar{y}_\Pi = 0.7 \times 0.88 \times 0.9 + 0.02 \times \sqrt[4]{65^3} \approx 1.0(\text{米})$$

入城干道行车部分一条行车道的宽度，对于各种类的车辆，可以取 3.5 米，因此对于每侧为三车道的入城干道，建议采用的车道最小宽度为 10.5 米（图 11）。

兹列出部分国家（表 7）入城干道行车部分一条行车带的宽度以供比较。

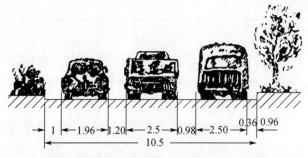

图 11　建议的三车道最小宽度图（单位：米）

表 7　部分国家入城干道行车部分一条行车带的宽度列表

国家名称	一条车道宽度/米
英　国	3.6
阿根廷	3.5
比利时	3.5
德意志	3.75
丹　麦	3.3
美　国	3.6
法　国	3.5
瑞　典	3.5

3.4　人行道宽度

入城干道上的行人交通应当与车辆交通分开,设置专门的步行带(人行道或行人小径)。

布置在绿带与建筑线之间[图 12(a)]或绿带之间[图 12(b)]的人行道是最方便、安全的。

在目前沿入城干道建筑线旁有大量的商店、车间、作坊或工业、企业的情况下,可建议设置两排人行道:对于过境的行人设 1 条,对于地方性购物的行人设 2 条[图 12(c)]。

人行道的宽度取决于一个小时内(高峰小时)的行人交通量,绿带的横断面的布置,树木栽植,照明电杆,无轨电车及有轨电车的接触线的支柱等。

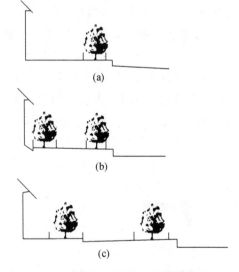

图 12　与行车部分隔离的人行道横断面图

根据大量的观察与研究,建议确定入城干道的人行道宽度时,采用如下数值:

步行速度:以 4 千米/时计;

一条人行带的宽度:不小于 0.75 米;

计算的通行能力:不大于 1 000 人/时;

对于设置绿带与栽植一行树木的宽度:不小于 2 米;

对于设置照明电杆与接触线支柱地带的宽度:不小于 1 米。

入城干道上人行道的最小宽度采用如下数值:

对于Ⅰ级入城干道:5~7 米;

对于Ⅱ级入城干道:3~4.5 米;

对于Ⅲ级入城干道:3.0 米。

3.5 电车路基宽度

入城干道上的电车路基,应当设置在单独的路基上,它可以比连接的行车部分高出15厘米。

在直线地段及曲线半径大于75米的曲线地段上,独立的电车路基的轨道宽度,应当采用1 524毫米。

为了保证正常的行驶,两直线地段之间的距离应当留有1 900毫米。在独立路基地段上应当布置上下电车的地方,设置悬挂电线的电杆以及建造由灌木丛与林木组成的树篱。

上下车处停车站的尺寸:其宽度从边轨起算应不小于2米,其长度对于单节车厢应不小于20米,对于双节车厢应为35米,对于三节车厢应为50米。

在入城干道上电车路基的总宽度应不小于11.5米,这是按下式得出的:

$$6.42+2\times2.54=11.5(米)$$

式中:6.42——电车路线宽度,以米计;

2.54——用于安放具有伸臂的接触线电杆,栽植树木、灌木丛以及供行人上下车之用的地带宽度,以米计。

为了避免大量载客车辆的过多停车,并为乘客创造最大的方便,应当把停车站设置在与入城干道毗连区域乘客大量聚集之处(文化与休息公园、运动场、剧院、大的企业和机关、市场、车站、港口码头等)以及交叉口附近。

对于地方性的乘客车辆停车站的布置,应当每隔400~600米设一处。

入城干道上的公共汽车与无轨电车的停车站,应当设置在人行道上,不能设置在与行车部分连接的绿带上。

3.6 分隔的绿带宽度

入城干道上应当预留一个地带作为分隔两平行的对向行驶的过境车流,分隔市外进入的过境车辆与市内的地方性车辆以及分隔车行道与人行道之用。

确定分隔带的宽度,要考虑到交叉口附近左转弯与右转弯车辆,有必要设专用车道时,应当拓宽其较窄的行车部分,在不得已时可设置港湾式停车站。

对于入城干道分隔对向交通分隔带的宽度建议采用2.5米。

现在国外汽车干道上采用的分隔对向交通的分隔带宽度如表8。

表8 部分国家干道上采用的分隔对向交通的分隔带宽度列表

国家名称	分隔带宽度/米
英 国	4.8
美 国	1.5~3.0
德意志	5.0
法 国	2.5~5.0
荷 兰	2.5~4.5
瑞 士	1.5
丹 麦	1.2
日 本	4.0

分隔过境的市外交通与市内的地方性交通的绿带宽度应当根据它的使用要求来确定,但不应小于 5 米。

分隔人行道与行车部分的绿带宽度,应当根据建筑物性质来确定,但不应小于 2 米。

4 入城干道平面与断面的布置

4.1 曲线半径

为了保证必需的行驶速度、良好的视距与必要的安全性,当设计与建造入城干道时,在平面上应力求线路方向尽可能地直,但是在大城市中由于当地的地形、河川的障碍,铁路、居民区、大片绿地及许多建筑物的阻挡,常常为使干道符合主要技术指标而不得不绕避,并在平面上设置转折点。

没有任何行驶中的车辆不经过曲线就可直接由一个直线方向变化到另一个直线方向,因此入城干道的设计和修建,也要像国外的公路干道与城市的街道一样,直线方向的转折点应用平顺的曲线连接。

曲线是由各种圆曲组成的,其半径大小取决于干道的等级、当地地形、建筑特性及预定的行车速度。

表 9 为国外公路、城市街道与入城干道所采用的半径。

如上所述,合理的曲线半径可以保障行车的安全与方便,保证城市规划与建筑有最好的配合,而且不过多地拆毁现有的建筑结构物。

4.2 入城干道上平面与纵断面上的视距

入城干道的平面上和纵断面上都应当保证必需的视距,此必需的视距长度是指汽车司机能够看到他前面的一段路线长度,这段长度是能够在看到障碍物后来得及制动与停止或绕越这个障碍的足够的长度。

视距的计算数值,取决于行驶速度、路面表面状况、纵坡及障碍物性质。

所有的障碍可以分为两类:

第一类障碍——当与其相遇时,司机被迫刹车直到车辆完全停止。

第二类障碍——司机绕行的障碍。

表 9 国外公路、城市街道与入城干道所采用的半径

单位:米

街道等级	公路		城市街道		入城干道	
	建议值	最小值	建议值	最小值	建议值	最小值
Ⅰ	2 000~5 000	600	2 000	400	2 000~3 000	600
Ⅱ	2 000~5 000	400	500	250	2 000~3 000	400
Ⅲ	2 000~5 000	250	300	150	2 000~3 000	300
Ⅳ	2 000~5 000	125				
Ⅴ	2 000~5 000	60				

第一类障碍为：

1) 色灯信号或交通指挥员阻止；
2) 行驶在前面的车辆停车；
3) 行人穿越行车部分；
4) 行车部分表面被较大的物体所占用；
5) 行车部分被破坏、冲毁或崩落。

第二类障碍为：

1) 前面的车辆减速；
2) 车辆驶近街道转弯处，经一个车道转换到另一个车道以及在缘石旁停有车辆；
3) 从邻近车道汇入主要车流的车辆；
4) 在路面进行修理的地点；
5) 路面部分宽度上放有物体；
6) 路面部分被破坏。

第一类障碍平面上最小的视距可以按下列公式确定：

$$S = \frac{v}{3.6} + \frac{v^2}{2+254(\varphi \pm i)} + l$$

式中：v——行车速度；

φ——纵向黏着系数，取值范围为 $0.1 \sim 1.0$；

i——纵坡度；

l——障碍与停驻车辆之间的距离，$l = 10$ 米。

第二类障碍平面上最小的视距可以按下列公式确定：

$$S = \frac{v}{3.6} + \sqrt{4ar + a^2} - l$$

$$r = \frac{v^2}{12y(\varphi_2 + i_1)}$$

式中：r——绕行车辆的反向曲线半径；

φ_2——横向黏着系数，可取 0.7；

i_1——横坡度；

a——障碍物轴线与绕行车辆之间的距离，可取 3.5 米；

l——障碍物与绕行车辆之间的距离，$l = 10$ 米。

对于不同的行驶速度，入城干道上平面视距的最小距离如表 10 所示。

表 10 中的数据对直线或曲线或城市街道交叉口都是最小视距，因此，对于某一半径曲线的交叉口是不能保证行车安全的，故在设计交叉口时，必须预先考虑曲线内侧区域的建筑物、绿化栽植篱笆、围墙及路堑边坡等。

表 10 不同的行驶速度对应的入城干道上平面视距的最小距离

行驶速度/(千米·时$^{-1}$)	最小的视距长度/米	
	完全停止时	超车时
120	325	150
100	235	125
90	195	112
80	160	100
70	125	86
60	100	75
50	75	62
40	50	50

曲线上视距的检验是将汽车放在内侧车行道上,并且按司机的眼睛高出路面 1.2 米,离路面边缘为 1.5 米处进行。

入城干道曲线上视距的检验可以广泛地采用现行的几何作图方法。

入城干道交叉口处的视距,可以用视距三角形来检验。

必需的视距长度可按下列公式确定:

$$L = tv + s + l$$
$$s = \frac{v^2}{2gf}$$

式中:t——司机注意的反应时间,取值范围为 $0.5 \sim 1$ 秒;

　　v——行车速度;

　　l——制动距离,一般取 4 米;

　　s——制动路程;

　　g——重力加速度,取 9.81 米/秒^2;

　　f——纵向黏着系数,取值范围为 $0.1 \sim 1.0$。

在相邻坡段急剧变化或纵坡度转变之处,常常破坏纵断面的视距,所有转折点处均应设置凸形与凹形曲线,凸形转折点是行车部分视距的严重障碍。

根据相邻纵坡段倾斜角度代数差的数值,来量测角度的转变。

因此,当倾斜面与水平面的相交角度不大时,在应用时可以采用正切值,即坡度。这样转角等于两连接坡度的代数差:

$$a = i_1 - (-i_2) = i_1 + i_2$$

纵断面上的必需视距以及线路上车辆行驶平顺性的保证,是通过在转折点处设置竖曲线加以缓和来实现的。

当相连坡段的纵坡度的代数差为下列数值时应设凸形与凹形曲线。

Ⅰ级入城干道上:7%;

Ⅱ级入城干道上:10%;

Ⅲ级入城干道上:15%。

曲线的最小半径:

在Ⅰ级入城干道上,

对于凸形曲线:10 000米;

对于凹形曲线:2 000米;

在Ⅱ级入城干道上,

对于凸形曲线:6 000米;

对于凹形曲线:1 500米;

在Ⅲ级入城干道上,

对于凸形曲线:4 000米,

对于凹形曲线:1 000米。

纵断面上的最小视距应参照表10。

4.3 入城干道上的纵坡与横坡

从车辆行驶最好的观点考虑,入城干道的纵断面应具有足够长的坡段。

当入城干道的纵断面上采用最大允许的纵坡时,应当考虑城市区域的地形以保证必需的顺性以及采用设计速度行驶的车辆的安全性,当采用最小的纵坡时,除城市区域地形必须考虑外,还要考虑完全、迅速地排除表面水的必要性。

入城干道最大与最小的纵坡,列于表11。

表11 入城干道最大与最小的纵坡列表

地形	沿轴线和边沟的最大坡度/‰	最小坡度/‰	
		沿轴线	沿边沟
平原地区	40	0	4
丘陵地区	50	0	4
山 区	60	0	5

当陡坡与小半径圆曲线重合时,表11所示的纵坡数值应当按下列公式折减。

$$\Delta i = 0.03 \frac{R}{p}$$

式中:R—— 平曲线半径;

p—— 对于平原与丘陵地区,取300米;对于山区,取200米。

在所有凸形与凹形的纵断面转折点处,为了保证必需的视距与行驶的平顺性应当插入竖曲线。

相邻纵断面折点之间应有足够的距离以便在其间布置相邻两曲线的切线。

当采用锯齿形纵断面时,行车部分边沟处最小的纵坡应取为 4‰～5‰*。

在桥头、栈桥、铁路的跨线桥、隧道及其他入城干道的结构物上:最小取 4‰,最大取 20‰,个别情况下取 30‰。

国外汽车干道所采用的纵坡列于表 12 中以资比较。

入城干道行车部分横坡及其他要素可采用表 13 的数值。

表 12 部分国家汽车干道所采用的纵坡列表

国家名称	最大的纵坡/‰
英 国	30
保加利亚	60
德意志	50
西班牙	50
美 国	20
南非联邦	60

表 13 入城干道行车部分横坡的最大值与最小值列表

入城干道要素	横坡/‰	
	最小值	最大值
入城干道行车部分		
a) 沥青混凝土或水泥混凝土路面	15	25
b) 条石、马赛克缸砖路面	20	30
不取决于面层材料的广场	8	15
不取决于面层材料的人行道及人行小径	15	20

根据所有现行的典型行车部分横断面,建议入城干道行车部分的横断面于两斜坡相交折点处插入一缓和段或加入一个半径不小于 50 米的竖曲线的屋顶式形状。

5 结论

设计与建造入城干道应当完全按照城市的规划和设计的要求进行,但这时还要考虑市内与市外不断增长的交通运输。

设计入城干道应当考虑远期居民数量的增长。

根据入城干道在城市街道网总体中的意义,与其相连接的市郊公路干道的等级以及汽车运输的交通特点和交通密度,可以将所有的入城干道划分为三个等级(表 14)。

各级入城干道应当考虑市内与市外各种类的车辆的通行。

---

* 原文为%,应为‰——译者。

表 14　入城干道等级及参数列表

指标名称	量度单位	入城干道的等级 I	II	III
计算的远期的年平均双向交通量	辆/昼夜	大于 15 000	小于 15 000	小于 10 000
计算的行车速度	千米/时	100	80	70
行车的安全间距	米	150	125	100
一条车道的通行能力　对于小汽车	辆/时	1 000	1 000	1 000
对于货车	辆/时	850	850	850
对于公共汽车	辆/时	120～150	120～150	120～150
对于无轨电车	辆/时	90	90	90
对于城市的过境与地方性的交通，建议每个方向的车道数	条	7	5	3
一条交通带的宽度（最小值）	米	3.5	3.5	3.5
对于双向过境车辆行车部分的建议宽度	米	28	14	21
对于双向地方性车辆行车部分的建议宽度	米	28	21	21
独立的电车路基最小宽度	米	11.5	11.5	11.5
建议的人行道宽度	米	5～7	3～4.5	3
分车带宽度	米	2～5	2～5	2
建筑线间宽度	米	85～127	59～79.5	33～49.5
建议的入城干道横断面	/	见图 8	见图 9	见图 10
平面上沿中心线的圆曲线半径的最小值	米	600	400	300
建议值	米	2 000～3 000	2 000～3 000	2 000～3 000
交叉口、广场及立体交叉的转角处沿缘石的最小圆曲线半径	米	25	25	25
	米	235	160	125
平面和纵断面上的视距：完全停车	米	125	100	86
超车	‰	40	40	40
最大纵坡：平原区	‰	50	50	50
丘陵区	‰	60	60	60
山岭区	‰	4	4	5
最小纵坡坡度	米	10 000	6 000	4 000
最小的竖曲线半径：凸形的	米	2 000	1 500	1 000
凹形的	‰	25	25	30
横坡：最大值	‰	15	15	10
最小值				
路面结构			高级路面	

入城干道上的车辆，应当分为由城内或城外驶来的以及由专用道路或行车道上转移过来的。

城市外面来的与城市内部的车辆交通的行车部分应当用一个宽度不小于 5 米的绿带加以分隔。

自行车交通应当转移到与入城干道邻近的平行街道上去，或者在专门的行车道上。

这些小路可以布置在绿带与过境城外交通行车部分、地方性城市车辆行车部分之间。

对向行驶汽车应当用宽度为 2～5 米的分隔带加以分隔。

正常与安全的行人交通可以在遵守下列条件下得到保证：

1) 入城干道上的行人应沿规定的人行道或专用的行人过街道行走。

2) 人行道与人行小径应当与行车部分隔离（见图 12）

3) 沿每条人行道或人行小径的交通应当分为来去两个方向。

4) 实际的人行道应当有足够的宽度，不仅能自由通行现有的行人，而且能通行预期的将来的人流。

5) 人行道跨越入城干道行车部分时，建议采用专用的地道或天桥等立体交叉来实现。

平面交叉要设置必要的交通管制设施。

大城市入城干道的总宽度，应当按规定横断面的所有组成部分的总宽度来确定。入城干道的参数有：曲线半径、纵横向坡度、视距等，在设计平面和断面时应当按规定的行车速度设计：Ⅰ级干道为 100 千米/时，Ⅱ级干道为 80 千米/时，Ⅲ级干道为 70 千米/时。

入城干道在平面与纵断面上的全部长度内，都应当保证相应设计速度所要求的视距。

建议采用整体式的装配式的水泥混凝土路面、钢筋混凝土路面以及在水泥混凝土基础上的沥青混凝土路面。

入城干道上的交叉口数量应当最大限度地减少，所有入城干道与铁路及主要城市干道复杂的交叉均应采用立体交叉。当与城市街道在同一个平面上交叉，特别是在环道上时，对于左转弯车辆，建议采用楷首叶式和绕过街坊的方式。

当设计入城干道时，应当完全解决、排除地表水以及降低地下水问题。

在过境交通范围内的入城干道上，不应当埋设任何地下结构物，而应将其调整到其他区域内。

为了保证对城外各种类型技术条件的车辆服务，大城市入城干道应当设置车辆技术服务站。

绿化是城市区域福利设施的重要措施之一，在设计城市入城干道时应当予以特别注意。

入城干道应当预先考虑有足够的照明。

我们的研究有可能将主要技术设计标准编成表格，这样，当设计与建造大城市的入城干道时即可建议采用表 14 中的数据。

当然，我们对于设计与建造苏联这个大城市的入城干道所拟定的建议，并不是所有可能的方案都已提出，但是这些建议在设计与建造入城干道时，可以使大城市的市内外的交通运输条件得到很大的改善，并保证行人交通的安全，以及在城市干线街道的规划与福利设施方面具有良好的影响。

大中城市出入口干道技术标准的初探[*]

徐吉谦

(南京工学院)

摘　要　大中城市出入口干道的功能、性质和交通特性均不同于一般乡区公路。但目前其技术等级与标准仍采用乡区Ⅰ级或Ⅱ级公路的等级与技术标准,这不仅在技术上不合理,且在经济上造成浪费。实际设计时计算车速、路幅宽度、横断面形式、平面线形布置、纵坡设计等均应另选指标,对Ⅰ级或Ⅱ级公路的主要技术标准,几乎完全不能采用,这给设计使用造成很大的困难和损失,因此,我们认为探讨城市出入口干道的等级与主要技术指标是公路建设发展的需要,是城市实施规划、设计工作的需要。本篇拟对此进行初步分析和探讨。

关键词　出入口干道；技术标准

技术标准是国家的一项重要技术法规,它体现了国家的技术政策和现代化科学技术水平,是进行基建、规划、测设及施工验收的依据。加强技术标准和规范的研究,提高技术标准的水平,保持其科学性、先进性和实用性,充分发挥其在工程建设中的法规作用和指导作用,对于保证和提高工程质量,加快建设速度,节约用地,减少投资和提高工程的经济效益等均具有重要的意义和作用。

出入口干道的性质、功能、交通特点及车辆类型等与一般公路均有所不同,应采用什么样的技术标准,选用什么等级,其主要控制指标如何制定,既是一个技术问题,也是一个经济问题,相关因素多而且错综复杂。据其功能、性质和交通特点等,对几项主要技术指标做以下的初步分析与说明。

1　计算行车速度(亦称设计行车速度)

计算行车速度是道路几何线形设计的依据,是道路工程的主要技术指标。它一经确定之后,有关的道路特征应与之协调一致,且与行车安全、运输经济、工程效益以及基建投资等密切相关。

根据1981年颁布的《公路工程技术标准》的规定,平均日交通量大于5 000辆时应采用Ⅰ级公路标准,其计算车速为100千米/时,相当于专用汽车公路,这个指标对我国目前有大量非机动混合行驶的出入口干道似乎偏高。对于城市出入口干道的计算车速的确定,由于其性质复杂、功能多样,除考虑一般公路的有关因素之外,还应考虑以下一些

---

[*]　本篇发表于《华东公路》,1985年第2期。

因素。

1.1 性质和功能方面

出入口干道位于城市与乡区之间,既是郊区车辆进出城市的通道,又是城市车辆通往郊区与外地的通道,因此,它是城市对外交通的门户与要道、外围地区入城车辆的汇合段、城市车辆的分出段,既有公路性质又有城市道路性质,既为长途干线的一段,又是短程客、货运输的通道,其任务重、交通量大、性质复杂、功能多样。但通行能力要求很大,而速度的要求则各不相同。

1.2 交通特性方面

1.2.1 交通性质

大中城市出入口干道既担负着城乡的长途客、货运输任务,又担负着城市与郊区短途客、货集散任务,如运送农副产品、日用工业品、建筑材料、集市贸易商品以及上下班职工的固定线路的公共交通车辆等。这些性质不同的运行车辆,共同行驶在同一行车道上,必然相互影响,致使整个车流速度互相受到制约而无法提高,被迫以相同的低速行驶。

1.2.2 交通组成

城市出入口干道的交通组成比公路和城市道路复杂,一般机动车约占60%,非机动车约占40%,但机动车的组成种类繁多,有公共汽车、大小客车、货车、拖拉机、摩托车等,这些速度、动力、机动性均不一致的车辆混合行驶于同一车道上,其速度不可能很高。再加上大量非机动车混合行驶,其速度就会更低。

1.2.3 纵横向干扰

出入口干道单位长度内所受到的横向干扰可能比城市道路少,但出入口干道为开放性的通道,与公路相比,其横向干扰要大,离市区越近干扰越大。两旁的工厂、机关、学校和居民点等都直接与出入口干道相连,人和车辆进出频繁从而形成小的平面交叉口,其间隔一般约在1千米,距城市越远则此间距越大,干扰减小,而离城市越近,则间距缩小,干扰增大。

纵向亦由于长途与短途各种车辆共同行驶,特别是由于公交车辆和近郊厂矿车辆的沿途停靠或出入,时而由中间车道转入外侧车道;时而又由外侧车道转入中间车道;时而减速制动、停车;时而启动加速超车。这些时快时慢、速度多变的车辆,对其他车辆必然产生干扰,这种纵向、横向均有较大干扰的路段,要真正实现高速行车必然困难很大。

根据目前一些大城市出入口实测的行车速度,较高的为40~50千米/时(表1),这只是少数,而较多的只有30千米/时左右(表2)。南京的宁六公路设计车速为120千米/时,中间设有分隔带,无非机动车干扰,基本上属汽车专用道,其平均车速亦只有55千米/时,可见无立体交叉,没有出入口控制和相应的交通工程设施,单纯提高设计速度,只能增加工程建设的投资,而不能提高实际行车速度,其结果必然造成资金的浪费和交通事故的增加。

1.3 载重汽车行驶速度方面

我国是以发展载重汽车为主的国家,除北京、广州、上海等特大城市的小汽车较多之外,一般城市街道上的小汽车不超过30%,至于城市出入口干道上就更少了,约在20%以内,即80%以上为载重汽车或大客车。其最高速度约为80千米/时。经济速度为40~45千米/时左右。当然经过技术改造和更新换代之后,此项速度亦可能有所提高。但从发达的工业国家目前的载重汽车性能来看,潜力也不是很大,20世纪80年代新型汽车的经济速度亦只有70千米/时,这是就汽车运行经济方面的初步分析。

表1 南京市出入口公路车速统计

路 名	观测路段	观测时间	平均车速/(千米·时$^{-1}$)	路基宽度/米	路面宽度/米	备 注
宁芜线	10—14^K 20—24^K	1982.10	37.5 40.8	8.9 9.5	6.0 9.5	2级路
宁杭线	6—10^K 14—18^K	1982.10	27.2 41.4	9~13 9.5	7.5~8.5 7.5	2级路
浦合线	5—6^K 13—18^K	1981.10	37.43 49.40	8.0 8.5	6 6	2级路
宁郎线	9—11^K	1981.10	37.82	9.0	6	2级路
宁丹线	22—32^K	1981.10	42.7	9.0	6	2级路
宁镇线	3—6^K	1981.10	27.08	8~9	7	2级路
平均值			37.93			

表2 上海沪莘枫出入口干道车速变化统计表

统计项目	测站及桩号							
	2号桥 2	莘庄 10	颛桥 13	北桥 17.5	车墩 28.5	亭林 46.5	松隐 50.2	枫泾 77.5
交通量/(辆·日$^{-1}$)	5 179	4 795	4 750	2 234	1 973	1 330	1 150	617
车速/(千米·时$^{-1}$)	17.4	22.1	28.4	37.7	41.7	35.6	43.7	45.2

注:1. 桩号数为观测站到市区的距离;
　　2. 从2号桥到北桥为城市出入口段,基本上属公路性质。

1.4 提高通行能力方面

道路的通行能力并不是随着车速的提高而一直增长,在低速时通行能力将随速度提高而增长,但增至一定程度后,通行能力则将随着速度的继续增加而下降。在我国具体条件下,一般汽车通行能力最大的临界速度约为50千米/时,随着路况和车辆性能的改善,车速会有所提高,但从国外资料来看其最大值亦不超过70千米/时,所以从发挥道路的经济效益,提高通行能力方面来看,亦不宜将设计车速定得太高。

1.5 城市道路设计规范及实际车辆方面

我国1960年颁布的《城市道路设计准则》和最近编写的《城市道路设计规范讨论稿》(表3),对各类城市道路的计算行车速度做了明确的规定,其最高等级的快速干道为80千米/时,其他主要干道的计算车速均在60千米/时以下。出入口干道多为城市主要干道的延伸或连接路段,计算其车速应与城市道路的车速取得良好的配合,否则就难以衔接和过渡。因为同一条道路计算车速的改变最好取渐变式,不要突然变大或变小,造成行车困难。

当前城市车辆的实际行车速度不高,一般最高车速为 40 千米/时(不包括小汽车),公共汽车则更低,一般都未超过 20 千米/时。据上海 3 416 辆公交车辆的统计,平均营运车速为 16 千米/时,全国公路干线国道上汽车的平均车速为 37.86 千米/时,一级公路的平均运行车速为 52.10 千米/时(表 4)。

表 3 城市道路主要技术指标汇总

项目	快速路	主干路			次干路			支路		
		Ⅰ	Ⅱ	Ⅲ	Ⅰ	Ⅱ	Ⅲ	Ⅰ	Ⅱ	Ⅲ
设计车速/(千米·时$^{-1}$)	80	50~60	40~50	30~40	40~50	30~40	20~30	30~40	20~30	20
双向机动车道/条	≥4	≥4	3~4	2~3	2~4	2~4	2	2	2	2
机动车道宽/米	15	15	15	15	14	7	6.5	6	6	6
每侧非机动车道宽/米	7	5~7.5	4.5~6	4.5~6	4.5~6	4.5~5	3.5~4.5	4.5~5	3~4.5	2.5~3.5
中央分隔带宽/米	1.5~3	1.5~3	1.5~3	1.5~3	1.5~3	1.5~3	1.5~3	—	—	—
两侧分隔宽/米	2~4	2~4	2~4	2~4	2~4	2~4	2~4	—	—	—
每侧人行道宽/米	6~8	8~10	7~8	6~7	7~8	5~7	4~6	5~6	4~5	3~4
极限最小半径/米	280	100~150	60~100	35~60	60~100	35~64	15~35	35~60	15~35	15
推荐最小半径/米	1 000	100~600	250~600	150~250	250~400	150~250	65~150	150~250	65~150	65

表 4 国道上汽车平均运行速度统计

道路等级	公路里程/千米	平均运行速度/(千米·时$^{-1}$)	备注
现有国道通车里程	99 442	37.86	3 764 874.1
一级路	285	52.10	14 848.5
二级路	8 948	45.60	408 028.8
三级路	41 985	39.16	1 644 132.6
四级路	32 592	36.16	1 178 526.7
不列等公路	15 632	33.19	518 826.1

注:最后一列数据是前两列数据的乘积。

1.6 公路工程技术标准方面

《公路工程技术标准》规定,一、二、三级公路的最小长度分别为 20 千米、15 千米及 10 千米,不得短于此值,而出入口干道的长度一般同城市大小有关,城市越大,吸引力越强,出入车辆的汇合段越长,出入口干道就越长,反之出入口干道就越短。从国外资料来看,一般 10 多千米,不是很长,因此,常常达不到一级公路的相应标准,从而使设计难以符合标准。同时由于出入口干道为短程干线,采用高的计算速度,实际上是困难的。

目前,许多城市的出入口干道实际车速不高,主要原因不是计算车速不高、线形要素过小,而是混合交通量大,通行能力不足,交通设施不配套,管理不力等。即使按Ⅰ级标准修建的公路,其平均车速亦只有52.10千米/时(表4)。

1.7 国外城市道路的计算车速和发展趋势

国外城市道路设计规范规定的计算车速,快速干道为80千米/时,一级主干道为60千米/时,美国城市道路的主要技术标准列于表5;日本的规定列于表6;苏联最近也采取限速措施,如辛菲罗波尔公路限速80千米/时,梁赞公路限速70千米/时,居民区限制为50千米/时,总之均不大于80千米/时;奥地利联邦政府规定城市交通干道设计车速不得超过50千米/时,居住区不得超过10千米/时;比利时的主要交通干道不超过70千米/时。特别是由于安全节能和保护环境的需要,各国的设计车速有明显的降低趋势,从而有可能适当降低路线几何设计标准,以减少道路工程费用和降低车辆对城市环境的不良影响。

表5 美国城市街道分类主要指标

项目类别	道路分类			
	快速干道	主干道	次干道	支 路
人口在50万以上的大城市该级道路所占里程百分比/%	5～8	20～25	20～25	75～80
性质	通过性	通过性	通过性兼地区性出入	地区性出入
车道数	≥4	4～6	2～4	2～4
车道宽度/英尺	12	11～12	11～12	10～11
设计车速/(英里·时$^{-1}$)	50	40	30～40	30
平均行车速度/(英里·时$^{-1}$)	45～55	30～40	20～30	15～20
非高峰小时交通量范围/(辆·时$^{-1}$)	>20 000	5 000～30 000	1 000～1 200	不计

表6 日本城市道路设计车速

单位:千米/时

道路等级	地 形	设计车速
一级路	平原/山地	80/60
二级路	平原/山地	60/50、40
三级路	平原/山地	50、40、30/30
四级路	平原/山地	50、40、30/20
五级路		40、30、20

来源:日本公路技术标准。

综上所述，大城市出入口干道要提高实际车速的关键在于合理地设计横断面，实行不同性质车辆分流，加强交通工程措施与交通管理，建立相应的配套设施。我们认为大城市出入口干道有自己的特点，计算行车速度不能套用公路技术标准，应选用比公路计算车速低而比城市道路计算车速高的设计标准，使汽车能平稳、顺畅地由高速的郊外公路过渡到低速的城市道路，并尽可能使这个过渡成为渐变而不是突变，从而真正起到由乡区到城市或由城市到乡区的过渡性路段的作用。

正因为此路段具有实际上的过渡性质，其计算车速应根据交通量、地形、交叉口、建筑物出入口等情况，适当划分为几段，不宜分得过短或过长，一般为3～5千米左右。段的划分最好能在地形、地物变化处，交叉口和广场等有鲜明标志地段，使司机易于识别和掌握。在没有立体交叉，无出入控制、混合行驶、缺乏相应的交通设施情况下的干道，其速度不应大于80千米/时；连接高速公路和城市快速干道的出入口干线可以稍高；一般中小城市或所连接的低等级公路，则可采用较低速度，建议按其所连接公路和城市干道的等级选用。

2 最大纵坡

确定道路纵坡的标准，主要同车辆爬坡能力、计算车速地形、道路等级及使用要求等有较密切的关系，主要应考虑城市出入口干道的交通组成中车辆性能与其爬坡能力的关系。

如没有通道车或铰接式公共交通车辆则其坡长限制可适当放宽。

道路的纵坡应能满足使用者的要求，保证各种车辆正常行驶，在不同的路面、自然和交通条件下，安全舒顺地以一定速度通过。由于车辆种类和性能的不同，爬坡能力大小各异，因此对道路纵坡的要求也各不相同，如小汽车受纵坡的影响较小，在3%的纵坡道上行驶同水平路段上相比，只是在保持其自由速度方面有轻微的影响。美国《公路几何设计》一书认为，几乎所有小汽车都能爬上7%～8%的陡坡而不致比平坦道路所能保持的车速有明显的下降，而对于贮备马力较小的载重汽车则车速显著地下降。故道路纵坡设计(纵坡值的规定)同行驶于该路的主要车种有密切的关系，即同车辆的单位载质量所用的功率有密切的关系。一般均以此值作为衡量汽车爬坡能力的主要指标。

我国是以发展载重汽车为主的国家，因此，应将载重汽车的爬坡能力作为机动车道的设计依据。解放CA—10B型载重发动机的最大功率为69.825千瓦，载重4吨，总重8吨，功率与质量的比值为8.7千瓦/吨；解放CA—10C载重车最大功率为80.85千瓦，载重4.5吨，总重8.6吨，功率与质量的比值为9.4千瓦/吨；第二汽车制造厂生产的东风牌QE140型载重车功率为99.225千瓦，载重5吨，总重9.3吨，功率与质量的比值为19.8千瓦/吨；城市常用的铰接公共汽车，满载总重为21吨，功率为80.85千瓦，功率与质量的比值为3.9千瓦/吨，因此在决定城市进出口干道机动车道的坡度时，应考虑大型公共汽车或铰接通道车。根据理论计算解放牌CA—10B型发动机装配的载重汽车和铰接车的理想最大坡度与不限坡长的最大纵坡，并将计算结果列于表7与表8中。

表7　铰接公共汽车的 i_1 与 i_2 同设计车速、允许车速的关系

设计车速/(千米·时$^{-1}$)	55	40	30	20
允许车速/(千米·时$^{-1}$)	28	25	20	15
理想最大纵坡 i_1/%	0.5	1	1	2.5
不限坡长的最大纵坡 i_2/%	3	2.5	3.5	4.0

表8　解放牌载重汽车的 i_1 与 i_2 同设计车速、允许车速的关系

设计车速/(千米·时$^{-1}$)	86	60	40	30	20
允许车速/(千米·时$^{-1}$)	50	30	25	20	15
理想最大纵坡 i_1/%	0.5	1.5	2.5	5.5	9.0
不限坡长的最大纵坡 i_2/%	3.0	5.0	6.0	9.0	13.0

所谓理想最大纵坡即载重汽车在油门全开的情况下，以设计速度持续行驶所能克服的纵坡。由于地形、地质等条件的限制，完全按设计车速的要求往往是不经济的，应该允许在坡度上车速有所降低，采用不限坡长的最大纵坡值，就是指汽车以低于设计车速的某一允许车速在坡道上做匀速行驶的最大纵坡值。这一允许车速一般可定为设计车速的一半，在车速较低时其取值可大于设计车速的一半。

从交通安全和下坡的刹车试验资料来看，坡度>8%，刹车次数猛增。而刹车次数增加往往引起制动器发热而使制动失效，从而造成事故。因此一般道路的纵坡均不应超过8%，建议采用表9中的对应值。

表9　建议的机动车道纵坡与坡长限制

纵坡/%	3	4	5	6	7	8
限制长度/米	400	300	200	150	100	50

得出非机动车道的纵坡应根据非机动车的爬坡能力决定，一般自行车、马车的爬坡能力较大，大板车和三轮车的爬坡能力较小。据上海市的实测资料(表10)和实际行车经验得出，纵坡不宜大于3%，过大则上坡吃力，下坡危险。日本的资料(表11)表明自行车道的纵坡比我国稍大，但大坡应严格限制坡长，否则下坡时难以制动，且事故增多，设计时应予避免。日本的实验资料还表明坡长与坡度的乘积之和与速度有关，当其乘积之和为250时，初速度由零开始可达20~25千米/时；当乘积之和为500时，则速度可达30~35千米/时，因此不仅要控制纵坡大小，也应控制纵坡道的长度。

表10　纵坡与坡长的关系(上海实测资料)

纵坡/%	2.0	2.5	3.0	3.5	4.0	4.5	5.0
自行车可上坡长度/米	300	200	150	100	70	50	30
其他非机动车可上坡长度/米	200	150	100	60	30	—	—

表 11　纵坡与坡长的关系（日本资料）

纵坡/%	3.0	3.50	4.0	4.5	5.0
限制纵坡长度/米	500	250	200	100	50

根据上述资料及国内经验,建议非机动车道的纵坡与坡长以表 12 中的数值为宜。

作为大中城市的出入口干道,由于混合交通的缘故其纵坡不应采用公路的技术标准的规定,而应根据行驶的机动车与非机动车的爬坡性能做出规定,在机动车与非机动车混合行驶的路段,应视非机动车交通量的大小、性质具体分析决定,当非机动车多时应按非机动车的要求确定纵坡；当非机动车少且多为自行车时可采用比非机动车纵坡稍大、坡度稍长的坡道；当非机动车特多且近期尚不能单独分开设置专用车道时则应按非机动车的要求选用。若机动车与非机动车能完全分隔开来,则可分别定坡,但应考虑两种车速相互连接。

表 12　建议的非机动车道的坡度与坡长数值

车种	坡度/%					
	2.0	2.5	3.0	3.5	4.0	5.0
自行车道坡长/米	300	200	150	100	70	30
其他非机动车道坡长/米	200	150	100	80	40	20

注：1. 2%以下不限制坡长。
2. 在自行车与其他非机动车混行的道路上,其坡度大小应视自行车与其他非机动车比例,气候、地形等因素确定。

3　几何线形指标

计算车速与纵坡确定之后,平、竖曲线半径和曲线长度即可据以计算,或采用公路和城市道路规范(表 3)中相应车速下的指标,当然,采用时还可根据设计路段的近、远期的交通量,交通特点和周围环境等斟酌选用,务必结合实际留有余地,建议的平面线形指标列于表 3。

4　路幅宽度

路幅或横断面总宽度应根据近期和远期预测的交通量,机动车与非机动车的比例、车辆类型、尺寸、性能和纵横向干扰条件下实际可能达到的车速等来确定所需车道数；根据道路的功能、性质与交通流的特点,长途与短途车辆的比例,公交车辆,交叉口间距及停车站等不同要求具体布置机动车道与非机动车道。对于出入口主干道一般采用 4 条(2×7.5)机动车道,交通量更大时可采用 6 车道。如此宽的机动车道最好设中央分隔带进行分隔,使上下行车辆分开行驶,以利安全。对于Ⅰ～Ⅲ级出入口次干道的机动车道可采用 3 车道即 10～11 米,如机动车不多亦可采用Ⅳ级双车道的出入口标准。非机动车道的宽度可视非机动车的数量、车辆外廓尺寸等确定。一般自行车道一条为 1.5 米,2 条为 2.5 米;三轮车道一条为 2 米,2 条为 3.75 米;板车道一条为 2 米、2 条为 4 米。然后按近、远期交通量的多少,在 4～7 米范围内选用。有条件时可用分隔带将其与机动车道分隔,亦可画线或设置隔离柱分隔,在非机动车很少时,亦可采用拓宽路肩或做硬路肩的方式予以处理。

5 横断面形式的选用

目前我国城市道路横断面的形式,一般有单幅路(一块版)、双幅路(两块版)、三幅路(三块版)和四幅路(四块版)。

1. 机动车与非机动车流混合行驶的单幅路,具有其车行道的路面机动车与非机动车可互相调剂使用,路面利用效率高,占地较少,造价较低,投资较省以及机动灵活等优点。但由于机动车、非机动车混行相互干扰,交通量小时尚可,交通量大时则易出事故,且机动车速度受非机动车影响,非机动车的安全受到机动车的威胁,适用于机动车与非机动车交通量均不大,两个方向高峰小时交错出现、上下行车辆数量相比相差较大,用地紧张,路幅较窄这些情况。

2. 将上下行方向车辆用分隔带分开的双幅路,可以防止夜间对向汽车头灯炫目,及超车时可能出现的对撞,亦可提高机动车的行驶速度。一般只适用于机动车交通量大、速度高、上下行车流量较为均衡的情况。而非机动车交通量较少的情况,其缺点为不利于组织可逆性行车,不利于非机动车的行驶和行车安全。同时,机动与非机动车间无分隔带,纵向干扰无法排除。

3. 三幅路将机动车与非机动车分隔,使其分道行驶,解决了机动车与非机动车间的相互干扰,提高了车速,减少了事故,还可以减薄非机动车的路面厚度。但造价、占地投资均比双幅路高,分隔带旁设公交车停靠站时,乘客需要穿越非机动车道,既不方便又不安全。当机动车交通量不大、上下行车流量不太均衡,而非机动车交通量较大、用地许可时可以采用,缺点为机动车道与非机动车道不能互相调剂使用。

4. 四幅路,除具有三幅路的优点外,其机动车速度可以提高,通行能力也更大,但占地更多,投资亦更大。一般在机动车与非机动车交通量均极大,且上下行车流量均衡,而机动车的行驶速度要求很高,采用双幅或三幅路均不能满足要求时选用。

综上所述,几种横断面形式能容纳的交通数量,可根据车行道条数、宽度,交通状况,道路条件和周围环境进行计算,一般认为双车道的单幅路可容纳的混合交通量为 3 000 辆/天左右,双幅路与三幅路不少于 4 条机动车道可以通过的混合交通量为 6 000～15 000 辆/天左右。当机动车多时选用双幅路;非机动车多时选用三幅路。

但是影响选择横断面形式的因素很多,交通量是主要因素但不是唯一的因素。如还要考虑机动车的种类、性质,机动车与非机动车的比例,行车速度的要求,用地情况,高峰小时机动车与非机动车是否错开,上下行交通量是否均衡等,因此,应通过细致、具体地分析,审慎选用。

6 横断面的变化

在横断面的布置上,不必要求全路完全相同固定不变,以致整个街景单调呆板,而应根据出入口干道的性质,适当变化。考虑乡区公路与城市道路的各自特色,应尽可能为长途、短程和过境车辆创造好的行车条件,如分道行驶或设置分隔设施。连接公路一端的断面可按公路原则设计而稍加变化,如适当增加绿化、加固路肩或视行人情况适当加宽路肩。随着与城市的接近,两旁行人、自行车、公交车辆的增多,可适当加宽路幅,或改变横断面的形式,图 1(a)为连接公路一端断面的布置,图 1(d)为接近城市一端断面的布置。断面变化处可修筑小型交通广场,使断面和景观的变化顺适、自然、连续,避免硬性的突变造成视线或景观上的中断。在与城市连接处可设计环交或广场以组织交通,并作为公交的换乘站或终点站。整个出入口干道的横断面既要随交通性质、交通量、路段功能的不同而适当地变化,以节约用地,使乘车人感到景色常新,但又不宜变化过多,各路段太短,造成线形上难以衔接、运行上难以实现,一般可视路线的长短,地形、地物的实际状况设计为 2~3 种断面形式,如用地许可,可在中间或两侧设置较宽的林荫绿化带,以保护、美化环境。

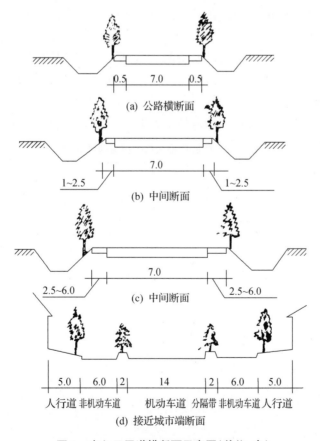

图 1　出入口干道横断面示意图(单位:米)

7 建议出入口干道分级

建议出入口干道等级的划分,应以远景规划期的交通量及交通组成为主,并考虑线路的功能、意义、交通量及交通组成的变化,城市的规模、性质,连接到达区的性质。根据所连接的城市道路等级、公路等级等因素将其划分为四个等级。

Ⅰ级:一般能适应年平均日汽车交通量(双向)10 000辆以上,主要作为重要政治、经济、文教、科技中心的特大城市(大城市)的快速干道、主要干道与乡区高速公路、Ⅰ级公路之间的连接线。

Ⅱ级:一般能适应各种机动车辆折换成载重汽车的年平均日交通量(双向)5 000~10 000辆,主要作为政治、经济、文教、科技中心的大城市(特大城市)的快速干道、主要干道与乡区的Ⅰ级公路、Ⅱ级公路的连接线。

Ⅲ级:一般能适应各种机动运输工具折换成载重汽车的年平均日交通量(双向)2 500~5 000辆,主要作为一般大中城市的主要干道、次要干道与乡区的Ⅱ级公路、Ⅲ级公路的连接线。

Ⅳ级:一般能适应各种机动运输工具折换成载重汽车的年平均日交通量(双向)2 000辆以下,主要作为中小城市及乡镇的主要干道、公路干道与乡区的Ⅲ级或Ⅳ级公路的连接。

在选用等级时,要考虑城市的性质、功能、远景发展期的总体规划,发挥公路在地区经济建设和交通运输网络中的作用;并考虑连接的城市道路、公路的等级和远景期规划设计的交通量及交通组成,纵观全局,统筹规划,综合分析,权衡利弊,择优选用。

各级出入口道路的设计车速建议值列于表13,其他主要技术指标列于表14。

表13 大中城市出入口干道车速建议值

出入口道路等级	Ⅰ		Ⅱ		Ⅲ		Ⅳ	
地形情况	平丘	重山	平丘	重山	平丘	重山	平丘	重山
设计行车速度/(千米·时$^{-1}$)	100~80	80~60	80~60	60~40	60~40	50~30	50~30	40~20

注:1. 城市出入口干道的每一等级的最小长度可以规定得短些,大致为3~10千米。
2. 平丘为平原微丘的简称,重山为山岭重丘的简称。

表 14　建议的城市出入口干道主要技术指标

指标项目	所连接的城市道路等级	所连接的公路等级 高速公路		一级公路		二级公路		三级公路		四级公路	
		地形类别 平微	山重	平微	山重	平微	山重	平微	山重	平微	山重
		出入口干道等级 Ⅰ—Ⅱ	Ⅱ—Ⅲ	Ⅰ—Ⅱ	Ⅱ—Ⅲ	Ⅱ—Ⅲ	Ⅱ—Ⅲ	Ⅱ—Ⅲ	Ⅲ—Ⅳ	Ⅲ—Ⅳ	Ⅲ—Ⅳ
计算行车速度/(千米·时$^{-1}$)	快速干道	$\frac{100}{80}$	$\frac{80}{80}$	$\frac{80}{80}$	$\frac{60}{80}$	$\frac{80}{80}$	$\frac{40}{80}$	$\frac{60}{80}$	$\frac{30}{80}$△	$\frac{40}{80}$△	$\frac{20}{80}$△
	主干道	$\frac{100}{60}$	$\frac{80}{60}$	$\frac{80}{60}$	$\frac{60}{60}$	$\frac{80}{60}$	$\frac{40}{60}$	$\frac{60}{60}$	$\frac{30}{60}$	$\frac{40}{60}$	$\frac{20}{60}$
	次干道	$\frac{100}{50}$	$\frac{80}{50}$△	$\frac{80}{50}$△	$\frac{60}{50}$	$\frac{80}{50}$	$\frac{40}{50}$	$\frac{60}{50}$	$\frac{30}{50}$	$\frac{40}{50}$	$\frac{20}{50}$
极限最小平曲线半径/米	快速干道	$\frac{400}{280}$	$\frac{280}{280}$	$\frac{280}{280}$	$\frac{150}{280}$	$\frac{280}{280}$	$\frac{60}{280}$	$\frac{125}{280}$	$\frac{30}{280}$△	$\frac{60}{280}$△	$\frac{15}{280}$△
	主干道	$\frac{400}{150}$	$\frac{280}{150}$	$\frac{280}{150}$	$\frac{150}{150}$	$\frac{280}{150}$	$\frac{60}{150}$	$\frac{125}{150}$	$\frac{30}{150}$	$\frac{60}{150}$	$\frac{15}{150}$
	次干道	$\frac{400}{100}$△	$\frac{280}{100}$△	$\frac{280}{100}$△	$\frac{150}{100}$	$\frac{280}{100}$	$\frac{60}{100}$	$\frac{125}{100}$	$\frac{30}{100}$	$\frac{60}{100}$	$\frac{15}{100}$
不设超高最小平曲线半径/米	快速干道	$\frac{4\,000}{2\,500}$	$\frac{2\,500}{2\,500}$	$\frac{2\,500}{2\,500}$	$\frac{1\,500}{2\,500}$	$\frac{2\,500}{2\,500}$	$\frac{600}{2\,500}$	$\frac{1\,500}{2\,500}$	$\frac{350}{2\,500}$△	$\frac{600}{2\,500}$△	$\frac{150}{2\,500}$△
	主干道	$\frac{4\,000}{2\,500}$	$\frac{2\,500}{1\,500}$	$\frac{2\,500}{1\,500}$	$\frac{1\,500}{1\,500}$	$\frac{2\,500}{1\,500}$	$\frac{600}{1\,500}$	$\frac{1\,500}{1\,500}$	$\frac{350}{1\,500}$	$\frac{600}{1\,500}$	$\frac{150}{1\,500}$
	次干道	$\frac{4\,000}{1\,000}$△	$\frac{2\,500}{1\,000}$△	$\frac{2\,500}{1\,000}$△	$\frac{1\,500}{1\,000}$	$\frac{2\,500}{1\,000}$	$\frac{600}{1\,000}$	$\frac{1\,500}{1\,000}$	$\frac{350}{1\,000}$	$\frac{600}{1\,000}$	$\frac{150}{1\,000}$
停车视距长度/米	快速干道	$\frac{160}{110}$	$\frac{110}{110}$	$\frac{110}{110}$	$\frac{75}{110}$	$\frac{110}{110}$	$\frac{45}{110}$	$\frac{75}{110}$	$\frac{30}{110}$△	$\frac{45}{110}$△	$\frac{20}{110}$△
	主干道	$\frac{160}{75}$	$\frac{110}{75}$	$\frac{110}{75}$	$\frac{75}{75}$	$\frac{110}{75}$	$\frac{45}{75}$	$\frac{75}{75}$	$\frac{30}{75}$	$\frac{45}{75}$	$\frac{20}{75}$
	次干道	$\frac{160}{60}$△	$\frac{110}{60}$△	$\frac{110}{60}$△	$\frac{75}{60}$	$\frac{110}{60}$	$\frac{45}{60}$	$\frac{75}{60}$	$\frac{30}{60}$	$\frac{45}{60}$	$\frac{20}{60}$
缓和曲线长度/米	快速干道	$\frac{85}{70}$	$\frac{70}{70}$	$\frac{70}{70}$	$\frac{50}{70}$	$\frac{70}{70}$	$\frac{35}{70}$	$\frac{70}{70}$	$\frac{25}{70}$△	$\frac{35}{70}$△	$\frac{20}{70}$△
	主干道	$\frac{85}{50}$	$\frac{70}{50}$	$\frac{70}{50}$	$\frac{50}{50}$	$\frac{70}{50}$	$\frac{35}{50}$	$\frac{50}{50}$	$\frac{25}{50}$	$\frac{35}{50}$	$\frac{20}{50}$
	次干道	$\frac{85}{40}$△	$\frac{70}{40}$△	$\frac{70}{40}$△	$\frac{50}{40}$	$\frac{70}{40}$	$\frac{35}{40}$	$\frac{70}{40}$	$\frac{25}{40}$	$\frac{35}{40}$	$\frac{20}{40}$
凸形竖曲线最小半径/米	快速干道	$\frac{6\,500}{3\,000}$	$\frac{3\,000}{3\,000}$	$\frac{3\,000}{3\,000}$	$\frac{1\,400}{3\,000}$	$\frac{3\,000}{3\,000}$	$\frac{450}{3\,000}$	$\frac{1\,400}{3\,000}$	$\frac{250}{3\,000}$△	$\frac{450}{3\,000}$△	$\frac{100}{3\,000}$△
	主干道	$\frac{6\,500}{1\,400}$	$\frac{3\,000}{1\,400}$	$\frac{3\,000}{1\,400}$	$\frac{1\,400}{1\,400}$	$\frac{3\,000}{1\,400}$	$\frac{3\,000}{1\,400}$	$\frac{450}{1\,400}$	$\frac{400}{1\,400}$	$\frac{250}{1\,400}$	$\frac{100}{1\,400}$
	次干道	$\frac{6\,500}{1\,000}$△	$\frac{3\,000}{1\,000}$△	$\frac{3\,000}{1\,000}$△	$\frac{1\,400}{1\,000}$	$\frac{3\,000}{1\,000}$	$\frac{450}{1\,000}$	$\frac{1\,400}{1\,000}$	$\frac{250}{1\,000}$	$\frac{450}{1\,000}$	$\frac{100}{1\,000}$

续表

指标项目	所连接的城市道路等级	所连接的公路等级	高速公路		一级公路		二级公路		三级公路		四级公路	
		地形类别	平微	山重	平微	山重	平微	山重	平微	山重	平微	山重
		出入口干道等级	Ⅰ—Ⅱ	Ⅱ—Ⅲ	Ⅰ—Ⅱ	Ⅱ—Ⅲ	Ⅱ—Ⅲ	Ⅱ—Ⅲ	Ⅱ—Ⅲ	Ⅲ—Ⅳ	Ⅲ—Ⅳ	Ⅲ—Ⅳ
凹形竖曲线最小半径/米	快速干道		3000/2000	2000/2000	2000/2000	1000/2000	2000/2000	500/2000	1000/2000	500/2000 △	500/2000 △	500/2000 △
	主干道		3000/1000	2000/1000	2000/1000	1000/1000	2000/1000	500/1000	1000/1000	500/1000	500/1000	500/1000
	次干道		3000/600 △	2000/600 △	2000/600 △	1000/600	2000/600	500/600	1000/600	500/600	500/600	500/600 △
平曲线最小长度/米	快速干道		170/135	135/135	135/135	100/135	70/135	135/135	70/135	100/135 △	70/135 △	50/135 △
	主干道		170/100	135/100	135/100	100/100	135/100	70/100	100/100	50/100	70/100	50/100
	次干道		170/85 △	135/85 △	135/85 △	100/85	135/85	70/85	100/85	50/85	70/85	50/85 △
竖曲线长度/米	快速干道		90/70	70/70	70/70	50/70	70/70	35/70	50/70	25/70	35/70	20/70 △
	主干道		90/50	70/50	70/50	50/50	70/50	35/50	50/50	25/50	35/50	20/50
	次干道		90/45 △	70/45 △	70/45 △	50/45	70/45	35/45	50/45	25/45	35/45	20/45 △

注:1. △表示该栏内的数值实际上不会采用,因两者等级相差较大,很少这样应用。
2. 表中横线上的数值供接近公路端采用,横线下的数值供接近城市端采用。

8 结束语

我们认为城市出入口干道的技术标准是一个重要研究课题,并且亟待解决。因为它同城乡经济腾飞和物资交流有着密切的联系。所以,针对大中城市出入口干道的性质、功能和交通特点,深入开展技术标准的研究,有其迫切性和现实性。

它既有科学技术、工程经济、社会效益和环境效益问题,又有建设方针和政策问题,需要认真地进行广泛的分析、研讨。本篇提出的一些看法是极其初步的探讨,许多问题均有待于进一步研究、论证,不妥和错误之处,望请批评指正。研究生武进同志对本篇的图表进行了复核,谨致谢意。

参考文献

[1] 徐吉谦.关于大中城市出入口干道的特点和平面定线的几个问题[J].华东中路,1982(1):19-31.
[2] 徐吉谦.大城市入城干道的设计和建筑[J].华东公路,1983(1):75-92.
[3] 佑佐木纲,饭田恭敬.交通工程学[M].邵春福,译.北京:人民交通出版社,1980.
[4] B.A.拉夫洛夫.大城市改建[M].李庚,译.北京:中国建筑工业出版社,1982.
[5] 张秋.交通工程学[M].北京:人民交通出版社,1982.

大中城市出入口干道规划设计研究[*]

徐吉谦

（东南大学）

摘　要　由于大中城市出入口干道属于连接城市与乡区的过渡性路段，其性质、功能和交通特性均不同于一般乡区公路和城市道路，但目前的规划设计并未考虑这些差异，而采用了公路或城市道路的要求和方法，这给城市交通建设带来很大的损失。因此我们认为探讨出入口干道规划设计的要求和方法是城市交通发展建设的需要，也是城市实际规划设计工作的需要，具有较强的理论和现实意义。

关键词　出入口干道；规划设计；交通特性

城市出入口干道既不完全同于乡区公路，也不完全同于城市道路，而是综合了两方面的某些属性，形成了一种自己独有的特性。

1　出入口干道的基本性质

1. 过渡性。反映在随着离市区距离的增加，其交通量减少、交通干扰减轻、行车速度增加等方面。

2. 集散性。大量客流、货流从四面八方通过出入口道路汇集到城市，经过城市的吸收、消化、加工提高，而后又由城市向四周扩散。因此出入口干道是城市的门户和咽喉，起着集散客货的作用。

3. 开放性。由于出入口干道交通具有集散客货运输的性质，因此它必须接收沿线或附近聚集而需进入城市的人流、车流，同时又要将来自城市的客货流疏散或渗透到沿线或附近的广大乡区，故不能完全封闭，不能严格控制出入，而必须向沿线的企事业单位、集镇或农村开放。

4. 发展性。出入口干道，随着城市的规模、经济和交通的发展，有可能成为将来的城市道路，如出入口干道规划布局不当，将严重影响城市今后的发展、布局和改造。

2　出入口干道的交通特性

交通性质方面有长途、短途、客流、货流；交通功能方面有地方性交通和过境交通，有

---

[*] 本篇系由国家城乡建设环境保护部资助，参加调查研究工作的有研究生武进、黄富明等，发表于《城市道桥与防洪》，1989年第3期。

干道作用和集散客货流作用;交通组成方面有机动车(小汽车、公共汽车、货车、拖挂车、铰接车、拖拉机等)、非机动车(自行车、人兽力车)和行人等;交通干扰方面既有纵向各车种之间的干扰,又有横向道路、车站及沿线进出口的干扰;交通环境方面由城区附近的街道化、半街道化、封闭多变的复杂环境到乡区的山村、田野、村镇的开放空旷环境。

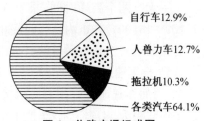

图 1 公路交通组成图

1. 交通组成特性。公路的交通组成一般比较简单,城市道路较为复杂,而出入口干道则要复杂得多,有客车、短途公交车及货车,同时还有大量的自行车、拖拉机、人兽力车及行人,如图1、图2、图3所示。

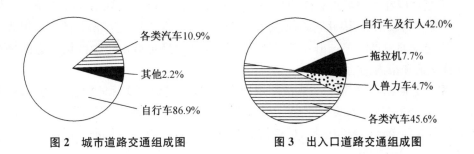

图 2 城市道路交通组成图　　图 3 出入口道路交通组成图

2. 交通量纵向变化特性。上海、天津、北京、南京等城市出入口干道交通量的观测统计,表明出入口干道交通量沿纵向变化迅速,且幅度大,从近城端至与公路连接处交通量依次下降,约下降 20%,通过作图和计算模拟,得出交通量纵向分布的数学公式:

$$N(x) = N_0 \cdot e^{-x(\alpha + \beta x)} \tag{1}$$

式中:x——距市区边缘的距离;

N_0——$x = 0$(出入口干道起点)处的交通量;

$N(x)$——距市区边缘 x 千米处的交通量;

α、β——交通量纵向分布参数,可通过三个以上断面交通量观测和回归分析的方法求得,根据现有资料分析计算得出 α 在 $0.003 \sim 004$ 范围内变化,β 在 $0.002 \sim 0.057$ 范围内变化,相关系数为 $0.90 \sim 0.98$。

3. 交通量方向不均衡特性。公路在一定长度内上下行两个方向交通量的分布大致相等,一般亦不超过 55:45。而出入口干道特别是近城端两个方向的交通量相差很大,高峰方向的交通量占双向交通量的 60% 左右,甚至可高达 70%,严重的方向不均影响道路横断面形式和行车道宽度的确定及交通管理。

4. 交通量时间分布特性。出入口干道交通量在一年内随季节不同而变化的幅度小于公路,机动车十二月份交通量最大,二月份最小,八月份可代表平均水平,季节变化幅度为 1.00 ± 0.25;自行车七月份交通量最大,二月份最小,九、十月份代表平均水平,变化幅度为 1.00 ± 0.15。

交通量周变化系数一般在 1.00±0.06 内波动,而星期日则显著减少,一般小于 0.9。一天有两个高峰时间,早上在 8:00～10:00,晚上在 16:00～18:00,星期天提早到 15:00～16:00。与市内高峰时间相比,早高峰约迟 1 小时,而晚高峰则约早 1 小时。高峰小时交通量占全日交通量的百分比为 12%～20%,且城市规模越大,所占百分比就越小。

5. 行车速度特性。出入口干道越靠近城区交通量越多,交通组成越复杂,交通干扰越多,因而车速越低。随着车辆接近市区而速度明显下降,根据几个城市的实测资料,测点平均间距为 14.4 千米,车速平均下降了 37.8%,而一般公路车速变化甚微。

3 出入口干道规划设计的原则

1. 满足适应和反馈城市总体规划布局的要求。出入口干道规划设计是城市总体规划的一个有机组成部分,因此它必须适应城市总体规划的要求,与城市总体规划相适应。

2. 满足交通发展需求。出入口干道规划设计必须满足城市作为区域交通的枢纽点及出入城交通和市内交通的需求。

3. 要远近期结合,远期以宏观战略规划为主,近期以解决实际问题为目的,远近期相结合适应城市的发展。在发展布局、规划设计标准等方面,留有一定的发展余地,以远期的要求作为规划设计的控制依据,以近期的目标作为具体设计的标准。近期一般可考虑五年,远期为二十年或更远。

4. 满足出入口干道连接与到达区域的交通性质要求。城市周围布置的卫星城镇、工矿企业、机关、生活居住区、对外交通设施以及风景游览区等,通过出入口干道与城市相连接,以促进城市和这些区域的联系与发展。由于连接区域的性质存在差异,通往这些区域的出入口干道的条数、等级亦不同。

5. 出入口干道分布要恰当、均匀。出入口干道分布不宜过分集中或稀缺,使城市某个或几个方面的对外交通联系不畅,过分集中则使城市对外交通联系集中在几条出入口干道上,使得这些出入口干道的交通运营状况和周围环境恶化。此外,还使通过市区的车辆增加,干扰市内交通;一部分车辆需绕行,增加行驶距离。

6. 适应和满足城市道路与公路系统的要求。城市道路和公路是两个具有不同性质、功能、交通条件及交通环境的系统,出入口干道规划设计应满足两个系统的不同要求,使得两个系统之间有良好的衔接和过渡,而不致使交通条件及交通环境等发生突变。

7. 适应自然环境条件,减少对环境的干扰和破坏。现代城市规划中,环境效应的作用日益突出,日益为人们所重视。故规划设计必须适应城市自然环境条件,保证出入口干道及城市的环境良好、美观(自然美和人为美),减少对环境的破坏和对周围居民的干扰。

4 出入口干道规划设计的程序

出入口干道规划设计的程序一般可分为六个阶段,如图 4 所示。

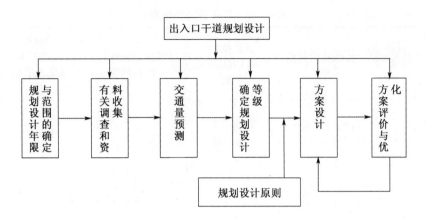

图 4　出入口干道规划设计程序框图

（一）规划设计年限和范围的确定。规划设计年限如前所述,确定规划设计的范围也就是确定出入口干道长度、位置、等级,供资料收集、交通量预测、方案设计等之用。

影响出入口干道长度的因素很多,主要有城市规模、性质、经济水平、地理和地形条件、郊区土地开发利用程度和客货运周转量等,因此出入口干道长度的计算比较复杂,我国常用的方法有:

1. 理论法。利用纵向分布公式 $N(x)=N_0 \cdot e^{-x(\alpha+\beta x)}$ 变化的显著性和公路交通量纵向变化甚微的稳定性,求出纵向变化显著点的位置即可确定出入口干道的长度。

假设公路上每千米交通量的正常变化百分比为 η（一般为 $1\% \sim 3\%$）,故当

$$\frac{dN(x)}{dx}/N(x) \leqslant -\eta \tag{2}$$

从式(2)中求出 x 即求出了出入口干道的长度。

2. 经验法。从大城市的建设区边缘至规划的市区外围,如北京市定为自市区环路至公路一环定向为城市出入口道路长度。

（二）有关调查和资料收集。包括规划设计可能涉及的区域,城市(包括郊区、郊县)的现状和发展规划,出入口干道长度范围内涉及的有关交通发展预测及其他因素等,为规划设计提供基础资料。

（三）交通量预测。交通量是规划设计的基础,合理地预测交通量,掌握其发展趋势,就可克服规划设计的盲目性。预测方法参见文献[4]。

（四）确定规划设计等级。出入口干道等级的划分应以远景规划期的交通量为主,并考虑出入口干道的性质、功能、意义及交通量的变化情况,城市的性质、规模,连接到达地区的性质。根据所联系的城市道路、公路类别等因素将其划分为四个等级,如表1。

表 1　出入口干道的等级划分

出入口干道的等级	设计速度/(千米·时$^{-1}$)	所连接的城市道路类别	所连接的乡区公路类别	连接到达区的性质	能适应的年平均双向日交通量/(辆·日$^{-1}$)	红线宽度/米
Ⅰ	80～100	特大(大)城市的快速干道、主干道	高速公路 1级公路	具有重要作用的卫星城镇、工矿区和城市	>10 000	40～60
Ⅱ	60～80	大(特大)城市的快速干道、主干道	1级、2级公路	较重要的卫星城镇、工矿区和城市	5000～10 000	30～45
Ⅲ	40～60	大中城市的主、次干道	2级、3级公路	一般卫星城镇、工矿区和城市	2 500～5 000	25～35
Ⅳ	20～40	中小城市的主、次干道	3级、4级公路	城市居住区和乡镇	<2 500	15～25

道路设计等级根据预测的交通量及其他相关因素确定。设计速度可以有一个变化范围，允许其接近公路的一端稍高，而接近城市的一端稍低，并应根据交通量、地形、交叉口、建筑物出入口等情况适当划分几段，一般每段长度为 3～5 千米，不宜分得过短或过长，速度变化点应设在司机易于识别的、有鲜明标志或特点处。各段的设计速度可按下式计算：

$$V_{出} = \frac{V_{公} - V_{城}}{L} \cdot x + V_{城} \tag{3}$$

式中：$V_{出}$、$V_{公}$、$V_{城}$——分别为出入口干道和所连接的公路和城市道路的设计速度；

　　　x——距市区的距离；

　　　L——出入口干道长度。

(五) 方案设计。设计方案既要满足当前现实的需要，又要认真考虑远期的发展需要，以远期的要求作为选用技术标准的控制依据，先确定远期规划设计方案，而后进行近期的具体设计，并按远期方案控制近期设计，而近期设计作为实现远期方案的初步阶段，远、近期相结合。

1. 城镇的过境交通问题

较高等级出入口干道同沿线城镇的关系必须妥善处理，出入口干道进入城镇，对城镇有交通方便、迅速之利，但要占用城镇用地，就要拆掉房屋，打乱城镇原有的规划布局，甚至造成城镇的硬性分割，从而使居民出行不便；尤其是大交通量的高速车流在城镇内来往奔驰，必然干扰市内交通、威胁行人和自行车的安全，而噪声、废气及扬尘亦必然影响居民的工作、生活和身体健康。对出入口干道本身，穿过城镇其投资必然增多，而且受城镇的非机动车、行人和摆摊设店的干扰，必然影响交通安全、车速及通行能力，甚至形成瓶颈地段阻塞交通。

因此在规划设计过程中，既要很好地为沿线城镇服务，又要避免对城镇产生不利影响。为达此目的,可以采取"近而不进,离而不远"的定线原则,使干道接近而不直穿或进入城镇。

2. 老路的利用问题

利用老路的有利条件为:路基稳定、占地少、土方工程数量少,部分绿化树木与排水设施可以利用,可以照顾老路两旁原有的单位等;不利条件为:老路大多线形标准低、延展系数大,沿线建构筑物多且质量较好,拆迁的阻力大。只有当新老路的走向基本一致,等级相近,老路两旁建筑物不多,拆迁费用不太大,可利用的路段多,又有拓宽取直的条件,可节约土地并能以较小的代价获得较高的技术标准时老路才能被充分利用。如果勉强凑合,就势必要降低技术标准达不到规划设计要求,且增大投资,影响沿线城镇的发展和居民的工作生活,同时行车速度无法提高,行车安全亦难保证,故一般老路难以利用。

通常将老路作为通行非机动车和农用机动车之用,而新建干道作为汽车专用道,这样不仅解决了老路的利用,老路沿线有汽车单位的用路等问题,而且也解决了混合交通这一老大难问题,为提高汽车行驶速度和交通安全创造了良好的条件。南京的宁六公路就是这样做的。

3. 平纵面线形标准的选用问题

(1) 最大纵坡。出入口干道纵坡标准,主要考虑通道车的动力性能、设计速度、下坡安全、使用要求及自然环境因素等。其最大纵坡建议值如表2所示。由汽车动力学知,纵坡长度越大,汽车所能克服的最大纵坡越小,因此为保证车辆能以一定的速度行驶和下坡安全,对坡长还需有一定的限制,其建议值如表2。

表2 出入口干道最大纵坡及最大坡长限制值

车型		设计速度/(千米·时$^{-1}$)					
		100	80	60	40	30	20
设计车型	最大纵坡/%	3	4	5	6	7	8
	坡长限制值/米	800	800	800	600	400	200
通道客车	最大纵坡/%	2	3	4	5	6	6
	坡长限制值/米	600	500	300	250	150	150
自行车	最大纵坡/%	2	3	3	4	4	5
	坡长限制值/米	300	150	150	70	70	30

(2) 平纵面几何线形标准。设计速度及纵坡确定后,几何线形标准即可通过计算确定。在计算和选用时,要考虑出入口干道的特点,留有发展余地。线形标准建议值如表3。由于自行车及公交车辆对超高感到不适,因此超高应控制在6%内。

表 3　出入口干道几何线形标准建议值

几何线形要素/米	设计速度/(千米·时$^{-1}$)					
	100	80	60	40	30	20
极限最小平曲线半径	450	280	150	60	30	15
不设超高的最小平曲线半径	4 000	2 500	1 500	600	350	150
停车视距最小长度	180	120	100	60	40	30
缓和曲线最小长度	100	80	60	40	30	25
凸型竖曲线最小半径	6 500	3 000	1 500	600	300	150
凹型竖曲线最小半径	3 000	2 000	1 000	550	250	150
竖曲线最小长度	90	70	50	40	30	20
最小坡长限制值	250	200	150	120	100	80

4. 横断面设计问题

(1) 横断面形式的选用。目前我国的道路横断面形式，一般有单幅路、双幅路、三幅路、四幅路四种。

a. 单幅路(通称一块版)。其优点为机动车与非机动车可互相调剂使用，路面利用率高，占地较少，造价较低以及机动灵活等。缺点为机动车与非机动车互相干扰，机动车的速度受非机动车影响，非机动车的安全常受机动车威胁，交通量很小时尚可，交通量稍大时则易出事故。适用于下列情况：低等级道路，机动车与非机动车交通量均小，用地紧张或两个方向的高峰小时错出现，上下行车辆数相差较大。

b. 双幅路(通称两块版)。可防止夜间对向汽车前灯炫目及超车时可能出现的对撞，亦可提高机动车的行驶速度。但由于机动车与非机动车之间无分隔带，相互干扰无法排除，不利于安全，亦不能组织可逆性行车。一般只适用于非机动车不多，机动车交通量大、速度快，上下行车流量较为均衡的情况。

c. 三幅路(通称三块版)。使机动车与非机动车分隔开，各行其道，解决了机动车与非机动车的相互干扰问题，提高了车速，减少了事故，还可减薄非机动车道的路面厚度，节约工程费用，但总造价及占地均比单、双幅路多，且不利于公交乘客上下车，机动车道、非机动车道不能互相调剂使用。在机动车交通量不是很大，上下行车流量不太均衡且非机动车交通量又较大而用地许可时可以采用。

d. 四幅路(通称四块版)。具有双幅、三幅路的优点，可以提高机动车速度，通行能力也更大，但占地、投资亦更多。一般在机动车与非机动车交通量均极大，且上下行流量均衡，而机动车的行驶速度要求很高，采用双幅、三幅路均不能满足要求时选用。

对于上述几种横断形式能容纳的交通量，可根据道路交通条件进行计算，但交通量不是影响选择横断面的唯一因素，例如还要考虑车辆组成的比例，高峰时间是否错开，车速要求，用地和发展情况等，应细致具体地分析，审慎选用。

(2) 变化横断面的形式。由于出入口干道的特性，靠近城区的交通量大，交通组成复杂,随着距城区距离的增大,交通量减小,交通组成也简单些,横断面形式必须适应这一特点,在靠近城市的一端,路幅宽度要大些,如图 5(a)所示;在靠近公路的一端加固路肩或视行人、非机动车情况适当加宽路肩,如图 5(d)所示;中间的横断面形式也要根据交通量和交通组成情况予以变化,如图 5(b)、(c)所示。因此,出入口干道的横断面形式随其交通性质、交通量、路段功能的不同而变化,既可节约用地、减少投资,又可使沿线景观处于变化状态而不致单调呆板。

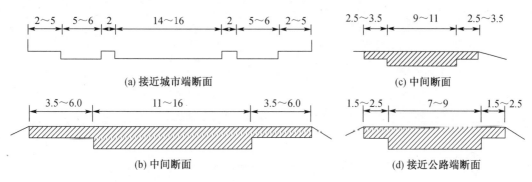

图 5　出入口干道横断面形式变化示意图(单位:米)

出入口干道的横断面形式也不宜变化过于频繁,以免造成线形上难以衔接,运行上难以实现,一般可视出入口干道的长短和地形、地物的实际情况,设计 2～4 种断面形式,每种断面形式的长度为 3～5 千米。断面形式变化应有渐变过渡段,以便车辆能平顺地运行,减小断面形式变化对车流的干扰影响(如降速、延误、阻车等),可利用交叉口、广场、桥梁等作为断面形式的转变点,亦可设在视野开阔处,并设标志或画线指明。

(3) 机动车道与非机动车道的布置问题。机动车道与非机动车道不必布置在同一平面上,亦不必对称布置。其实这两类车型对线形及路基、路面等的要求不同,如分开设置则非机动车道更易于利用地形或原有的老路,亦可减小路基、路面的厚度,从而减少工程数量、节约投资。亦可根据地形、老路情况按两条路分别设计,或分别设置在不同高程上。

(六) 方案评价。方案评价就是确定规划设计方案的优劣,通过方案评价对规划设计方案进行优化。这也是一个十分复杂的问题,因篇幅所限本篇从略。

4　结束语

出入口干道规划设计是一个十分复杂的问题,以上是笔者根据多年的调查研究和实践,对规划设计过程中一些具有特殊性的主要问题的分析讨论,供规划设计时参考。不妥和错误之处,欢迎批评指正。

参考文献

[1] 徐吉谦,武进,黄富明. 大中城市出入口干道交通特性的探讨[J]. 南京工学院学报,1988,18(1): 49-57.

[2] 徐吉谦.关于大中城市出入口干道的技术标准问题[C]//中国土木工程学会.中国土木工程学会第三届年会论文集.上海:同济大学出版社,1986.
[3] 徐吉谦.关于大中城市出入口干道的特点和平面定线的几个问题[J].华东公路,1982(1):19-31.
[4] 黄富明.大中城市出入口道路规划设计研究[D].南京:南京工学院,1985.

大城市出入口干道系统评价*

徐吉谦,黄富明,惠先宝

(东南大学)

摘　要　本篇首先论述了建立城市出入口干道系统评价指标的必要性、作用和基本原则;其次根据出入口干道系统规划,将出入口道路系统划分为六个子系统,分别列出了各子系统的单项评价指标;最后采用系统工程的价值分析法,求得了不同指标的权益并编制了总的系统评价表。对出入口干道系统进行全面的综合评价,对城市出入口干道系统的规划、设计与评价有较大的参考价值。

关键词　出入口干道;评价指标;矩阵

系统工程分析方法认为,评价是指根据明确的目标鉴别或测定被评价对象的性能、费用、可行性、可靠性、功用实现的时间以及完成后的效果。所谓评价就是对系统的价值进行分析和量化决定。对城市出入口干道系统的规划布局、设计、营运亦必须根据其建设目的、使用要求提出明确的评价指标,然后运用交通工程与系统工程的原理与方法,建立一套适用、合理与科学的评价指标,并以此作为标准,对不同的城市出入口干道系统进行全面、系统的综合评价。

1　建立出入口干道评价指标的必要性与作用

城市出入口道路在城市交通系统中不仅承担着繁忙的运输任务,而且还可能成为城市的发展轴,因此在城市发展建设中具有重要的地位与作用。一个城市应有多少条出入口道路,怎样分布,密度如何,对道路的等级、线形标准、路面质量、断面形式、服务水平、交通管理和交通环境等应有什么样的要求?必须根据城市的实际情况和交通需求发展的预测制定一套评价指标,并以此对出入口道路进行全面评价。衡量哪些出入口道路需改建或新建,哪些出入口道路还有潜力可挖,同时,通过各城市间评比可以促进出入口道路服务质量的提高和规划设计工作的改进。

此外,出入口道路评价指标,是城市出入口道路规划、设计、建设、营运和交通管理部门决策和处理问题的重要依据。就城市规划和道路建设而言,可使规划设计人员和建设者明确所规划、建设的道路处于何种技术状况,能否满足交通要求,在城市发展和运输系统中起什么样的作用,处于何种地位。就交通管理而言,可明确系统技术状况,及时采取合适的管理措施。

---

*　本篇发表于《中国交通工程》,1991 年第 3 期。

出入口道路评价标准还是进行出入口道路规划、设计、施工验收和评价的依据。它可以减少规划、设计中的主观性、片面性和盲目性,加强对出入口道路评价的研究,使其能满足各方面的要求,适应城市经济发展规模扩大和交通运输增长的需要。充分发挥其在工程建设中的指导作用,这对于促进出入口道路的发展建设,提高道路使用质量和社会经济效益均具有重要的作用。

2 建立出入口道路评价标准的基本原则

我们在建立评价系统时必须采用多目标的原则。从各方面分别对各子系统作定量和定性分析,确定标准,然后进行整个出入口道路系统的综合评价,使评价标准具有科学性、现实性、可测性及可比性。

（一）科学性。任何标准和评价理论都必须建立在科学的基础上,才能反映客观实际,对实践具有指导作用。因此评价标准必须具有科学性。

（二）现实性。我们所建立的评价标准系统必须能确切反映整个出入口道路系统的工作能力、服务质量、营运水平等客观实际情况。

（三）可测性。定量评价标准必须具有可测性,只有通过一定手段或工具能直接或间接进行实际测量的指标,才能用以检验所建立的评价指标是否合乎标准。

（四）可比性。同一评价对象各相应的评价标准应可以相互比较,否则各出入口道路系统之间就缺乏可比性,也就无法确定其优劣程度。

3 评价系统的内容、基本方法和主要指标

根据评价标准建立的基本原则,我们将出入口干道系统划分为六个子系统,如图1所示。各子系统又由数量不等的诸因素组成。我们在评价整个出入口道路系统时,首先对这些定性和定量因素进行评价,确定评价标准,然后应用系统工程中的价值分析评价法和单纯矩阵列评价法对整个出入口道路系统进行综合评价。

3.1 单项评价指标

1. 规划布局指标

① 城市出入口道路规划布局涉及城市总体布局,主要包括:城市性质、规模、工业、居住、商业及文化等布局;城市经济发展、城市道路网、对外交通（公路、铁路、港口码头、机场）、区域规划及经济水平;城镇体系自然环境条件和公共交通等。根据出入口道路系统与这些有关因素协调配合和适应的情况,进行定性评价,通过专家调查法确定评价标准等级权重。

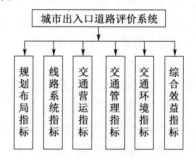

图1 评价系统的组成

② 道路的交通可达性和均衡性。交通可达性为居民（或车辆）到确定吸引点的单程出行时间的倒数。根据北京、天津、上海、南京等市的

调查,居民单程出行时间及交通可达性建议值如表1(特大城市)。当城市规模较小时可参照表2对各级的容许值进行适当修正。城市各个方向出入口道路的均衡性,可根据其规划布局的均衡程度,采用专家调查法定性地确定等级。

③ 出入口道路的条数、间距、密度。根据计算分析,应拥有的出入口道路总条数建议值如表1所示。当城市人口大于或小于100万时参照表3进行修正。出入口道路的间距和密度建议值如表1。

表1 城市交通布局评价指标等级

指 标	等 级				
	一	二	三	四	五
与城市总体的配合情况	优	良	中	较差	差
干道各向分布的均衡性	优	良	中	较差	差
单程出行时间/分	<45	45～<60	60～<75	75～<90	≥90
交通可达性 (1/单位出行时间)	>2.22	>1.67～2.22	>1.33～1.67	>1.11～1.33	≤1.11
主干道总条数 (市区人口100万)	>16	14～16	11～13	9～10	8
主干道间距 (干道间距)/千米	>2.2～2.5 (>0.6～0.8)	>2.5～2.8 (>0.8～1.0)	>2.8～3.0 (>1.0～1.3)	>3.0～3.3 (>1.3～1.5)	>3.3 (>1.5)
主干道密度/ (千米·千米$^{-2}$)	>2.5～3.0	>2.0～2.5	>1.5～2.0	>1.3～1.5	≤1.3

表2 不同规模的城市单程出行时间最长容许值

城镇人口/万人	≥100	50～<100	20～<50	5～<20	<5
最大出行时间/分	60～75	45～<60	30～<45	20～<30	<20

注:表中数值是评价标准等级为"三"的情况

表3 不同规模的城市出入口道路总条数

城市人口/万人	≥600	400～<600	200～<400	100～<200	50～<100	<50
出入口干道条数	20	18	16	12	8	6

注:1. 表中数值是评价标准等级为"三"的情况。
    2. 不同规模的城市出入口道路总条数不宜小于表格中的数据。

2. 线路系统指标

(1)线路工程达到标准值的程度。包括出入口道路的设计速度、平面线形、纵断面线形、横断面布置形式和宽度的标准值以及路面等级和桥梁、涵洞、隧道、挡土墙等构筑物的标准、等级。

(2)竖曲线半径与平曲线半径的比值。建议值如表4所示。

(3)每千米转坡点数。建议值如表4所示。

表4 线路系统评价指标

指标	等级				
	一	二	三	四	五
线路工程达到标准值的程度/%	100	≥95	≥90	≥85	<85
竖曲线与平曲线半径的比值	>25～50	>20～25	>15～20	>10～15	≤10
每千米转坡点数目	≤1	>1～2	>2～3	>3～5	>5

3. 交通营运指标

(1) 路段的交通服务水平。主要通过路段的交通负荷系数 Z、速度系数 K 及饱和度系数 I 这三个指标来确定出入口道路路段的交通服务水平。

① 交通负荷系数 Z 是该路段的交通量与其实际通行能力的比值,表示出入口道路交通繁重程度和车流状态。建议值如表5。

② 速度系数 K 是指在某种服务水平条件下汽车的行驶速度 $V_实$ 与理想条件下的自由行驶速度 V_F 的比值。根据我们的调查观测,并参考国外有关资料,V_F 与速度系数 K 的建议值如表5,它反映了道路的畅通程度。

③ 饱和度系数 I 是指在某种服务水平条件下道路上的车辆密度 $q_实$ 与最大流量时的车辆密度 q_m 的比值,建议值如表5。

表5 路段的交通服务水平评价等级

指标	等级				
	一	二	三	四	五
V_F/(千米·小时$^{-1}$)	>60	>40～60	>30～40	>25～30	≤25
交通负荷系数 Z	<0.40	0.40～<0.60	0.60～<0.75	0.75～<0.90	≥0.90
速度系数 K	>0.90	>0.75～0.90	>0.60～0.75	>0.50～0.60	≤0.50
饱和度系数 I	<0.2	0.2～<0.4	0.4～<0.7	0.7～<1.0	≥1.0
车流状态	行动自由	行动较自由 易超车	行动开始受限 不易超车	无行动自由 超车困难	行动受阻迫 无法超车

(2) 交叉口服务水平。主要通过下列评价指标反映:

① 交通负荷系数 Z。

② 效率系数 E,即车辆过交叉口处的速度与路段行驶速度的比值,反映交叉口处行人、车辆的影响程度。

③ 一次绿灯后受阻等候的车辆占车辆总数的百分比。

④ 平均延误时间。

⑤ 排队长度。

车辆到达交叉口,一般都要减速或停车。这五项指标不仅反映了交叉口处交通的畅通程度,而且也反映了交叉口的服务水平与经济效果,是衡量交叉口交通服务质量的重要指标,其建议值列于表6。

表6 交叉口的交通服务水平评价等级

指标	等级				
	一	二	三	四	五
交通负荷系数 Z	<0.6	$0.6\sim<0.7$	$0.7\sim<0.8$	$0.8\sim<0.9$	≥ 0.9
效率系数 E	>0.80	$>0.65\sim 0.80$	$0.50\sim 0.65$	$0.35\sim 0.50$	≤ 0.35
交叉口受阻车辆所占百分比/%	<10	$10\sim<15$	$15\sim<20$	$20\sim<30$	≥ 30
延误时间 T/(秒·辆$^{-1}$)	<30	$30\sim<40$	$40\sim<50$	$50\sim<60$	≥ 60
排队长度 L/米	<30	$30\sim<60$	$60\sim<80$	$80\sim<100$	≥ 100

(3) 车辆油耗系数。根据上海等城市的调查统计,建议值如表7。

(4) 舒适性。车辆行驶时,影响乘客与司机感觉的舒适性有五个方面:① 通过视觉获得的(景观视线等);② 通过听觉获得的(乐音、噪音);③ 通过运行感觉获得的(震动颠簸等);④ 通过嗅觉获得的(清香、恶臭);⑤ 通过时间变化获得的(快、慢)。这是一个重要而复杂的问题,只能采用专家调查法定性地评价。

表7 交通营运指标评价等级

指标	等级				
	一	二	三	四	五
路段的交通服务水平	一	二	三	四	五
交叉口的交通服务水平	一	二	三	四	五
舒适性(视、听、感、臭)	优	良	中	较差	差
车辆油耗系数	<0.5	$0.5\sim<0.7$	$0.7\sim<0.8$	$0.8\sim<0.9$	≥ 0.9

4. 交通管理指标

(1) 安全性。在很大程度上反映道路的线形设计、施工质量和交通组织管理的水平。用总的事故率(万车死伤人数及百万车千米死伤人数),车辆和车辆、行人和车辆冲突点密度来表征。建议值如表8。

(2) 纵横向干扰程度。是指纵向行驶车辆之间以及横向行人和车辆等的干扰情况。采用德尔斐法评定,或采用每公里干扰次数、每分钟干扰次数确定。

(3) 相邻区段间的设计速度的比值。相邻区段的设计速度相差太大,就会造成几何线形和其他要素突变,增加行车困难和事故的发生率。其控制值在0.80~1.00范围内。

(4) 交通管理设施布设和效果。布设交通管理设施的目的:① 消除潜在的事故隐患;② 提高行驶速度;③ 增大通行能力;④ 增加舒适度和安全感;⑤ 减小混合交通的影响和减少时间延误;⑥ 提高道路使用率;⑦ 减少车辆间的相互干扰。如设置分隔带(器)、导流岛、安全岛、行车标线、道路标志、预告牌(前方路况、事故等预告)、交通信号、变向(反向)

车道、集散车道、辅助车道(慢车道或专用车道)以及防护栅栏等。交通管理设施的效果和布设情况,根据达到目的的程度,采用专家调查法评定。

表8 交通管理指标评价标准等级

指标			等级				
			一	二	三	四	五
安全性	路段	事故率/ (次·百万车千米$^{-1}$)	<0.8	0.8~<1.2	1.2~<1.5	1.5~<2.0	≥2.0
	交叉口	事故率/ (次·百万车千米$^{-1}$)	<1.0	1.0~<1.5	1.5~<2.0	2.0~<2.5	≥2.5
		交叉点速度/ (个·百平方米$^{-1}$)	<1.5	1.5~<2.0	2.0~<3.0	3.0~<4.0	≥4.0
纵横向干扰程度			很小	较小	一般	较大	很大
相邻区段间的设计速度的比值			>0.9~1.0	>0.85~0.90	>0.80~0.85	>0.75~0.80	0.70~0.75
交通管理设施		效果	优	良	中	较差	差
		布设情况	机动车与非机动车有分隔,交通标志和标线完善	机动车与非机动车有分隔,交通标志和标线较完善	机动车与非机动车有分隔,交通标志和标线不完善	机动车与非机动车不分隔,交通标志和标线很不完善	机动车与非机动车不分隔,交通标志和标线极不完善

(5)交通附属设施的布设和效果

公共汽车停靠站间距一般为0.6~1.0千米。停车场、维修保养场和休息场所一般布设在出入口道路起终点及对外交通枢纽附近。加油站的间距一般以2~5千米为宜。照明设施的灯具高度一般为6~10米。灯具纵向间距一般为30~50米,并应满足表9所列的要求。

表9 照明等级建议值

指标		等级				
		一	二	三	四	五
照度 /勒克斯	沥青路面	>5	>4~5	>3~4	>1.5~3	≤1.5
	水泥路面	>4	>3~4	>2~3	>1~2	≤1
照明不均匀度		<8	8~<10	10~<12	12~<15	≥15

5. 交通环境指标

(1)与自然环境的配合情况。与自然环境相适应,对自然环境的干扰、破坏减低至最小限度,并创造良好的景观和协调的开放空间。一般采用专家调查法定性地评定。

(2)绿化情况。道路绿化占道路总宽度的百分比按我国规定应为15%~30%,此外绿化还应考虑草皮、树木品种、宽度、高度、密度,对行车和环境的影响等,并由专家评定等级。

(3) 交通污染。主要为有害废气、噪声和振动。参照国内外有关资料,其建议值如表10。

表10 交通环境评价指标等级

指标		等级				
		一	二	三	四	五
与自然环境的配合情况		优	良	中	较差	差
绿化情况		优	良	中	较差	差
空气质量标准(按体积百万分之一)	一氧化碳	<8	8~<9	9~<10	10~<11	≥11
	光化学氧化物	<0.06	0.06~<0.08	0.08~<0.10	0.10~<0.12	≥0.12
噪声标准/分贝		<50	50~<55	55~<60	60~<70	≥70
振动标准/分贝		<60	60~<65	65~<70	70~<75	≥75

注:1. 空气质量标准一栏中,各标准值是指一小时值的一日平均值;
2. 光化学氧化物是指臭氧、过硝酸乙酰酯及其他经光化学反应所生成的氧化性物质。

6. 综合效益指标

对于新建或改建的出入口道路还要考虑综合效益指标,包括经济效益、社会效益、环境效益及技术经济指标。

(1) 经济效益包括新建、改建的出入口道路投资金额;营运效益包括行车营运费用所节省的效益、缩短行程时间的效益等。

投资回收年限,是根据投资总金额和营运效益通过计算求得的。根据我国目前状况,建议值列于表11。

表11 建议的投资回收年限与意向评价指标价值表

指标	等级				
	一	二	三	四	五
投资回收年限/年	<6	6~<9	9~<12	12~<15	≥15
意向指标价值/万元	>90~100	>80~90	>70~80	>60~70	≤60

(2) 社会效益包括由于新建或改建出入口道路而促进沿线工矿企业、文教卫生及旅游事业的发展,土地利用价值的提高,市区人口的郊迁,卫星城镇的发展,乡村的发展,城乡差别的缩小等。尚难于定量计算,但不容忽视。可采用专家调查法定性地评定。

(3) 技术经济指标。此指标反映交通量大小、速度的高低,交通组成的变化,以及工程结构、道路设施、交通管理措施的不同等级与贷款的时间、利息、金额等对投资效果的影响程度。投资效果的好坏是决定方案或措施取舍的重要因素之一。

3.2 综合评价指标

1. 综合评价的必要性

出入口道路系统涉及许多定量、定性因素,单项评价指标较多。各评价指标之间又彼此联系密切、相互影响。孤立地考虑几个因素的评价指标,难以确定出入口道路系统或规划设计方案的优劣。如甲系统(方案)的某些指标可能优于乙系统(方案),但另一些指标又可能劣于乙系统(方案),并且某些指标之间尚难于直接比较。因此,需要有一个综合性指标来评价整个系统(方案),以利于各系统(方案)之间的比较和评价。

2. 综合评价的方法

采用系统工程中价值分析评价法和单纯矩阵评价法作为综合评价的参考。

(1) 价值分析评价法

价值分析是对系统的目标和要求达到程度的衡量。上述各单项评价指标都只是从一个方面进行评价。如果全面评价,就需要把它们综合起来。由于各评价指标对出入口道路系统方案的影响不同,因此要用加权的方法来综合,建立如下广义价值函数:

$$V = \sum W_1 U_1$$

式中:V——系统总价值,V 越大,则系统(方案)越完善、越优。

W_1、U_1——分别为单项评价指标的权值和价值。

① 权值 W_1 的确定,根据各单项评价指标在出入口道路系统(方案)中的地位、作用、影响及重要性,采用专家调查法确定。$\sum W_1 = 1$,各项评价指标的权值建议值如表12所示。

表 12　单项评价指标的权值

评价指标	规化布局指标	线路系统指标	交通营运指标	交通管理指标	交通环境指标	综合效益指标
权值 W_1(现有道路)	0.22	0.20	0.30	0.16	0.15	—
权值 W_m(规划道路)	0.25	0.15	0.20	0.10	0.10	0.20

② 价值 U_1 的确定。根据单项评价指标的评价标准等级确定其得分情况即为其价值 U_1,如表 11 下栏所示。

出入口道路系统(方案)单项评价指标的权值和价值确定后,即可根据 $V = \sum W_1 U_1$ 确定其总价值。

(2) 单纯矩阵评价法

单纯矩阵评价法只要判断各评价指标或规划设计方案两两之间的权值关系(成比例关系)使问题简化、便于集中思考。有助于做出全面、系统的评价。

① 设有 n 个出入口道路系统(方案)$S_1, S_2, \cdots, S_n$,每个系统(方案)有 m 个单项评价指标 $e_1, e_2, \cdots, e_m$。首先评价 m 个评价指标之间的两两关系,即不考虑系统(方案)对评价过程的影响,按照层次分析法遂一评价 $e_1/e_1, e_2/e_1, \cdots, e_m/e_1$;然后依次评价 $e_1/e_2, e_2/e_2, \cdots, e_m/e_2$ 直至 $e_1/e_m, e_2/e_m, \cdots, e_m/e_m$。由此形成权值矩阵 D,如表13。

D 是一 $m \times m$ 阶的矩阵,如有一个数 λ 且有非零向量 $X = (X_1, X_2, \cdots, X_m)$,使得 DX

$=\lambda \boldsymbol{X}$,则称 λ 为 $\boldsymbol{D}$ 的特征值。从 $\boldsymbol{D}$ 的全部特征值中找出最大特征值 λ_{max} 及其特征向量 $\boldsymbol{W}_1$,$\boldsymbol{W}_1=(W_1^1,W_2^1,\cdots,W_m^1)$,将 λ_{max} 对应的特征向量 $\boldsymbol{W}_1$ 单位化即可求得各评价指标的权值特征向量。

$$\boldsymbol{W}=\left(\frac{W_1^1}{\sum_{i=1}^m W_i},\frac{W_2^1}{\sum_{i=1}^m W_i},\cdots,\frac{W_m^1}{\sum_{i=1}^m W_i}\right)=(W_1^1,W_2^1,\cdots,W_m^1)$$

在求得权值的基础上,再求各评价指标的价值,方法与求权值一样。在此处只考虑单个评价指标系统(方案)的优劣,而不考虑其他评价指标对系统(方案)的影响。如在第 1 个评价指标 $e_1(i=1,2,\cdots,m)$ 中,由单个评价指标影响下价值定义得出 n 个系统(方案)两两之间的相对比值,形成价值矩阵 $\boldsymbol{C}_1(i=1,2,\cdots,m)$,如表 14,$\boldsymbol{C}_1$ 为 $n\times n$ 阶的矩阵。在这个过程中,对于 m 个不同评价指标,形成 m 个 $n\times n$ 阶的价值矩阵。然后分别求出价值矩阵 $\boldsymbol{C}_1$ 的最大特征值 λ_{max},及其相应的特征向量 $\boldsymbol{V}_1$,$\boldsymbol{V}_1=(U_1,U_2,\cdots,U_n)$,将 $\boldsymbol{V}_1$ 分制化即可求得各评价指标的价值特征向量:

$$\boldsymbol{V}_1=(\frac{U_1}{\sum_{i=1}^n U_i}\times 100,\frac{U_2}{\sum_{i=1}^n U_i}\times 100,\cdots,\frac{U_n}{\sum_{i=1}^n U_i}\times 100)$$

通过上述计算,在求得各评价指标的权值和价值之后,我们即可确定系统(方案)的总价值,如表 15。

表 13 权值矩阵 $\boldsymbol{D}$ 的形成

评价指标	评价指标			
	e_1	e_2	$\cdots$	e_m
e_1	e_1/e_1	e_1/e_2	$\cdots$	e_1/e_m
e_2	e_2/e_1	e_2/e_2	$\cdots$	e_2/e_m
$\cdots$	$\cdots$	$\cdots$	$\cdots$	$\cdots$
e_m	e_m/e_1	e_m/e_2	$\cdots$	e_m/e_m

表 14 价值矩阵 $\boldsymbol{C}_1$ 的形成

系统(方案)	系统(方案)			
	S_1	S_2	$\cdots$	S_n
S_1	S_1/S_1	S_1/S_2	$\cdots$	S_1/S_n
S_2	S_2/S_1	S_2/S_2	$\cdots$	S_2/S_n
$\cdots$	$\cdots$	$\cdots$	$\cdots$	$\cdots$
S_n	S_n/S_1	S_n/S_2	$\cdots$	S_n/S_n

表 15　不同系统（方案）的综合评价

系统（方案）	e_1 W_1	e_2 W_2	...	e_m W_m	总价值 $V(i)$
S_1	U_{11}	U_{12}	...	U_{1m}	$V(1) = \sum_{i=1}^{m} W_i U_{1i}$
S_2	U_{21}	U_{22}	...	U_{2m}	$V(2) = \sum_{i=1}^{m} W_i U_{2i}$
...	...	...	...	...	...
S_n	U_{n2}	U_{n2}	...	U_{nm}	$V(m) = \sum_{i=1}^{m} W_i U_{ni}$

同样，对于出入口道路的规划设计，我们取用总价值最大的方案，即若 $V(k) = \max V(j)(j=1,2,\cdots,n)$，则所采用的方案即为 S_k。对于现有出入口道路的评价，如果所计算出来的总价值 $V(j)$ 小于 60，我们认为该出入口道路已不能满足要求，需改建或另辟出入口道路。

② 矩阵 C_1、D 的误差容许值

矩阵的误差 $E_n = \dfrac{|\lambda_{\max} - P|}{P - 1}$，$P$ 为矩阵的阶数，对于价值矩阵 C_1 为 n，对于权值矩阵 D 则为 m。误差容许值一般要求 $E_n \leqslant 0.10$。

4　结束语

本篇是在我们对部分城市的出入口道路进行观测调查的基础上，参照国内外资料写成的，由于出入口道路系统很复杂，有关的因素比较多，因此评价系统的内容难免有错误或不妥之处，并且评价的标准和方法也有待于实践的进一步检验，欢迎批评指正。

第五编

城市自行车交通规划方法与实务研究

第Ⅱ編

自行车交通出行特征和合理的适用范围探讨*

徐吉谦，张迎东，梅 冰

（东南大学）

摘 要 本篇通过对国内若干城市自行车交通资料的收集、整理、分析，探讨了城市自行车交通的主要特征，并通过对城市居民自行车交通出行空间分布特征与城市居民总体出行空间分布特征的比较分析，求得城市自行车交通空间分布的合理出行范围及在不同规模城市交通结构中可能分配的比重。

关键词 交通特征；合理范围；时空分布

自行车交通在中国城市客运交通中担负着十分重要的任务，但人们对自行车交通的基本特征、使用条件和适用范围尚缺乏系统科学的分析和充分的认识。因而对自行车交通应采取的对策和态度，难免有主观成分。因此，研究自行车交通问题，必须放在一定社会经济条件、客运系统和城市的具体条件下进行。

1 城市自行车交通的本质特征

中国城市自行车交通迅猛发展，据有关方面统计，全国城镇自行车的拥有量约占全国总量的50%，一方面是由特定的社会经济条件决定的，另一方面是由自行车交通本质特性决定的。

1) 自行车的基本优点：灵活方便、自主性好、适应性强、造价低、经济耐用、便于维修、不耗能、有利于身体健康，无废气、噪声、振动等公害，有利于环境保护，占地少、功能多，可用于买米、买菜等日常购物及短距离旅游，适合大众需求。

2) 自行车的主要缺点：安全性差、易受碰撞、事故多、舒适性不好、受天气影响大、稳定性差、易受干扰，老、少、残疾人难以使用。

2 城市自行车出行特征

我国城市自行车出行有许多显著的特征，它与城市交通系统的综合规划、自行车交通系统的规划、城市道路系统规划设计、城市交通系统的营运管理，以及城市居民的工作与生活均有密切的关系。

---

* 本篇是国家自然科学基金会和建设部资助研究课题，发表于《现代城市研究》，1994年第6期。

2.1 城市自行车出行比重特征

我国现阶段,许多城市的交通方式结构中,自行车占有很大的比重,甚至在某些特大的现代化城市交通系统中,也占有很大的比重。就几类城市实际调查资料分析如下:

(1) 人口大于 200 万的 9 个特大城市,自行车出行量占城市总出行量的 25%～50%,除重庆市因系山城,地形陡峻难以骑行外,其他城市均在 25% 以上。自行车出行量的平均值约占总量的 36%,北京、天津这样一些著名的特大城市自行车出行超过了总出行量的 40%。9 个城市自行车出行量的平均值与公交车出行量平均值之比约为 62:38,在上下班出行中自行车出行比重更大,一般多在 60% 以上,南京占 69.4%。

(2) 人口为 100 万～200 万的大城市,据 10 个城市的调查统计资料,自行车出行量在 23%～63% 之间,其平均值占总出行量的 42.4%,较特大城市稍高。其自行车出行量与公交车出行量的平均值之比约为 72:28,即自行车出行量已超过公交出行量的 2 倍。

(3) 人口少于 100 万的大城市,统计了 11 个较有代表性的城市,自行车出行量在 40%～75% 之间,平均值为 51.2%。公交出行量为 4.72%,自行车出行量与公交车出行量的平均值之比为 92:8,即公交平均出行量约占自行车平均出行量的 1/12。

至于更小的城市因统计数据不全,无法进行定量比较。但据少数城市的调查资料分析,中小城市自行车出行比重在 40%～70% 之间。此外还有 1/3 的城市完全依靠自行车和步行。可见在现阶段我国城市交通系统中,自行车拥有量之高、出行量之大,在城市交通中所起的作用均不是其他国家可以比拟的。

2.2 自行车出行时耗分布特征

据 14 个 100 万人口以上城市居民出行时耗统计,平均为 27.36 分钟,最多的(大连)为 34.5 分钟,最少的(郑州)为 19.3 分钟;8 个人口小于 100 万的城市,居民平均出行时耗为 16.98 分钟。两类城市总的平均出行时耗为 23.58 分钟,平均出行速度仅为 8 千米/时左右,故自行车有很大的市场。下面主要分析自行车出行时耗的分布特征:

(1) 自行车出行方式在不同时耗段的分布特征

据南京等 7 个城市自行车出行时耗实际统计数据分析,尽管规模大小不同,其出行时耗在 10 分钟以内的均占 30% 左右,出行时耗在 20 分钟以内的均占出行量的 60% 以上,出行时耗在 30 分钟以内的平均达 80% 以上。

(2) 不同时耗段中自行车出行量分布特性

表 1 为以不同时耗段的总出行量为 100,求得到的不同出行方式在此时耗段中所占比重。由表可知,时耗小于等于 10 分钟的出行量为 40.0% 左右,时耗在 21～25 分钟的自行车出行量达到高峰,并持续一段时间,时耗在 31～35 分钟的出行量达 35% 以上,个别城市高达 70% 以上。故仅从不同时耗段各方式所占比重来看,公交出行在时耗 30 分钟以内较自行车费时很多,无法与自行车竞争,只有在大于 30 分钟以后公交才缓慢地增加。

表 1　不同时耗段中自行车出行所占比量统计表

单位：%

城市	≤10	11~15	16~20	21~25	26~30	31~35	36~40	41~45	46~50	51~55	56~60	>60
南京	44.0	55.7	52.8	52.5	51.0	36.0	35.6	32.7	24.9	19.9	20.9	14.4
郑州	51.59	67.00	69.98	76.44		75.52		70.48		64.48		45.35
徐州	39.41		56.64		72.56		77.72	78.30		67.12		—
马鞍山	40.83	60.85	59.59	72.13	68.48	68.64	63.64	59.26	52.04	46.27	47.20	35.10

（3）自行车与步行、公交出行在不同距离时耗段上的分布特征

不同交通方式在不同时耗段的分布比重，既反映了不同交通方式的特征，也对居民出行方式的选择产生重要的影响。表 2 为上海市公交与自行车在不同时耗段上的出行比重分布，表中统计数据显示当实际距离小于 8.5 千米（直线 6 千米）时，公交出行的时耗高于自行车时耗。表 3 为南京的调查统计资料，由表可知当出行距离大于 6 千米时，公交出行比重才逐渐超过自行车的出行比重。自行车高峰在大于 3～4 千米处，公交高峰在大于 9～10 千米处。步行高峰在 1 千米以内。据 1986 年北京市调查显示，公交乘客平均出行距离为 7.65 千米，车外时耗平均为 13.9 分钟，约为 0.93 千米，而其平均时耗为 59 分钟，显然此车速远低于 12 千米/时的自行车速度，通过实际测定得到，要达到 8～10 千米，两者的时耗才比较接近。

表 2　上海市公交与自行车不同距离时耗与出行分布比重统计表

空间距离/千米	1	2	3	4	5	6	7	8	9	10	11	12	13	14
实际距离/千米	1.4	2.8	4.2	5.7	7.1	8.5	9.9	11.3	12.7	14.1	15.6	17.0	18.4	19.8
公交出行比重/%	24	35	42	46.8	50.4	53.4	55.9	58.1	60.1	61.8	63.4	64.8	66.1	67.3
乘公交车时耗/分钟	23	32	40	48.7	56.3	63.7	70.8	77.8	84.5	91.3	98.4	104.9	111.3	117.7
自行车时耗/分钟	10.5	21	31.5	42.8	53.3	63.8	74.3	84.8	92.3	105.7	117	127.5	138	148.5
$t_{公}/t_{自}$	2.19	1.52	1.27	1.14	1.06	1.00	0.95	0.92	0.92	0.86	0.84	0.82	0.81	0.79

表 3　南京市上班出行自行车、公交、步行方式空间分布统计

出行方式		0~1	>1~2	>2~3	>3~4	>4~5	>5~6	>6~7	>7~8	>8~9	>9~10	>10~11	>11~12	>12	合计
自行车	数量/辆	69	155	168	185	157	131	88	64	56	56	34	24	22	1 209
	比例/%	5.75	12.89	13.96	15.37	13.05	10.88	7.32	5.32	4.65	4.17	2.83	2.00	1.81	100
			18.64	32.60	47.97	61.02	71.90	79.22							
公交	数量/人			15	19	22	26	32	34	36	39	43	39	36	32	373
	比例/%			4.02	5.09	5.90	6.97	8.57	9.12	9.65	10.46	11.53	10.46	9.65	8.57	100

续表

出行方式		出行距离/千米												
		0~1	>1~2	>2~3	>3~4	>4~5	>5~6	>6~7	>7~8	>8~9	>9~10	>10~11	>11~12	>12	合计
步行	数量/人	60	35	17	6	2									120
	比例/%	50	29.16 79.16	14.17 93.33	5.00	1.67									100

资料来源：东南大学 1991 年 5 月 6 日向主要交通区发出 2 000 份抽查问卷给居民，5 月 15 日收回 1 790 份。表中双排数字中的上排数据为有效问卷统计结果，下排数据为累计所占比例。

2.3 自行车出行的时间分布特征

自行车在全天 24 小时内的分布比重很不平衡，据 14 个城市的统计资料显示，全方式高峰小时的集中系数为 19.94%，公交为 16.5%，步行为 18.3%，自行车为 23.4%，大大高于公交、步行和全方式平均值。个别城市自行车高峰小时集中系数高达 35.1%。

一般城市自行车流量全天有 4 个高峰期，早、晚各有一个。中午有两个较低的小高峰，通常以早上高峰值最大，约为 20%，亦有个别城市和小区为三个高峰值或两个高峰值。

2.4 自行车出行的空间分布特征

自行车的出行量在地面空间的分布，通称空间分布，一般指城市各交通区内部及区域之间自行车出行量在空间的分布，它反映了自行车出行在空间的活动规律。在不同出行距离范围内其出行量分布不同。

表 4 为上海市自行车与公交出行，不同出行距离出行分布量的变化，表明在距离 5 千米处，累计量自行车达 83%，公交达 64%，3 千米以后自行车出行的分布量就逐渐下降。表 4 中天津市自行车与步行出行空间的分布量变化，表明在 0.5 千米处步行达最高值，到 2.5 千米处就迅速下降，自行车在 2.5~3.0 千米处达到最高值，约占总出行量的 87.8%。这表明当步行距离小于 2 千米时，与自行车有一定竞争力；当步行距离大于等于 2 千米时，基本上是自行车和公交的天下。

表 4 上海、天津自行车、公交、步行出行和在不同空间距离的分布表

单位：%

城市		距离/千米												
		0.5	1	1.5	2	2.5	3	3.5	4	4.5	5	6	7	8	9
上海	自行车		1.15		24.30		32.70		18.44		6.33	9.7	1.54	3.01	1.12
	公交车	0.58	9.76	24.64	17.55	11.80	12.96	3.49	7.96	4.42	3.72				
天津	自行车	26.4	44.5	54.6	58.0	87.1	87.8	86.3	85.5	84.1					
	步行	72.2	52.4	40.9	25.6	3.8	2.1	2.1	1.3	0.7					

据 19 个城市居民出行距离的调查统计，从 500 万人口的大城市到 10 多万人口的小城市，平均出行距离为 5.2 千米到 1.9 千米，平均值为 3.34 千米，而这些城市自行车出行

平均距离的统计值为 5 千米到 2.7 千米,平均值为 4.05 千米。这说明我国现在的城市居民平均出行距离很短,适合于自行车出行。

除以上 4 个自行车出行特征外,还有选择自行车出行者的目的、职业、年龄等特征,不再一一叙述。

3 自行车交通的适用范围

自行车的合理出行范围,是一个关系到城市交通结构和如何正确对待城市自行车交通的问题,也是当前中国城市交通政策的一个敏感问题。不过真正的"合理"的出行范围是很难用单一的定量指标来表达的,只是相对的各方面可以接受或承受的概念,它同国家经济发展水平、城市结构、生产力布局、道路网络、交通结构和地形气候等因素有关。不是一个固定的数值而是随城市大小、基础设施和经济水平等条件而变化。

现仅据自行车出行特性、居民出行时耗、客运方式与出行量在不同时耗段的分布等调查资料,对近期自行车出行的合理范围进行初步探讨。

1) 城市居民出行性质、职业和目的不同,出行者的收入和个性不同,对出行的要求自然也有所不同,因此,在今后一定时期内,城市居民出行需求必然是形式多样的,这就决定了交通方式的多元化,而不是单一模式。

2) 前面引用的出行特征数据表明,我国当前城市居民的平均出行水平不高、出行距离很短,特大城市及中小城市的平均出行距离仅为 3.34 千米(最远的仅为 5.2 千米),平均出行时耗为 23.58 分钟,而自行车的实际出行平均时耗为 20.4 分钟,以 12 千米/时车速计,约为 4.0 千米,较上述居民平均出行距离 3.34 千米还稍大。从出行距离整体上来看,有可能满足当前部分出行者的出行要求。

3) 从城市居民出行主要交通方式的构成,各方式在不同时耗段中的分布比重来看,在时耗为 10 分钟、20 分钟、30 分钟和 40 分钟以内的自行车出行分布比重分别为 29.5%、59.5%、86.9% 和 93.3%;步行出行分布比重分别为 51.3%、81.8%、94.7% 和 97.8%;公交出行分布比重分别为 3.2%、16.7%、39.8% 和 53.7%。可见自行车出行主要分布在 30 分钟以内,步行出行主要分布在 10 分钟以内,公交出行的主要范围为大于 20 分钟。

4) 前述自行车出行特征和出行时空分布,从一个侧面反映了我国城市客运结构现状的不尽合理,居民出行机动化程度低,公交比重小,而自行车负担过重,自行车出行距离分布过远,时耗过长,有些城市出行时耗分布达 90 分钟以上,空域达 15 千米以上,这种大时耗、长距离的分布,同公交不发达有关。实际上自行车还承担着一部分应由公交承担的远距离出行,也可以说是被迫承担的。从这个意义上讲,目前的居民出行时空分布并不代表合理的出行范围。但另一方面又反映了各出行方式的自身特点。

5) 根据前述自行车、公交与步行出行资料分析,我们认为大城市、特大城市或公交较为发达的城市,应强化自行车的近距离、交通区内或相邻交通区的出行,其出行适应时域、空域的合理范围应为:0～30 分钟、6 千米以内,其主导时域、空域范围应为:0～20 分钟、4 km 以内。

中小城市或公交水平较低、无力发展公交的城市,自行车在近期及今后一段时期内将起主导作用,其出行的合理时域、空域应为城区和部分近郊区:

分布时域、空域应为 0～40 分钟、0～6 千米或 8 千米左右。

主导分布时域、空域应为 0～30 分钟、0～4 千米或 6 千米左右。

建议的不同时期不同规模城市自行车出行的合理比重列于表 5。

表 5　建议不同时期各类城市自行车交通的合理比重表

单位:%

城市人口/万人	1995 年	2000 年	2010 年	2020 年	2030 年
≥200	35	30	25	20	15
100～<200	40	35	30	25	20
50～<100	50	45	40	35	30
20～<50	60	55	50	45	40
<20	65	60	55	50	50

注:不同城市可能有一定的变化幅度,此建议仅供参考。

马鞍山市自行车交通出行特性分析*

徐吉谦,蓝 山,刘剑锋

(东南大学)

摘 要 自行车交通是城市交通系统的一个重要组成部分,深入剖析自行车交通出行特性是做好自行车交通道路网络规划的基础。本篇基于对马鞍山市自行车的出行现状,分析马鞍山市的自行车出行时空分布特征,进而总结出该市自行车迅速发展的原因与自行车交通的问题。

关键词 自行车交通;特性分析;马鞍山市

当前我国大中城市随着经济的迅速增长、城市规模的扩大、车辆的增多、人口的膨胀,交通的拥挤阻塞日益加剧,以致城市交通问题越来越引起广大市民与有关领导的重视与关注,甚至在某些城市已成为第一热门话题。正如大家所知,城市交通是个复杂的社会系统工程,形成的原因很多,其中自行车交通是城市交通系统的一个重要组成部分,在城市各类交通方式中所占比重最大,一般达30%~80%,特别是在上班出行中所占比重最大。虽然自行车乱停、乱放,抢道违章等交通事故最多,又不易管理,但自行车经济、灵活、方便,最受群众欢迎,且短时间内尚无其他工具可以代替,因此,搞好自行车交通,减少自行车对机动车的干扰,缓解城市交通的尖锐矛盾,是一个迫切而具有现实意义的问题。

搞好自行车交通,不能采取单纯禁、堵的方法,而应采取疏通、引导与加强管理的办法。首先做好自行车交通道路网络规划,充分利用现有的支路,改善自行车交通的条件,特别是上班出行的骑车条件,为此,我们进行了系统的调查研究,对安徽合肥、马鞍山等几个城市的自行车交通做了调查、预测、特性分析及自行车道路网络的规划,受到城市规划与交通管理部门的欢迎。其中马鞍山市是一个中等规模城市,自行车发展已达较高水平,在全国中等城市中具有一定代表性,现将该市自行车调查分析与道路网络规划做一简略介绍,供同行研讨、参考。不当之处,敬请批评指正。

1 自行车交通现状分析

1.1 概况

马鞍山市市区属微丘地形,地势平坦,是一个新兴的中等钢铁工业城市。1990年,市区人口为42.06万人,其中,非农业人口为33.54万人,建成区面积为28.5平方千米。

---

* 本篇发表于《城市道桥与防洪》,1996年第1期。

马鞍山市自行车的发展已达到较高的水平,1990年自行车拥有量为29.8万辆,1991年增至31.7万辆,拥有水平为1.41人/辆。其中15岁至65岁的人口占总人口的75%,考虑到10~14岁和大于65岁的人中还有一部分人骑自行车,取适龄骑车人口为总人口的80%,则适龄人口的自行车拥有水平已达1.13人/辆,接近饱和。

1.2 自行车出行现状分析

1. 居民出行方式结构

根据马鞍山市的居民出行调查资料汇总,可得表1。

表1 1991年马鞍山市居民出行方式结构统计表

出行方式	步行	自行车	公交车	出租车	摩托车	单位车	其他	合计
比重/%	38.17	54.60	3.92	0.07	1.53	1.59	0.12	100
出行量/(人次·日$^{-1}$)	14 353	20 532	1 474	27	575	598	44	37 603

注:第二行数据为抽样调查数据。

表1中,自行车所占比重达54.60%,在各种交通方式中居于主导地位,步行也高达38.17%,二者共占92.77%,而公交所占比重仅为3.92%,故做好自行车交通规划有重要意义。

2. 自行车出行目的结构

现将自行车出行方式在不同出行目的中所占比重列于表2。

表2 自行车出行方式中不同目的分布统计表

目的	上班	上学	公务	生活	文体	探亲访友	看病	回程	其他	合计
比重/%	39.71	4.67	0.87	3.27	0.66	1.01	0.25	48.25	1.31	100

表2中,自行车出行目的主要为上班和回程,若不计回程,则上班占76.73%,在各种出行目的中占绝对优势,公交车出行亦以上班为主,如不计回程约占公交出行的50%,步行出行目的呈多样化,占比重较大的有上班、上学、生活。综上所述,在各种出行方式中,最主要的目的都是上下班,故解决好城市居民上下班交通矛盾,是解决城市交通问题的关键所在。现将各目的中自行车出行比重列于表3。

表3 各出行目的中自行车出行方式所占比重统计表

目的	上班	上学	公务	生活	文体	探亲访友	看病	回程	其他
比重/%	70.99	27.41	52.96	28.22	26.21	52.01	30.95	54.33	1.31

表3中,上班出行中自行车占70.99%,这与职工上下班出行距离不长和马鞍山市的城市规模及工业布局有关,公务出行的主要方式亦是自行车。

以上表明,居民主要出行方式以自行车、步行为主,公交在各种出行中所占比重均较小。

3. 自行车出行职业分布

将自行车出行方式在不同职业出行中所占比重列于表4。

表 4 自行车出行方式在不同职业出行中的分布统计表

职业	小学生	中学生	大学生	工人	服务员	职员	个体户	家务	其他	合计
比重/%	1.28	6.33	2.07	60.27	3.06	23.11	0.46	1.36	2.06	100

表 4 中自行车出行者,工人占 60.27%,职员占 23.11%,此二者为自行车出行的主要职业。将自行车出行方式在不同职业中所占比重列于表 5。

表 5 各种职业中自行车出行方式所占比重统计表

职业	小学生	中学生	大学生	工人	服务员	职员	个体户	家务	其他
比重/%	7.99	39.36	71.96	72.41	54.31	61.78	36.68	10.14	28.28

小学生年龄小,出行距离短,骑自行车出行的比重很小。由表 5 可见,随着年龄的增长,中学生、大学生自行车出行所占比重迅速上升,分别占 39.36% 和 71.96%,工人的出行中,主要是自行车,占 72.41%。

4. 自行车出行者的年龄分布(表 6)

表 6 自行车出行方式不同年龄所占比重统计表

年龄/岁	6~14	15~19	20~24	25~29	30~39	40~49	50~59	≥60	合计
比重/%	2.16	7.92	17.23	20.12	21.63	16.75	11.76	2.43	100

自行车出行者主要是 20~49 岁的中、青年,他们精力充沛;6~14 岁年龄小故所占比重较小;20~29 岁时达到高峰,此后,比重逐渐下降。其他城市的调查资料也大致如此,现将各年龄组自行车出行方式所占比重列于表 7。

表 7 各年龄组中自行车出行方式所占比重统计表

年龄/岁	6~14	15~19	20~24	25~29	30~39	40~49	50~59	≥60
比重/%	11.01	50.83	79.16	78.11	71.68	57.98	42.95	17.39

从表 7 可以看出,15~19 岁的出行者以自行车出行为主,占 50.83%,20~39 岁的出行者选择自行车出行的比占 70% 以上,40~49 岁的出行者仍以自行车出行为主,而 50~59 岁与 15~19 岁的情况与其类似。

5. 自行车出行的时耗分布如表 8 所示(为对比起见列出了公交与步行)

表 8 各出行方式中不同时耗所占比重统计表

单位:%

方式	时耗/分											合计
	≤10	11~15	16~20	21~25	26~30	31~35	36~40	41~45	46~50	51~55	56~60	>60	
步行	53.97	14.88	15.98	2.06	9.90	0.33	1.08	0.22	0.53	0.03	0.60	0.42	100
自行车	27.31	17.69	19.06	4.95	22.07	1.32	3.34	0.78	1.18	0.15	1.44	0.71	100

续表

方式	时耗/分											
	≤10	11~15	16~20	21~25	26~30	31~35	36~40	41~45	46~50	51~55	56~60	>60	合计
公交车	3.39	2.10	7.60	3.26	29.44	3.53	10.92	4.07	8.08	1.63	14.11	11.87	100
其他	26.43	13.75	17.60	4.02	20.10	1.75	6.11	1.53	2.23	0.85	2.82	2.81	100

表 8 列出的不同方式的时耗分布,步行出行时耗在 10 分钟以内占 50% 以上,20 分钟以内占 84.83%;公交出行在 25 分钟以上所占的比重较大;自行车的出行时耗 20 分钟以内占 64.06%,30 分钟以内占 91.08%,为直观起见以直方图形式示于图 1。

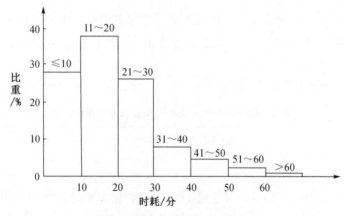

图 1　自行车出行时耗分布图

1.3　自行车出行时空分布特点

1. 自行车出行时间分布

将 24 小时自行车出行分布绘成图 2,则由图可看出,马鞍山市自行车出行有四个明

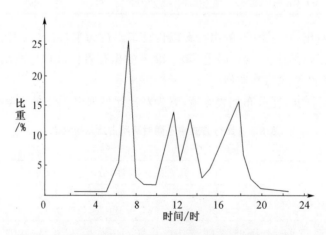

图 2　马鞍山市自行车出行时间分布图

显的高峰,其出行量约占全天出行量的 70%。(1) 早高峰为 7:00～8:00,是全天中的最高峰,占全天出行量的 24.91%,其特点是流量集中,目的单一,绝大部分为上班出行。(2) 中午 11:00～12:00,13:00～14:00,又出现两次高峰,这是马鞍山市居民出行的一个显著特征。建成区只有 28.5 平方千米,职工上下班出行距离不长,许多职工中午回家吃饭,其出行量占全天的 23.58%。(3) 晚高峰为 16:00～18:00,其出行量占全天的 22.04%,其中大部分集中在 17:00～18:00 之间。出行目的多样,一般是下班顺带购物以及其他生活性、文化性出行。下班时间不统一,致晚高峰的时间持续较长,流量不如早高峰集中。

2. 自行车出行空间分布

市区自行车高峰小时(7:00～8:00),双向流量大于 10 000 辆/时的路段有两个(表9),双向流量在 6 000 辆/时至 10 000 辆/时之间的路段共 10 个,均集中在市中心区的城市主干道以及联系东部生活区与西部厂区的主要道路上,即:红旗路、湖南路、湖北路、湖东中路,其中红旗路最为集中,个别路段流量达 10 000 辆/时以上,其原因主要是红旗路恰处在厂区与生活区之间,是大量职工上下班的必经之路。联系东部生活区和西部厂区的道路主要是幸福路东段、湖北路西段和湖南路西段,这些路段流量较为集中。

表 9 高峰小时自行车交通量大于 10 000 辆/时的路段表

节点编号	路名	路段	长度/米	交通量/(辆·时$^{-1}$)	车道宽/米
23～24	红旗路	幸福路—花山路	153	12 814	4×2
43～44	湖南路	宁芜路—红旗路	750	10 327	3.5×2

市区自行车高峰小时(7:00～8:00),流量超过 10 000 辆/时的交叉口共 6 个,主要是市中心区主干道上的交叉口以及通往厂区的主要道路与红旗路的交叉口。其中湖南路西段与红旗路的交叉口高峰小时自行车流量达 16 102 辆/时。

2 马鞍山市自行车迅速发展的原因

市民选择代步工具,除考虑个人的爱好、时效、体力、安全、舒适等外,主要受到下列因素的制约:

(1) 出行人的经济状况;
(2) 政府有关部门的交通政策;
(3) 能源、地理条件;
(4) 城市交通环境等。

马鞍山市自行车交通迅速发展的原因,可从下述几个方面来分析。

(1) 方便。自行车轻便易学,灵活机动,穿越性强,在居住区内深入性较好,是一种门到门的交通工具。

(2) 省时。自行车与公交相比,省时、准时,根据马鞍山市居民出行调查,自行车出行的平均时耗为 18.45 分钟,公交车出行的平均时耗为 39.10 分钟。

(3) 无污染。自行车不产生废气、噪声,也很少震动。而一辆机动车在正常行驶状况下平均每天可排放一氧化碳 3 千克、碳氢化合物 0.3 千克、氢氧化物 0.15~0.5 千克,以及少量的二氢化硫。车速越低,一氧化碳、氢化物的排放量就越大。

(4) 节约能源。能源和环境是当今世界的两大难题,目前美国交通能耗占总能耗的 25%,我国由于大量使用自行车,交通能耗只占总能耗的 7%,从表 10 可以看出,自行车的能耗远低于公交车。

表 10 三种交通方式的能耗表

交通方式	自行车	步行	公交车
能耗/[千卡・(千米・人)$^{-1}$]	15.2	78.3	170.7

注:1. 252 卡=1Btu(英国热量单位);
　 2. 资料来源:美国《自行车/行人规划与设计》。

(5) 受道路条件限制小。自行车对道路的通行条件要求较低,适应性强。

(6) 经济。自行车是一种比较经济的个体交通工具,使用寿命以 8 年计,售价以 300 元计,维修费以每年 10 元计,交税 4 元,支出费用每年每辆 52 元,而一年单位补贴约为 60 元,非常经济。

(7) 维修方便。自行车的不足之处,是无动力,老弱病残无法利用,抗恶劣气候性能差,稳定性不好等。

综上所述,我国现阶段出行者使用的代步工具中,自行车经济、方便、实用,与其他代步工具相比,在近距离交通中占有较大的优势。

3 马鞍山市自行车交通的主要问题

3.1 高峰流量集中

据调查,自行车出行量早高峰(7:00~8:00)占全天的 24.91%,晚高峰(16:00~18:00)占全天的 22.05%,二者相加几乎占全天的一半。

3.2 流向差太大

据观测,湖南路西段由东向西的自行车早高峰流量是由西往东流量的 7.6 倍,这样,一个方向的车辆无法通过,而另一个方向车辆极少,道路未能充分发挥作用。

3.3 自行车交通量在路网上分布极不均衡

高峰小时自行车流量为 6 000 辆/时~10 000 辆/时的路段有 10 个,大于 10 000 辆/时的路段有 2 个,最高达 12 814 辆/时。巨大的自行车流量主要集中在红旗路、湖南路、湖北路等市中心区的干道以及幸福路、湖北路西段等联系厂区与生活区的道路上,使得上述干道交通十分拥挤,而其他道路的自行车流量却很小。

3.4 交叉口拥挤,难以通过

市区自行车路口高峰小时流量大,多达 1 万辆/时以上的路口有 6 个,最高的路口达 1.6 万辆/时,还有不少与铁路相交的路口,经常堵塞,有时长达半小时以上,造成自行车排成长龙,群众意见很大。

3.5 道路条件差

马鞍山市道路成环成网率不高,斜交、断头、卡口特别是铁路堵口多,宽度窄,不能满足交通需求,常引起长时间排队、阻塞。

3.6 交通事故增多

自行车本身稳定性差,骑行时左右摇摆,加之又无防护装置,属交通弱者,且混行严重,极易发生事故,据1983年以前7年统计,自行车交通事故占全部交通事故的42.4%。

根据自行车出行特征分析、时空分布及时耗分析和存在的问题,我们认为应当充分利用现有支路和部分次干路做好自行车交通路网规划,改善自行车出行条件,减少交叉路口的拥挤堵塞,特别是保证职工上下班和学生上学、放学出行,同时减少自行车对主干道上机动车的干扰。这对缓解城市交通紧张局面、搞好交通秩序、提高行车安全等均有重要的现实意义。

基于机非分流的大城市自行车路网规划研究[*]

叶 茂，过秀成，徐吉谦，陈永茂，罗丽梅

(东南大学交通学院)

摘 要 为解决"机非混行"带来的交通问题和保障自行车交通的合理发展，通过对以往规划和实践的反思，基于"机非分流"的思路，提出应用分区分级的规划方法开展大城市自行车路网规划的研究，并对分区的划分和交通策略进行了探讨。通过与传统自行车路网规划方法的比较，提出按功能分类将自行车道路分为四级：市级自行车通道、区级自行车干道、区内自行车集散道和绿色自行车休闲道；重新定位自行车各级道路功能，并分析各级路网上的路权分配、相应的指标设置。在构建独立的自行车路网的同时，重点考虑了自行车路网规划对城市路网规划与老城交通改善的要求。

关键词 大城市；自行车路网规划；机非分流；分区分级

1 引言

自行车交通是我国大城市的主要交通方式之一，也是主要的绿色交通方式。据统计，我国城市中，人口规模为大于200万、100万～200万、50万～100万和小于50万的城市，自行车平均出行比例分别为34%、40%、36%和33%[1]。然而自行车交通与机动车交通在道路上的相互干扰与冲突，成为大城市交通混乱的根本原因之一。随着机动化的快速发展以及公交优先战略的实施，自行车交通在大城市交通中的定位、发展模式、交通流特性发生了新的变化，现有的"机非混行"模式已经不能适应交通发展的需要。

自行车交通规划历来受到世界各国城市的关注，发展较好的代表城市主要有丹麦的哥本哈根、荷兰的代尔夫特和美国的纽约等。尽管每个城市在空间形态、路网密度和非机动车流量等方面存在明显差异，但是其自行车路网规划中"政策优先、定位明确、级配分明、主次搭配、路权合理"等理念对于我国城市自行车网络的规划与改善有着一定的借鉴意义。机非分流的交通组织思想最早源于为消除机动车与非机动车之间的干扰与冲突，在道路断面上进行的路权划分，各种交通各行其道，互不干扰。但是这种做法一方面没有从根本上消除两者之间的冲突，另一方面也无法保证道路的主要功能，因此，在后期的路网规划中规划师们尽量采用机非分流的交通组织理念，构建独立的自行车交通网络。国内城市上海、杭州、武汉都在积极推动自行车交通实施计划。

针对我国城市交通固有的"混合"特征，不可能简单地依靠引进国外的技术来解决我

---

[*] 本篇是江苏省交通科技项目(编号：09R04)，发表于《城市规划》，2010年第10期。

国特有的交通问题,而必须针对我国城市混合交通演化特征,建立适宜的交通规划方法。解决这一问题而又符合我国国情的方法可称为"机非分流"工程。然而,对于如何科学规划连续的自行车道路网络系统,没有形成一套合理完整的系统解决方案,因此,有必要对其开展深入的理论与实践研究。

2 对以往规划的反思

以往的自行车路网规划主要结合城市道路网规划开展,其显著特点是在进行自行车交通预测与分配时都以全路网为基础,即规划的是全市性自行车路网,且主要通过断面设置路权。但是这种不加限制的全方位规划模式是否能诱导自行车交通的良性发展值得研究。通过对以往自行车路网规划方法的总结和现状自行车交通问题的分析发现:

(1) 随着大城市空间结构的拓展,居民出行距离增大,不适宜主要采用自行车这种近距离出行方式;

(2) 大城市公交优先战略的实施与公交系统的不断完善,使得轨道交通和地面公交的吸引力不断提高,规划全市性自行车路网不利于公交优先的实施;

(3) 规划建设全市性自行车路网容易诱使居民采用自行车长距离出行,没有体现以人为本,但目前我国多数城市尚普遍存在自行车长距离出行现象;

(4) 从经济性角度考虑,自行车长距离出行时耗太长,经济性较差;

(5) 自行车长距离出行不符合当前大城市对自行车交通的政策定位;

(6) 自行车长距离出行对骑行人的体力消耗较大,导致其应变和判断能力减弱,易造成交通事故。

因此,本篇提出的规划:以地区性为主的机非分流自行车路网对于大城市来说更为科学合理。

3 "机非分流"的基本思路与组织策略

针对我国交通流机非混行的特点,要规划系统的自行车道路网络,应以提高路网资源的利用率、保障自行车应有的通行权为前提。一方面使自行车交通形成一个相对独立的子系统,实现机非运行系统的空间分离,减少不同交通因子之间的相互干扰;另一方面要充分挖掘小街小巷和大院内部道路的自行车交通潜力,使自行车流量在路网中均衡分布,以减轻主、次干道上自行车交通的压力和满足自行车交通发展需求[2]。其规划设计应与区域道路网络紧密结合,协调自行车与机动车之间路网资源分配的均衡以及合理设置路权,同时考虑通过自行车干道实现与外部区域自行车交通系统的衔接以及与公交等其他交通系统的换乘。

根据自行车近距离出行的优势,将全网划分为若干个自行车交通区块,强化自行车交通区内出行,弱化自行车交通跨区出行。在分区规划思想的基础上,利用"机非分流"的组织方法重新梳理大城市自行车道路网络,打破传统的自行车道与城市快速路、主干路一体规划的思路,重新定位各级自行车道的功能,分析各级路网上的路权分配、相应的指标设置。在构建相对独立的自行车路网的同时,应重点考虑自行车路网规划对城市道路网规划以及老城交通改善建设的要求,并在交通复杂地区与单向交通规划密切结合。

4 自行车路网规划

4.1 自行车路网规划的基本方法

自行车路网规划应分析自行车车辆拥有和使用、自行车交通特性等自行车交通现状;分析自行车交通的发展环境,提出自行车交通的发展趋势,把握其在城市交通系统中的定位;分析规划年自行车交通出行总量和出行分布特征;运用分区与分级相结合的规划方法,以分区为基础进行自行车道路网规划。

4.1.1 分区化

分区化是指从自行车交通系统内部进行自我改善,充分发挥自行车交通近距离出行的优势,运用交通分区思想将城市划分为若干个自行车交通区块,强化自行车区内出行的功能,弱化跨区的自行车交通出行。从规划的角度调控,使自行车交通成为城市近距离出行的主导方式,成为公共交通的合理补充。

在分区内全方位组织自行车交通,充分利用街巷和居住区及大院内部道路,开辟相对独立的自行车通道,增大区内的自行车路网密度,提高路网的连通性,以提高区内自行车交通的吸引力。相对减少通往邻区及跨区的等级路,在保证连通性的基础上使中长距离出行的自行车交通受到一定的制约。

4.1.2 分级化

分级化规划是指对自行车道路进行分级,摒弃传统功能定位中将自行车道路等级等同于机动车道路等级的做法,根据自行车道路在规划范围内所处的位置,自行车出行分布特征等对城市自行车道路功能进行重新梳理,并按照其功能定位、服务对象的不同,将自行车道路划分为分级网络体系,网络的每个层次都依附于上一层次而衍生,相互结合形成层次清晰、等级分明、结构完善的自行车路网系统。各层次的自行车道路功能作用不同,其相应采用的道路类型也有所不同。

4.2 区块划分与交通组织策略

4.2.1 区块划分

分析自行车交通需求预测方法,自行车路网规划的难点之一在于其 O-D 数据的不易获取及其流量分布的不确定性。鉴于此,根据自行车交通发生的范围与频率,按照城市用地性质、用地容积率及交通分区思想提出自行车交通区,即自行车交通发生的"核心"区域,具体划分主要考虑以下因素:

(1) 城市功能分区及组团布局:是自行车分区的第一层次主要架构,自行车出行主要发生在城市主要功能组团内部,跨组团的长距离出行需要加以限制;

(2) 城市用地性质：自行车出行主要发生在居住用地和工作用地(包括行政办公、商业金融、教育医疗等)，因此，可考虑以大型居住区或者就业岗位集聚地为自行车出行的主要发生源，以2～4千米为出行半径划分自行车交通核；

(3) 高等院校及非住宿类中学、职业中学等公共机构也是自行车出行较为活跃的区域；

(4) 大型公交及轨道换乘枢纽是限制自行车长距离出行的重要方式，在其周边自行车交通量较大，应考虑其分布范围划分自行车交通区；

(5) 根据自行车交通流量分配结果，流量分布较为集中的区域应划分在区内进行组织。

4.2.2 分区交通策略

不同的分区，区内与区间自行车交通设施供给及交通组织策略有所不同，本篇通过研究界定了分区类型，提出了相应的分区交通策略(表1)。

表1 不同自行车分区交通策略

分区类型	自行车交通核联系	交通设施供应	交通组织策略
高频生成区	区内联系	高密度小街区式自行车路网，以低等级自行车道路为主	尽量成网，增加连通性，机非空间分离，自行车路权优先，鼓励自行车出行
	邻区联系	提供较为完善的邻区联系通道，以自行车干道为主	连接相邻分区，与换乘枢纽等有良好的衔接，鼓励公共自行车与"B+R"模式的实施
	跨区联系	提供有限的高标准通道，以满足连通为目的	通过有限的通道弱化长距离的跨区出行，达到减少自行车长距离出行量的目的
休闲运动区		沿风景区、公园绿地及绿化带设置专用自行车景观休闲道	提供良好的通行条件，鼓励以休闲运动为目的的自行车交通

4.3 自行车道路功能分类

(1) 市级自行车通道。市级自行车通道是自行车路网的骨架，是联系居住区和工业区及其与市中心联系的主要通道，承担着主要流向的自行车交通。要求快速、干扰小、通行能力大，其路径方向应与自行车出行的主要方向相一致，对缓解快速路、主干路的交通压力意义重大。

(2) 区级自行车干道。平行于主干道或市级自行车通道的次级非机动车道，联系各分区的自行车道，保证居住区、商业服务区和工业区与全市性干道的联系，主要满足自行车中、短距离的出行。

(3) 区内自行车集散道。联系住宅、居住区街道与干线网的通道，是自行车路网系统最基本的组成部分，在自行车路网系统中起着集散交通的作用，对增强自行车"达"的作用明显。以城市支路网和街巷道路为基础，要求路网密度较大，在生产服务区、生活区深入性较好。

(4) 绿色自行车休闲道。绿色自行车休闲道是连接公园绿地以及自然生态环境的休闲性自行车道，由宽度富裕的既有道路或休闲区域通行道路形成(表2)。

表2 自行车道路等级与需求特征

自行车道路等级	功能定位	需求分析	道路类型
市级自行车通道	联系全市各组团的自行车通道	自行车主流向交通出行	自行车专用道和有分隔的自行车道
区级自行车干道	联系各交通区的自行车道	自行车中、短距离的出行	自行车专用道、有分隔的自行车道和画线分隔的自行车道
区内自行车集散道	生活性道路、集散交通	区内生活性交通、自行车出行的集散	画线分隔的自行车道和混行的自行车道
绿色自行车休闲道	倡导自行车健身文化，接触大自然	休闲运动性交通	景点附近、沿山、沿河等有宽度富裕的道路

4.4 各级道路自行车路权分配

自行车路网规划是在"机非分流"指导下进行的，在主干路上自行车路权做出一定的让步，在次干路尤其是支路上应适当得到补偿(表3)。

自行车的路权分配主要体现在道路空间资源的占有上。对于部分资源不足的路段，需配合路权管理设施的实施，如机非立柱分割、高峰时段借道、潮汐单行车道、高峰时段禁机等。

表3 四级自行车道的功能定位及路权规定

序号	等级	功能定位	自行车路权
1	市级自行车通道	快慢分行、区间连通	相对优先
2	区级自行车干道	区内畅达、连通干道	保证通行
3	区内自行车集散道	区内连通、衔接区道	通达即可
4	绿色自行车休闲道	休闲主导、亲水触绿	机非分离

4.5 自行车道路分级规划体系

在"机非分流"指导下，根据分区自行车路网规划方法，本篇提出自行车路网规划应遵循"区内通达，区间连通"的规划原则，即在不同的自行车交通区内规划高密度的自行车路网，保障自行车区内短距离出行及接驳公交；在分区之间规划有限的通道，在保证连通性的同时限制自行车的长距离出行。另外自行车交通作为休闲运动方式，应遵循亲水、引绿入城的原则，创建绿色生态城市。各级自行车道规划体系如图1所示。

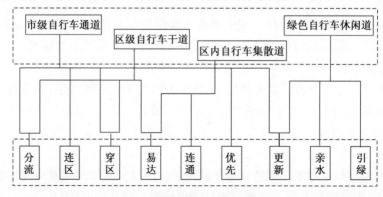

图1 各级自行车道规划体系

5 自行车路网指标

5.1 自行车路网密度

由于四级自行车道主要通过自行车专用道、实物分隔自行车道、画线分隔自行车道三种道路形式实现,因此为实施方便起见,本篇主要借鉴这三种类型自行车道密度指标研究四级自行车道密度。

考虑到规划自行车专用道的主要目的是分离出主干道、次干道上的非机动车交通,因此要从机非分离的三个层次来考虑自行车专用道的密度。第一个层次:所有主、次干道皆设为机动车专用道;第二个层次:主干道设为机动车专用道,次干道设为有分隔的机非混行道路;第三个层次:介于第一、第二层次之间,主干道设为机动车专用道,次干道部分设为机动车专用道,部分设为机非混行道路。由此,自行车专用道的密度应满足下面的关系:

$$自行车专用道密度 \geq 主干道(含快速路)密度 + 次干道密度 \times \lambda, \lambda \in [0,1]$$

参照《城市道路交通规划设计规范》[3]给出的路网规划指标,各类自行车道密度与间距指标建议值见表4。

5.2 自行车道宽度

根据国外的相关规定及国内《交通工程手册》的规定,自行车骑行时左右摆动各为0.2米,而自行车的外廓最大尺寸为:长1.9米、宽0.6米,则横向净空应为横向安全间隔(0.6米)加车辆运行时两侧摆动值各0.2米[4-5],故总的一条自行车道的宽度为1.0米。若有路缘石,其侧的0.25米路缘带骑行者难以利用[5],故在车道总宽度中需加上0.5米,即一条车道宽度应为1.5米,两条车道为2.5米,以此类推(表5)。

表4 各级自行车道密度与间距建议值

自行车道路类别	密度指标/(千米·千米$^{-2}$)	道路间距/米
市级自行车通道	1.1~1.8	800~1 500
区级自行车干道	2.6~3.7	400~600
区内自行车集散道	12~17	100~150
绿色自行车休闲道	—	—

注:"—"表示不做具体要求。

表5 自行车道宽度范围

单位:米

道路等级	机非物理分隔自行车道宽度	机非标线分隔自行车道宽度	人非共板的宽度	机非混行道路宽度
市级自行车通道	5~8	—	5~10	—
区级自行车干道	4~6	3~5	4~8	—
区内自行车集散道	—	2.5~4	3~6	5~9

续表

道路等级	机非物理分隔自行车道宽度	机非标线分隔自行车道宽度	人非共板的宽度	机非混行道路宽度
绿色自行车休闲道	5～10	—	6～12	—

注:"—"表示该类型自行车道路没有对应的道路断面形式及自行车道宽度,因此不做界定。

5.3 自行车道断面标准

根据不同等级自行车道的主要功能、路权定位以及宽度要求,结合有关研究成果,本篇对各级自行车道的主要断面形式做了讨论,推荐断面标准见图 2。

6 对城市路网规划及老城区交通改善的要求

6.1 对城市路网规划的要求

自行车路网规划基于城市道路网展开,一个合理完善的自行车路网方案要求有相适应的城市路网基础,这对城市路网规划提出了新的要求。

(1) 较大的城市道路网规模,尤其是不同分区内部路网体系。机非分流是机非空间上分离行驶,对道路空间资源的需求增加。因此,提高城市路网规模是实施机非分流的基础和保障。根据本篇的研究方法,自行车出行主要集中在区内,对区内的道路条件要求较高,因此上一级城市分区路网应提高路网密度。

(2) 良好的城市道路网形态。自行车出行属于体力出行方式,因此要求具有良好的道路线形等条件,弯曲不规则的道路影响自行车出行方式的选择。路网形态也是机非分流的影响因素,不规整的城市路网形态连通性较差,不利于单向交通组织和自行车平行分流道路的寻找。

(3) 合理的道路等级结构。本篇提出的四级自行车道路功能定位和道路类型依附于不同的城市道路,例如市级自行车通道主要联系全市组团间交通需求,缓解快速路和主干路交通压力,因此,市级自行车通道应以城市路网骨架为基础,区内自行车集散道则以城市支路网和街巷道路为基础。应根据自行车道路的等级结构对城市道路的要求,合理确定城市不同等级道路之间的比例,根据道路宽度和交通需求,将城市街巷道路合理纳入城市支路范畴。

(a) 自行车道路主要标准断面形式一

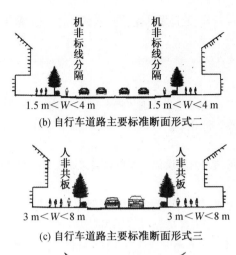

图 2　自行车道路主要标准断面形式

6.2 对老城区交通改善的要求

自行车交通问题在老城区尤为明显,然而受城市空间和历史风貌的影响,老城区的交通问题不能依靠拓宽道路和开辟新路来解决,机非分流的实施要求老城区交通从以下几个方面改善:

(1) 本篇提出的路网规模要求较高,因此老城区应通过街巷的改造和适当增建支路来提高路网密度,健全、完善区内路网,实现机非分流的畅通。

(2) 优化道路功能,尤其是避免交通干道出现商业功能和交通功能叠加的现象,减少干道上的自行车流量,减少机非冲突。

(3) 尤其要注重非机动车在交叉路口的通行权,保证路口机非运行的协调。

因此,为保障机非分流的实施,发挥快慢分行的效益,建议大城市路网规划在确定城市路网骨架的条件下,采取分区路网规划的思路和方法,提高城市路网密度,尤其是支路网密度,在自行车出行需求较大的分区内部采用高密度的小街区路网模式,同时重点处理好老城区的自行车交通。

7 结束语

自行车交通在目前乃至今后很长一段时间内仍将是我国城市交通的一大特点,因此我们必须改变以往在城市交通规划、建设、管理过程中忽视自行车交通的做法。同时应该认识到,城市自行车交通自成系统,应该深入、全面地分析问题,宏观地确立自行车在城市交通结构中的定位,研究自行车交通发展政策,系统、全面地规划设计自行车交通系统中的每一个层次和环节。

参考文献

[1] 中国公路学会《交通工程手册》编委会. 交通工程手册[M]. 北京:人民交通出版社,1998.
[2] 关宏志,刘小明,陈艳艳,等. 利用街巷开辟自行车专用道的研究:以北京市东黄城根为例[J]. 城市规划,2001,25(4):49-52.
[3] 国家技术监督局,中华人民共和国建设部. 城市道路交通规划设计规范:GB50220—1995 [S]. 北京:中国标准出版社,1995.
[4] Forester J. Bicycle transportation[M]. Cambridge, USA:The MIT Press,1994.
[5] 徐吉谦. 交通工程总论[M]. 2版. 北京:人民交通出版社,2002.
[6] 杨健荣,过秀成,高奖. 新形势下大城市自行车规划方法探讨:以马鞍山市为例[J]. 道路交通与安全,2006,6(5):16-20.
[7] 韩西丽. 多目标城市自行车道网络规划设计探索:以台州市椒江区为例[J]. 北京大学学报(自然科学版),2008,44(4):604-610.
[8] 王秋平,郑爱龙. 城市自行车交通网络规划构想[J]. 城市问题,2005(6):85-89.
[9] 陈小鸿. 上海市中心城区慢行交通系统规划[R]. 上海:同济大学,2006.

马鞍山市区自行车道路规划设计

徐吉谦,蓝 山,杨 涛

(东南大学)

摘 要 自行车交通规划是城市综合交通规划的重要组成部分之一。本篇基于对马鞍山市2000年经济水平、规模、道路网状况、公交水平、交通政策、地形、气候等影响因素的深入分析,进行自行车发展预测。根据预测结果,对自行车道路进行分类与等级划分,建立包含自行车道路宽度、净空、设计速度及通行能力等主要技术指标的计算模型,提出自行车路网规划的依据与原则,进而设计自行车路网规划方案。

关键词 自行车;发展预测;技术指标;路网规划

1 马鞍山市2000年自行车交通发展预测

1.1 马鞍山市自行车交通影响因素分析

自行车交通主要受城市的经济水平、规模、道路网状况、公交水平、交通政策、地形、气候等的影响。

1. 经济发展水平 马鞍山市目前的经济水平正适合自行车交通的发展,按规划2000年人均国民收入将达到6 800元,以1 000美元计,较西方工业化国家汽车化初期的经济水平还低一些,个别富裕户可能具备购买小汽车的经济实力,但由于各种费用开支、停车设施和道路条件差,使用者不会很多。

2. 城市规模 马鞍山市规模正适合自行车的发展,到2000年规划用地发展到44平方千米,面积有较大拓展。出行的距离仍将适合自行车,因此预计今后20年左右自行车出行变化不大,步行下降,公交将有所上升。

3. 交通政策 交通政策对客运交通结构会产生很大影响。例如增加公交投资,增加线路、车辆,减免税收,同时取消自行车补贴,增收自行车税,控制自行车发展数量等。因此公交所占比重将有所上升,而自行车所占比重将稍有下降。

4. 公交状况 如表1所示,1980—1990年,马鞍山市的公交客运量不仅没有增长反而下降了不少。预计到2000年其公交水平可能稍有提高。

---

* 本篇发表于《城市道桥与防洪》,1996年第2期。

表 1 马鞍山市历年的公交客运量与自行车增长状况

指标	1979	1980	1981	1982	1983	1984	1985	1986	1987	1988	1989	1990
公交客运量/万人次	—	4 176	4 357	4 110	3 995	4 111	4 287	4 466	4 551	4 596	4 243	3 861
自行车拥有量/万辆	4.81	5.66	6.90	10.54	11.47	13.89	16.37	19.57	22.25	25.60	28.15	29.80
自行车增长率/%	—	17.67	21.91	52.75	18.31	11.41	17.53	19.55	13.69	15.04	9.97	5.86

1979—1990 年,自行车拥有量稳步上升,但近年来增长势头开始衰减。1990 年,自行车拥有水平为 1.41 人/辆,适龄人口已达 1.13 人/辆,接近饱和。因此,若不考虑其他因素,按现在的趋势发展下去,到 2000 年,自行车在客运交通结构中所占比重可能变化不大。

1.2 国内同类城市的自行车出行比重

根据国内近年交通调查统计结果,列出了常州、烟台、温州、绍兴、淄博、芜湖等 6 个规模相近城市的客运交通结构作为分析参考,6 个城市的平均人口为 3.12 万,与马鞍山市相近,其公交出行比重为 1.3%~6%,自行车出行比重为 43.9%~72%,步行出行比重为 19.23%~47.95%,相应的平均值为 3.43%、59.53% 与 34.64%。

这些数值大致反映了目前我国中等城市的客运交通结构的变化状况,即以自行车与步行为主体,公交还处于发展的起步阶段。马鞍山市 1990 年调查的公交出行占 3.92%,自行车出行占 54.6%,步行出行占 38.17%,大致与平均值接近。考虑到马鞍山市为新兴工业城市,经济发展较快,经济实力较强,上班出行比重较大,今后公交的发展可能较一般城市要快一点。现在马鞍山市的步行出行比重较平均值稍高,有可能降低一点,而现在自行车出行较平均值稍低。今后随着城市规模扩大,公交水平提高,自行车出行比重虽可能有所降低,但不会降低太多。

1.3 马鞍山市自行车发展预测结果

根据上述分析和模型预测,马鞍山市 2000 年客运交通结构将在如下的范围内变化,即公交出行占 5%~12%,自行车出行占 50%~55%,步行出行占 30%~35%,其他出行占 4%~5%。

综合诸因素,建议自行车交通规划的出行结构为:1990 年自行车出行量占客运总量的 54.6%(实际调查得出的数据),预测 2000 年自行车出行量占客运总量为 50.2%~52.8%,其调整幅度为 -4.4%~-1.8%,并提出两个方案,供选择采用。

2 自行车道路的类型与等级

2.1 自行车道路的类型

1. 独立的自行车专用道:不允许机动车辆进入,专供自行车通行。这种自行车道可消除自行车与其他车辆和行人的冲突,多用于自行车干道和各交通区之间的主要通道。

规划时,应将城市各级中心、大型游戏设施及交通枢纽等端点连接起来,应尽可能地与城市主要交通流向相一致,以利于减轻高峰时段自行车流对机动车干道的干扰。

2. 用实体分隔的自行车道:用绿化带或护栏将自行车道与机动车道分开,不允许机动车辆进入,专供非机动车通行。这种自行车道在路段上能消除自行车与其他车辆、行人的冲突,但在交叉口,自行车无法与机动车分开,多用于全市性的自行车干道和各交通区之间的主要联系通道。

3. 画线分隔的自行车道:在单幅路上与机动车道画线分隔,布置于机动车道两侧的自行车道。虽然较为经济,但由于自行车与机动车未完全分开,不太安全。良好的路面标识系统可提高安全度。适用于交通量较小的各交通区之间或各交通区内的自行车道。

4. 混行的自行车道:机动车与自行车在同一道路平面内行驶,其间无分隔标记。多用于交通量不大的相邻交通区之间的自行车道和居住街道系统中。这种形式有利于不同高峰小时的快慢车流,充分发挥道路效益。但其安全性较差且与机动车相互干扰,车速下降。

2.2 自行车道路的等级

1. 市级自行车干道:是全市性的联系居住区和工业区,及其与市中心联系的主要通道,承担着大量的自行车交通。要求快速、干扰小、通行能力大,是全市自行车路网的骨架,其方向应与自行车出行的主要方向相一致。它包括全市性的自行车专用道和用实体分隔的自行车道。

2. 区际自行车道路:是联系各交通区的道路,应保证居住区和工业区与全市性干道的联系。主要是满足自行车大量的中、近距离的出行。包括自行车专用道、有分隔的自行车道和画线分隔的自行车道。

3. 区内自行车道路:各交通区内部的自行车道,是联系住宅、居住区街道与干线网的通道,是自行车路网系统中最基本的组成部分,在自行车路网系统中起着集散交通的作用。要求路网密度较大,在厂区、生活区深入性较好。包括画线分隔的自行车道和混行的自行车道。

3 自行车道路的主要技术指标

3.1 自行车道路的宽度及净空

车道宽度可用下式计算:

$$b_n = n - 0.5 \quad n = 1, 2, 3 \cdots$$

式中:b_n——n 条车道的总宽度,米;

n—— 车道数。

自行车标准尺寸:长 1.9 米,宽 0.6 米,高 1.0 米;

自行车计算净空:长 1.95 米,宽 1.00 米,高 2.25 米(设计高 2.5 米);

各级各类自行车道的设计宽度推荐值列于表 2。

表 2　不同等级、类别自行车道路宽度(双向)指标

单位:米

类别	市级自行车道	区际自行车道	区内自行车道
独立自行车专用道路	10～14	7～12	—
实体分隔自行车道路	10～14	8～14	—
画线分隔自行车道路	—	8～12	5～9
混合行驶自行车道路	—	—	5～9

3.2　设计车速

自行车的行驶速度一般在 5～30 千米/时之间,多数在 15～20 千米/时之间。独立的自行车专用道设计车速市内为 20 千米/时,有分隔的自行车道为 20 千米/时,画线分隔的自行车道为 18 千米/时,混行自行车道则为 15 千米/时。

3.3　通行能力

1. 路段可能通行能力(不考虑平交路口影响)

一条自行车道的路段可能通行能力按下式计算:

$$N_{pb} = 3\,600 N_{bt}/[t_f(W_{pb}-0.5)]$$

式中:N_{pb}——一条自行车道的路段可能通行能力,辆/(时·米);

　　　t_f——连续车流通过观测断面的时间段,秒;

　　　N_{bt}——在 t_f 时间段内通过观测断面的自行车辆数,辆;

　　　W_{pb}——自行车道路面宽度,米。

推荐值:有分隔设施时为 2 100 辆/(时·米),包括独立自行车专用道,无分隔设施时为 1 800 辆/(时·米)。

2. 路段设计通行能力(不考虑平交路口影响)

$$N_b = a_b \cdot N_{pb}$$

式中:N_b——一条自行车道的路段设计通行能力,辆/(时·米);

　　　a_b——自行车道的道路类型系数,独立自行车专用道和有分隔的自行车道为 0.90,画线分隔的自行车道为 0.85,混行的自行车道为 0.80。

3. 受平交路口影响的一条自行车道的路段设计通行能力

由于受平交的影响,路段上一般只有 45% 的时间可用于本路通行,考虑到不同城市的不同情况,建议采用以下推荐值:

有分隔设施时:1 000～1 200 辆/(时·米);

用路面标线划分时:80～1 000 辆/(时·米);

以上数值,自行车交通量大的城市采用大值,小的采用小值。

4. 信号交叉口进口道一条自行车道的设计通行能力推荐值为 1 000 辆/(时·米)。

4 自行车路网规划依据与原则

4.1 马鞍山市自行车路网规划的依据

根据城市总体规划、路网总体规划、交通发展预测,参照《城市道路交通规划设计规范》,在城市自行车路网现状的基础上,结合实际情况,规划自行车路网。

4.2 马鞍山市自行车路网规划的原则

1. 远近期相结合,充分利用现有道路

自行车交通网络规划应该按远近期相结合的原则进行。考虑今后城市规模、性质、结构形态、布局等的变化,以及自行车交通量的增加和自行车交通在城市客运结构中的地位变化,在路网形态、道路等级、道路类型、技术指标等方面为远期城市交通的发展留有余地。

2. 与其他交通方式相协调

自行车交通网络规划应有全局的观点,协调好与其他交通方式的关系。其中重点是配合公交规划,尽可能建立公交、自行车的换乘体系,同时解决好换乘点的停车问题。

3. 满足自行车交通的需求

自行车路网规划应能满足自行车交通的需求,特别是职工上下班的出行需求。要做到功能明确、系统清晰,各种等级、类型的自行车道应该合理分工、相互协作,使自行车出行者能方便、迅速、安全地到达目的地。

4. 机非分离

规划时尽可能使机非分离,形成独立网络。受条件限制时,无法完全分离处,应协调好两者关系,进行必要的分隔,以减少相互干扰。不同等级的自行车道与机动车道,以及自行车道之间的交叉,应根据实际情况,从时间或空间上予以分离。

5. 路网布局与主要流向相一致,缩短行程

规划的自行车路网,布局应与居民日常出行的主要流向相一致,并应与不同区域的交通需求相协调,力求自行车流在整个规划网络内均衡分布,以利于自行车路网功能的正常发挥。

6. 要有适当的路网通达性

规划的自行车路网应具有一定的连通性、可达性。应成网,避免断头、卡口路段存在。

7. 与环境相协调

自行车的近期规划应以利用现有道路为主,在条件允许时,特别是独立的自行车专用道的设置,应尽可能使路网的结构、形态与地形、地势、城市景观的平面布局和空间构图相协调。

8. 尽可能使交通管理简单

自行车路网的规划应与交通管理相结合,为交通管理创造有利条件,实施时应采取一系列交通管理措施来保证规划意图的正确贯彻。

5 马鞍山市 2000 年自行车路网规划

5.1 自行车路网现状

1. 自行车路网总况

据 1990 年统计,马鞍山市自行车道路总长为 72.6 千米,其中有分隔的自行车道长度

为17.3千米,占道路总长度的23.8%,混行的自行车道长度为48.7千米,占道路总长度的67.1%,自行车道路网密度为2.55千米/千米^2,这一指标偏低。

另外,自行车路网分布不合理,联系厂区与生活区的道路少,等级低,断头、卡口多,路况差,且均与宁芜铁路平交,影响道路功能发挥,不能满足厂区与生活区之间巨大的自行车流的交通需求。

2. 主要自行车道路交叉口状况

宁芜铁路、宁芜公路、马向铁路、马向公路分割城市形成13个铁路平交道口,11个道路平交道口,无一处立交,车辆受阻严重,事故率高,交叉口的交通十分拥挤,而且主要集中在市中心和联系厂区、生活区的道路与红旗路的交叉口。高峰小时自行车交通量大于1 000辆的交叉口共有6个。

3. 干道自行车流量现状

高峰小时路段自行车流量达1 000辆的有2个,在5 000~10 000辆之间的有10个。其中红旗路流量很大,但其道路条件与之不相称。红旗北路、红旗中路全是机、非混行,单向机动车道与非机动车道总宽仅7米,远不能满足自行车交通的需求。在干道网中,东西向的湖北路、湖南路流量较为集中,但两条干道共同分担,矛盾并不十分突出。南北向还有湖东路,道路条件较好,但它在生活区东面,离厂区和生活区的交界线较远,很难为红旗路分担多少车流。最近红旗路旁开辟了一条自行车专用道,但只有一段,未能全线贯通。

5.2 主要自行车路网规划

1. 自行车路网规划指导思想

(1) 根据马鞍山市2000年的总体规划与道路规划以及自行车发展预测,并在尽量利用现有路网的基础上进行自行车路网的规划。

(2) 规划的重点是市中心区、厂区与生活区的联系道路,同时要注意协调厂区内部道路网络。

(3) 规划的自行车路网应尽可能与居民自行车出行的主要流向一致。

(4) 规划时,根据自行车道在城市中所处的位置,所承担客运量的不同,确定自行车道的等级、类别与主要指标,使自行车路网功能明确,分工合理。

(5) 对支路、小街小巷统一规划,充分利用,以减轻主次干道和交叉口的压力。

(6) 要重视自行车路口的规划设计,为自行车通过交叉口创造较好的通行条件。

2. 自行车路网规划

综合流量大小、道路现状和实际存在的问题,我们认为规划马鞍山市自行车路网时,应该有两个重点:

其一,加强东部生活区与西部厂区之间的联系,同时处理好与铁路的交叉,主要是解决职工上下班交通问题。

其二,对铁路以东的市中心道路网,既要解决职工上下班、学生上下学的问题,又要满足居民生活、娱乐出行的需要。

(1) 联系东部生活区和西部厂区的自行车道规划

红旗路北段与幸福路东段相交的路段为厂区与生活区的主要道路之一,流量非常集中,但附近无一条道路可用以分流。考虑到西南面不远处的恒兴路、花山路,二者基本在一条直线上,但在宁芜公路与宁芜铁路之间断开。初步设想开辟几条自行车专用道,其中 6 号专用路连接恒兴路与花山路,但要经过马钢耐火材料厂,若能从中穿过,则直线长度为 650 米,否则需要绕行。雨山公安分局旁现有一段东西向的自行车专用道,规划中将与花雨路相连,并一直向东延伸,这条道路从节点 86 到节点 84,规划中允许机动车、非机动车通行,故不再作为自行车专用道。表 3 为马鞍山市 2000 年生活区与厂区联系道路规划。

表 3　马鞍山市 2000 年生活区与厂区联系道路规划表

编号	路段	分隔形式	长度/米	自行车道宽度/米	通行能力/(辆·时$^{-1}$)
1	湖北路西段	三幅路	650	5.0×2	12 000
2	湖南路西段	三幅路	750	5.0×2	12 000
3	雨山路西段	三幅路	1 550	7.0×2	16 800
4	幸福路东段	栏杆分隔	550	5.0×2	12 000
5	三台路东段	栏杆分隔	380	3.5×2	8 400
6	专用道 6 号	独立专用道	650	9	10 800
7	节点 86—节点 84	栏杆分隔	4 066	3.5×2	8 400

(2) 市区自行车道规划(图 1)

a. 市级自行车干道规划

市级自行车干道是全市性的自行车主干道,承担着全市主要的自行车交通,其路线走向应尽可能与居民出行的主要方向相一致。同时要求快速、干扰小、通行能力大。根据上述要求,结合马鞍山市中心区自行车交通现状及发展预测,规划如下几条市级自行车干道,见表 4。

表 4　规划用绿带或栏杆分隔的市级自行车干道表

编号	起讫点编号及路名	分隔形式	长度/米	宽度/米	通行能力/(辆·时$^{-1}$)	设计速度/(千米·时$^{-1}$)
1	节点 40—节点 133(人民路)	绿带	6 900	5.5×2	13 200	20
2	节点 46—节点 131(湖南路)	绿带	5 770	5.5×2	13 200	20
3	节点 31—节点 127(红旗)	栏杆	8 380	4×2	9 600	20
4	节点 73—节点 80(湖南路)	绿带	4 120	5.0×2	12 000	20
5	节点 91—节点 102(雨山路)	绿带	6 001	7.0×2	16 800	20
6	节点 113—节点 122(规划)	绿带	6 605	5.5×2	13 200	20
7	节点 34—节点 58(湖北路)	绿带	6 303	5.0×2	12 000	20
8	23—41(幸福路—葛羊路)	绿带	5 140	5.0×2	12 000	20

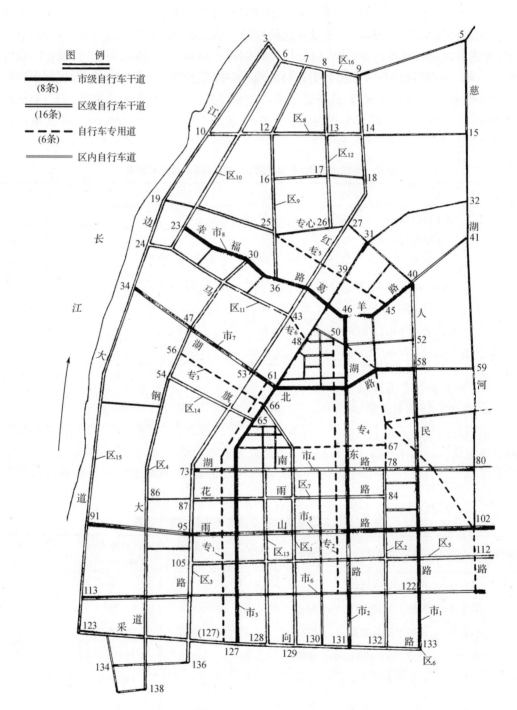

图 1　马鞍山市 2000 年自行车路网规划图

b. 区际自行车道与自行车专用道规划

区际自行车道主要是联系各交通区特别是相邻交通区之间的道路,应满足自行车大量中、近距离的出行。

从雨山公安分局到湖北路有一段与红旗路平行的自行车专用道。规划中继续利用,并向下继续贯通,整个自行车专用道在节点 61—节点 127 旁一直与红旗路相伴而行,以缓解红旗路的压力。全长 4 950 米,记为专用道 1 号。

将解放路与雨山湖公园内的小路连通,并在节点 50—节点 120 旁一直向下延伸,辟为自行车专用道,以缓解湖东路的压力。全长 4 770 米,记为专用道 2 号。

将湖西路向西北方向延伸,开辟一条与湖北路、三台路平行的自行车专用道,在节点 66—节点 56 旁,主要为三台路分担一定的交通量。全长 2 050 米,记为专用道 3 号。

西园路向左与专用道 1 号相连,向右延伸至人民路,与湖南路相伴,为其分流。全长 3 970 米,记为专用道 4 号。

为缓解幸福路的压力,建议连接 46—39—25—21 四个节点,开辟一条自行车专用道。全长 2 370 米,记为专用道 5 号。

c. 区内自行车道规划

区内自行车道是联系住宅、居住区街道与干线网的通道,起着集散交通的作用。它在分隔、宽度等方面要求不高,但路网密度需要稍大,最好使消防车与内部单位车辆可以进入,规划时仍采用混行。应采取严格的交通管理措施,自行车最高峰时禁止机动车进入。车站路早高峰时允许公交车进入。区内自行车道宽为 5~9 米,设计速度为 15 千米/时。

总计规划各类自行车道路长度为 189.25 千米,其中:

1. 市级干道长:49 208 米;
2. 区际干道长:103 815 米。

干道总长:153 023 米(其中市级占 32.2%,区际占 67.8%)。

干道网密度:153.023/44≈3.48 千米/千米^2。

其中用绿带分隔和独立专用道长:58 938 米,占干道的 38.5%。

用栏杆分隔的干道长:94 085 米,占干道的 61.5%。

另外还有 36 227 米为画线分隔的自行车道。合计自行车道总长 189 250 米,自行车道路网密度为 4.3 千米/千米^2。

参考文献

[1] 徐吉谦. 自行车交通基本特征和适用范围研究[J]. 中国交通工程,1995(17).

第六编

公路与城市道路规划设计理论与实践

第六篇

关于公路建设中几个原则问题的探讨[*]

徐吉谦

（南京工学院）

摘 要 本篇简要地叙述了现代公路工程建设发展计划同公路发展长期规划、综合运输规划及区域规划间的相互关系，并对公路规划的价值，公路如何适应国民经济发展，新建和改建，一般和重点，经济效益与节约土地等问题做了初步分析。

关键词 公路规划；经济效益；节约土地

1 部门建设发展规划和区域规划问题

区域规划是对一定地区内国民经济各项基本建设的布局进行总体规划，综合解决本地区范围内生产力布局的复杂关系，分析与评价当地各项资源，地理环境与建设条件，使各项工程建设的发展同布局及当地可能提供的条件相适应，使交通运输能力与建筑基地，生活服务设施与工业、城镇的发展相匹配，工农业与各项工程建设之间协调一致。

但是，目前一些省或经济区域，在未进行区域规划之前，工业、铁路、公路、水运、城市建设部门就各自单独地制定本部门工程建设计划，很难考虑彼此间的相互协调关系。如规划铁路建设不考虑公路、水运或规划公路路网时不考虑铁路和水运，造成运输体系上很难配合，经济损失往往是巨大的。

我认为各类部门生产发展的长期计划和工程建设的发展规划，应在区域规划之后，在已有一个粗线条的综合部署和合理安排的基础上，对全地区的工业、城镇、交通运输等进行布局。这样从横向上可取得各项工程建议的协调发展和相互配合。

2 计划和规划问题

现在全国各地区差不多都有公路建设的五年计划，但只有专项的单线条的公路发展计划，往往不易解决同其他运输方式之间的矛盾及同其他工程建设的矛盾，最好在综合性的运输发展规划的基础上，由公路领导部门从调研入手制定一个公路建设发展的长期规划，以加强各种运输方式之间的横向联系，再经各方面协商研讨后交行政领导立法部门审批，作为制定五年公路发展计划的依据，其必要性和主要作用如下：

---

[*] 本篇发表于《华东公路》，1987年第3期。

2.1 必要性方面

(1) 由于公路是必须固定在地面上的结构物,占有空间且不易搬迁,更不能装车搬运,一旦确立,很难改动,故必须慎重处理好公路同其他工程设施的关系。

(2) 公路是长期使用的永久性建筑物,而不是临时性建筑物只使用一个很短时期,位置不当就能拆除的,它将长期服务甚至服务百年以上。

(3) 公路建设不是个别的、孤立的点式工程,它是线性工程结构物,系统性、连续性强,一段路布设不当,或受到干扰就要影响整个系统或一条线路都不能正常运行。

(4) 公路建设投资大,回收期较长,随着等级提高,投资将继续增长,稍一不慎损失巨大,以后弥补又极为困难,必须全面分析。

(5) 公路建设带有服务性质,且服务面广,影响范围大,为了满足各方面的要求和处理好同各方面的关系也需要较长时期进行深入的综合研究。

2.2 长期规划的主要作用

1. 使全国或某一地区公路系统在平面上有一个合理的分布,使公路网同铁路、水运在一个地区的平面上协调配合,使公路本身的各级干道网和一般县、乡道路取得密切配合,使各等级的道路都能各得其所、各尽其用,最大限度地发挥各自的特长并使其相互间分工合作、协调一致。

同时各等级道路网的密度、长度、服务范围应有个适合的比例或最佳配合比率,从而使公路建设的发展和分布,既符合国民经济发展的需要,又照顾了各地区间的均衡。

2. 使公路建设和发展能适应工农业生产发展的需要。根据地区国民经济发展规模、速度,工农业生产布局和客货运输任务的要求而制定的公路建设长期发展规划,可以使本地区的公路建设在时间上有个先后次序,按需用的时间分期、分批修建,先修重要的、急用的,使整个地区的公路建设既有总的战略目标,又有分阶段的建设目标,把近期建设与远期发展结合,当前的改造与高等级公路建设结合,现在的建设与未来的发展结合。

3. 有了公路建设发展的长期规划,各级路网通过的主要控制点及线位大致确立,农场建设,小城镇选址,水利枢纽、水利电站的布置可以合理选址而相互协调,从而避免农场、小城镇和水利建设同公路产生矛盾,避免或减少拆迁所造成的不应有的损失。

4. 有利于建设资金的筹集和合理投放。根据建设项目需要,预先筹集一定数量的资金和投资的效益分析,从而可选择最优的投资方案、投资时间,使有限的投资发挥最大的经济效益。

总之,公路建设既要有阶段性的分期建设计划又要有长期的发展规划,既要解决纵向先后的联系问题又要解决横向联系问题,从而使全地区公路建设能顺利地发展,亦可避免地区与地区间出现断头线或连接不当不能成网或成网而等级不当不能形成畅通的运输系统。

3 公路建设发展规划的价值观问题

公路建设发展规划的价值观问题,或者说这类发展规划的作用问题,长期以来,存在着不同的认识和看法,不少人认为"规划是鬼话,划来划去墙上挂,千规划,万规划,不顶领导一句话。"对规划不起什么作用的认识是普遍存在的。这是对规划的制定不重视、不执行所造成的。

过去不少单位一项工程建设的发展规划,从调查、测量、计算到分析、设计、绘图、编写说明等,往往要忙几个月,结果领导的意图变了,一句话就将辛辛苦苦完成的规划成果推翻了,使其付之东流。

可是现在情况不同了,国家已进入到以发展经济为中心的阶段,建设有中国特色的社会主义,各行各业都要有一个发展规划,公路作为交通运输事业的主要方式,要当好国民经济的先行官,必须做好建设发展规划,特别是长期的发展规划。

反之,如果不进行此项规划,就有可能发生以下问题:(1) 各种运输工程之间重复或脱节;(2) 公路本身各级道路间的比例配合不佳;(3) 路网的密度和分布不当;(4) 各阶段建设的重点和目标不明。

4 公路建设应适应国民经济的发展问题

公路运输是满足国民经济发展,人民生产和生活服务需要的特殊生产部门,因此公路的发展必须与国民经济,工农业生产的发展规模和速度,人民生活水平的提高程度相适应。对于可以预见的工农业生产的发展所必需的动力可适当提前修好公路,但必须有可靠依据,且在时间上不宜提前过早,在运力大小上要留有适当余地,避免盲目修建。当然也不宜过分超前或推迟,更不能该修不修,或随心所欲,无规划论证就修建。公路可为客货运输提供运力,但既无法把公路投入仓库或银行储备随时取用,又不能调拨转借,所以时间过长受大气、自然力等侵蚀和风化,易于损坏。因此运力不足固然造成损失,而运力过多也会白白地浪费掉。

所以经常进行现有公路干线的交通量调查,预测干线未来的交通量,为修建符合国情、地情的公路提供可靠依据,以决策路线走向、等级和技术指标,避免标准过高或过低、修建过早或过迟、运力过大或过小所造成的损失。

5 新建和改建问题

我国现有 90 多万千米的公路中,一级公路约有 200 千米,二级公路约有 1.44 万千米,三级公路约有 11.16 万千米,分别占总里程的 0.022%、1.6%、12.4%,一、二、三级公路合计还不到 15%。根据交通部对全国 25 个省、市、自治区 8 万多千米 51 条国家干道公路的交通量的观测资料,公路通行能力适应当前交通量要求的有 8 条共 12 000 千米,约占 15%,基本适应的有 8 条共 7 000 千米,约占 9%,其余 76% 的国道均不适应目前的交通量,超负荷较多。现在情况也许更为严重,大量拖拉机、人力车、兽力车、自行车等车辆混行,互相干扰严重;缺乏必要的安全管理措施,交通秩序十分混乱。全国汽车平均行驶速度约 30 千米/时,经常出现拥挤、堵塞,事故频繁,万车死亡率竟高达 109 人。

当前公路运输处于超负荷状态不是一二条公路存在的问题，而是普遍现象，这同长期对公路运输的作用重视不够，线形设计技术标准和路面质量普遍偏低有关，也可以说是多年积欠的反映。要改变这一状况需要全面规划，大量投资，有人计算了一下，就全国来讲约需 1 200 多亿元，而实际可能的投资却很少。全国交通运输事业的建设投资，"四五"计划期间为 329.9 亿元，"五五"计划期间为 315.5 亿元，"六五"计划期间为 282.3 亿元，"七五"计划期间交通运输投资可能有所增加，但除了正常的维护修理外，可用于新建公路的资金还是很少，而且不能完全用于修筑高速公路，因此"七五"期间无法修筑大量高速公路。

从交通量发展来看，除个别大城市出入口附近有大于 1 万辆/日的交通量，一般公路上最大为 5 000 辆/日左右。对此有无必要修建高速公路，还值得商榷。据 1981 年的公路工程技术标准，高速公路一般适应年平均每昼夜汽车交通量为 25 000 辆以上，就是说必须交通量达到 25 000 辆/日才符合修建条件。最近关于修高速公路的论证资料，也认为最少应达到 1 万辆/日的交通量才能考虑，如以 10% 的年平均递增率计，现在 1 万辆/日要到 10 年后才能达到 2.5 万辆/日的交通量。各省是否都要修高速公路？值得冷静思考，决不能只凭主观愿望。我认为汽车交通量达到时，不修高速公路是失误的，但达不到一定数量修建高速公路是大浪费，所以要慎重决策。

根据《国家干线公路交通量手册》1981 年的资料，按 10% 的年递增率估计，2000 年达到 1 万辆/日的约有 2 000 多千米，达到 2.5 万辆/日的就只有个别路线，而 1990 年达到 2.5 万辆/日的一条也没有。1984 年，浙江省对全省公路交通量进行了调查，每千米汽车日交通量平均为 392 辆，全省的国道上汽车日交通量超过 2 000 辆，只占总里程的 8.2%，省道上汽车日交通量超过 2 000 辆，只占总里程的 0.5%，其他各省相差不大。所以目前迫切需要解决的重点是修一级或二级公路，而高速公路就全国来讲也只是个别路段，并非各省所急需。

交通部公路规划设计院提出的关于公路建设技术经济指标初步方案的修订稿中，列出了各级公路的建筑费用指标，如表 1 所示。当然，这个指标的造价比现在实际费用低得多，但作为各等级公路相互间的比选仍可参考，如高速公路、一级公路、二级公路，新建或改建费用之比约为 9∶3∶1，即修建 1 千米高速公路的费用可修一级公路 3 千米，二级公里 9 千米，而实际上高速公路每千米的造价远远超出 1 000 万元大关。

因此，我们"七五"期间公路建设的重点只能是加强现有的 90 多万千米公路的改造，提高公路的比重，使国道和重要省道公路达到三级以上水平。在经济发达、运输繁重的地区、路段可修建专用公路，至于高速公路从全国来讲应突出重点地修建，一方面是满足个别路段的需要，另一方面是通过实践取得经验，为以后修建做好准备，而对于各省来说，还不到普遍修建高速公路的时候。

6　一般和重点问题

公路面广量大而投资有限，因此必须先抓环节薄弱、交通繁忙和超负荷的经济干线，使其尽快得到改善,从而发挥经济效益,促进国民经济发展,如大城市出入口干线、运煤、疏港路线等,把有限财力用在刀刃上。

6.1 公路建设规划布局应与大城市出入口干道相协调

交通运输是城市建设和发展的基本条件,交通条件的变化必然影响城市的兴衰,而城市的发展又将促进运输的发展;城市对外交通是城市的对外门户,尤其大城市的出入口干道是城市进出的交通要道,它关系着城市建设和发展,并间接或直接地影响城市各项功能的正常发挥。特别是在中央实行城市对外开放和搞活经济及市管县的体制以后,城市对周围农村经济科技发展的中心作用日益增大,因此在进行公路建设时必须处理好同城市建设、发展和连接的关系,为城市提供足够的对外出入连接通道。

6.2 公路建筑要优先解决重要港口、矿山和经济区的联系问题

重要港口特别是对外开放的海港,是国家进出口货物的接收转运站,关系到外贸货物出口和技术装备的进口,关系到港口吞吐能力能否正常发挥和泊位的周转率,一般港口疏运总能力应大于港物的压港数量,以减少仓库建筑。

其他重要矿山及大工业经济区经济价值大,对人民生活影响大的一些干线和个别线路均应尽快改善。

7 经济效益问题

工程建设中的经济效益问题,长期以来未被重视,总认为修建公路是一种福利设施,很少涉及成本。近年来人们开始注意,从总体规划、方案选择、设计、营运、管理等各个环节考虑经济效益。我们知道提高经济效益是国民经济发展的战略重点,也是公路运输系统提高等级、实行技术改造的关键,进行公路规划、综合规划、专项规划和分期发展规划以及建设、管理和营运都要重视这一问题。必须以提高经济效益为出发点。

不仅讲需要还要看可能,不仅从技术方面考虑还要从经济方面考虑,不仅从当前考虑还要从远景考虑,进行多方案的比选,求出最优发展方案。

8 节约土地问题

我国人口多,可耕地少,人均耕地仅为世界人均值的1/3,土地最宝贵。在进行公路规划时应予以重视,特别在大城市近郊更要认真对待,无论是路线规划还是线路线位的具体设计,技术标准选用时均应千方百计节约土地,少占良田好地,其办法很多,如采用丘陵山地,路基与路堤结合,尽可能选用路堤,路基设计采用支挡结构以降低路基高度。一般高等级公路降低路堤高度一米可少占用地宽度3米,一条公路节地可观。以上几点系个人浅见、不妥之处,请同志们批评指正。

表 1 公路建设技术经济指标

技术经济项目		公路等级及地形													
		高速公路		一级公路		二级甲公路		二级乙公路		三级公路		四级公路		等外公路	
		平丘	山岭	平丘	山岭	平丘	山岭	平丘	山岭	平丘	山岭	平丘	山岭	平丘	山岭
功能指标	总计上限交通量/(辆/日⁻¹)	35 000	10 000	20 000	10 000	10 000	7 000	5 000	3 500	2 000	1 500	500	350	200	150
	汽车交通量/(辆/日⁻¹)	25 000	7 500	15 000	7 500	7 500	5 000	3 500	2 500	1 400	1 000	350	250	140	100
	慢车交通量/(辆/日⁻¹)	10 000	2 500	5 000	2 500	2 500	2 000	1 500	1 000	600	500	150	100	60	50
	折合为小汽车交通量/(辆/日⁻¹)	70 000	20 000	40 000	20 000	20 000	14 000	10 000	7 000	4 000	3 000	1 000	700	400	300
	年运送能力/万吨	2 110	632	1 266	510	510	240.3	240.3	168.2	46.2	72.1	24.0	16.8	9.6	7.2
	综合车吨年产量/万吨公里	7 793	4 205	6 439	4 836	4 836	3 758	4 432	3 543	4 205	3 250	3 636	2 885	2 885	2 578
经济指标	新建公路造价/(万元/千米)	495.9		165.3		77.9	111.7	55.1	75.5	38.0	60.4	22.8	36.2	13.6	27.7
	改建公路造价/(万元/千米)	471.0		157.0		70.3	102.7	49.8	70.0	32.3	51.3	20.1	32.6		
	平均每千米养护费用/元	8 940	8 046	8 046	5 364	5 364	5 364	3 576	3 576	2 324	2 324	1 788	1 788	536	5.6
	货物千吨千米运输成本/元	101	167	118	149	149	183	160	192	167	206	188	227	227	249
	客运千吨千米运输成本/元	106	175	123	156	156	191	167	201	175	215	196	237	237	260
消耗指标	平均技术车速/(千米/时⁻¹)	68	35	25	40	40	31	37	29	35	26	30	22	22	18
	平均百车千米油耗/升	27.64	32.19	28.88	31.00	31.00	33.20	31.73	33.19	32.19	34.61	33.51	35.87	35.87	37.14
	平均百吨千米油耗/升	6.01	8.58	6.71	7.91	7.91	6.15	8.32	9.47	8.58	9.95	9.33	10.66	10.66	11.38
	平均千米千米保费/元	12.16	29.32	16.58	24.64	24.64	24.64	27.50	35.82	29.32	39.48	34.78	44.92	44.92	50.64
实物指标	新建每千米钢材/吨	312		35.24		16.61	11.87	11.75	7.88	8.10	6.30	4.86	3.99	3.01	2.39
	新建每千米木材/立方米	139		97.88		46.13	38.99	32.63	25.88	22.50	20.78	13.50	13.11	8.55	7.87
	新建每千米水泥/吨	2 010		285.8		134.69	116.55	95.27	65.75	65.70	63.00	30.42	17.90	23.65	22.68
	改建每千米钢材/吨	296.4		33.45		14.98	10.90	10.61	7.31	6.89	5.36	4.37	3.59		
	改建每千米木材/立方米	132		92.93		41.63	35.81	29.48	24.01	19.13	17.60	12.15	11.30		
	改建每千米水泥/吨	1 909.5		271.34		121.55	107.10	86.07	73.08	55.85	53.55	35.48	34.02		
	新修公路每千米征用土地费用/万元	15.33		12.1		7.35		5.85		2.82		1.50		0.50	

注：以上为北方地区指标，南方稍有不同，但作为相互比较差别很小。

公路发展带来巨大效益
——江苏宁六公路运行 20 年的经济简析*

徐吉谦,李建梅

(东南大学)

摘　要　公路发展是交通运输行业的重要部分,对公路效益的分析影响着社会与经济的发展。本篇以宁六公路为研究对象,从公路等级、线路长度等角度,对其运行二十年的经济效益进行分析与评价,得出公路发展在各方面带来巨大效益的结论。

关键词　公路经济效益;指标评价;公路等级

1　公路经济效益的基本概念

公路经济效益的分析计算是个比较复杂的问题,有些可以计算,有些很难计算,这里仅就几项可计算的主要指标予以说明。一般公路的经济效益评价指标有三类:其一为时间性指标,包括项目实际回收期(N)和实际借款偿还、实际投资回收期,是以项目实际的净收益或根据实际情况预测项目净收益抵偿全部投资所需要的时间,又称为还贷期。其二为价值性指标,经济净现值(ENPV)是主要反映建设项目在评价期限内获利能力的动态评价指标,它是按一定的折现率将项目各年的净现金流量折现到建设期初始的净现值之和,比实际净现值总额越大,说明项目的实际投资经济效益越好。净现值若小于零,则说明项目实际收益低于选定的折现率,项目实际投资效益越差。其三为比率性指标,主要包括经济内部实际收益率(EIRR)和经济效益费用比(EBCR),前者反映项目对初始投资的偿还能力,或对贷款利率的最大可承担能力,此值若大于行业、部门或银行贷款利率,说明实际效益好,反之则效益差。经济效益费用比(EBCR)是指项目计算期内各年效益和费用现值的比值。以上是公路项目经济效益评估的几个主要指标,也是目前交通部规定要求计算的指标,其他还有外部效益(运输项目所在部门以外为国民经济带来的效益)与内部效益(指为公路使用者及有关部门带来的效益)及有形效益与无形效益等分类。从更广一些考虑则还有社会与自然环境等方面的指标,这里就不一一讲了。

2　宁六公路经济效益计算

宁六公路的经济效益计算,首先考虑公路等级提高而带来的运输成本(燃料、轮胎、保

---

* 本篇发表于《运输经理世界》,2001 年第 3 期。

养、大修、小修)节约,旅客在途时间(旅行时间缩短)节约和货物在途时间缩短(车速提高,在途时间缩短,减少了流动资金占用时间)而产生的效益;其次考虑路线长度(缩短 3.218 千米)缩短所带来的有关效益,现汇总如下:

2.1 里程缩短效益

宁六公路比泰山新村至六合老浦六路里程缩短 3.218 千米,1982—1997 年期间由于里程缩短减少运输费用总效益为 11 848.19 万元。

2.2 晋级效益

老路为四级,改造为宁六一级公路后,公路等级提高,车速也因此大为提高,运输成本有很大的降低。1982 年—1997 年期间,公路晋级总效益为 28 192.38 万元。

2.3 货物节时效益

由于行车速度提高而节约货物在途时间,从而加快资金周转。1982—1997 年期间,此项货物节时总效益为 544.49 万元。

2.4 旅客节时效益

由于行车速度提高而节约旅行时间效益,1982—1997 年期间,旅客节时总效益为 16 726.97 万元。

2.5 减少交通事故效益

宁六公路通车后,交通事故没有明显减少,与老路相比,事故数虽有所下降,但重大恶性事故却有所上升,故 1992 年以前此项效益为负值,后来由于采取了强力有效的措施,此项效益逐渐变为正值,1982—1997 年期间,交通事故减少总效益为 240.48 万元。考虑近几年来由于种种原因,事故统计资料不全且对总的经济效益计算影响不大,故可略而不计。

1982—1997 年期间,前四项效益合计为 57 312.03 万元。若按原造价或成本计算,则其经济效益为成本的 19.5 倍,即增长 18.5 倍。

3 宁六公路的国民经济指标评价

为了比较全面、客观与公正地评价宁六公路的经济效益,这里选取几项常用的、有代表性的指标,包括时间性指标(成本回收期)、价值性指标(经济净现值)与比率性指标(经济效益费用比),并将其同国内已进行过后评估的几条等级不同的公路,如西安至三原一级公路,沪宁线二级公路和 204 国道盐城至南通段等的相对应的经济指标进行分项对比(表1)。

表 1 宁六公路与沈大线等经济指标对比表

指标	路线				
	沈阳至大连高速公路	西安至三原一级公路	沪宁线二级公路	204 国道盐城至南通段	宁六公路
经济净现值/万元	810 738.20	3 228.87	187 304.20	84 709.218	6 869.52
经济效益费用比	2.76	1.26	2.83	3.82	3.34
还本期/年	16	18	8.79	5.82	9.82

续表

指标	路线				
	沈阳至大连高速公路	西安至三原一级公路	沪宁线二级公路	204国道盐城至南通段	宁六公路
建设期/年	6	3	6	2	5
总造价/万元	219 873.0	14 738.0	69 304.0	29 091.9	2 941.2
公路里程/千米	374.92	34.46	281.43	140.02	24.71
单位里程造价/(万元·千米$^{-1}$)	586.45	427.68	246.26	207.77	119.02
建设时间/年	1984—1989	1987—1989	1984—1989	1992—1993	1976—1981

注：社会折现率按原规定为12%计。

表中五条公路其中西安至三原一级公路、沪宁线二级公路、204国道盐城至南通段，均利用了较长的老路，宁六公路则基本上未利用老路，但从所得数据可以看出，宁六公路的各项指标仍位列前茅。第一项指标是净现值，所谓净现值是指按照规定最低可接受的资金收益率，计算项目从投资开始到有效工程寿命期（或规定计算期）限内所有现金流入与流出的现值，当净现值>0时表示此项目投资的收益率超过规定的资金利润率，此数值越大，表示收益率越高、经济效益越好，反之当净现值<0时表示达不到规定的收益率，经济效益不好。宁六公路的净现值在五条路中虽不算最高值，因其线路最短（仅24.7千米），影响了价值指标，实际上此项指标还是位居前列。

第二项经济效益费用比指项目从投资开始到计算年这段时间内各年的经济效益现值和各项费用现值之比，它反映项目的有利可图的程度，费用提高多少才不至于使项目失去吸收力，一般要求大于1，即效益大于费用（或成本），当然越高则越有利。本项目此比值达到3.34。

第三项为经济投资回收期（或称还本年限），是以工程项目的实际净收益或根据实际情况重新预测项目的净收益抵偿全部投资费用所需要的时间，是反映财务上实际投资回收能力的重要指标。本项目的经济投资回收期包括建设期在内还不到10年，实际上不到5年，其还本期仅次于204国道，也可以说是很短了。

第七项指标为单位里程造价，宁六公路本项目最低，故其总的综合经济效益非常好，这主要由于它采取机非分道，大大提高了行车速度，加上宁六公路建设费用低，每千米仅为119万元左右，建成后交通量增长快，路线里程缩短，汽车运输成本下降，从而产生了巨大的经济效益。当然无法计算的社会效益也非常大，线路两侧的农业迅速发展，特别是工商业和乡镇企业迅速发展，可见其带来的间接效益或外部效益确实非常巨大。

道路线形设计要素分析[*]

徐吉谦

（东南大学）

摘　要　本篇对主要线形要素，直线、曲线的优、缺点从汽车行驶、司机视线、乘客心理、工程经济及测试、放样等方面进行了分析，对直线、曲线的应用条件提出了看法，并根据系统工程学原理，提出不应孤立地限制直线长度，应根据线形要素的特点、线形最优组合、地形、环境及线路行车系统整体的功能与作用，统一筹划。应因山、因水、因地、因景灵活运用，或曲中有直、直中有曲，或曲线为主直线为辅，或直线为主曲线为辅，而不是千篇一律，机械规定。

关键词　线形设计；曲线；直线

1　概念

所谓道路线形，就是道路中心线的立体形态。道路中心线在水平面上的投影称为道路平面线形，道路中心线在垂直平面上的投影称为纵断面线形，道幅在与中心线垂直的面上的投影称为横断面线形。对于人们从路外观察的感受而言，道路线形应是平面线形、纵断面线形和横断面线形的统一体的立体线形——三维空间线形。在现代化高速公路或快速路的设计中还应考虑不同车速条件下人们的视觉、生理、心理方面的感受，即包含时间在内的所谓四维线形。

平、纵、横三面综合协调的立体线形，与孤立的平面、纵断面、横断面线形不同之处就在于这三种线形相互结合、协调一致构成的统一的空间线形的透视形态，可满足车与人行驶的力学、生理学、心理学、美学、环境保护学，以及现实地形、地理条件等各方面的要求。对使用者来说，只有安全、快速、舒适、经济和美观的线形，才是好的线形。汽车行驶速度越高，视野活动范围就越窄，在驾驶员和乘客的视觉中，路幅所占的比重就越大，因此对线形设计的要求就越高，如直线的长短，曲线半径的大小，缓和曲线的长短，路面和路肩横坡的大小，以及它们之间相互配合与连接得不适当或不协调，轻则引起乘客不适或司机疲劳，降低营运速度和道路通行能力，造成时间及营运费用等经济上的损失，导致对自然景观与沿途风景的破坏，以及综合效益不同程度地降低；重则导致交通阻塞、事故增多以及严重的人身伤亡。

道路线形不是孤立的，不仅是外观问题，而且是道路的骨架。它与道路上所有的人工

---

[*]　本篇发表于《华东公路》，1986年第4期。

构造物都是在线位、线形确定之后再进行设计和建造的,另一方面道路构造物又对道路线形的质量和总体面貌产生巨大的影响,即使线形设计与组合都很好,但各构造物的质量、形态、色彩不协调或不能很好配合,也不能算是很好的线路设计。道路两旁的建筑物和整个环境也在各方面给司机和乘客以不同的感受,同时也影响线形的景观、质量以及整个线路质量,这也是线路定位、线形设计中不能掉以轻心的一个重要问题。

鉴于上述,我们认为随着车速、线路等级与人们出行要求的提高,线形设计质量显得越来越重要,设计得恰当与否成为道路质量好坏的根本所在。线形设计的好坏还应作为对道路总体设计效果的主要评价指标,尤其对高级道路,在进行线位选定、线形设计时必须对道路的性质、功能、作用,线路所经地区的地形、地貌、建筑、村镇及历史名胜古迹等进行详细的了解。对不同线位、不同线形组合所产生的综合效应应进行整体效益系统的、全面的分析比较。

2 直线的特性与优缺点

自然界的光和人工制造的各种光均是以直线传播的。人们最直觉的又有明快方向的是直线,这是光的特性之一,也是规划设计人员最易于认识和最早运用的。

在线路工程设计和建设中,人们最易于准确掌握、确定和检验的是直线,用肉眼或最简便的仪具就可以准确定线、量距、测角、绘图、计算、放样的直线为最省事的线形要素。

在行车方面,直线段上视线好,不受侧向障碍物的限制和遮挡,可以一眼看得很远,前进方向非常明确,司机操作方便,劳动强度小,无须将方向盘转来转去,且易于准确地使汽车沿车行道中线行驶。同时,车辆和乘客不受离心力加速的横向影响,阻力小,能耗低,特别在高速情况下,节能更大,汽车和乘客亦无左右摇晃和坐立不稳定之苦。

在工程方面,直线段上的人工构造物的规划设计和放样施工比较方便、省事。对于高填的路堤、深挖的路堑,特别是吊桥、高架桥、长桥、隧道等构造物,更有经济性;对于多车道拖挂车辆的行驶其优点更加突出。长期以来,人们认为直线可为汽车提供最优行驶状态的线形要素,直线有着无可争辩的优越性,只有碰到高山、深谷、沼泽等工程数量特大,或其他难以跨越的障碍物,直线无法延续不得不改变线路方向予以绕避时,才采用曲线作为线路转变的连接段(或过渡段)。这就是为什么长期以来,公路一直以直线为主体而以各种不同半径曲线为改变路线方向的过渡段。

在司机和乘客的心理方面,直线常给人以大方、挺直、刚劲、有力的感受,给人以坦诚、开朗、无拘无束、前程无限之感。特别是行驶在直线的上坡路段,常能形成一种庄严昂扬、步步向上抬升之势。

在景观方面,如能在两旁种上高耸挺拔的白杨、水杉、银桦等,则远远望去,犹如接受检阅的威严、刚毅的士兵,给人以整齐、严肃、雄劲深远的感受;如直线过长,则可适当分段种植不同树种,使其在颜色、外形、高度、层次上不断变化,使路线四周的空间不断变化。同时将公路建设同绿化、美化结合起来,使司机和乘客处于景色常新的美景中。

闻名中外的北京东西长安街,线形长直、平坦,两旁多层次的树木、建筑物构成丰富开阔的空间,其中高耸的天安门城楼,宽阔的广场,雄伟的人民大会堂,庄严的历史博物馆和人民英雄纪念碑等著名的建筑物形成一个和谐的群体,反映了新中国城市建筑风格,体现了社会主义精神面貌。又如南京宁六公路中段有 5 千米多的长直线,司机乘客认为视线开阔,能给人以流畅、顺适、和谐、协调的良好感受,当然设计时应注意线形要素的尺度、比例,空间形态及环境的协调。

但是随着汽车行驶速度的提高,高速公路行车实际经验的总结,定线方法的改进,测设技术的提高,人们逐渐认识到直线的一些不足之处,主要是单一而无变化,不像曲线可以采用不同的半径,以适应不同的地形、地物,因而其是一种没有通融性、灵活性的几何线形。特别是在长直线交通量不大而两旁景观和纵坡又缺少变化的情况下,司机易疲劳倦怠,注意力不集中,感觉迟钝,反应缓慢,从而导致失误或事故。若交通量大,车水马龙,超车、让车应接不暇,易产生单调枯燥之感。

在视觉方面,直线纵坡路段,司机对对向行驶车辆和尾追车辆间距离的目测与行车速度的估计容易产生错觉,另外还会将长直线估计得过短,或因急躁情绪而急于驶出直线路段,造成超速行车从而导致事故增多。从坡脚向长的上坡段行驶时,司机往往会将前方的上坡看得比实际的坡度大,出现不必要的为抢坡而加大车速,结果使凹形曲线底部因车速过大而经常发生事故,尤其是东西向线路早晚逆太阳方向行车时,阳光直射车头产生炫目。夜间对向行车在头灯强光直接照射下亦会使司机产生炫目,看不清对方车辆行驶状态,增加行车危险和驾驶人员的疲劳程度。

3 圆曲线的特性与优缺点

圆曲线是具有一定曲率半径的线形,因半径大小的不同而有各种圆形曲线,在公路线形设计和长期的公路建设中,圆曲线一直作为一种辅助性的线形要素,充当直线的配角,只是在直线无法延伸或通过时,才作为线路方向转变处的连接线,即直线从一个方向过渡到另一个方向的过渡段。在线形评价时,"弯道多""线形弯曲"等常用来评价或说明曲线线形不佳,圆曲线作为线形设计要素是不受工程师们的欢迎的,长期以来受到冷落和贬斥。

设计人员长期认为:两固定点间的距离,最短的为直线,曲线总是比直线长,特别是小半径曲线更拉长了两点间的距离,增加了工程数量和行车费用;曲线上行车,汽车受离心力的作用,导致司机和乘客左右摇晃,行驶阻力增加,动能损失;特别是连续的反向曲线,给人以一种忽左忽右的推力,重心失稳,情绪不安,精神郁闷,视线长度受到限制;尤其明显的是在挖方的路堑地段,视线受到内侧边坡的阻挡,看不过去,往往不能满足超车视距的要求;曲线上行车,司机不易准确地沿车行中线行驶,要随时调整方向盘,劳动强度增大;测设时定向量距、放样施工工作都比直线费时费事。附于其上的人工构造物的设计绘图工作量增加,工程费用增加,故一般在高路堤、深路堑、吊桥及隧道等路段均不采用圆曲线形式。另外在小半径上,特别是长直线后的小半径上,经常发生事故,这是一般人所感受到的曲线不足之处。

但随着高速公路的发展,特别是大半径曲线行车实践经验的总结,人们对圆曲线的看法产生了新的认识,认为具有不同半径的圆曲线,比直线更具有通融性的柔和线形,易于适应各种地形的变化。舒适圆顺的线形,也较容易和周围环境配合而获得良好的景观,因此20世纪30年代以来,采用曲线定线的地区越来越多,甚至将曲线作为主要线形形式,特别是在航测选线技术获得广泛应用之后,为在航测等高线地形图上选线定线,应用不同半径的曲线版,于等高的地形图上试订线路,较用直线更为方便,且易于适应地形起伏变化。沿山形设置不同半径的弯曲线形,往往可减少土石方工程量,节约工程费用,对使用者来说可以获得安全、舒适、环境优美的公路,所以日本等多山国家将曲线作为主要线形要素。

由于生理上的感受和视觉上的原因,在不同大半径曲线组成的路段上行车,无重复单调之感,而有变化不拘之趣,如配合恰当,则不仅可以增大对地形、地物等自然条件适当的自由度,还可以使司机获得良好的节奏感。这是由于相互连接的曲线半径不同,线形方向转换,引起交通环境变化,司机、乘客因景色常新而有心旷神怡、清新舒适之感。

4 直线与曲线的运用

对于直线与曲线的具体运用存在不同的看法,过去有些人认为直线越长越好,甚至不顾地形、地物和工程量的大小,不顾汽车行驶时可能产生的后果,片面地追求长直线,其结果影响了线形的设计质量,行车安全,乘客的身体健康和情绪。现在出现了与此相反的思潮,又有些人不顾地形,不顾司机驾驶的困难和实际效果而追求曲线,似乎曲线代表着先进的线形设计要素,采用曲线长度越长线形质量越高,同时对直线长度给以严格地限制,如长度不能超过以设计行车速度行驶72秒钟所通过的距离。如设计速度为100千米/时,其直线长度不大于2 000米。

我们认为直线与曲线究竟采用多长最宜,或占比率多少为最好,不应孤立地限制为某一定值,或不分具体条件采用统一的指标作为评价标准。直线与曲线均有各自的优、缺点和适应场合,汽车行驶既不能直而不曲,一直向前;也不能曲而不直,永远转圈子。在不同的条件下,或适宜多采用曲线,或适宜多采用直线,或以曲为主,曲中有直,或以直为主,直中有曲,使直线与曲线均发挥各自的优势,相互协调,相互配合,并与景观环境融为统一的整体。

一般来说,直线硬直缺乏变化,含有呆板单调的因素,曲线弯曲变化,含有圆顺柔和的因素,但不是所有的直线道路都一定给人以呆板、单调的感受,也不是所有的曲线都能给人以圆顺柔和的感受。同样长的直线段,在某种条件下使人产生呆板、单调甚至枯燥的感受,而在另一种条件下,却使人产生轻快、开朗、刚劲、有力的感受。曲线亦复如此,这是大家都深有体会的。

从系统工程原理来讲,系统是由若干个单元组成的,每个单元均具有独立的功能,单元之间相互联系,只有当每个单元逻辑地统一和协调于系统的整体之中时,才能发挥系统的功能,即任何一个单元不能离开系统整体、孤立地去研究或孤立地做出某些硬性的规定。如直线段、曲线段、上坡段、下坡段、景观、环境……都只是整个线路行车系统的一个单元,离开这个系统整体的协调和统一,对诸单元予以个别评价是违反系统工程原理的。

在考虑以直线为主或以曲线为主时,还应考虑线路系统总的功能和环境,如在开阔的平原地区,地形、地物障碍很少,从适应地形出发应以直线为主,曲线为辅;在峰岭纵横沟堑交错的重山地区,从适应地形出发应以曲线为主,而以直线为辅;在长途货运干线上有大量拖挂车运行的线路,为适应拖挂车行驶应优先考虑直线,而在行驶速度高、小汽车为主的线路,则应因地制宜、灵活运用,宜曲则曲,宜直则直;对于某些主要用于国防作战的线路,为了避免敌机侦察或卫星的发现,减小目标,防止敌人破坏,争取将线路置于靠山、隐蔽、沿沟谷之处,多选用不同半径的曲线,以适应地形变化。至于风景名胜区游览性道路、名山的登山游览道路,为了有利于沿途观景、景物保护和周围景物协调,应多选用依山傍水的不同形态的曲线,以体现山重水复疑无路,柳暗花明又一村的曲径通幽之趣。

总之,曲线与直线的运用,除考虑线形要素特性,线形间的组合和线路的总体功能之外,还要因山、因水、因地、因景而异,不拘泥于陈规旧式。

5 结束语

以上我们就线形要素的特性、线路系统的整体性等进行了初步分析,认为不宜对直线长度孤立地予以限制,这是世界大多数国家不做此规定的原因。但为什么日本等几个国家又对直线长度予以规定?我们知道日本、联邦德国虽对各级公路的直线适宜长度做出了规定,但都认为不宜机械地执行,强调结合实际地形、地物,如日本和联邦德国都认为应结合线路的具体实际。

日本几条高速公路采用曲线的比例较大,或限制直线的长度,提倡以曲线为主的线形设计方法是同日本的具体条件相联系的。日本是一个由 500 多个小岛组成的群岛之国,自北至南为弧形山脉,平原约占总面积的 15%,且大部分分散在沿海的一些河流下游的几个海湾地区,其余为山地、丘陵、峻岭纵横,河流短促,地形破碎起伏多变,而大城市的郊区,又因经济发达工业迅速发展,建筑物、集镇等地形障碍极多,虽欲求长直线而不可得,即直线难以开展,一般多适合于设置各种不同半径的曲线。

我国疆土辽阔,幅员广大,既有江湖平原、辽海平原又有高山平原,还有广阔的大草原和无限的沙漠、戈壁。地形要素大,本可于两点间定为一直线的路段,却硬是人为地打几个弯道设几条曲线,不仅增加线路里程、工程数量、建设投资和营运费用,而且增加司机的劳动强度和乘客的旅行时间,所以设计线形不要首先打定主意一定要设多少直线或一定要用多少曲线,而要从满足汽车行驶的要求,乘客的生理、心理与美学的要求,适合沿线的地形、地物,保护交通环境、沿途风景及两侧居民的社会生活,工程经济出发,宜曲则曲、宜直则直,直线与曲线的长度应宜长则长、宜短则短;不要人为地斩长为短,也亦不延短为长,使其顺乎自然地形与景物协调展线。

上述看法,不当之处,请批评指正。

高等级道路的交通标志与标线*

徐吉谦

（东南大学）

摘 要 道路交通设施是根据交通法规的规定,为保障交通安全、畅通,实行道路交通管理而设置的有关安全、服务、监控、诱导、急救与维修等设施和装置。它是道路交通系统的一个重要组成部分,对高等级道路尤其重要。因此高等级道路都必须十分重视道路交通设施的建设和管理。本篇阐明了标志、标线的作用、种类、设置原则与方法等。

关键词 高等级道路;交通标志;标线

1 前言

我国由于历史的原因,对道路设施在保障交通安全畅通与提高通行能力方面的重要作用,至今尚未取得共同的认识。道路工程界包括领导和管理人员,对路基、路面、桥梁、涵洞及排水工程的重要性已有较深刻的认识,并给予了足够的重视。近年来随着高等级道路的修建,行车速度的提高,对道路几何线形设计、立体交叉、色灯信号等也有了极大的重视,但对道路交通设施的认识程度尚须进一步提高。有人认为只要有了路基、路面、桥涵能跑车就行,甚至连部分领导和管理者也认为服务设施、标线、标志等不要也行。时至今日在某些设计文件中仍无道路设施项目。对高等级道路来说,没有道路设施,就不能安全行车,只能是等级高,速度低,这对高等级道路是一种很大的浪费。因此,高等级道路只有设施齐全,才能安全、高速、舒适地正常运行。各级公路领导与管理者必须高度重视道路设施的建设。

1.1 高等级道路设施的作用

1.1.1 执行交通法规

道路交通设施是显示、传达、标明必须执行和遵守的道路交通法规、制度与章程、条例的设施。它不仅是贯彻道路交通法规与内容的重要方式之一,而且是交通参与者,走路、行车、骑车所必须遵守的行为规范,也是执法人员为维护社会治安秩序,执行道路交通法规,处理违章、肇事必须遵循的依据。

1.1.2 组织管理交通

道路交通设施是对交通实施科学管理的重要手段,使交通参与者,特别是驾驶员掌握

---

* 本篇发表于《华东公路》,1991年第1期。

交通信息，还可提高通行能力，维护行车秩序等，为管理和执法提供了依据。

1.1.3 保障行车安全

在保障行车安全与为交通参与者服务方面具有重要作用。如护栏、护柱、安全岛、方向标等，及时为交通参与者提供信息和可靠的保护，提高了安全感。

1.1.4 保护道路环境

道路交通设施是管理道路环境、保障环境秩序、引导与控制某些公共行为，创造良好社会环境所必不可少的重要措施。因此，任何道路交通设施的设置，不仅要从交通方面思考，还应从道路环境方面思考，具体到设施的功能、位置、色调、大小、材料、结构等均应力求与环境协调和谐，而设施本身也应匀称、平直、整齐、明快、美观、大方，为提高道路环境质量及其美化起到良好作用。

1.2 高等级道路交通设施的种类

1.2.1 交通监控与管理设施

有车辆监测仪器仪表通信设备、信号设施、交通标线、标志中心控制装置、显示系统、控制中心、岗楼、岗台、可变信息标志、信息牌、收费站、巡逻车、巡逻直升机等。

1.2.2 交通服务设施

有停车场、加油站、急救站、休息站、电话站、修理站、行人过街天桥、地道照明灯柱等。

1.2.3 交通安全与环保设施

有安全岛、隔离墩、护柱、护栏、反光镜、遮光板、防撞护栏、路栏、隔音墙、防噪板、栅门及空气污染显示装置等。

还有防震及为残疾人服务的过街、上车等服务设施。

1.3 高等级道路交通设施的设置原则

1.3.1 满足交通需求

应根据保障交通安全、畅通、舒适、方便和获取交通信息的迫切程度来确定，我国目前对高等级道路、交通设施应设的位置和数量尚无统一的设置规范，但对于行车速度高、交通量大的高等级道路，应从保障安全，尽早提供信息出发，只要需要就应设置，同时应参考国外同类型道路的交通设施设置情况，按交通工程学的原理与实际交通状况进行调查研究，确定需要什么设施，设于何地，做到该设的就设，不该设的坚决不设。

1.3.2 科学适当

对设施的性质、类型、多少、大小都要认真研究，应符合驾驶员和行人的生理、心理和信息接收能力。在反应、思考、决策、采取措施等所需时间的科学测定的基础上确定，所有各类道路交通设施的设置，由交通管理部门具体负责，应做到科学适当，符合实际。

1.3.3 合理易见

道路交通设施在道路上的设置，要少占或不占路面，不妨碍交通，不阻挡司机行人视线，不影响行车净空，有良好的光照。对沿线居民影响最小，使交通参与者在各个角度都能方便地看到，并很快地理解设施所表达的含义。

1.3.4 坚固耐用

道路交通设施设置在野外，必须坚固耐用，通常多为永久或半永久性设施，能抵抗风吹、雨打、日晒等自然气候的侵蚀,宜保持长时间不变形、不开裂、不剥蚀、不歪斜、不损坏、不褪色的完好状态,美观大方,令人悦目。

1.4 道路交通设施的管理

1.4.1 管理的意义与重要性

道路交通设施在野外露天的自然状况下,不断经受风、雨、霜、雪、雾、露的侵蚀和阳光的直接照射。在社会文明建设还刚刚起步的今天,这些设施除受到自然侵袭外还要受到人为的损坏,一旦损失对交通安全和行车通畅将产生严重的影响,因此加强管理尤为重要,必须组建专门机构和队伍,对道路交通设施进行定期的检查、清洗与维修,保持其整齐、完好状态。这对于保障交通安全畅通,维护交通秩序,严格执行交通法规具有重要意义。

1.4.2 管理的体制与原则

首先要建立与健全科学合理的管理体制,其次应明确管理的基本原则。体制就是要有自上而下的组织机构,使每个设施都有专人负责;管理的原则是目标要明确、指标要具体,要有检查维修制度,保证设施在任何时间都处于完好状态,还要有严格的奖惩制度。

1.4.3 管理的组织和方法

对各种设施的名称、性质、功能、材料、结构、装置的时间、地点、状态及更换维修期等建立数据库或编制清册,按总交警队、大队、中队设立三级责任管理法,明确职责。要建立定期巡视与科学检查,以及更换维修的制度,发现问题及时修复,使交通设施保持鲜明与完好。

2 高等级道路交通标志

道路交通标志是由一般标志派生发展而形成的,与铁路、航空、航海标志有同样的性质。它用图形、符号、文字、特定颜色和几何图案向人们传递特定的道路交通信息,传达交通法规。道路交通管理条例中有关管理规定、指令及静态交通管理设施的规定,是道路交通参与者守法与管理者执法的重要组成部分。

2.1 交通标志的种类

根据国家标准《道路交通标志和标线》(GB 5768－86)的规定,分为两类。一类为主标志,一类为辅助标志。

2.1.1 主标志

a) 警告标志

为顶角朝上的等边三角形,黄底、黑边、黑图案,一般有三种尺寸,高等级道路应采用边长为10～130厘米的最大尺寸,如《道路交通标志和标线》(GB 5768－86)中的表1、表2。

主要是用以警告车辆驾驶员注意前方的道路交通状况,反映两侧危险或不利于行车情况的标志。这类标志有30多个,参见《道路交通标志和标线》(GB 5768－86)。

b) 禁令标志

为顶角向下的等边三角形,除个别标志外多为白底红圈、红杠、黑图案、图案压杠。根据速度的不同有四种尺寸。高等级道路应采用最大的尺寸,参见《道路交通标志和标线》(GB 5768—86)中的表 3。

主要是用以禁止或限制汽车、行人、骑自行车者交通行为的标志,如禁止左转,禁止拖拉机进入或禁止行人通过等,这类标志共有 74 个。

c) 指示标志

其形状为圆形、长方形和正方形,规定为蓝底白色图案,也有四种尺寸供选择采用。高等级道路应采用的最大尺寸,参见《道路交通标志和标线》(GB 5768—86)中的表 4。它是用以指示车辆、行人按示意方向行进或停止的标志,如只准右转车行进或靠右侧车道行驶等,这类标志有 20 多个。

d) 指路标志

其形状为长方形和正方形,一般为蓝底白色图案,高速公路定为绿底白色图案,其尺寸根据不同计算车速确定,主要用以指示道路方向、地点和距离,特别是长途主干路线的导向,按其用途又可分为地名标志、分界标志等。一般设置于立体交叉、主要路口,对于国道编号标志为长方形红底白字白边,省道为长方形蓝底白字白边。

对于高速公路的入口、起点、终点为正方形,上半部白底绿字,下半部绿底白字,收费处亦为绿底白字,此标志的汉字高度同速度的关系参见《道路交通标志和标线》(GB 5768—86)中的表 6。

2.1.2 辅助标志

辅助标志为长方形白底黑字黑边框,是附在主标志下,起辅助作用的标志,字高以 10 厘米为下限,字的间隔采用《道路交通标志和标线》(GB 5768—86)中的规定值。这种标志不能单独设立和使用,按其用途又可分为表示时间、车种、区域、距离或警告、禁令理由等类型。此外还有一种组合式辅助标志,安装两块以上辅助标志牌,参见《道路交通标志和标线》(GB 5768—86)。

2.2 高等级道路交通标志的作用

2.2.1 提供道路交通信息

道路交通标志向驾驶员、骑车者和行人预示前方路段或交叉口的道路线形,交通状况和地理环境,如陡坡、急弯、村庄、医院、学校、隧道等,提醒人们注意,小心谨慎,集中思想,采取安全措施,同时也使交通参与者了解道路交通情况,做到心中有数,不会感到突然,避免造成失误或行车事故。

2.2.2 组织疏导交通

道路交通标志对各种车辆的流量和流向起组织、调节、疏导和控制的作用,对维护交通秩序,保障交通安全,减少交通延误、拥挤、阻塞和提高通行能力有很好的实效,关键是交通标志的设置要科学、合理,符合实际交通的需要。

2.2.3 诱导指引车流

道路交通标志能够明确地向交通参与者指明道路通向的地点和前进的方向,沿途主要村镇、名胜古迹及其位置和距离,消除驾驶员因路况不明而产生的疑虑、犹豫和焦急,使车辆正常运行,从而减少汽车运行中不必要的减速与停车延误时间。

2.2.4 贯彻实施道路交通法规

道路交通标志设置在路段或交叉口,显示交通法规的某些条文,这样一方面使交通参与者明确应遵守的交通法规和行为准则,减少自己的违章行为,另一方面也使执行交通法规的管理人员便于纠正和处理违章犯法人员与交通事故,同时判定交通事故时也有所依据,所以它能起到贯彻实施道路交通法规的法律作用。

2.3 设置道路交通标志的原则

道路交通标志应根据:① 道路的实际状况,如等级宽度、平曲线半径、纵坡交叉路口、桥梁等;② 交通状况,如交通的组成、流量、流向、速度、密度与混合交通的百分率;③ 周围环境,如道路两侧的村庄、集镇、住宅、医院、学校、机关等;④ 交通参与者生理、心理的可承受能力与反应速度等进行综合分析,视需要的迫切性决定是否设置,应遵循以下几项原则。

2.3.1 显明易见

交通标志要显明易见,一是位置要适当,要根据道路、交通、环境的实况,通过现场观测予以确定;二是高度要合理,在一般情况下,以 1.8 米为宜,如因其他条件所限,应在 1.5~2.5 米间选用;三是角度要合宜,一般在 0°~45°之间;四是要有良好的照度,无论是白天或夜晚,一般以不低于 500 勒克斯为宜。

2.3.2 协调配合

在路段或交叉路口设置多个标志时,应使其相互协调、密切配合,防止相互矛盾和相互遮挡。

2.3.3 排列有序

多个标志的排列应按"先上后下""先左后右"的原则顺序排列,多种标志设于一处则应按警告标志、禁令标志、指示标志的次序排列。

2.4 可变信息标志

可变信息标志,主要用于高等级公路和城市主要干道,将道路状况的变化如水毁塌方,正在施工等,交通状况的变化如拥挤、阻塞、发生事故,气候变化如前方大雨、冰雪、有雾等多种内容,通过检测器的传感器,将收集的资料储存于标志牌上,然后根据路上实际情况将多种信息予以显示,其设置位置应根据道路交通状况、标志功能、控制方式等因素进行专门设计。

2.4.1 可变信息标志的用途

可变信息标志是一种能快速反映道路、交通、气候等状况的变化,并在信息板上显示相应变化内容的标志。它不同于一般交通标志,其显示内容固定不变,它是可以及时改变其显示内容的动态标志。主要用于高速公路、一级公路和城市主要干路,其作用为:

a) 显示交通状况

主要显示前方路段匝道出入口的交通状况,如交通拥挤、阻塞与发生交通事故等,从而采取限制车速、调节车道流量和控制车辆出入等措施。

b) 显示道路状况

主要用符号或字显示前方路段受到自然或人为作用而产生的不利于行车的状况,如路基路面的损坏正在修补施工、水毁、塌方、落石、泥石流爆发、桥涵损坏或某条车道的关闭与开放等信息。

c) 显示气候状况

主要用来通告前方路段不利于行车的气候条件,如大风、大雨、雾、大雪、积水或路面积雪、结冰等信息,供驾驶员采取相应的措施。如调整车道、改变车速甚至改变方向或驶出匝道,从而防止拥塞、减少交通事故,促进行车的安全通畅。

2.4.2 可变信息标志的设置

可变信息标志的设置主要应考虑道路交通与环境状况。其一般设置在以下路段:

a) 道路、交通、气候在不同时间有变化的可能,且对行车有严重影响的路段与处所。

b) 需要依据不同交通气候条件控制行车速度与交通量的路段与处所,需要充分利用道路设施,以提高通行能力之处。

c) 一般设于重要出入口匝道的前方,立体交叉的引道、大城市出入口干道,双向交通流量相差较大,不同时间需改变交通流方向等路段。

在具体进行选择时应通过实际道路交通状况调查全面掌握有关资料,对设置地点、内容及控制方式等进行专门研究与分析。

3 道路交通标线

道路交通标线是由各种颜色线条、箭头、符号、文字、路面标记、立面标记、路缘边线轮廓标及突起路标等构成,涂刷、粘贴或敷设于路面表层的交通安全、服务和管理设施,主要作用为组织、控制和引导交通,可以和标志、信号配合使用,也可单独使用。根据《道路交通标志和标线》(GB 5769—86)的规定,高速公路、一级公路、城市快速道路与主干路均应设置此类标线。

3.1 高等级道路交通标线的作用

3.1.1 实行分道行驶

利用交通标线实现车辆与行人、机动车与非机动车、上行与下行、转弯与直行的分离,还可以实现大车与小车、高速车与低速车的分离,如车道分界线、中心线、导向车道线、导向箭头等。

3.1.2 执法与守法的依据

引导驾驶员和行人遵守交通规则,按指定的方向前进,使交通管理人员以此作为处理违章、交通事故与判定责任轻重的依据。

3.1.3 渠化交通广场与交通路口

利用各种交通标线指引车辆和行人按规范允许的方向行车,在规定的位置停车,对减少广场和路口的交通冲突,对提高车速和通行能力有良好的作用。

3.1.4 控制车速

利用交通标线除组织好行车外,还可以控制车速。

3.2 高等级道路交通标线的种类

3.2.1 车行道中心线

用来分隔对向行驶的交通流。

a) 中心线的颜色规定为:画中心虚线和中心单实线的道路用白色或黄色;
画中心双实线和中心虚实线的道路用黄色或白色。

b) 中心虚线表示在保证安全的情况下,车辆超车和向左转弯时,可以越线行驶,凡上下行方向各只有一条或两条车道(一条机动车道和一条非机动车道)的道路均应画中心线,尺寸如《道路交通标志和标线》(GB 5769—86)中图 182 所示。

c) 中心单实线表示不准车辆跨线超车或压线行驶,凡上下行方向各只有一条或两条车道的道路,在视距受限制的竖曲线、平曲线、车行道宽度渐变路段,交叉口驶入段,接近人行横道线的路段及禁止超车的路段均应画中心单实线。

d) 中心双实线为两条平行实线,表示严格禁止车辆跨线超车或压线行驶,凡上下行方向各有两条或两条以上机动车道而没有设置中央分隔带的道路应画中心双实线,其尺寸如《道路交通标志和标线》(GB 5769—86)中图 184 所示。

e) 中心虚实线为一条实线和一条与其平行的虚线,表示实线一侧禁止车辆越线超车或向左转弯,虚线一侧准许车辆越线超车或向左转弯,双向通行的三条机动车道路以及需要实行单向禁止超越的路段,应画中心虚实线,尺寸如《道路交通标志和标线》(GB 5769—86)中图 186 所示。

3.2.2 车道分界线与车行道边缘线

a) 车道分界线用来分隔同向行驶的交通流,一般为白色虚线,凡同一行驶方向有两条或两条以上车道时应画车道分界线,对于高速公路、一级公路和城市快速道路,车道分界线见《道路交通标志和标线》(GB 5769—86)中图 187。平面交叉口附近若设有导向车道线,则表示不准车辆变更车道,线宽为 10~15 厘米,为白色或黄色的单实线。

b) 车行道边缘线是用来表示车行道范围的边线,高速公路、一级公路和城市快速道路应于路缘内侧画白色实线的边缘线,其他道路可不画或以虚线作边缘线。在设有机动车与非机动车隔离设施的路段,机动车道边缘可视实际需要合理地画实线边线。边线与隔离设施之间应留有一定的侧向余隙。

3.2.3 停止线、减速线和人行横道线

a) 停止线是表示车辆等候放行信号或停车让行的停车位置的路面标线。由交通信号控制,设有停车让行标志的路口均应设停止线。如《道路交通标志和标线》(GB 5769—86)中的图 197 所示,停止线为一条白色实线。双向行车路口停止线应与车道中心线连接,单向行车路口其长度应横跨全部路面,画线宽度可视道路等级、交通量、行车速度的不同选用 20 厘米、30 厘米、40 厘米,其位置应在驾驶员视线最佳处,一般可设于主干道缘石线的延长线上。如《道路交通标志和标线》(GB 5769—86)中的图 198 所示,当有人行道时其位置应在距人行横道 150~300 厘米处。

b) 减速让行线

表示车辆必须减速让行,设有减速让行标志的路段或路口均应画减速让行线,其长度应能与车道中心线连接,单向行驶的路口,其长度应能横穿全路面,尺寸参见《道路交通标志和标线》(GB 5769—86)中图 199。

c) 人行横道线

人行横道线是表示准许行人横穿车行道的标志线,颜色为白色,应根据行人跨路的实际需要和路段设人行横道线是否适宜进行确定,最小宽度为 3 米,随行人增多而加宽,一般以整米数计,参见《道路交通标志和标线》(GB 5769—86)中图 200。对于视距不良、车行道宽度变化的路段,急弯、陡坡的危险路段及其他不应设置人行跨路处均不应设行人过道。宽度大于 20 米的路段应设安全岛,以保证行人横跨道安全。

3.2.4 导流导向标线与车道宽度渐变标线

a) 导流标线表示车辆按规定路线行驶不得压线或越线行车,颜色为白色,主要用于路面过宽,不规则或行驶条件复杂的交叉路口,可按行车要求和实际状况进行规划。参见《道路交通标志和标线》(GB 5769—86)中图 202~207,一般为平行实线,宽 45 厘米,间隔为 100 厘米,倾斜角度为 45°。平面交叉路口中心设置白色实线中心圈用以区分车辆大转弯与小转弯,但不准压线行车,中心圈直径视路口大小确定,不得小于 1.2 米,见《道路交通标志和标线》(GB 5769—86)中图 208。

b) 导向箭头为白色表示车辆的行驶方向,主要用于交叉路口导引车流,根据计算速度不同,规定了不同的尺寸,60 千米/时以上用《道路交通标志和标线》(GB 5769—86)中图 229,60 千米/时以下用《道路交通标志和标线》(GB 5769—86)中图 228。左转时可将图中箭头方向反向使用。

c) 左转弯导向线为白色虚线,表示左转的机动车与非机动车之间的分界,主要用于畸形平面交叉路口,实线段长与间隔长之比为 1∶1 实线段长度与间隔长度为 2 米∶2 米。虚线划法,应从两相邻路口的左转弯车道与相邻车道分界线处,用圆曲线连接。左转机动车在导向线左侧行驶,非机动车在导向线右侧行驶。

d) 车行道宽度渐变段标线,用以表示车行道宽度的变化、车道数增减,标线颜色应与中心线颜色保持一致,长度在路线设计时确定,其前一段中心线应画实线,此线长度对高等级道路为 40 厘米,其他道路为 20 厘米,在接近宽度缩窄的一侧需以实线画边线,见《道路交通标志和标线》(GB 5769—86)中图 209~211。有时其渐变段采用斑马线过渡,斑马线为白色平行实粗线,宽为 45 厘米,间隔为 100 厘米,倾斜角为 45°。

3.2.5 接近路面障碍物标线与停车位标线

a) 接近路面障碍物标线表示车辆须绕过路面障碍物行驶,其目的在于引起驾驶员注意,防止碰到障碍物造成交通事故。双车道路、四车道路和同一方向行驶的两条道路中间可参见《道路交通标志和标线》(GB 5769—86)中图 214~216。其颜色应视障碍物所在位置与中心线或车道分界线一致,障碍物两边的倾斜线应较障碍物宽出 30 厘米,高速公路、一级公路上渐变段的斜度应采用 1/50,$D=40$ 厘米,其他道路上倾斜线的斜度宜采用 1/20,$D=20$ 米。

b) 停车位标线

停车位标线表示车辆停放位置,一般停在路边空地、公园广场、车行道两侧或道路中央,规定为白色,停车位标线可分为平行式、垂直式或与道路中心线成 30°～60°角。停车标线在《道路交通标志和标线》(GB 5769—86)中图 217～219 规定了两种尺寸,高等级公路采用最大尺寸。

3.2.6 停靠站与出入口标线

港湾式停靠站标线,表示公共客车通向专门的分离引道和停靠站位置,标线颜色规定为白色,参见《道路交通标志和标线》(GB 5769—86)中图 220、图 221。出入口标线是为驶出或驶入匝道车辆提供安全交会,减少与突出部缘石碰撞的标线,规定颜色为白色,主要用于高速道路及其他采用立体交叉并有必要画此标线的道路,见《道路交通标志和标线》(GB 5769—86)中图 222、图 223。出口标线一般有直接式和平行式两种,见《道路交通标志和标线》(GB 5769—86)中图 224、图 225;入口标线亦有直接式和平行式两种,见《道路交通标志和标线》(GB 5769—86)中图 226、图 227,其尺寸见《道路交通标志和标线》(GB 5769—86)中图 222、图 223。

在具体规划设计时应根据道路、交通情况及出入口匝道的实际地形和车流方向进行具体分析。

3.3 高等级道路交通标线的颜色和宽度

3.3.1 标线颜色

a) 红色

属前进色,视认性很强,使人有血与火、兴奋、紧张之感,常用于表示禁止、停止。

b) 黄色

属前进色,明度与视认性高,能令人注意并产生危险之感亦有警告、警诫、注意之意,用于表示警告与注意,在交通标线中用于车行道中心线、导向车道线、立面标记和路面标记。

c) 蓝色

属后退色,视认性与注目性不佳,但有严肃、沉静、安宁之意,常用于表示指示、指令,与白色配合时对比鲜明、效果好。

d) 绿色

属后退色,视认性不好,但有和平、静谧、安全之感,宜表示安全、允许通行之意,缺点是易与路旁青草树木的颜色相混,故不作为交通标志而作为色灯信号,用以表示可通过的灯色。

e) 白色

对比性强,反射率和明度高,宜作为交通标志的底色,在交通标线中用作中心线,车道划分线,停止线等。

f) 黑色

反射率与明度最低,有严肃之感,与其他颜色配合明显、清晰,宜于作交通标志的图案符号之用。

3.3.2 标线宽度

各国对纵向标线宽度的规定不一,最窄为 7.5 厘米,最宽为 20 厘米。国内外的研究均认为宽度对司机心理与交通情况并无显著影响。我国试验车辆速度为 20 千米/时、40 千米/时、80 千米/时、100 千米/时,标线宽度为 10 厘米、15 厘米、20 厘米的可见性变化,试验结果表明无明显差别,故规定标线宽度为 10~15 厘米,过宽增加费用,还有可能造成行车打滑,过窄易于磨损,不够显著。横向标线由于同司机行车方向垂直、视角范围小,宽度应比纵向标线宽,一般为 20~40 厘米。

虚线设置有两个问题必须考虑,一是实线段长度与空隙段长度之比,一般均在 1:0.5~1:2 之间,中心虚线为 1:1,中心实线为 1:0.6,车道分界线为 1:2(高速公路为 1:1.5),车行道边缘线为 1:2,减速让行线为 2:1,人行横道线为 5:1;二是虚线空隙段长度,主要考虑虚线在驾驶员视觉中出现的次数,又称"闪现率"。美国的研究报告认为不宜超过 4 次/秒(郊外公路)或 8 次/秒(城市道路),因为"闪现率"太高,会过分刺激司机眼睛。

关于城市道路规划设计几个问题的探讨

徐吉谦

(东南大学)

摘 要 本篇主要论述城市道路规划设计应正确认识道路环境、道路功能,重视道路等级与里程长度以及路口与路段通行能力的协调配合。

关键词 城市道路;道路规划设计;道路功能;交叉口

1 前言

近年来,我国城市化处于高速发展时期,大城市、特大城市继续改造与扩张,中小城市正迅猛发展。城市的规模与结构都处在大变化之中,城市道路规划设计工作显得更加重要。此外,随着社会经济发展、人民生活水平的提高,市民对城市生态环境、生活质量、居住条件、出行要求及城市的空间景观等均提出了新的要求,使城市功能更加复杂多样,以致对城市道路的功能需求、城市路网规划布局与设计等也提出了更多、更高的要求,特别是要体现以人为本的思想。因此,我们不得不对交通环境、道路功能、网络结构等做进一步认真的思考。

2 道路环境与交通特性的分析

现在的道路规划设计,对道路环境与交通特征分析还不够重视,在道路与交叉口规划设计文本中,很少论述道路周边地区用地性质及现状交通特征,更没有预测该路的车辆组成、速度与运行特征。众所周知,城市道路与公路不同,其处于人口与房屋密度很高的城市繁华地区,它要为周边或邻近地区居民服务,为行驶的车辆与乘客服务,因此,在规划设计道路时必须满足沿线社区与车辆行驶所提出的要求,必须尽最大可能减少对周边地区环境的负面影响。没有这些必要的数据如何能设计合适的道路,正如没有荷载不能设计好桥梁的道理一样,弄不清周边用地性质,没有现状与预测的交通资料又怎能设计好符合周边社区性质的城市道路。

城市道路网络上的交通一般分为两种性质,一是为速度不高、流量不大的地方性交通服务,两侧多为对进出口要求较多的住宅、商店、文教机关等社区。二是为行程长、速度

---

* 本篇发表于《城市道桥与防洪》,2001年第2期。

高、流量大的通行性交通服务,其速度高,对进口控制要求较严。由于两种交通性质要求不同,故其规划设计要求也自然相差较大。实际道路设计时往往不会有这样简单明了的情况,相反会遇到很难简易判断的复杂情况,既有长途通行性交通,又有地方性交通,甚至还有多种形式混合性的交通。这就要求我们要深入调查、认真分析,从周边环境、社区性质、出行要求、进出口分布、交通运行特性等方面作具体、深入的全面分析,审慎决策。决不应知难而退、一带而过,而要知难而进、切实做好道路环境与交通运行特性的分析预测工作。特别要从思想上重视这项工作,一切不利于环境、不利于社区人民生活质量提高的设计都不应付诸实施。

3 城市道路功能的认定

弄清城市道路应具有的功能,对于规划设计好城市道路有着十分重要的作用。根据现代化的社会生活要求,城市道路不单是供车辆运行与行人走路的通道,其功能是多方面的,其内涵是丰富的,其影响与作用是广泛而长远的,不宜仅计交通要求。伟大的革命先行者孙中山先生曾说过:"道路者,文明之母也,财富之脉也。"其作用与影响可想而知,规划设计时必须综合分析、全面考虑,归纳起来,主要有六个方面:

3.1 交通功能

城市道路作为城市地面运输工具的载体,为各类汽车、电动车、无轨电车、摩托车、自行车、人力车等交通工具及行人提供行驶的通道与网络系统。随着现代城市社会生产、生活、科技、教育与文体活动的迅速发展和市民收入的增加,城市交通负荷日益加重,交通需求多元化的趋势也日益明显,因而现代城市道路的交通功能也在不断发展,可简单分为两类,一为长途通过性交通功能,二为短途出入的服务性交通功能(现在多简称为交通功能和服务功能)。所谓通过性交通主要是指长距离、高速度与大流量的交通流,如高速路、快速路,其车流几乎全是通过性的;所谓服务性交通功能是指主要供沿线相邻地区的住宅、机关单位、建筑物与各种设施的车辆人员的出入服务的功能,一般出行距离短、速度低、流量小。也可按其在城市道路网络中的功能性质分为四类:一为供高速或快速运行的通过性交通道路,如高速路、快速路;二为供中速行驶的以通过性为主,以短途服务性为辅的道路,如主干路;三为供主干路或快速路集流与疏散的集散道路,即我国规范中的次干路;四为以相邻地区出入为主,偶有少量通过性交通使用的地方道路,即我国规范中的支路或部分较宽的胡同。

另外亦有就城市交通的运行特性将其分为五个层次,依次为高速、过渡、分流、集散与出入口等。

3.2 城市构造功能

城市主次干道具有框定城市土地使用性质,划分社区与居住区范围,构成城市平面空间骨架与支撑体系的功能,对城市中心商务区、生活居住区、工业区等不同性质规划区域的形成起分隔与支撑作用。同时由主干路、次干路、环路、放射路所组成的交通网络,构造了城市的骨架体系和筋脉网络,将城市各分区的大小单位组成功能各异的有机整体。

3.3 城市空间功能

城市道路的网络系统构成城市公共空间与网络走廊,为城市提供良好的通风、采光与生活空间。这是居民正常工作和健康生活所不可缺少的。特别是随着土地的高度开发利用,居住区内空地的减少,房屋密度的增加,容积率的提高,城市道路所形成的公共空间就更为可贵了。

同时也为城市公共设施的配置提供了必要的空间,主要指人们在城市内部为维持现代社会生活和各种日常活动,需要在道路用地内安装或埋设电力、通信、热力、燃气、自来水、下水道等电缆及管道设施,并使这些设施能够通过市内各住宅、机关、建筑物,为其提供良好的服务功能。

在特大城市与大城市,地面高架路系统、地下铁道等也大都建筑在道路用地范围之内,有时还要在地下建设综合管道、走廊、地下商场等。

3.4 防火避灾功能

城市道路为城市社会和居民的防火避灾提供了有效地开放空间与安全通道,在房屋密集的城市区内,道路可以起防火、隔火带的作用,可以作为消防和救援活动的通道,地震灾害避难场所,还对阻隔火势蔓延,受灾人员的疏散和救援物资的运输起不可替代的重要作用。而在规划设计街道宽度时,往往没有引起足够的重视,忽略防火避灾这一功能,以致造成以后无法弥补的损失。

3.5 景观环境美化功能

城市道路是城市交通运输的动脉,也是组成城市街道风光、景观的走廊,还是展现城市风貌和建筑特色的窗口。因此城市道路的规划、设计、建设、管理均应从城市的环境整体出发,具体地对某一地段、街道或某一区域街坊,就空间组合、景观风貌、特色建筑、道路横断面组成等进行综合规划设计,使各构成物组成的空间轮廓、尺度比例、色彩线条等相互协调,和谐美观,以达到提高城市环境的整体水平,改进市民生活质量的目的,给人以安适、舒心和美的享受,同时也使城市道路展示景观风貌功能得到充分的发挥,为我们的城市、我们的生活创造美好的空间环境。

3.6 绿化系统构成功能

道路绿化是指在道路侧带、中间带、两边分隔带、立交、平交路口、停车场以及道路用地范围内的边角空地的绿化栽植。道路绿化是城市新鲜空气之源、景观的主要元素,也是城市道路的重要组成部分和基本功能之一。它可以将城市各处的绿化组成一个有点、有线、有面的有机整体,为调节气候、防风、遮阳、除尘、吸音、过滤空气、改善城市卫生条件、美化城市布局等发挥良好的作用。一般应根据城市性质、自然条件、气候状况、道路性质功能与城市环境等合理地规划设计。我国《城市道路设计规范》规定城市道路的绿化宽度应为红线宽度的15%~30%,且对于滨河、游览性道路,还应提高绿化所占比重。这就非常清楚地说明,道路规划设计必须考虑其在绿化城市方面的功能,可惜我们对此还未能给予足够的重视。

我们在城市道路规划设计时必须全局在胸、统筹兼顾、造福人民,决不能主观片面,仅顾交通功能,从而造成遗憾。

4 道路网络结构等级的协调

4.1 我国的有关规定

我国《城市道路设计规范》,依据道路在网络中的地位,交通功能以及沿线建筑物的性质等,将城市道路分为快速路、主干路、次干路及支路四个等级,虽未规定各级道路在路网总里程中应占的比重,但对各级道路的性质、功能、作用、主要技术指标做了明确的说明。1995 年颁布的国家标准《城市道路交通规划设计规范》(GB 50220—1995),对于上述四个等级道路在不同规模城市中应具有的路网密度范围做出明确的规定(表1),这虽未直接提出各级道路应占的比重,但实际上已间接指出了各级路网应有的比重,如以人口大于200 万的城市为例,其路网密度的下限,快速路为 0.4,主干路为 0.8,说明主干线路的密度应为快速路的 2 倍,次干路密度为 1.2,为快速路的 3 倍,支路密度为 3,为快速路的 7.5 倍,据此可大体上推定各级道路在总路网中所占里程的比重分别为 7.2%、16%、20.8% 与 56.0%,现列于表 1 的各级道路平均密度值的下方。快速路、主干路、次干路、支路的比约为 1∶2∶3∶7,大体上呈现为上小下大的金字塔形结构,等级越高比重越小,而其所应承担的运输工作量比重文中没有说明。

表 1 我国与美国城市道路设计规范的规定

线路类型	我国有关规范规定	美国有关规范规定	
	路网密度/(千米·千米$^{-2}$)	道路里程比重/%	运行交通量比重/%
快速路系统	0.4~0.5(0.45) 7.2%	—	—
主干路系统	0.8~1.2(1.0) 16.0%	5~10(7.5)	40~65(52.5)
次干路系统	1.2~1.4(1.3) 20.8%	10~15(12.5)	25~15(20)
集流街道系统	(前三项合计占 44%)	5~10(7.5)	5~10(7.5)
地方街道系统	—	65~80(72.5)	10~30(20)
支路系统	3~4(3.5) 56%		

注:圆括号中数字系取上下限的平均值,下面百分数为该系统所占里程密度或交通量的比重。美国主干路包含快速路。

4.2 美国、日本文献资料中的规定

美国在《公路与城市道路几何设计》中列出了城市道路各等级里程与运输交通量应占比重的典型分布,为便于比较列于表 1 的右侧,其主干路系统包括快速路、集流街道与地方街道系统,大体上相当于我国的支路系统,取里程与运输量的中值计算其所占比重,得出其各级道路从高到低的里程所占比重分别为:7.5%、12.5%、7.5% 与 72.5%,这大体上也是个金字塔形结构。其所担负的交通量比重却正相反,从高到低为 52.5%、20%、7.5% 与 20%,占里程 7.5% 的主干路(含快速路)承担了高达 52.5% 的交通量,占里程

72.5%的地方街道承担了20%的交通量,这是个倒三角形结构。

美国《城市街道设计》一书对各级道路的间距,承担运量的比重和连接地区性质等交通特征做了具体表述,现列于表2。将街道间距换算为里程长度比重列于表2最下一行,则各级道路里程从高到低所占比重分别为3%、6%、12%与79%,明显呈金字塔形结构,而所担负运量比重,大致为上大下小的倒三角形结构。占总里程9%的快速路和干路承担了76.9%的运输总量。美国联邦公路局(FHWA)将主干路和快速路归并为一类,次干路和支路归并为一类,供出入的地方街道为一类,将它们完成的运输工作量(车英里数)所占比重与线路长度(车英里数)所占比重进行比较分析得出如下结果:主干路和快速路以占8%的里程完成73%的运输工作量,次干路与支路以占25%的里程完成19%的运输工作量,地方道路以占67%的里程却只完成运输工作量的8%,这与表2中各级道路所占里程与分担运输工作量非常接近。

表2 各级街道交通特征指标

项目内容	高速(快速)路	干路	支路	地方道路
平均出行距离/英里	>3(4.83千米)	>1(1.61千米)	<1(1.61千米)	$<\frac{1}{2}$(0.81千米)
平均运行速度/(英里·时$^{-1}$)	50(80.5)	25~45(40.3~72.5)	20~30(32.2~48.3)	<25(40.3)
进口控制	全部	部分	小部	最少
线路间距	2英里(3.22千米)	1英里(1.61千米)	$\frac{1}{2}$英里(0.81千米)	300~500英尺(91~152米)
连接区域	中央商务区主要出行产生源	次要出行产生源	局部地区	地区内部
平均日交通量/辆	50 000~100 000	15 000~50 000	2 000~15 000	100~2 000
交通控制	自由通行	在交叉街道设停车标志	在交叉街道设停车标志	必须停车让路
运输量占总的车英里比重/%	0~40[20]	40~70[55]	10~20[15]	5~10[7.5]
运输量平均所占比重/%	20.5	56.4	15.4	7.7
线路间距换算为里程长度比重/%	3	6	12	79

注:1. 圆括号中数字系英制变为公制的数值。
   2. 方括号中数字为平均值。
   3. 间距换算为里程长度系按同样宽度估算可能有一定的误差(笔者)。

日本名古屋市场规划道路网等级结构为快速路、基干路与其他道路,长度占道路总里程的比重分别为3.3%,13.3%与83.4%。

上述有关设计规范、文献资料及实际统计数据，均表明各级道路性质不同、功能各异，在总路网中所占里程与所承担的运输工作量亦各不相同，但里程比重的金字塔形结构和运输工作的倒三角形结构是大体一致的，这是不同等级道路性质所决定的，交通流由低级向高级汇集，同时交通流又由高级向低级疏散，这一集散过程也可以说是城市交通流的网络分布特征。

4.3 我国部分城市路网结构

我国大中城市，目前对四类道路在路网中所占比重还缺乏认真的调查，据已统计城市的数据来看，四类道路在路网中的里程比重符合或大体接近规范这一数值的不多。据所统计资料，鞍山市道路总长为354.28千米，其中主干路为77.00千米，次干路为78.28千米，支路为199千米，则主、次、支分别占路网总里程的比重为21.73%，22.10%与56.17%；吉林市道路总长为236.93千米，其中主干路为117.11千米，次干路为60.39千米，支路为59.43千米，则主、次、支所占比重分别为49.43%，25.49%与25.08%；马鞍山市道路总长为75.47千米，其中主次干路为47.71千米，支路为27.76千米，则其所占比重分别为63.22%与36.78%。现将南京市详细的统计资料列于表3，无论是道路长度、车道长度或道路面积，统计的各类道路里程比重都表明四类道路的比例严重失调。就表3中大于15米宽的道路而言，按车道长度计，则四类道路比重分别为40.3%，37.2%，16.4%和6.1%，清楚地表明快速路多于主干路，主干路多于次干路，次干路多于支路，完全与规范要求相反，其是一个倒三角形结构，支路已经是微乎其微了。

究其原因，原来老城市的路网基础薄、底子差，而近年来的大规模建设投资，主要均用于快速路与主干路的兴建和改造，没有从城市道路网络的整体结构出发，忽视了次干路和支路的建设改造，造成的结果首先是各类车辆都集中在主干路和快速路上，必然造成干线道路的拥挤、堵塞；其次是有的干路当支路使用，大材小用，用非所长，资金未能发挥最大效益；再次是支路缺乏或太少，公交线路难以扩张，覆盖率不易提高，居民出行不便。

表3 南京市主城区四类道路实际所占比重统计表

道路等级	道路长度		车道长度		道路面积	
	路宽≥12米	路宽≥15米	路宽≥12米	路宽≥15米	路宽≥12米	路宽≥15米
快速路	87.6/26.1	87.6/31.9	422.1/36.3	422.1/40.3	300.4/32.4	300.4/34.8
主干路	117.8/35.0	101.6/36.8	422.6/36.4	390.3/37.2	364.2/39.2	347.2/40.2
次干路	82.7/24.6	64.2/23.3	218.8/18.8	171.7/16.4	194.3/20.9	347.2/40.2
支路	48.2/14.3	22.0/7.9	98.8/8.5	64.5/6.1	69.1/7.5	42.6/4.9
合计	336.3/100	275.4/100	1 162.3/100	1 048.6/100	928.0/100	863.7/100

注：斜线左侧的数据为道路长度或车道长度或道路面积，单位为千米或万米^2；斜线右侧的数据为四类路所占比重，单位为%。

大家知道道路网络系统中，快、主、次、支四类道路功能性质不同，应发挥的作用不同，各有自己的服务内容，它们分工明确，保持合理的比例是非常必要的，只有比例恰当才能相互协调、相互适应组成一个有机网络，等级越高，则里程越短，纲目分明。如果道路网络中等级比例失调,必然不能发挥网络的整体功能和各级道路的应有作用。但对于不同性质、规模和结构的城市,其各级道路里程所占比重以多大比例为宜,合理的变化范围是多少,还有待进一步研究,但等级越高其里程越短、比重越小是肯定的。

5 路口与路段通行能力的协调

城市道路的通行能力往往不取决于路段而取决于网络系统节点,即道路交叉口的通过能力,交叉口范围内路面的交通负荷一般为两相交道路交通量之和,如两条交通量相等的道路相交,则交叉口的交通负荷为相交道路的2倍,这就是交叉口总是拥挤阻塞形成瓶颈难以通过的根本原因。而传统的交叉口设计很少注意这个问题,没有从网络系统的总体平衡考虑,将交叉口范围内路段予以拓宽,相反却在四周兴建一些吸引大量人流的大型商贸单位,从而加剧了交叉口地区的拥堵。为消除这个历史性的瓶颈堵口,保持道路网络系统通行能力的大体平衡,在规划用地时,将交叉口范围50~100米内的出口车道增加2~3条,使交叉口的通过能力与路段的通行能力接近平衡,这就从路口用地规划与设计方面根本上解决了这个长期难以解决的问题。

6 结束语

城市道路如何适应城市发展、城市现代化、交通现代化的要求以及城市环境质量的提高与持续发展等,还有待于进一步研究探讨。

第七编

城市道路交叉口技术特性与信号控制设计研究

浅析国外环交通行能力的计算问题

徐吉谦

(交通工程研究所)

摘 要 本篇系统地介绍了国外环交通行能力的计算公式,并加以分析、比较,简练地指出各自相适应的运行条件与优缺点,关于对环交通行能力计算公式的理论基础——交织理论提出质疑这一点尤其值得考虑,对我国进一步研究环交通行能力的合理计算方法与参数会有一定的作用。

关键词 环交通行能力;运行条件;交织理论;计算;国外

自1903年尤金海德(M Eugenl Hienard)提出在道路交叉点中央设岛,让通过的所有汽车均环绕中央岛行驶的方案之后,经过几十年的广泛使用,提出了一些环交通行能力计算的理论依据与方法,现将搜集到的国外主要环交通行能力计算公式简介于下。

1 国外环交通行能力计算公式简介

1.1 克莱顿(Clayton)法

1944年,英国克莱顿提出通行能力与交织段长度、环道宽度、进口车道数、交织角的大小及交织交通所占比例的大小有关的见解,并将其综合为交织系数Fw(Wearing factor),其计算公式如下:

$$Fw = 1 - \frac{\alpha}{90}\left(N - \frac{4}{3N}\right) \tag{1}$$

$$T = Fw \cdot N \cdot S = S\left[N - \frac{\alpha}{90}\left(N^2 - \frac{4}{3}\right)\right]$$

式中:Fw—— 交织系数;
α—— 交织角度(度);
T—— 交织段通行能力(辆/时);
N—— 交叉口进口车道数(引道车道数);
S—— 饱和交通量约为每车道1 200辆/时。

1.2 沃氏(Wardrop)公式

1955年到1956年,沃氏在英国道路研究试验所所属的一个足尺寸的试验场上进行了

---

* 本篇为国家自然科学基金会资助研究项目,发表于《武汉城市建设学院学报》,1990年第2期。

实地试验。在试验中采用不同的交通组成、运行方式和几何线形,观测其最大交通容量的变化。最后采用逐步逼近的计算方法,提出了一个以交织理论为依据,反映交通运行方式与几何形状关系的容量计算公式。1962年经过修改正式发表,并得到广泛应用。沃氏公式的几何要素参见图1与图2,其具体表达式为:

$$Q_m = \frac{KW(1+e/W)(1-P/3)}{1+\overline{W}/l} \tag{2}$$

式中:Q_m——交织段上的最大通行能力,小客车辆数/时(必须换算为小客车),Q 一般取 Q_m 的 85%;

l——交织段长度;

W——环道宽度;

e——平均进口宽度;

P——交织段上进行交织的车辆占进口全部车辆的百分比;

K——在英制中取 108,在米制中取 345,但亦有取 354 或 282(约为 354×0.8)的。

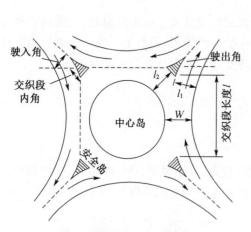

图1 常规环交尺寸示意图

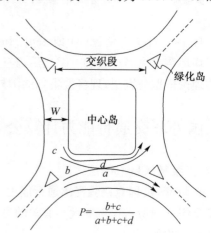

图2 环交通行能力计算图(沃氏公式)

规定式中各参数在下列范围取值:

若为英制:108×80%≈86

环道宽度:6.1米(20英尺)< W <18.3米(60英尺)

e/W:0.4< e/W <1.0　　　W/l:0.12< W/l <0.4

P:0.4< P <1.0　　　　　l:18.3米(60英尺)< l <91.5米(300英尺)

还规定入口引道的坡度不应大于4%,环交的入口角度在0°~15°之间,通行能力应折减5%,入口角度在15°~30°之间,通行能力应折减2.5%,入口角度应大,大则可以减速,避免高速闯入,故其目的在于降速;出口角度在60°~75°之间,其通行能力折减2.5%,出口角度大于75°时,应折减5%,环交内角大于95°时应折减5%,过街行人大于300人/时应折减1/6。

1.3 英国现行公路技术文件 $H_2/75$ 建议的暂行计算公式,亦称 DOE 公式

20世纪70年代初期,英、法等国先后采用了"远边先行"的交通法规,由于这一法规完全改变了环交的运行条件,以交织理论为依据的沃氏公式失去了其使用的前提。1972年5月,英国运输与道路研究试验所同雪菲尔大学签订了一项合同,由阿施沃斯和费尔德两人负责检验沃氏公式,通过大量的观测、摄像和调查研究,取得了800份资料,进行统计分析和数学处理,于1975年提出了由沃氏公式修改得到的新公式。此式经过环境部研究认可并正式发表,以后又由 $H_2/75$ 文件予以颁布。其形式为:

$$Q_p = \frac{160W(1+e/W)}{(1+w/l)} \tag{3}$$

符号意义同式(2),W、e 及 l 以米计(参见图1)。

在使用时,通行能力取 Q_p 的85%,其中载重车占15%,如载重车超过15%时应进行修正。如以小客车为单位,则160应改为184。

1.4 美国公式(图3)

美国研究出的对于短交织段适用的环交通行能力计算公式为:

$$V_{\max} = \frac{R+1}{R} \cdot \frac{3\,600}{t} \log(R+1) \tag{4}$$

式中:R—— 主要交织车流与次要交织车流的比值,$R > 1$;

t—— 临界间隙,秒。

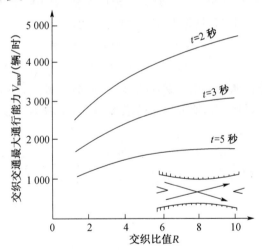

图3 按交织车辆比例和可接受间隙为函数确定环交通行能力图

虽然交织段长度和宽度未在式中表示出,但它们肯定要影响到 t 值,一般 t 在 $2\sim 5$ 秒之间或更大些。这一计算公式已制成线图绘于图3。做具体设计时即利用此图,但应做些必要的实测来确定相应的数值。

1.5 苏联公式(图 4)

А. В. СИГАЕВ 按车头时距分析推导出理论性的公式,但考虑到环岛的大小、交织段长度、交织角及交织交通所占比例则显得不够准确,通过计算得出常规环交通行能力计算公式为:

$$Q_{总} = \frac{2 \times 3\,600}{t_t(1-N_{右})} \tag{5}$$

1.6 采用间隙插入理论的公式

1962 年,唐纳证明了支路交通流(q_R)可能插入主要道路的交通流(q_C)中(图 5),即主要道路交通流的间隙可能吸收(接纳)支路交通流的车辆数。可能吸收的数量为主要交通流的流量所决定,其相互间的关系可由唐纳得出的下式计算。

$$q_R = \frac{q_C(1-t_{q_C})}{e^{q_C(T-t)}[1-e^{(-q_C T_0)}]} \tag{6}$$

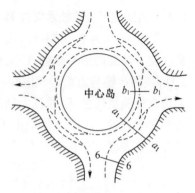

图 4 进入环道为一条车道
(环道有三条车道)

式中:q_R—— 右转弯车流量,辆/时。

q_C—— 主要交通流量,辆/时。

T—— 主要交通流有可能接纳次要交通流中车辆的间隙,即车头间临界时间间隙,秒。T 值还同路段坡度及市区、郊区有关:

平原郊区 $T=4$ 秒　　上坡郊区 $T=5$ 秒

平原市区 $T=3$ 秒　　上坡市区 $T=4$ 秒

T_0—— 次要车流排队进入主要道路的车头间隔,即驶过停车线时前后车辆之间的时间间隔,秒。T_0 值亦与路段坡度有关,下坡为 2 秒,平坡为 3 秒,上坡为 4 秒。

t—— 主要交通流中车辆间的最小车头间隔,约为 $1.0 \sim 1.5$ 秒,高峰时间为 1 秒。这些参数代入上式均应换算为小时数。

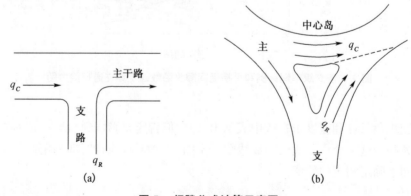

图 5　间隙公式计算示意图

1.7 小型或微型环形交叉口

由于小型或微型环形交叉口不可能按交织图式运行,故整个环交处于饱和状态,即所有入口引道上均有车辆排队等候进入。由英国运输与道路研究试验所求得的饱和通行能力公式为:

$$Q_m = K_1(\sum W + \sqrt{A}) \tag{7}$$

式中:Q_m——环交饱和容量,小客车辆数/时(即最大通行能力);

$\sum W$——所有引道基本宽度的总和(非半宽),米;

A——引道加宽所增加的面积,平方米;

K_1——系数,取决于交叉口的类型及交叉口的引道数量,其值见表1,几何参数可参见图6。

表1 系数 K 的数值表

技术文件名称		交叉口相交的引道数		
		3	4	5
英国 $H_7/71$ 文件		80	70	65
经济合作与发展组织(OECD)报告		80	60	55
英国 $H_2/75$ 文件	小 型	70	50	45
	微 型	60	45	40
	双向环形交叉口 小型中心岛	50	45	
	微型中心岛	45	40	

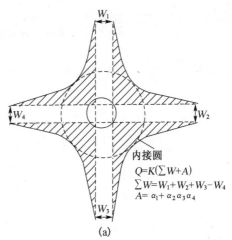

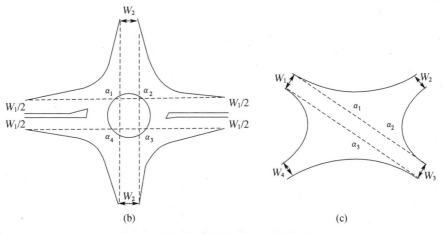

图6 小型、微型环交通行能力计算图式

1.8 通用公式:1980年英国运输与道路研究试验所的公式

R. Kimber 根据环道可提供的插车间隙,道路入口通行能力与环道环行通行能力的

关系,按外侧先行的规定,经大量观测与分析,得出一个各种类型环交统一的通行能力预测公式(图7、图8):

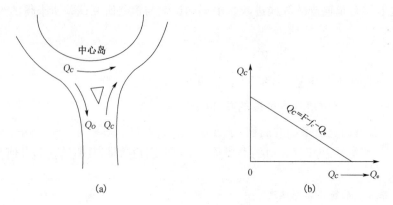

图7 通用分析法计算图式

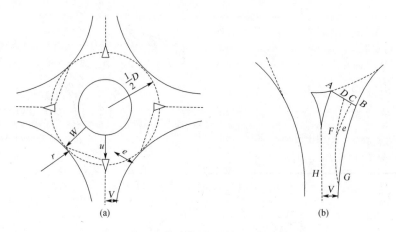

图8 回归法与喇叭口处几何参数示意图

$$Q_e = K(F - f_c Q_c) \quad (当 f_c Q_c < F);$$
$$Q_e = 0 \quad (当 f_c Q_c = F) \tag{8}$$

式中:$K = 1 - 0.00347(\varphi - 30) - 0.978(1/r - 0.05)$;
$F = 300 x_2$;
$f_c = 0.210 t_D (1 + 0.2 x_2)$;
$t_D = 1 + 0.5/(1 + \exp(D - 60)/10)$;
$x_2 = V - (e - V)/(1 + 2s)$;
$s = (e - V)/l$ (或 $s = 1.6(1 - V)/l'$)。

e、V、l、l'、D 与 r 以米计,φ 以度数计,Q_e 和 Q_c 分别为引道口与邻近该入口环行车流的通行能力,以小客车辆数/时计,F 与 f_c 为取决于入口几何形状的常数。

入口宽度 e:3.0~1.65 米　　　　形成喇叭口的有效长度 l、l':1 米~∞

内接圆直径　$D:13.5\sim171.6$ 米　　　引道半宽　$V:1.9\sim12.5$ 米
入口锐度　$s:0\sim2.9$　　　　　　　入口角度　$\varphi:0\sim77°$

2　国外常规环交通行能力计算公式评析

2.1　国外环交通行能力公式简析

现将主要常规环交通行能力计算公式列于表 2,其中 1、2 两式为英国提出,反映了环交几何线形要素的交织段长度、环道宽度、入口宽度,说明这些要素对环交通行能力的影响是巨大的,但仔细考虑,各式中几何要素对通行能力的影响程度不等。

仅就交织段长度来看,如将各式中的交织长度 l 增加 1 倍(即采用 60 米计算),则从式 1 到式 2 其通行能力分别为 9 242 辆/时和 5 486 辆/时,其增加比例均为 14.3%,而 3、4 两式则与 1 式完全无关。

式 2 为式 1 的修正公式,主要考虑了几何要素对环交的通行能力的影响,而对于车流各方向分配比例、交通状况等交通要素均未计入。

美国的式 3 同英国的两个公式完全不同,仅仅考虑了主要交织车辆与次要交织车辆所占比重和车辆通过进入口断面的临界时间,而环交所有几何要素均未列入,亦即从某种意义上否定了环交几何要素对其通行能力的影响,因此可以说是很不全面且互相矛盾的。

表 2　常规环形交叉口通行能力计算公式算例表

序号	公式名称	公式	计算示例	设计采用计算值/%
1	沃氏公式（Wardop）1962 年	$\dfrac{KW(1+e/W)(1-P/3)}{1+W/l}$	$\dfrac{354\times10(1+10/10)(1-0.72/3)}{1+10/30}\times2$ $\approx 4\ 035\times2=8\ 070$	80%
2	环境部暂行公式(DOE)1975 年	$\dfrac{160W(1+e/W)}{1+W/l}$	$\dfrac{160\times10(1+10/10)}{1+10/30}\times2$ $=2\ 400\times2=4\ 800$	85%
3	美国公式（运输手册）1951 年	$\dfrac{(R+1)3\ 600}{Rt}\log(R+1)$	$\dfrac{(1.84+1)\times3\ 600}{1.84\times2}\log(1+1.84)\times2$ $\approx 1\ 260\times2=2\ 520$	
4	苏联公式（西加耶夫）1937 年	$\dfrac{2\times3\ 600}{t_i(1-N_{右})}$	$\dfrac{7\ 200}{2.5\times(1-0.2)}=3\ 600$	

注:1. 算式为环道交织段通行能力,整个环交的通行力应为其 2 倍,h 为重车所占比重,采用最大值,按国外规定为 0.25;
2. 环道宽度 $W=10$ 米,平均入口宽度 $e=10$ 米,$e=e_1+e_2$,e_1 为入口宽度,e_2 为环道宽度,约为 10 米;
3. 交织交通所占比例数 $P=0.72$,主交织与次交织车辆的流量比值 $R=1.84$;
4. t_i 为临界间隙时间,为 2.5 秒(如要富裕一些宜用 3.4 秒);
5. 各式的几何参数见图 1、2。

苏联的式 4 为与英美完全不同的另一类型,只列入了两个参数,即交织段上车辆交织一次所需时间和右转弯车辆占进口总流量比例。考虑到通行能力随右转弯车的增加而增大是有根据的,因此完全不计环交的几何要素、交通组成与运行图式、直行与左转车辆的多少及交织车辆所占比重也是一种片面的观点。

就计算所得的允许通行能力而言,式 1 最大,式 2 次之,式 4 又次之,而美国的式 3 为最小;就国家而论,英国的最大,苏联的次之,美国最小。

2.2 国外环交通行能力参数规定的简析

1. 英国于 1975 年颁布了环形交叉口设计规范,对各类环交使用条件、设计要求、线路布置、通行能力等均做了详细的规定,对于环形交叉口的通行能力,按相交道条数的不同和半径的大小作出了如下规定(表 3)。

2. 美国在《公路几何设计》一书中引用《公路通行能力手册》的规定,按交织长度和速度的不同,规定了环交的通行能力(表 4)。

3. 苏联西加耶夫在总结了苏联的经验并进行了理论分析之后提出了自己的意见,根据他的计算分析,规定了环交允许的通行能力(表 5)。

表 3　英国技术文件 $H_2/75$ 规定的环交通行能力表

名　称	三路交叉 /(辆·时$^{-1}$)	四路交叉 /(辆·时$^{-1}$)	五路交叉 /(辆·时$^{-1}$)	内接圆直径 D/米	中心岛直径 d/米
常规环交	5 000	3 500	3 000	>50	>25
小型环交	5 500	4 000	3 500	20～50	>4～25
微型环交	2 500	2 000	—	<20	1～4

表 4　美国规定的环交通行能力表(交织段)

速度 /(英里·时$^{-1}$)	交织段长度 / 英尺					
	100	200	300	400	500	600
30	750/1 500	1 100/2 200	1 350/2 700	1 600/3 200	1 750/3 500	1 900/3 800
40	350/700	600/1 200	750/1 500	900/1 800	1 050/2 100	1 200/2 400

注:1. 斜线左边为交织段的通行能力,斜线右边为整个环交的通行能力,单位:辆 / 时。
2. 1 英里 = 1 609.344 米。
3. 1 英尺 = 0.304 8 米。

表 5　苏联对环交通行能力允许值 $Q_总$ 的规定表

交叉口流量方向的分配百分数 /%			允许各进口通行能力 /(辆·时$^{-1}$)	整个环形交叉口允许通行能力 /(辆·时$^{-1}$)
右转	直行	左转		
10	70	20	900	3 600
10	50	40	815	3 250
15	60	25	925	3 700
25	55	20	1 060	4 250

表 2～5 同上面几个公式一样,反映了各个国家对影响通行能力主要因素的认识,只是分析和强调的侧重点不同。英国强调了相交道路的条数对通行能力的影响,规定环交的通行能力随相交道路条数减少而显著增加,如三条路相交较四条路相交,其通行能力增加 1 500 辆/时,约提高 40%(这是就整个环交通行能力而言),而与公式 2 计算的通行能力则仅相差 1/4,两者颇不一致,实际观测的记录也说明相交道路的多少对通行能力是有影响的,不过并不是很大。

4. 英国的运输与道路研究实验所对环形交叉口的通行能力、时间、延滞等作了一系列的试验,试验测得的通行能力列于表 6。

表 6　英国 1972～1974 年对五种环交观测的交通记录表

地点	内接于固定外边线的圆或椭圆的直径/米	原来的			试验性的		
		中心岛直径/米	通行能力/(小客车辆数·时$^{-1}$)	规划布置	运行能力/(小客车辆数·时$^{-1}$)	同原来的比值	相交道路条数
柯尔赫思特	60	36	4 500	单岛式 20 米直径	5 060	1.12	4
斯文顿	70×85	66×75	5 120	单岛式 30 米直径	6 840	1.34	6
雪菲尔布鲁克	75×85	46×63	5 030	单岛式 35 米直径	6 445	1.28	5
哈尔逊	64	45	5 070	单岛式 14 米直径	6 840	1.35	4
赫麦尔赫姆斯特	102×94	68×76	5 740	原来的中心岛,但入口加宽	6 520	1.14	6

从表中所列的通行能力来看,各环交都在 5 000 辆/时以上,其中有 2 个达到 6 800 辆/时以上,一个为四路环交,一个为六路环交,这并不表明四路环交比五路或六路环交的通行能力小。

美国的规定则强调了交织段长度,环交的通行能力随交织段长度的增长而显著提高,如车速为 30 英里/时,交织段长度由 100 英尺增加到 200 英尺时,通行能力由 750 辆/时增加到 1 100 辆/时,约提高 50%。交织长度由 100 英尺增加到 300 英尺时,其通行能力增加近一倍。这个增长率是很高的,而英国的计算公式中,交织段长度因素却根本未曾列入。

苏联的西加耶夫公式则从另一个角度出发,认为环交的通行能力受交通流在各方向的分配比例的影响极大,如表 5 第二行(右转占 10%,直行占 50%,左转占 40%),其通行能力为 3 250 辆/时,表中末行(右转占 25%,直行占 55%,左转占 20%),其通行能力为 4 250 辆/时,环交的其他各要素不变,仅右转增加 10%,直行增加 5%,左转减少 20%,通行能力就增加 1 000 辆/时,约增加了 30%。

常规环交通行能力既与相交道路条数、交织段长度、车辆流向分配的比例数有关,也与交通组成、入口几何形状、中心半径有关,而上述规定都只强调了某一个因素,忽略了其他因素,甚至忽略了主要因素,因而不能全面地反映环交通行能力的实际状况,说明环交通行能力的研究还很不全面,很不深入。

3 通行能力计算中的主要问题

3.1 各公式计算值相差很大

1966年,英国提出了"远边(右侧)先行"的交通法规,对于环形交叉口来说,出环车辆有优先通行权,即进环的车辆要给出环的车辆让路。英国技术文件A—17曾明确指出,由于采用了此项新的交通法规,不仅消除了出环车辆可能发生的阻塞,而且使环交通行能力有了很大的提高;英国公路工程师学会会刊更明确地指出,经过实际观测证明采用此种新的交通法规后流量增加了10%,行车的时间延滞减少了10%,事故率下降了40%,但为适应这一法规而重新制定的DOE公式(见表2中式2)与原来的沃氏公式(表2中式1)相比,通行能力降低很多。公式1中的系数$K=280\sim354,P=0.6\sim0.9$,取平均值代入,则得式2,与式1的比值约为160/220,即式2求得的通行能力只相当于式1的73%,不仅没有提高,反而下降了27%。

对于同一座环交,按式2计算其通行能力为4 300辆/时,按式4计算为3 600辆/时,只相当于式2的84%,而式1与式3之比为8 070,与2 520相差高达2倍以上。虽然这些公式都是从实际交通量观测归纳整理而得,并且也经过一定的实际观测检验,为什么相互之间相差却如此之大呢?当然,各自试验的交通组成、车辆性能、交通管理方法等可能不尽相同,这也许是造成计算通行能力各异的原因之一,是否有其他原因?但现在看来另一个重要原因可能来自交织原理方面,因为不是所有的车辆都按交织原理的运行模式去运行,这一点将在后面说明。

3.2 公式计算结果与技术规范的规定也相差很大

先将英国的DOE公式(表2中式2)与英国的规定对照一下,式2中计算结果为4 800辆/时,乘上使用系数0.85,约为4 100辆/时,而技术文件$H_2/75$对四路环形交叉口的通行能力规定为3 500辆/时,约为公式计算数值的73%。

美国短交织段的通行能力公式3计算所得的通行能力数值为2 520辆/时,而美国《道路通行能力手册》中规定100英尺的交织距离通行能力为1 500辆/时,相差大约70%,从通行能力数字来看相差了1 000多辆,似乎大了一点。

上述几种均为公式计算值高于规范规定,苏联在右转率为20%时,按式4计算其通行能力为3 600辆/时,此情况下规定的通行能力数值却高达4 250辆/时,反而高出公式的计算值,即规范规定值约相当于计算通行能力的120%。

3.3 实测记录同公式计算的结果也相差甚巨

如英国柯尔赫思特等5个环交的观测报告(表6),其通行能力均在5 000辆/时以上,其中4个达到6 400辆/时以上,2个高达6 800辆/时以上,而且中心岛并不很大。如按表2中式2计算,则所得值只有4 800辆/时左右。美国资料相差更大,公式计算只有2 520辆/时左右,而观测结果的实际记录达7 000辆/时,甚至高达8 000～10 000辆/时。

4 环交研究中的几个问题

我国由于受 10 年动乱的影响，对环交缺乏系统的研究。虽然个别单位也做过一些调查观测，提出了一些有关通行能力的建议，《城市道路设计规范》也提出了环交通行能力的数据，但各方面对环交的适用范围、使用条件、通行能力、时间延滞、占地等都有不同的想法，甚至完全对立。

（1）为什么一些公式计算、规范规定和实际观测的结果相差很大？我们认为一个主要原因就是上述一些公式的依据，基本上都是以假想的交织原理为依据推导而得，而目前环交上的实际行车情况并不是单纯的交织。我们在南京鼓楼广场进行长时间的观测发现，有些进口段基本上看不到交织，在最长的交织段上交织车辆也只占 20% 左右，其他车辆为穿插或两排并行，除右转车辆沿外侧车道行驶外，其他左转和直行车辆的运行方式大致如下：

① 当环交实际具有的交织长度 l_1 小于一定车速所要求的交织距离 l_2 时，车流运行方式都是单点穿插（还可分为运行中穿插或停车穿插两种）或连续几辆车同时穿插。

② 当环交实际具有的交织段长度 l_1 大于等于 l_2 而小于 $2l_2$ 时，车流运行有时为穿插，有时为交织，即当车辆拥挤时多为穿插，稀少时则为交织。

③ 当环交实际具有的交织长度 l_1 大于等于 $2l_2$ 时，车流运行多为交织，且多在内环道交织，但在车辆多而拥挤时有穿插，在车辆不多时亦直接插入内环道行驶，因内环道受干扰较少而速度较高。

（2）运行图示中为什么会出现大量的穿插或插入的方式，这是一个值得进一步观测和深入研究的课题。因为理论公式必须反映和概括实际，环交通行能力理论必须反映环交车辆的运行实际，所以如果环交车辆运行的实际情况有了变化，而计算公式仍然按交织的运行方式考虑，那就必然会出现观测的结果与公式计算的数值不相符合。

（3）对于在观测中发现的穿插多于交织的现象的原因，我们经初步分析，其原因可能为：

① 交织理论是早在 40 年代初提出的，现在车辆的机动性、灵活性以及加速和制动性能均有显著提高，因此，车辆的运行性能有很大的变化。

② 环道的宽度普遍加大，有的环道宽达 20 多米，这就为并行穿插提供了客观的前提。

③ 车种复杂、车速相差极大，如通道车、有轨电车等车身长、速度慢、行动迟缓，小汽车速度高、灵活机动，不愿停车等候、不愿尾随，往往有空当就钻，形成穿插。

④ 由于非机动车干扰，交织角与交织段长度不能满足要求，车辆难以交织。

⑤ 生活节奏普遍加快。

（4）对于交通流中有大量非机动车存在，在环交规划、设计管理与通行能力计算中如何正确反映或科学处理还有待深入研究。

（5）通行能力是个变量不是定值，环交通行能力亦然，在不同情况下其变化范围多大，这对城市交叉口改造有很大意义，它关系到现有环交能适应多大交通量，是否要改建为立交等问题。

关于国外环形交叉口通行能力计算公式的述评*

徐吉谦 编译

(东南大学土木系)

摘 要 本篇首先介绍了国外环交的简史、现状与发展趋势,然后对英、美、苏等国常规环交通行能力的计算公式进行了分析比较,最后提出了在通行能力计算中存在的若干主要问题和今后的研究方向。

关键词 环形交叉口;通行能力;计算公式

1 国外环交简史、现状与发展趋势

1.1 简史

自 1903 年尤金海德(M·Eugenl Hienadr)提出在道路交叉点中央设岛,让通过的所有汽车均环绕中央岛行驶的方案之后,经过 4 年,即 1907 年,在法国巴黎的德勒托伊(Deletoile)和地纳雷辛(Da La Nation)两地,先后修建了汽车环绕中央岛行驶的星形广场。1910 年,英国正式建成了肖特环形交通广场;1925 年,英国在阿尔德韦西(Aldwyeh)、国会广场(Parliament Sguare)、海德公园(Hyde Park Corner)、玛尔伯亚其(Marble Arch)及特拉费基(Trafages Sqaurt)等地相继兴建了环形交叉口或广场。经过几十年的广泛使用,直到 1940 年才开始形成了一个"MOT"的设计方法,此法为英国人克莱顿(Clayton)提出,是非常近似的经验性的方法,但却是环交设计的第一个能估计通行能力的方法。

1955 年,沃尔卓卜(Wardrop)在英国道路研究试验所的支持下开始研制新的环交公式,经过大量的观测试验、分析、归纳,最终于 1962 年正式发表,这就是著名的沃氏公式。它很快得到了世界各国工程界的承认和广泛应用。20 世纪 60 年代初期,英国交通管理部门创造"远边先行"或称"右侧先行"(对于左侧通行国家而言)的交通管理方法,1966 年在一些地区为当局正式采用,至 70 年代初期,作为一项正式交通法规,在英国各地普遍施行。对环交要求是进环车辆让环行车辆先行,环行车辆让出环车辆先行,也就是说不一定非经交织段不可进入。这就使沃氏公式失去了使用的基础(因沃氏公式是以交织理论为

---

* 本篇是国家自然科学基金委员会资助项目,发表于《国外公路》,1989 年。

依据而提出的),于是又开始寻求适合此项法规的环交通行能力计算公式,仍由运输与道路研究试验所的人员负责研制。经过5年的多方面调查、观测分析、反复试验修改,最终于1975年测试检验完毕,由环境部(DOE)正式发表(现称运输部),这就是到现在一直使用的"DOE"公式,或称环境部公式和暂行公式(因为是环境部暂定的),也是英国现行公路技术文件 $H_2/75$ 所建议的环交通行能力计算暂行公式。

1.2 现状

目前英国正在对环交进行多方面研究,除已研究出适应多种交通情况的各类型环交,提高了环交的通行能力,减少了环交占地外,还对环交通行能力的计算和组织管理进行了多方面的探讨和现场试验。

首先,取得了很大成功的重要措施之一就是制定与推广了"右侧先行",即给从右侧到达的车辆让路的环形交叉口的交通管理办法,经过十多年的使用,逐渐为英国、德国及其他欧洲国家所接受,它对于消除堵塞、改善车辆运行、减少事故以及推动环交设计理论方面的改进和发展等起到了良好的作用。英国运输与道路研究试验所的试验统计资料表明,采用此法后交通流量增加 10%,车辆延误减少 10%,人身伤害的交通事故下降 40%。

其次,采用了多种多样的环交形式,如喇叭形常规单岛式环交(图1A);喇叭形小型环交,其直径 $D=4\sim25$ m(图1B);喇叭形微型环交,其直径 $D=1\sim4$ m(图2A,B);双岛式(图3A,B);剪刀式(图4);四岛式(图5A,B);五岛式(图6);六岛式(图7A,B);复式环交(双向环行,图5、6、8);空心岛式(图9)等。所有这些图式均用以适应各种不同的道路条件和交通情况。

再次,非常重视环交的线形设计,对中心岛、导向岛(图10)、分隔岛(图11)、安全岛(图12)的位置、形状、大小和缘石高低及各组成部分的比例关系,驶出角、驶入角、内角大小对通行能力的影响等做出了较详细的规定。

然后,对引道进出口设计提出了具体的要求,主要是采用喇叭形入口(图1与图2)以扩大进出口的面积,增加进出口的车道数,以提高同时通过环交的机会,将人行横道线的位置后移,推进停车标线,缩小交叉口范围,减少通过交叉口的时间,从而提高环交的通行能力。

最后,改进环交的管理方式,除设岛、划线、严格而合理地规定行车路线外,还设立简明的行车路线示意图,交叉口交通规则,允许行车速度等明确的标志,提早通知司机,其目的在于提高环交的通行能力,增进行车安全,降低时间延误和减少用地。

与此同时,其他一些国家也先后制定了自己的环交通行能力计算公式,如苏联、澳大利亚、美国等,但因为各国的道路、交通条件、交通习惯不完全一样,所以这些公式所考虑的主要参数不同,且都有一定的限制。我们要使用这些公式,据以计算环交通行能力还有一定的困难,一方面是交通条件不同,公式中的参数难以确定,另一方面各公式计算所得结果相差很大,因此各国多根据自己国家的实际交通情况和有关技术规范所规定的图表,或所在地多年形成的以经验为基础的估算公式作为设计依据。

1.3 发展趋势

从环交通行能力计算的发展情况看有以下3个方面:

1. 应用概率理论和排队理论分析、计算环交的通过能力

随着交通流理论的发展,概率理论、排队理论和流体力学理论等,已在交通工程中广泛应用,并开始渗透到环交通行能力的计算公式中。1962 年,唐纳(Tannar)用概率理论来计算主要道路与次要道路相交的 T 形交叉口的通行能力,并规定主要道路车流有优先行驶权,而次要道路的车辆只能利用主要道路车流的间隙通过。这样,在不同主要车流量条件下,次要路上允许通过多少车辆,可以由唐纳公式计算。

1971 年,贝纳特(Bennett)首先将唐纳公式修正,使之适用于环交,他将环交与每个入口引道的相交处当作丁字形交叉,环道上的环行车辆作为主要车流,各相交道路进入的车辆视为次要车流,这样就可利用唐纳公式进行计算。

1973 年,阿施沃斯-费尔德(Ashworth-Field)提出了更为简便的公式。

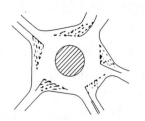 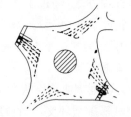 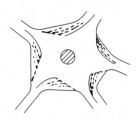

图 1A　喇叭形常规单岛式环交　　图 1B　单岛喇叭形小型环交　　图 2A　有分车岛单岛式微型环交

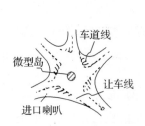 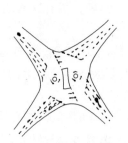 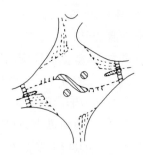

图 2B　单岛式微型环交　　图 3A　有大量圆转车流的四路交叉口　　图 3B　双岛式微型环交

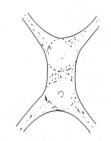  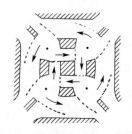

图 4　四路剪刀式环交　　图 5A　四微圆圈式环交(复式)　　图 5B　试验性微型环交(双向行车)

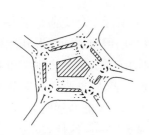 图6 五微圆圈式环交(双向行车) 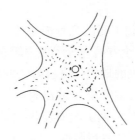 图7A 六岛式微型环交 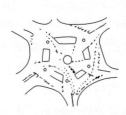 图7B 六微岛式圆圈式环交(复式)

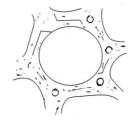 图8 六微圆圈式环交
(双向行车) 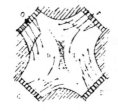 图9 "空心岛"式环交 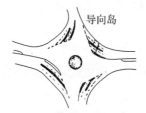 图10 有导向岛单岛式环交

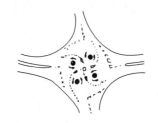 图11 四微圆圈式环交(有分隔岛) 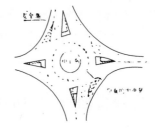 图12 小型环交

1974年,阿施沃斯(Ashworth)和劳伦斯(Laurence)通过研究得出了有关公式。

1978年,阿施沃斯和劳伦斯根据观测资料进行回归分析,提出一个具有简单线性关系的回归方程式。

苏联、联邦德国、澳大利亚也都在研究用概率论来计算环交的通行能力,主要利用观测的方法统计取得的大量数据,用回归的办法求出通行能力计算公式。

2. 研究小型、微型或袖珍型环交的应用与通行能力计算

在20世纪60年代前后的一个时期,小型环交在英国获得了广泛的发展。它具有面积小、占地少、通行能力高的优点,对于老城市的改建很适宜,在英国得到普遍采用,在欧洲一些国家的许多城市也获得采用。为此,1978年,英国运输与道路研究试验所发表了他们研究制定的小型环交设计通行能力计算的简化公式,亦称面积公式。

牛卡斯特在此式的基础上,又进一步做了简化,此类公式对于以小型车为主的国家和地区有很好的经济效益和实用价值。

3. 采用回归分析的办法

各种理论公式往往只能考虑到主要的几种因素的影响,而实际上环交通行能力受到很多因素的影响。因此,尽管在理论方面进行了多方面分析论证,但与实际情况相比仍有相当大的出入。此外由于观测手段的现代化,仪器、仪表及自动记录装置的出现有可能直接进行观测。根据直接观测的最大饱和交通量预测环交的通行能力,推测入口车流和环行车流间的相互关系,在一般情况下,两者具有反比性质。当环行车流增加时,入口车道的通行能力势必减弱。在对观测资料进行归纳后,提出下列简单的一阶线性关系公式:

$$Q_e = F - f_c Q_c$$

式中:Q_e——入口通行能力,辆/时;

Q_c——环行车流量,辆/时;

F 和 f_c 为常数,可由观测资料确定。

对于二阶模式,可以写成:

$$Q_e = F - f_c Q_c + g Q_c^2$$

式中 g 是一个正常数。

利用观测统计寻求通行能力与交通特性、几何要素间关系的这类公式正在发展,如英国、苏联均在进行这方面的研究。

4. 由于电子计算机的发展和普及,不少单位均在用电子计算机进行模拟。最近英国已出了一批成果。我国也开始了这方面的研究,1987 年在北京国际交通会议上有关学者发表了相关论文。

2 国外常规环交通行能力的计算公式

2.1 国外环交通行能力的主要公式简析

英国、美国、苏联都有自己的环交设计公式,现将常见的常规环交通行能力计算公式汇总列于表 1。

表 1 所列的式(1)~(3)为英国所提出,且均列入了反映环交几何线形要素的交织段长度、环道宽度、入口宽度,说明这些要素对环交通行能力的影响是巨大的。但仔细考虑,各式中几何要素对通行能力的影响程度不等。

仅就交织段长度来看,如将各式中交织长度 l 增加 1 倍(即采用 60 m 计算),则从式(1)到式(3)其通行能力分别为 9 294 辆/时、6 304 辆/时和 5 484 辆/时,其增加比例分别为 14.3%、16.7% 和 14.3%,其中受交织段长度影响较大的为式(2),其他两式基本相同。

式(1)到式(3)基本上为同一类型,且均列有交织车辆所占比重,交织车辆比重对各式的影响程度亦不同,式(2)受影响稍大,其他两式次之。

式(3)为式(1)的修正公式,主要考虑了几何要素对环交通行能力的影响,但对车流各方向的分配比例、交通状况等交通要素均未计入。

美国的式(4)同英国的 3 个公式完全不同,仅仅考虑了主要交织车辆与次要交织车辆所占比重和车辆通过进入口断面的临界时间,而环交所有几何要素均未列入,亦即从某种意义上否定了环交几何要素对其通行能力的影响，因此是很不全面而且相互矛盾的。

苏联的式(5)为与英美完全不同的另一类型，只列入了两个参数，交织段上车辆交织一次所需时间和右转弯车辆占进口总流量比例。通行能力随右转弯车辆的增加而增大是有根据的，但完全不计环交的几何要素、交通组成与运行图式、直行与左转车辆的多少及交织车辆所占比重，也是一种片面的观点。

表1 常规环形交叉口通行能力计算公式

(1)	沃氏公式 (Wardrop) 1962年	$\dfrac{KW(1+e/W)(1-P/3)}{1+W/l}$ $=\dfrac{354\times10(1+10/10)(1-0.72/3)}{1+10/30}\approx 4\,035$	$4\,035\times 2$ $=8\,070$	设计通行能力采用公式数值的80%
(2)	诺尔特公式 (Northold) 1974年	$\dfrac{16(W+e)(4L-3W)(3-P)}{l(0.56+h)}$ $=\dfrac{16\times(10+10)(4\times30-3\times10)(3-0.72)}{30(0.56+0.25)}$ $\approx 2\,700$	$2\,700\times 2^{\triangle}$ $=5\,400$	设计通行能力采用公式数值的80%
(3)	环境部暂行公式(DOE) 1975年	$\dfrac{160W(1+e/W)}{1+W/l}=\dfrac{160\times10(1+10/10)}{1+10/30}=2\,400$	$2\,400\times 2^{\triangle}$ $=4\,800$	设计通行能力采用公式计算值的85%
(4)	美国公式 (运输手册) 1951年	$\dfrac{(R+1)3\,600}{Rt}\lg(R+1)$ $=\dfrac{(1.84+1)\times 3\,600}{1.84\times 2}\lg(1+1.84)\approx 1\,260$	$1\,260\times 2^{\triangle}$ $=2\,520$	
(5)	苏联公式 (西加耶夫) 1937年	$\dfrac{2\times 3\,600}{t_i(1-N_{右})}=\dfrac{7\,200}{2.5\times(1-0.2)}=3\,600$	$3\,600$	

注：1. △为环道交织段的通行能力，整个环交的通行能力应为其2倍，h为重车所占比重，采用最大值，按国外规定为0.25；
2. 环道宽度$W=10$ m，平均入口宽度$e=10$ m，$e=e_1+e_2$，e_1为入口宽度，e_2为环道宽度，e约为10 m；
3. 交织交通所占比例数$P=0.72$，主交织与次交织车辆的流量比值$R=1.84$；
4. t_i为临界间隙时间，为2.5秒(如要富裕一些宜用3.4秒)；
5. 各式的几何参数见图13。

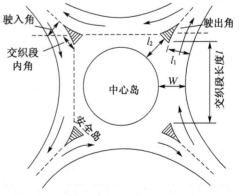

图13 常规环交尺寸示意图(沃氏公式)

就计算所得的允许通行能力而言,(1)式最大,(2)式次之,(3)式又次之,而美国的式(4)为最小。就国家而论,英国的最大,苏联的次之,美国的最小。

2.2 国外环交通行能力参数简析

1. 英国于1975年颁布了环形交叉口设计规范,对各类环交的使用条件,设计要求,线路布置,通行能力等均做了详细的规定,对于环形交叉口的通行能力,按相交道条数的不同和半径的大小做出了如下的规定(表2)。

表2 英国技术文件 $H_2/75$ 规定的环交通行能力表

环形交叉口名称	三路交叉/(辆·时$^{-1}$)	四路交叉/(辆·时$^{-1}$)	五路交叉/(辆·时$^{-1}$)	内接圆直径 D/米	中心岛直径 d/米
常规环交	5 000	3 500	3 000	>50	>25
小型环交	5 500	4 000	3 500	20～50	>4～25
微型环交	2 500	2 000	—	<20	1～4

2. 美国在《公路几何设计》一书中引用《公路通行能力手册》的规定,按交织长度和速度的不同规定了环交通行能力(表3)。

表3 美国规定的环交通行能力(交织段)

速度/(英里·时$^{-1}$)	交织段长度/英尺					
	100	200	300	400	500	600
30	750/1 500	1 100/2 200	1 350/2 700	1 600/3 200	1 750/3 500	1 900/3 800
40	350/700	600/1 200	750/1 500	900/1 800	1 050/2 000	1 200/2 400

注:1. 斜线左为交织段的通行能力,斜线右为整个环交的通行能力,单位:辆/时。
   2. 1英里 = 1 609.344米。
   3. 1英尺 = 0.304 8米。

3. 苏联西加耶夫(СИГАЕВ)在总结了苏联的经验和进行了理论分析之后提出了自己的意见。根据他的计算分析,规定了环交允许的通行能力(表4)。

表4 苏联对环交通行能力允许值 $Q_总$ 的规定

线路上车流的分配百分数/%			允许各进口的通行能力/(辆·时$^{-1}$)	整个环形交叉口允许的通行能力/(辆·时$^{-1}$)
右转	直行	左转		
10	70	20	900	3 600
10	50	40	815	3 250
15	60	25	925	3 700
25	55	20	1 060	4 250

注:苏联多为货车。

表1～4 同样反映了各个国家对影响通行能力主要因素的认识,只是分析和强调的侧

重点不同。英国强调了相交道路的条数对通行能力的影响,规定环交的通行能力随相交道路条数减少而显著增加,如三条路相交较四条路相交,其通行能力增加 1 500 辆/时,约提高 40%,与公式(3)计算的通行能力则仅相差 1/4,两者颇不一致,实际观测的记录也说明相交道路的多少对通行能力是有影响的,不过并不是很大。

4. 综合评述

英国运输部的运输与道路研究试验所对环形交叉口的通行能力、时间、延滞等作了一系列试验,试验测得的通行能力列于表 5。

表 5 英国 1972～1974 年五种环交观测通行能力的记录表

地点	内接于固定外边线的圆或椭圆的直径/米	原来的			试验性的		
		中心岛直径/米	通行能力/(小客车辆数·时$^{-1}$)	规划布置	运行能力/(小客车辆数·时$^{-1}$)	同原来的比值	相交道路条数
柯尔赫思特	60	36	4 500	单岛式 20 米直径	5 060	1.12	四路相交
斯文倾	70×85	66×75	5 120	单岛式 38 米直径	6 840	1.34	六路相交
雪菲尔布鲁克	75×85	46×63	5 030	单岛式 35 米直径	6 445	1.28	五路相交
哈尔逊	64	45	5 070	单岛式 14 米直径	6 840	1.35	四路相交
赫麦尔赫姆斯特	102×94	68×76	5 740	原来的中心岛,但入口加宽	6 520	1.14	六路相交

从表中所列的通行能力看,各环交都在 5 000 辆/时以上,其中有两个 6 800 辆/时以上,一个为四路交环,一个为六路环交,这并不表明四路环交比五路或六路环交的通行能力小。

美国的规定强调了交织段长度,环交的通行能力随交织段长度的增长而显著提高,如车速为 30 英里/时,交织长度由 100 英尺增加到 200 英尺时,通行能力由 750 辆/时增加到 1 100 辆/时,约提高 50%;交织长度由 100 英尺增加到 300 英尺时,其通行能力增加近一倍。这个增长率是很高的,而英国计算公式中,交织段长度因素却根本未曾列入。

苏联的西加耶夫公式则从另一个角度出发,认为环交的通行能力受交通流在各方向的分配比例的影响极大,环交的其他要素不变,仅右转增加 15%,直行增加 5%,左转减少 20%,通行能力就可增加 1 000 辆/时,约增加了 30%。

常规环交通行能力既与相交道路条数、交织段长度、车辆流向分配的比例数有关,也与交通组成、入口几何形状、中心岛半径有关,而上述规定都只强调了某一个因素,忽略了其他因素,甚至忽略了主要因素,因而不能全面地反映环交通行能力的实际状况。

3 通行能力计算中的主要问题

3.1 各公式计算值相差很大

1966 年,英国提出了"远边(右侧)先行"的交通法规,对于环形交叉口来说,出环车辆有优先通行权,即进环的车辆要给出环的车辆让路。英国技术文件 A—17 曾明确指出,由于采用了此项新的交通法规,不仅消除了出环车辆可能发生的阻塞,而且使环交通行能力有相当大的提高;英国公路工程师学会会刊更明确地指出,经过实际观测,证明采用此种新的交通法规后流量增加了 10%,行车的时间延滞减少了 10%,事故率下降了 40%。但为适应这一法规而重新制定的 DOE 公式(表 1 中式(3)),与原来的沃氏公式(表 1 中式(1))相比,通行能力降低很多。公式(1)中的系数 $K=280\sim354$,$P=0.6\sim0.9$,取平均值代入,则得式(3)与式(1)的比值约为 160/220,即式(3)求得的通行能力只相当于式(1)的 73%,不仅没有提高,反而下降了 27%。

表 1 中式(2)与式(3)相差也很大,同一座环交按式(3)计算其通行能力为 4 800 辆/时,按式(2)计算为 5 400 辆/时,式(3)的通行能力约相当于式(2)的 89%,而式(2)与式(3)的比值为 5 400/2 500,相差高达 1 倍以上。但这些公式都是从实际交通量观测归纳整理而得,并且也经过一定的实际观测检验,为什么相互之间差异如此之大呢? 当然,各自试验的交通组成、车辆性能、交通管理方法等可能不尽相同,这也许是造成计算通行能力各异的原因之一,但是否有其他原因? 现在看来另一个重要原因可能来自交织原理方面,因为不是所有的车辆都按交织原理的运行模式运行,这一点将在后面说明。

3.2 公式计算结果与技术规范的规定相差很大

先将英国的 DOE 公式(表 1 中式(3))与英国规范的规定对照一下,式(3)中计算结果为 4 800 辆/时,乘上使用系数 0.85,约为 4 100 辆/时,而技术文件 $H_2/75$ 对四路环形交叉口的通行能力规定为 3 500 辆/时,约为公式计算值的 73%。

美国短交织段的通行能力公式(4)计算所得的通行能力数值为 2 520 辆/时,而美国的《道路通行能力手册》中规定 100 英尺的交织距离通行能力为 1 500 辆/时,相差 1 000 多辆,约 67%,似乎大了一点。

上述几种均为公式计算值大于规范规定。苏联在右转率为 20% 时,按式(5)计算其通行能力为 3 600 辆/时,此情况下的通行能力规范规定的数值却高达 4 250 辆/时,反而大于公式的计算值,即规范规定值约相当于计算通行能力的 120%。

3.3 实测数据同公式计算结果相差很大

如英国柯尔赫思特等 5 个环交的观测报告(见表 5),其通行能力均在 5 000 辆/小时以上,其中 4 个达到 6 400 辆/时以上,2 个高达 6 800 辆/时以上,而且中心岛并不很大。如按表 1 中式(3)计算,则所得之值只有 4 000 辆/时左右。美国资料相差更大,公式计算只有 2 500 辆/时左右,而观测结果的实际记录达 7 000 辆/时,甚至高达 8 000~10 000 辆/时。

3.4 环交研究中的几个问题

我国由于"文革"的影响,对环交缺乏长期系统的研究。虽然个别单位也做过一些调查观测,提出了一些有关通行能力的建议,《城市道路设计规范》也提出了环交通行能力的数据。但各方面对环交的适用范围、使用条件、通行能力、时间延滞、占地等都有不同的想法,甚至完全对立。

第二个问题,为什么一些公式计算、规范规定和实际观测的结果相差很大? 我们认为一个主要原因就是上述一些公式的依据,基本上都是从假想的交织原理推导而得,而目前环交上的实际行车情况并不是单纯的交织。我们通过在南京鼓楼广场的长时间观测,发现有些进口基本上看不到交织,在最长的交织段上交织车辆也只占 20% 左右,其他车辆为穿插或两排并行,除右转车辆沿外侧车道行驶外,其他左转和直行车辆的运行方式大致如下:

1. 当环交实际具有的交织长度 l_1 小于一定车速所要求的交织距离 l_2 时,车流运行方式都是单点穿插(还可分为运行中穿插或停车穿插两种),或连续几辆车同时穿插。

2. 当环交实际具有的交织段长度 l_1 大于等于交织距离 l_2 而小于 $2l_2$ 时,车流运行有时为穿插,有时为交织,即当车辆拥挤时多为穿插,稀少时则为交织。

3. 当环交实际具有的交织长度 l_1 大于等于 $2l_2$ 时,车流运行方式多为交织,且多在内环道上交织,但在车辆多而拥挤时有穿插,在车辆不多时亦有直接插入内环道行驶,因内环道受干扰较少而速度较高。

运行图示中为什么会出现大量的穿插或插入的方式,这是一个值得进一步观测和深入研究的课题。因为理论公式必须反映和概括实际,环交通行能力理论必须反映环交车辆的运行实际,所以如果环交车辆运行的实际情况有了变化,而计算公式仍然按交织的运行方式考虑,那就必然会出现观测的结果与公式计算的数值不相符合的情况。

对于在观测中发现的穿插多于交织的运行现象的原因,我们经初步分析,其原因可能为:

1. 交织理论早在 20 世纪 40 年代初形成,现在车辆的机动性、灵活性以及加速和制动性能均有显著的提高,因此,车辆的运行性能有很大的变化。

2. 环道的宽度普遍加大,有的环道宽达 20 多米,这就为并行穿插或连续穿插或多路穿插提供了客观的前提。

3. 车种复杂、车速相差极大,如通道车、有轨电车等车身长、速度慢、行动迟缓,小汽车速度高、灵活机动,不愿尾随、停车等候,往往有空当就钻而形成相互穿插。

4. 由于非机动车的干扰,交织角与交织段长度不能满足要求,车辆难以交织。

5. 生活节奏普遍加快。

综上所述,我国环交通行能力与设计参数的确定还有待于进一步的研究。

城市环交主要技术经济指标与适用性分析[*]

徐吉谦

(南京工学院)

摘 要 本篇对城市环形交叉口的主要技术经济指标,采用与信号控制交叉口对比的方法进行了初步分析。计列出八项指标,分析了环交的主要优缺点及适用条件,并提出在中小城市干道、大城市次干道及城乡结合处的道路交叉口采用不同形式的环形交叉口是适宜的,关键在于做好交通预测和分析、提高设计质量、优化交叉口设计方案。

关键词 环形交叉口;信号控制交叉口;经济指标

1 概述

我国修建环形交叉口已有半个多世纪的历史。现在各大中城市几乎都有一定数量的环形交叉口。长春现有17处(新的规划还将增加20处,计为37处),南京有17处,重庆有11处,广州和沈阳各有10处,此外,成都、昆明、西安、武汉、天津、上海、长沙、石家庄、南宁、大连等市都有相当数量的环形交叉口或环形广场。这些环交有的担负着繁重的运输任务,起着交通枢纽的作用;有的起着市中心的作用;有的起着美化城市的作用或作为集会庆祝游行之用;有的起着建筑艺术方面空间构图的作用;还有的起着综合性的作用,成为城市建设和交通运输设施的一个重要组成部分。

但随着城市建设的发展,城市汽车拥有量、道路交通量与行车速度的增长,特别是自行车交通量的迅速增长,许多大、中城市的交叉口,无论是信号控制交叉口还是环形交叉口都产生了不同程度的拥挤、阻塞,因此有些城市对信号控制交叉口和环形交叉口的适用范围和通行能力提出了一些不同的看法,采取了一些改善措施,有些城市将信号控制交叉口改为环形交叉口,而有些城市又将环形交叉口改为信号控制交叉口。

笔者认为改建交叉口,投资大、影响广,须谨慎从事,应从所设计交叉口的交通、道路、环境及各类交叉口的特性等方面考虑,并拟就:① 实际通行能力;② 交叉口对行车速度的影响;③ 过交叉口的时间损失和经济损失;④ 占地面积;⑤ 交通安全;⑥ 能源消耗;⑦ 环境保护和美观;⑧ 交通管理等八项主要指标,对环形交叉口做具体分析。在分析时采用与信号交叉口对比的方法,作了一些初步的计算并提出一些粗浅的看法,供城市规划、道路设计、交通研究及管理部门有关同志参考。

---

[*] 本篇发表于《中国土木工程学会市政工程专业会议》,1985年。

2 环形交叉口与信号控制交叉口主要技术经济指标分析

2.1 实际通行能力

1. 环交的通行能力

根据大量实测数据(表1),现场阻车观测统计及实况录像分析,对于中心岛直径为40~50米的环形交叉口,其通行能力(包括机动车与非机动车)大致如表2。

表1 部分环形交叉口高峰小时实测交通量

单位:辆/时

广场名称	南京鼓楼	南京新街口	南京中央门	长春新发	长春人民	广州大北地	广州海珠	上海共和新路	天津解放
机动车	2 209	1 287	1 554	2 094	2 117	1 664	1 618	2 200	2 000
非机动车	10 165	10 527	4 175	1 914	3 468	11 005	6 904		20 000

表2 机动车与自行车混合行驶时环交的通行能力

单位:辆/时

广场名称	南京鼓楼	南京新街口	南京中央门	长春新发	长春人民	广州大北地	广州海珠	上海共和新路	天津解放
机动车	2 700	2 500	2 000	17 500	1 500		1 300	1 200	1 000
自行车	3 000	5 000	10 000	12 500	15 000		17 000	18 000	20 000

2. 灯管交叉口的通行能力

城区灯管交叉口的通行能力最大值为每条车道600辆/时,实际平均值约为400辆/时,通行能力之所以如此低,主要原因是灯管交叉口绿灯利用率低,周期越短,相交道路越多则利用率越低,如南京的实际情况,灯管交叉口的通行能力约为每条车道300辆/时。

2.2 交叉口对行车速度的影响

环交同信号交叉时对行车速度有何影响? 根据北京市市政工程设计总院有限公司的观测得出通过环交的车速折减系数K约为0.7,即环形交叉口范围内车速较直线段降低30%左右。通过信号控制的交叉口前后和过叉口的速度比值约为0.4,即过交叉口的车速不到路段车速的一半,主要是由于减速(刹车)停车、起动以及加速等花费了时间。所以,仅将通过灯管交叉口与通过环交的车速相比较,则采用信号控制比环形交叉口对车速的影响约大30%。

2.3 过交叉口的时间损失和经济损失

一般交叉口的时间损失包括减速、制动、等候损失,启动、加速损失,干扰损失和几何线形因素的损失等。现就几项主要损失按环形交叉口与信号控制交叉口分别计算并予以比较如下:

1. 信号控制交叉口

设大、中城市两条同等级常见的三块板横断面道路相交,交通量为:直行 1 000 辆/时,左转 20 辆/时,右转不计;交叉口前后直线段行车速度为:大型汽车平均为 25 千米/时,小型汽车平均为 30 千米/时;交叉口停车线间的距离如图 1 所示。停车线间距 $L=40$ 米,大型汽车的加速度 $a_大=0.6$ 米/秒^2,减速度 $b_大=1.33$ 米/秒^2,小型汽车的加速度 $a_小=0.8$ 米/秒^2,减速度 $b_小=1.66$ 米/秒^{2*}。采用信号控制,循环周期的时间和各项时间分配如下:

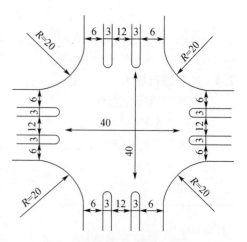

图 1　信号控制交叉口停车线间距示意图(单位:米)

$t_全=70$ 秒,$t_绿=30$ 秒,$t_黄=5$ 秒,$t_红=30$ 秒

循环周期时间为:

$t_绿+t_黄+t_红+t_黄=30+5+30+5=70(秒)$

(1) 总的时间损失

a. 直行车总的时间损失:

大型汽车:$T_损=20(等候)+5(启动)+5.8(加速)=30.8(秒)$

小型汽车:$T_损=20(等候)+3(启动)+5.2(加速)=28.2(秒)$

近似地均取半分钟(30 秒)。

b. 左转车总的时间损失:

大型汽车:$T_损=50(等候)+5(启动)+5.8(加速)=60.8(秒)$

小型汽车:$T_损=50(等候)+3(启动)+5.2(加速)=58.2(秒)$

近似地均取 1 分钟(60 秒)。

则全天的时间损失(将高峰小时交通量的 10 倍作为全天的交通量):

直行车:$1 000×10×0.5/60≈83.3$(车小时)

左转车:$200×10×1.0/60≈33.3$(车小时)

全年的时间损失为:$365×7 000/60≈42 583.3$(车小时)

若以工作日计:$42 563.3/8≈5 322.9$(工作日)

(2) 经济损失

a. 将等候时间损失转换为经济损失为 127.75 万元。

b. 由于停车启动多消耗燃料的经济损失为 7.68 万元。

c. 将乘客时间损失转换为经济损失为 20.59 万元。

三项合计的经济损失为:

$127.75+7.68+20.59=156.02$(万元/年)

至于刹车时的轮胎消耗和机械磨损尚未计入。

---

*　注:任福田,肖秋生. 城市道路规划与设计[M]. 2 版. 北京:中国建筑工业出版社,1982.

2. 环形交叉口

如将上述灯管交叉口改为环形交叉口,中心岛半径 $r=20$ 米,车辆绕岛环行的车道中线半径 $r=25$ 米,环道宽度为 20 米(图2),则直线路段上大型汽车的行驶速度:

$v_{大直} = 25$ 千米/时(大致取北京市调查的平均值)

小型汽车的行驶速度:

$v_{小直} = 30$ 千米/时

再按北京市观测的直线段车速与通过环交的车速的比值为 0.7 计算,则得:

大型汽车 $v = 25 \times 0.7 = 17.5$(千米/时)

小型汽车 $v = 30 \times 0.7 = 21$(千米/时)

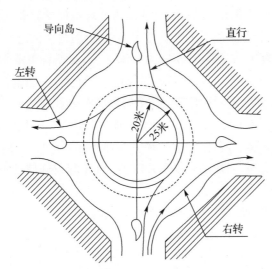

图2 环形交叉口行车路线示意图

(1) 全年的时间损失(绕行、距离拉长及左转)为:

直行车:$365 \times 1\,000 \times 10 \times 10/3\,600 \approx 10\,138.9$(车小时)

左转车:$365 \times 10 \times 200 \times 15/3\,600 \approx 3\,041.7$(车小时)

(2) 经济损失总计为:

$39.54 + 18.44 + 6.38 = 64.36$(万元)

从以上简略计算结果得出:信号控制交叉口总的时间损失,直行近似值为半分钟,左转近似值为 1 分钟;环交总的时间损失,直行为 10 秒钟,左转为 15 秒钟,大致相当于灯管交叉口的 1/3。

从经济上看,信号控制交叉口的总损失费为 156.02 万元,环形交叉口为 64.36 万元。环形交叉口的经济损失约为信号控制交叉口的 1/2.4。因此,中等交通量的交叉口如采用环交,每年便可节省 100 万元左右。

2.4 交通安全问题

环交的事故率,特别是严重事故,也是比较低的,死亡事故更加少见,这一点已经为世所公认。其主要原因是消除了冲突点与车辆左转,美国的早期资料表明,环交事故率只有信号控制交叉口的一半,而且多为轻微事故,造成的财产损失则可减少75%。英国运输与道路试验研究所在伦敦统计了38处采用环交代替其他形式的交叉口,对比使用前后的事故情况,事故数量减少了39%,死亡和严重伤害事故数量减少了64%;在潮湿路段上总的事故数量减少了51%,行人事故减少了46%,死亡和严重伤害事故减少了70%。

我国的情况也大致如此,一般灯管交叉口事故多而严重,环交则事故少而轻。所以从安全角度考虑环交也优于信号控制的交叉口。

2.5 占地面积

信号控制的交叉口一般仅占地0.2～0.4公顷。环形交叉口一般占地0.6～1.0公顷,约为信号控制交叉口的2～3倍,远较信号灯交叉口占地多。环交的中心岛一般均种上了很好的花木或铺上了草皮,为绿化、美化城市和环境保护起着良好的作用。绿地对一个城市、一条街道或一个小区都不是可有可无的点缀,而是生活与环境的必需。近年来各国都在竞相提高城市的绿化定额,日本定为9米^2/人,莫斯科市定为17米^2/人,英国定为24米^2/人,华沙定为73.5米^2/人,巴黎定为24.7米^2/人,美国定为40米^2/人。我国的《城市规划定额指标暂行规定》中则定为每个居民应有公共绿地6～8米^2,现在不少城市均尚未能达到。所以名义上虽是环交占用了土地,实际是给城市增添了绿地面积,这对丰富街景、净化空气、调节气候等美化和保护环境都是非常必要的。再者,暂时占用的这块土地,等于为日后交通的发展,为建设立体交叉口或其他工程设施储备了用地,也是必要的。

2.6 能源消耗

据国外资料,汽车用油量约占全国汽油消耗量的50%。北京市全年汽油实销总量的90%,柴油实销总量的70%均用于汽车交通*,而汽车每停车起动一次的耗油量以50毫升计。

以鼓楼广场1979年5月统计的环形交叉口一天的汽车量为21 613辆为例,停车数按1万辆计,如改用信号控制,则每年要多耗用汽油的数量为:

$$365 \times \frac{50}{1\,000} \times 10\,000 - 365 \times \frac{10}{1\,000} \times 10\,000 \times 2$$
$$= 365 \times 10 \times (50 - 20)$$
$$= 10.95(万升)$$

按每升汽油0.6元计,即得10.95×0.6=6.57(万元)。

这仅是一个每天2万辆交通量的交叉口,每年就可节约燃料费6万多元,如以全市计算,那便是一个很可观的数字了。所以从节约能源方面考虑,环交也是较为有利的。

2.7 环境保护和美观方面

每千克汽油在内燃机中燃烧所排出的污染物质如表3所示。其中危害最严重的是一氧化碳,这种有害气体90%系由机动车尾部排出。汽车在加速、起动时一般也排出大量的污染物质,在匀速行车时排出的污染物最少。所以汽车匀速行驶对保护环境较有利,同时还可节约10%～20%的燃料。而汽车通过信号控制交叉口所排出的污染物将比环交增加一倍。

---

* 注:资料来源:北京市北京交通工程学会会刊,1981.1。

表 3 汽车每燃烧 1 千克汽油或柴油排出的污染物质数量

单位:克

污染物质名称	一氧化碳	硫的氧化物	氮的氧化物	醛和酮	碳氢化合物	粉尘
汽油	165	0.8	16.5	0.8	53.0	0.05
柴油	—	7.8	16.5	1.6	30	18

就噪声污染方面比较,信号管理的交叉口附近,车辆制动、起动、加速、鸣笛等造成的噪声一般比环交附近高,甚至高很多。据交通噪声的现场实测统计,一般信号控制交叉口的噪声要比环形交叉口高 4～6 分贝。

其次信号控制交叉口附近的居民或过往行人受红绿灯强光刺激和交通警察用扩音器喊话的影响也远比环交强烈,故从环境保护角度考虑,环交对环境的不利影响比信号控制交叉口小。

从美化方面考虑,环交的中心岛可种花草、灌木丛,以绿化城市、美化市容、丰富街景、保护环境,既使单调枯燥的城市街巷式道路景观变化多彩,令人心旷神怡,又利于净化空气、调节气温,这又是信号控制交叉口所不及的。

2.8 交通管理方面

环形交叉口通常无须安装信号设备、设置岗亭,可大大减少交通监管人员,从而节约了房舍、设备等的购置,维修费用和交通监管人员工资等支出。除了高峰小时或节假日交通特别繁忙时需临时配置少数民警值勤巡视外,一般无须交通警察指挥。而信号控制交叉口是靠灯色变换来指挥交通的,一般除固定岗亭专门配备交通警察控制灯色变换外,还要交通警察临场指挥。故环交的管理比信号控制交叉口简单。但有一点值得注意,从发展看,信号控制交叉口便于实现全线自动控制、电脑控制或区域控制而环交则难以办到。

根据上述各项分析,现将主要指标汇总如表 4。

3 环形交叉口的优缺点及适用范围

综合上述计算和分析,可将环交的主要优、缺点及适用范围归纳如下:

3.1 主要优点

1. 环交使不同方向的车流均沿同一方向绕中心岛而行,从而避免和减少了不同方向车流之间的冲突,无须停车等候绿灯,故较灯管交叉口对行车速度的影响约小 30%。

2. 虽然环交的行车距离拉长了,但由于汽车无须刹车、空转、等候和重新发动、起步,特别对于载重大的货车、大型公共汽车及带有拖挂的车辆更为有利。同信号控制交叉口相比较,仅用油一项环交在经济方面即可节约 2/3 左右。

3. 在保证交通安全方面,由于环交在环道上和入口处采用小角度的交织、插入或穿越,可以避免或减少交通事故特别是严重伤亡事故,我国各大城市环交运行的实践也证实了这一点。

4. 环交通常无须安装信号设备,无须设置岗亭,故不必因环交而增加甚至可大大减少交通监管人员,从而节约设备的购置、维修和交通管理费用。

表 4　环形交叉口与信号控制交叉口主要技术经济、养护、管理指标汇总对照表

1		2			3		4		5	6	7		8		
交叉口类型	对行车速度的影响（过交叉口车速与路段车速的比值 $v_{过}/v_{路段}$）	通过交叉口的时间损失与经济损失			实际通行能力 /（辆/时）		交通安全方面（事故发生率）		占地面积/公顷	能源消耗（由于交叉口的原因而多消耗汽车的燃料，毫升）	环境保护与美化		交通管理		
		时间损失（每辆车，秒）		经济损失（每万辆汽车损失，万元）	每条车行道（进口）	交叉口总通过量	一般事故 /%	严重事故 /%			噪音（每天平均值，分贝）	污染物的数量比值	固定岗设备	可否实现自动化	其他车辆干扰
		直行	左转												
环形交叉口	0.7	10	15	65	400～600	2 700	50	25	0.6～1.0	10	$L_{10}=75.8$ $L_{eq}=72.1$ $L_{50}=68.5$	1	不用设固定岗亭，高峰时巡视	难以实现自动化	无轨电车干扰大
信号控制交叉口	0.4	30	60	156	300～400	不限	100	100	0.2～0.4	25	$L_{10}=81.3$ $L_{eq}=77.3$ $L_{50}=73.1$	2	设固定岗亭，专门指挥	便于实现自动化	不受无轨电车影响

注：1. 据估计信号控制交叉口的建设费用较环形交叉口约少 30%～50%。
2. 环交通过交叉口的行程长度平均比信号控制交叉口增长 35 米左右，特别是左转绕行过长。
3. 管理方面，信号控制交叉口灵活，机动性强，对某些车辆可以随时提供绿灯，而环交则无法调度。
4. 5 条或 5 条以上道路相交时，用信号难以处理，而环交则较为适合。
5. 无轨电车通道车多时，采用信号控制交叉口有利。

5. 环交的中心岛本身具有优美的线形,与周围建筑相互配合可以构成和谐的开阔空间,岛内可以种植花草、灌木丛,保持四时青翠,以绿化城市、美化市容、丰富街景、保护环境并改变使人产生单调枯燥感觉的长廊式街道。在空间构图和色调变化上,创造清新、俊美的城市风貌,使人置身其中,心旷神怡。

6. 环交可以作为一种交通发展的过渡形式,为将来改建为立体交叉口、两道桥式或五道式立体交叉口巧妙地储备用地。

7. 环交为左转车流提供了同直行右转车同样方便的行车条件,无须二次停车等候,即可绕行通过。

8. 汽车通过环交无须刹车、发动、起步,可以匀速行驶,从而节约了用油,也减少了尾气排放物质对空气的污染。

9. 对于多条街道相交的畸形交叉口,用信号难以解决时,可以环交处理而获得良好的效果。

3.2 主要缺点

1. 环交占地面积大,一般约为 0.5~1.0 公顷,对于老城市改建或建筑物密集的中心区或用地紧张的市中心区难以采用。

2. 环交增加了汽车尤其是左转车的行驶距离,行人绕行长度亦增大了。

3. 环交不适应高速行车的要求,车速大于 50 千米/时的干道不宜采用。因为按高速计算,要求环岛需有很大的半径,占地过多,行车距离将拉得更长。

4. 车辆出入环交时与绕行的非机动车交叉或交织,在非机动车多时必然影响机动车的通行能力,影响连续行车。

5. 对有无轨电车通行的交叉口,需立柱架线,行车不便且有碍市容。

6. 对于相交街道行车速度相差较大时,通过交织车道时不易协调。环岛设计也难以适应不同车速的要求。

3.3 常规环交的适用范围

关于常规环形交叉口的适用范围,要从时间节约、技术、经济、安全、环境保护和美观等方面考虑,也要从当前及长远相交道路的具体条件出发,选择几种可能性较大的方案进行全面分析、综合考虑。在下列条件下一般可以选用环交:

1. 相交道路的实际平均行车速度不应大于 50 千米/时,因车速越高,要求环岛半径越大,必然导致整个环交占地也越大,又使人、车绕行距离拉长。如不按车速设计环岛半径,则车辆减速太大,造成时间损失、经济损失,还容易造成交通事故,故环交不宜用于快速干道。

2. 交叉口的负荷过重是发生事故和交通阻塞的主要原因,因此所选用的交叉口必须能适应交通量的发展。环交可适应的交通量一般以机动车 1 000~2 700 辆/时,自行车不大于 5 000 辆/时为宜。交通很小时,用环交不经济,过大则负担过重易出事故。如考虑分期修建,可先建环交,交通量更大时,再建下穿式或上跨式立体交叉口。

3. 用于不同性质、不同等级道路相交的过渡性的连接,如郊区公路与城市道路,出城干线与郊区干线的连接,既作交叉口又作道路性质变化、速度变化的标志,使司机对交通环境的变化有明显的感受。

4. 对于奇数条道路相交,交通量与车速均大致相等而方向分散,特别是五条或五条以上道路相交,转向车辆较多,方向分散,信号难以处理的畸形交叉口,采用环交特别合适,如天津解放广场改建成功,就是明显的一例。

5. 对于中小城市,结合市中心或区中心规划,设置环交既作为市或区的中心,又作为组织交通之用,亦可结合市郊道路的起终点作为回车和转换方向。

6. 结合小区规划,配合园林绿化、街道绿化、美化环境等设立中心岛的环交以解决内部交通和丰富街景。

4　结束语

由于受交织理论的约束,环交不能适应高速和大交通量要求,已日渐衰落。但近年来一些资本主义国家因经济衰退,不能用大量资金建造立交,致车祸严重、汽车成灾,再加上能源紧张,需限制车速以节油,又开始使用环交,认为它简单、经济、实用、美观。如法国、苏联等,甚至美国也有人在杂志上呼吁,要设法采用环交。我们认为在商店林立的繁华市区,熙熙攘攘的稠密人群中,交叉口相距很近,人行过道又频繁出现的大街上,要高速行车,犹如纵虎入市,必将造成严重事故,最终还是无法达到高速,如要真正实现高速,只有架空干道、地下道路,或在城市边缘、近郊建设新干道,但保留原市区中心或商业区内的环形交叉口,组织交通、控制车速、保护环境、美化城市也是非常必要的。

但也不是任何情况下都可使用,关键在于工程师的设计是否恰当和使用合宜。一般来讲,在行车速度要求不高的(<50千米/时)大量中、小城市的道路建设中,环交既可用于全市性主干线、次干线,亦可用于组织市中心、区中心道路,尤其适于风景区、市区与郊区的连接处,以及多路交叉之处。

此外,对环交的设计理论、设计方法、通行能力计算、通行规则、线形设计、立面布置、中心岛的大小及形式、进出口的形式及车道数、参数测定与选用,以及美化布置等,应进行多方面的探讨,使之能更好地满足行车要求。

环形交叉口主要技术经济指标与适用条件分析[*]

徐吉谦

（南京工学院）

摘 要 本篇对环形交叉口的主要技术经济指标采用与信号交叉口对比的方法进行了初步分析，列出了八项指标，分析了环交的主要优缺点及适用条件，并提出在中、小城市干道及城乡结合处的道路交叉口采用不同形式的环形交叉口是适宜的，关键在于优化交叉口设计方案。

关键词 环形交叉口；信号控制交叉口；经济指标

1 概述

我国开始建造环形交叉口，到现在差不多有半个世纪，最早使用的是东北地区的一些大中城市，如沈阳、长春、哈尔滨、大连等，后来发展到全国。全国现在各大中城市都有一定数量的环形交叉口，长春现有17处（新的规划中增加20处，共计为37处），南京有17处，重庆有11处，广州和沈阳各有10处，此外，成都、昆明、西安、武汉、天津、上海、长沙、石家庄、南宁、大连等市都有相当数量的环形交叉口或环形广场。环交的中心岛大多数为圆形或椭圆形，少数也有不规则形状。这些环交有的担负着繁重的运输任务，起着交通枢纽的作用；有的起着市中心的作用；有的起着美化城市的作用或作为集会庆祝游行之用；还有的起着建筑艺术方面空间构图的作用，成为城市建设和交通运输设施的一个重要组成部分。

但随着城市建设的发展，城市汽车拥有量、道路交通量与行车速度的增长，特别是自行车交通量的迅猛增长，许多大、中城市的交叉口，无论是信号控制交叉口还是环形交叉口都产生了不同程度的拥挤、阻塞，因此有些城市对信号控制交叉口和环形交叉口适用范围和通行能力提出了一些不同的看法，采取了一些改善措施，有些城市将信号控制交叉口改为环形交叉口，而另一些城市又将环形交叉口改为信号控制交叉口。如天津市，1979年将解放桥广场一个八条道路相交的交叉路口，由原来三个色灯信号站控制的交通枢纽，改为近200米的长圆形环岛，两端设计为半径为20米的半圆，机动车道宽9～12米，非机动车道宽20米。高峰小时进出环交的机动车近4 000辆（表1），非机动车约为2万辆，表2为设岛后该广场环交主要断面非机动车高峰小时交通量统计表。由表2可知设岛后机

---

[*] 本篇发表于《华东公路》，1984年第4期。

动车行驶顺畅，没有发生堵塞。车速由原来的 10 千米/时提高到 20 多千米/时。通过交叉口的运行时间，从 7~8 分钟减少到只要 1~2 分钟，大家比较满意，认为改得好。这是复杂的色灯信号控制的交叉口改为环形交叉口的一例。南京这几年来也将中央门和盐仓桥的信号交叉口改为环形交叉口。

在此时期内，上海中山北路和共和新路的环形交叉口，环岛直径为 46 米，环道宽度为 18 米，两条道路的交角为 70°左右，高峰小时机动车为 2 198 辆，自行车为 1 534 辆；非高峰小时机动车为 500 辆左右，非机动车为 600 辆左右。因经常堵塞，遂采取加设信号灯控制，后来又改建为信号控制，取得了较好的效果。这是将环交改为信号控制交叉口的一例。

表 1 解放桥广场机动车交通量观测统计表

单位：辆/时

路名	一经路		二经路		进步路		三经路		自由路		复兴路		解放路		河东路	
流向	进	出	进	出	进	出	进	出	进	出	进	出	进	出	进	出
交通量	130	80	252	112	17	2	7	117	58	29	338	461	558	519	609	595
总计	210		364		19		124		87		799		1 077		1 204	

注：1. 平均进入车流量为 3 884/2＝1 942(辆/时)。
  2. 资料来源：天津市市政工程设计研究院，1983 年。

表 2 解放桥广场环交主要断面非机动车高峰小时交通量统计表

单位：辆/时

路名	一经路至二经路	二经路至三经路	三经路至复兴路	解放桥西	解放桥东	河东路至一经路	合计
7:00—8:00(上午)	11 771	7 890	13 410	13 520	10 400	7 020	54 651
5:00—6:00(下午)	12 650	8 060	8 750	6 080	8 850	13 550	57 940

注：资料来源同表 1，此为断面交通量不是进口交通量。

这两种情况产生了不同的影响，一些城市觉得环交比信号控制交叉口好，视野开阔、外形美观、通行能力大、行车安全、管理方便……，以后要多修环交。另一些城市则认为信号交叉口要比环交好，理由是环交占地多、通行能力小、绕行距离长、速度低等，今后应多修信号控制交叉口而不修环交。

我们认为无论是信交还是环交都有各自的优点和缺点，都有自己的适用范围和使用条件，没有绝对的好和坏，必须从所设计交叉口的交通、道路、环境及各类交叉口的特性出发，进行具体的分析。下面我们拟采用：① 实际通行能力；② 交叉口对行车速度的影响；③ 过交叉口的时间损失和经济损失；④ 占地面积；⑤ 交通安全；⑥ 能源消耗；⑦ 环境保护和美观；⑧ 交通管理等八项主要指标，对环形交叉口进行具体分析。在分析时采用与信号交叉口进行对比的方法，作了一些初步的计算并提出一些粗浅的看法，供城市规划、道路设计、交通研究及管理部门有关同志参考。

1.1 实际通行能力

1.1.1 环交的通行能力

将环交通行能力实际调查观测的资料汇总列于表3,这是大中心岛的常规环形交叉口的实际交通量,除个别已达饱和状况外,大多数均还有潜力可挖。如果在交通组织、管理方法、渠化交通措施等方面进一步改进,通行能力还可以有所提高。以鼓楼广场为例,高峰小时通过的机动车为2 200多辆,非机动车为1万多辆,虽然有无轨电车和大量行人的干扰,但运行状况良好,没有发生停车等候或拥挤堵塞,说明尚未达到饱和状态,还有潜力可以发挥。

表3 国内部分环交高峰小时实际交通量、车速与环交情况表

环交的名称	机动车/ (辆·时$^{-1}$)	非机动车/ (辆·时$^{-1}$)	路段车速/ (千米·时$^{-1}$)	环道车速/ (千米·时$^{-1}$)	相交道路条数
南京鼓楼广场	2 209	10 166	28.6	19.6	5
南京新街口广场	12.87	10 527	—	—	4
上海共和新路广场	2 200	—	14	—	4
长春新发广场	2 094	1 914	26	17.4	4
广州大北立广场	1 604 (620)	3 322 (11 006)	32.9	23.5	4
广州珠海广场	1 618 (770)	6 904 (20 419)	27.1	17.3	4
长春人民广场	2 117	3 468	29.5	25.6	6
天津解放广场	2 000	20 000	—	—	8
南京中央门广场	1 554	4 175	—	—	4

注:1. 括号内为下午高峰小时的观测统计。
2. 资料来源:南京的新街口、中央门资料为笔者摘自南京市市政工程处,天津资料系天津市市政工程设计研究院提供。
3. 当五条道路相交时,有两条直行即直行1,直行2,以▲,△表之。

对于中心岛直径为40～50米的环形交叉口(四条道路相交)正常状态下通行能力应采用多大为宜,我们根据阻车观测及各方面资料的综合数据认为环交的通行能力可采用如表4所列。南京市1981年在鼓楼广场观测的高峰5分钟机动车交通量为222辆,约相当于2 664辆/时,证实环形交叉口的通行能力,有可能达到2 700辆/时。当然,随着自行车的增多,机动车要相应地减少。

表4 机动车与自行车混合行驶时环交的通行能力表

机动车/ (辆·时$^{-1}$)	2 700	2 500	2 000	1 750	1 500	1 300	1 200	1 000
自行车/ (辆·时$^{-1}$)	3 000	5 000	10 000	12 500	15 000	17 000	18 000	20 000

据国外环交通行能力计算公式和他们报道的其通行能力以小汽车计可达 8 000 辆/时,数字相当大,但因情况不一样,他们以小汽车为主,非机动车极少,我们以大汽车为主,而且非机动车和行人都较多。

1.1.2 灯管交叉口的通行能力

《城市交通研究报告》一文,认为城区在灯管管制的条件下,单车道机动车最大的通过量可按 600 辆/时计算,但他们测了六个交叉口,求出了实测通过量与理论通过量的比值为 0.28~0.94,平均值约为 0.64 即平均值约 400 辆/时,当然交通量很小,没有达到饱和也是一个原因,但灯管交叉口的时间利用率低,周期越短,相交道路数越多则利用率越低。例如南京的大行宫、三山街交叉口都是采用灯管交叉口,实测高峰小时的交通量(表5)机动车为 1 000 辆/时左右,非机动车为 6 000~8 000 辆/时,就出现了拥挤阻塞。因此南京市养护管理处准备对这几个交叉口进行改建。从目前南京的实际情况看,信号管制的交叉口每个车道的交通量约为 300 辆/时(载重汽车),而公共汽车、无轨电车、通道车和拖挂车还不到此数,这同我国 1961 年的城市道路设计准则和苏联 20 世纪 60 年代的规范(表6)所规定的数值很相近。主要原因是可用于通行的时间少,一般只占 30%~40%。如拓宽引道,增加车道数,其通行能力仍可增大,因此,单从通行能力来讲,信号控制交叉口又有可能高于环形交叉口。

表 5 南京市几处信号控制交叉口的交通量统计表

单位:辆/时

车辆类型	大行宫交叉口				三山街交叉口				珠江路	大桥南路
	1965 年	1974 年	1975 年	1979 年	1965 年	1974 年	1975 年	1979 年		
机动车	279	729	964	951	291	606	637	1 007	867	1 117
非机动车	2 154	2 419	5 026	6 584	2 449	6 151	5 487	8 804	11 040	1 015

表 6 规范规定每条车行道最大通行能力表

单位:辆/时

车辆类别	苏联规定在车流均匀情况下每小时最多可通过的车辆数		我国城市道路设计准则规定的通行能力	
	无平面交叉口	有平面交叉口	每小时最大车辆数	备注
小汽车	1 000~1 200	500~600	500~1 000	①交叉口间距为 500 米;② V 最大为 50 千米/时;③ 红灯时间为 25 秒;④ 黄灯时间为 5 秒
载重汽车	500~600	250~350	300~600	
公共汽车	200~300	100~150	250~60	
无轨电车	100~120	60~90	90~120	

1.2 交叉口对行车速度的影响

环交和信交对行车速度的影响如何? 是信交对行车速度的影响大,还是环交对行车速度的影响大? 过去总觉得信号控制似乎要快些,对行车速度的影响要小些,其实不然。下面根据北京市市政工程设计研究总院所进行的观测统计,分别列表。表 7 为环形交叉口上行车速度的观测统计,表中列出了进环交前直线路段、交织段和环道上的行车速度,取交织段车速与环道车速的平均值除以直线段车速得出通过环交的车速折减系数($K_{减}$)约为 0.7,即环形交叉口范围内车速较直线段降低 30% 左右。表 8 为信号控制的交叉口前后和过交叉口的速度观测统计。

表 7 环形交叉口前直线段、交织段及环道上车速统计表

环交名称	进环交前路段车速 $\overline{V}_{前}$/(千米·时$^{-1}$)	交织段上		环行道上		环行车速与交织车速的平均值 $\overline{V}_{平}$/(千米·时$^{-1}$)	$\dfrac{\overline{V}_{平}}{\overline{V}_{前}}$ ($K_{减}$)	$\dfrac{\overline{V}_{实}}{\overline{V}_{计}}$
		交织车速 $\overline{V}_{交}$/(千米·时$^{-1}$)	$\dfrac{\overline{V}_{交}}{\overline{V}_{前}}$	环行车速 $\overline{V}_{环}$/(千米·时$^{-1}$)	$\dfrac{\overline{V}_{环}}{\overline{V}_{前}}$			
长春新发广场	26.0	16.8	0.65	18.0	0.69	17.4	0.67	0.72
长春人民广场	29.7	23.1	0.78	28.1	0.95	25.6	0.86	0.52
广州海珠广场	27.1	17.6	0.65	15.9	0.59	16.8	0.62	—
广州大北立交广场	32.9	28.0	0.85	18.9	0.57	23.5	0.71	0.72
上海共和新路广场	—	18.5	—	10.3	—	14.4	—	0.86
南京鼓楼广场	28.6△	20	0.70	19.6	0.69	19.8	0.69	0.73
平均值	28.86	20.67	0.70	18.47	0.70	19.58	0.71	0.71

注:1. 资料来源:北京市市政工程设计研究总院第 316 号研究报告《环形交叉口通行能力的研究》。
2. $\overline{V}_{前}$——路段车速,指机动车行近入口的车速,△ 为笔者补行测定的路段车速。
3. $\overline{V}_{交}$——交织段车速,指通过交织段的机动车平均速度,为正常通过、正常交织、减速交织和停车交织四种行驶状况的加权平均值。
4. $\overline{V}_{环}$——环道车速,指机动车驶入环交至驶离环交的车速,表中数值系加权平均值。
5. $\overline{V}_{计}$——计算车速,按 $V_{计}=\sqrt{127(\mu\pm i)R}$,$\mu$ 取 0.18,i 为环道横坡度,R 取中心岛半径加半车道宽。
6. $\overline{V}_{实}$——实测环道车速,指正常行驶状态车速的加权平均值。

表 8 信号管制交叉口前后及过交叉口的行车速度统计表

交叉口名称	交叉口前路段车速 $\overline{V}_{前}$ (1)	过交叉口车速 $\overline{V}_{过}$ (2)	交叉口后路段车速 $\overline{V}_{后}$ (3)	$\dfrac{(1)+(3)}{2}$ 平均值 (4)	$\dfrac{(2)}{(1)}$ (5)	$\dfrac{(2)}{(3)}$ (6)	$\dfrac{(2)}{(4)}$ (7)	备 注 交通量 (8)
张自忠路～地安门	40.2	15.67	30.8	35.5	0.39	0.51	0.44	$N=336$
大北窑～沙板庄	31.3	11.39	29.7	30.5	0.36	0.38	0.37	$N=887$
前门～天桥	23.9	11.4	30.9	27.4	0.48	0.37	0.42	$N=715$
和平门～象来街	36.4	14.7	41.8	39.1	0.40	0.35	0.38	$N=1\,163$
平 均 值	32.95	13.29	33.3	33.13	0.41	0.40	0.40	

注:1. 资料来源:北京市市政工程设计研究总院城市交通研究报告第 285 号。

2. 表中速度单位为千米/时。

从表 8 可知汽车通过交叉口的车速同交叉口前后平均速度的比值（K）约为 0.4，即过交叉口的车速还不到路段车速的一半，主要是由于减速（刹车）停车、启动以及加速等花费了时间。所以仅将通过灯管交叉口与通过环交的车速相比较，则采用信号管制比环形交叉口对车速的影响要大得多，一般约大 30%。

此外，我们认为城市道路的实际行车速度由于受各种因素的影响，特别是频繁的交叉口和行人过街道等横向干扰，故一般均不高，上海市的车速在全国各城市中本来还算高的，可是从几条道路的平均车速来看，如延安路为 20~25.2 千米/时，中山路为

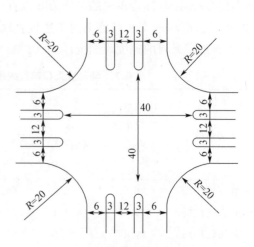

图 1　信号控制交叉口停车线
间距示意图（单位：米）

10.3~15.7 千米/时，北京东路为 11.3~16.6 千米/时，河南路为 12.5~15.4 千米/时，西藏路为 17.3~21.4 千米/时，也不能算高，而当时中山路和共和新路的环形交叉广场平均车速为 14.4 千米/时，同中山路的平均车速相差亦不大，而该环道的设计速度按半径为 24 米进行计算可达 25 千米/时。因此就目前情况来看，城市道路上行车速度不高的主要原因，不是由于环岛半径太小。因为通过环交的行车速度高于通过信号控制交叉口的车速，所以信号控制交叉口对车速的影响要小。

1.3　过交叉口的时间损失和经济损失

一般交叉口的时间损失包括减速、制动、等候损失，启动、加速损失，干扰损失和几何线形因素的损失等。现就几项主要损失按环形交叉口与信号控制交叉口分别计算并予以比较如下：

1.3.1　信号控制交叉口

设大、中城市两条同等级常见的三块板横断面道路相交，交通量为：直行 1 000 辆/时，左转 200 辆/时，右转不计；交叉口前后直线段行车速度为：大型车平均为 25 千米/时，小型车平均为 30 千米/时；交叉口停车线间的距离如图 1 所示。停车线间距 $L=40$ 米，大型车的加速度 $a_大=0.6$ 米/秒^2，减速度 $b_大=1.33$ 米/秒^2，小型车的加速度 $a_小=0.8$ 米/秒^2，减速度 $b_小=1.66$ 米/秒^2。采用信号控制，循环周期的时间和各项时间分配如下：

$$t_全=70 秒, t_绿=30 秒, t_黄=5 秒, t_红=30 秒$$

循环周期时间为：　$t_绿+t_黄+t_红+t_黄=30+5+30+5=70（秒）$

1) 时间损失

（1）等候通过的时间损失（以 $t_{直等}$，$t_{左等}$ 表示直行，左转受红灯阻挡等候绿灯的时间损失），因每个周期可以用于通过直行车辆的时间为 30 秒，而最长的等候时间为 40 秒，最短可能不等候，故平均以 20 秒计，即 $t_{直等}=20$ 秒。

左转车因还要在冲突点前等候另一个方向出现绿灯才能驶出,因此,又需多等 30 秒钟,则

$$t_{左等} = 30 + 20 = 50(秒)$$

实际观测机动车通过交叉口受红灯阻车的时间损失统计资料见表 9,受阻而等候通过的车辆占车辆总数的百分数及阻车数见表 10,阻车数量及阻车长度的观测统计列于表 11。

表 9 机动车辆通过信号控制交叉口的时间损失观测统计资料表

交叉口名称	行车方向	0 秒无损失	>0~<10 秒	10~50 秒	>50 秒	平均损失时间/秒	备注
西单	直行车/%	10	23.8	34.1	27.3	28.33	西单路口损失时间短,主要因为东面没有左转车,北面也限制了左转
	左转车/%	10.8	10.8	56.8	21.6	36.51	
东单	直行车/%	5.8	37.2△	35.6*	31.4	37.26	东单路口行驶方向的交通均为正常状态
	左转车/%	2.4	19.1△	44.6*	42.9	50.96	

注:1. △表示损失时间为 0~20 秒内,* 表示损失时间为 20~50 秒内。
2. 东西单路口周期相同:东西绿灯 65 秒、南北绿灯 55 秒、黄灯 8 秒,当时交通状况属于随机到达。
3. 此表的损失时间统计资料系已改人拉灯管为单点定周期灯管之后的数据,即已经大大改善了管理状况、减少了等候时间之后的资料。
4. 资料来源:北京市市政工程设计研究总院《交通信号管制路口机动车通行能力的观测研究》。

表 10 三山街交叉口各色信号灯所占时间统计表

项目	绿灯		黄灯		红灯		合计	
	秒	次	秒	次	秒	次	秒	次
合计统计时间/秒	1 509.6	51	255.6	52	1 803.7	51	3 568.9	154
平均每次(每相)时间/秒	29.6		4.9		35.4		23.2	
各项占全周期时间/%	42		7		51		100	
通车与阻车各占时间	通车时间占 42%				阻车时间占 58%			

注:1. 1981 年 7 月观测 1 小时各色信号灯的持续时间。
2. 表中阻车时间未包括司机反应时间,点火发动时间,因此实际阻车时间比统计的还要长。据南京市政工程管理处估计,阻车时间约占 2/3,即阻车为 40 分钟,通车为 20 分钟。
3. 资料来源:《南京市市政资料汇编》1982 年第二期。

表 11　北京市几个交叉路口的红灯受阻车辆数、长度及所占比例的观测统计

路口名称		总的通过车辆数目/(辆·时$^{-1}$)	红灯受阻车辆数	红灯受阻车辆占总通过数量的比例/%	一次最多受阻车辆数	平均阻车长度/米
西单	东	868(794)	531(610)	61(77)	38(52)	114(180)
	南	330(277)	194(219)	59(79)	17(20)	66(150)
	西	918(884)	800(634)	87(72)	67(60)	160(180)
	北	350(322)	325(278)	93(89)	24(26)	105(160)
崇文门	东	374(329)	222(217)	59(68)	15(17)	49(77)
	南	621(551)	288(429)	46(78)	21(46)	43(160)
	西	445(450)	254(207)	57(46)	21(18)	56(65)
	北	435(375)	114(217)	27(58)	8(27)	35(120)
东四	东	390(435)	198(652)	51(100)	15(79)	39(140)
	南	313(300)	149(223)	47(74)	12(25)	31(62)
	西	360(348)	211(294)	58(84)	12(31)	38(120)
	北	235(237)	145(234)	62(99)	8(23)	25(155)
平均值		469.92(441.83)	285.92(331.67)	58.92(77.0)	21.5(35.3)	63.42(130.75)

注：1. 表中( )内的数字为人控灯管路口观测所得数据(1979年调查)。
2. 表中不带( )的数字为单点定周期灯管路口观测所得数据(1979年调查)。
3. 表中的数值均为上午 8:30～9:30 的观测统计数字。
4. 资料来源：北京市市政工程设计研究总院《交通信号灯管制路口机动车通行能力的观测研究》。

(2) 启动时间损失

小型车为 3～4 秒，平均为 3.3 秒，大型车为 5 秒，现取 $t_{小启}=3$ 秒，$t_{大启}=5$ 秒。

(3) 通过交叉口时的加速时间损失

停止在停车线上等候的汽车速度为零，启动加速至到达交叉口对面停车线处的末速度为 $V_{末}$，则 $V_{末}=\sqrt{2aL}$。

大型车：$V_{末}=\sqrt{2\times 0.6\times 40}\approx 6.9$(米/秒)

小型车：$V_{末}=\sqrt{2\times 0.8\times 40}=(8$ 米/秒$)$

据 $\bar{V}_{平}$ 求过交叉口所需时间：

大型车：$t_{大}=\dfrac{40\times 2}{6.9}\approx 11.6$(秒)

小型车：$t_{小}=\dfrac{40\times 2}{8}=10.0$(秒) \hfill (1)

据原来在直线路上的车速求过交叉口所需时间：

$$t_{大} = \frac{L}{V_{直大}} = \frac{40}{25/3.6} \approx 5.8(秒) \tag{2}$$

$$t_{小} = \frac{L}{V_{直小}} = \frac{40}{30/3.6} = 4.8 秒$$

则由(1)式减(2)式即得出因交叉口停车后加速所损失的时间：

大型车：$T_{大损} = 11.6 - 5.8 = 5.8(秒)$

小型车：$T_{小损} = 10 - 4.8 = 5.2(秒)$

(4) 总的时间损失

直行车总的时间损失

大型车：$T_{损} = 20(等) + 5(启动) + 5.8(加速) = 30.8(秒)$

小型车：$T_{损} = 20(等候) + 3(启动) + 5.2(加速) = 28.2(秒)$

近似地均取半分钟(30秒)。

左转车总的时间损失：

大型车：$T_{损} = 50(等候) + 5(启动) + 5.8(加速) = 60.8(秒)$

小型车：$T_{损} = 50(等候) + 3(启动) + 5.2(加速) = 58.2(秒)$

近似地均取1分钟(60秒)。

则全天的时间损失(将高峰小时交通量的10倍作为全天的交通量)：

直行车：$1\,000 \times 10 \times 0.5/60 \approx 83.3(车小时)$

左转车：$200 \times 10 \times 1.0/60 \approx 33.3(车小时)$

全年的时间损失为：$365 \times 7\,000/60 \approx 42\,583.3(车小时)$

若以工作日计：$42\,583.3/8 \approx 5\,322.9(工作日)$

2) 经济损失

(1) 由等候时间损失转换为经济损失

按每小时25千米的平均行车速度，忽略客车与货车运费的不同，一律以货车计算并按每车载重4吨，每吨千米以0.3元计算，则 $42\,583.33 \times 4 \times 25 \times 0.30 \approx 127.75(万元)$。

(2) 由于停车启动多消耗燃料的经济损失

每停车启动一次耗油量以 50[①] 毫升计，一般50%的车辆在信号灯停车启动，则

直行车全年多耗用汽油量为：$365 \times 1\,000 \times 10 \times \frac{1}{2} \times \frac{50}{1\,000} \approx 9.13(万升)$。

左转车全年多耗用汽油量为：$365 \times 200 \times \frac{50}{1\,000} = 3.65(万升)$

按每升汽油为0.6元计算则合计为：

$0.6 \times (9.13 + 3.65) \approx 7.67(万元)$

(3) 乘客时间损失转换为经济损失

按每个职工年平均工资672[②]元计，每个工作日为 $\frac{672}{313} \approx 2.15(元)$，每辆车45人，满载

---

① 这个数据随气温、车辆、载重及道路情况而异，这里使用的是天津市建委的资料。

② 江苏省1981年每个职工的年平均工资额。

率为0.8，则实际载客人数为36人，交通组成按南京市交通统计资料，市内客车约占52.7%，以50%计，则每年的经济损失为：

$$42\ 583.33 \times \frac{1}{2} \times 36 \times 2.15/8 \approx 20.60(万元)$$

三项合计的经济损失为：

$127.75 + 7.67 + 20.60 = 156.02(万元)$

对于刹车对轮胎的消耗和机械的磨损尚未计入。

1.3.2 环形交叉口

如将上述色灯信号交叉口改为环形交叉口，中心岛半径 $r=20$ 米，车辆绕岛环行的车道中线半径 $r=25$ 米，环道宽度为20米(图2)，则直线路段上大型车的行驶速度为 $V_{大直}=25$ 千米/时(大致取北京市调查的平均值)，小型车在直线段上的行驶速度 $V_{小直}=30$ 千米/时，再按北京市观测的直线段车速与通过环交的车速的比值为0.7计算，则得：

大型车：$V_{环大}=25 \times 0.7 = 17.5(千米/时)$

小型车：$V_{环小}=30 \times 0.7 = 21(千米/时)$

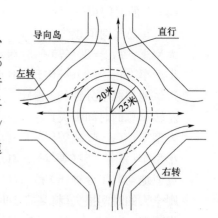

图2 环形交叉口行车路线示意图

1) 时间损失

(1) 求环交的几何线形延长比距离 $L_{延}$

因直线长度为 $2r$，环绕半圆为 πr，行车路线轨迹的半径取中心岛半径再加5米计算(即取25米)。

直行延长距离：$L_{直延} = \pi r - 2r = 28.54(米)$

左转延长距离：$L_{左延} = \frac{3}{4} \times 2\pi \times 25 - 2r \approx 67.8(米)$

(环交左转车行驶轨迹长度为 $\frac{3}{4} \times 2\pi r$，信号交叉口的左转以 $2r$ 计)

(2) 求按直线段行车速度通过环交道口所需时间

大型车：$t_{大直} = \dfrac{2r}{V_{大}} = \dfrac{50}{6.9} \approx 7.2(秒)$

小型车：$t_{小直} = \dfrac{2r}{V_{小}} = \dfrac{50}{8.3} \approx 6.0(秒)$ \hfill (3)

(3) 按曲线段上汽车行驶速度(即环交道上的平均行驶速度)计算通过环交道口的时间

大型车：$t_{大环} = \dfrac{2r}{V_{环大}} = \dfrac{50}{4.8} \approx 10.4(秒)$

小型车：$t_{小环} = \dfrac{2r}{V_{环小}} = \dfrac{50}{5.8} \approx 8.6(秒)$ \hfill (4)

这样可得出由于线形影响损失的时间，即(4)-(3)：

大型车：$t_{形} = 10.4 - 7.2 = 3.2(秒)$

小型车：$t_形 = 8.6 - 6.0 = 2.6$（秒）

(4) 由于因绕环道行驶增长了距离则行驶该距离所需的时间

大型车：$t_绕 = L_{直延} / 4.8 \approx 5.9$（秒）

小型车：$t_绕 = L_{直延} / 5.8 \approx 4.9$（秒）

进而得出直行车总的时间损失为：

大型车：$5.9 + 3.2 = 9.1$（秒）

小型车：$4.9 + 2.6 = 7.5$（秒）

平均为 8.3 秒，近似地取为 10 秒。

(5) 左转车因行驶增长距离所需时间

大型车：$t_绕 = L_{左延} / 4.8 \approx 14.13$（秒）

小型车：$t_绕 = L_{左延} / 5.8 \approx 11.69$（秒）

(6) 左转车因通过环交降速而损失的时间与直行车相同（直行长度以 $2r$ 计）

大型车：$10.4 - 7.2 = 3.2$（秒）

小型车：$8.6 - 6.0 = 2.6$（秒）

左转总的损失时间：

大型车：$3.2 + 14.13 = 17.33$（秒）

小型车：$2.6 + 11.69 = 14.29$（秒）

平均为 15.81 秒。

则全年的时间损失为：

直行车：$365 \times 1\,000 \times 10 \times 10 / 3\,600 \approx 10\,138.9$（车小时）

左转车：$365 \times 10 \times 200 \times 15 / 3\,600 \approx 3\,041.7$（车小时）

2) 经济损失

(1) 时间损失所造成的经济损失

直行车全年的时间损失为 10 138.9 车小时，左转车全年的时间损失为 3 041.7 车小时，则

$25 \times 0.3 \times 4 \times (10\,138.9 + 3\,041.7) \approx 39.54$（万元）

(2) 延长行驶距离所造成的经济损失

直行车：$28.54 \times 365 \times 1\,000 \times 10 / 1\,000 = 104\,171$（千米）

左转车：$67.8 \times 365 \times 200 \times 10 / 1\,000 = 49\,494$（千米）

按每车 4 吨，每吨千米为 0.3 元计算运费，则可得：

$(104\,171 + 49\,494) \times 4 \times 0.3 \approx 18.44$（万元）

(3) 乘车时间损失所造成的经济损失

$(10\,138.9 + 3\,041.7) \times 36/8 \times \dfrac{1}{2} \times 2.15 \approx 6.38$（万元）

各项合计的经济损失为：

$39.54 + 18.44 + 6.38 = 64.36$（万元）

从以上简略计算结果得出：信号控制交叉口总的时间损失，对于直行近似值为半分

钟,左转近似值为 1 分钟;环交总的时间损失,直行为 10 秒钟,左转为 15 秒钟,大致只相当于信号控制交叉口的 1/3。

从经济上看,信号控制的总损失费为 156.02 万元,环形交叉口为 64.36 元,环交的经济损失约占色灯信号的 1/2.4。因此,中等交通量的交叉口采用环交每年可节省近 100 万元。

这里要说明的是:① 两种交叉口的建设费用未计算,一般环交占地面积增多,拆迁费用大,故比信号交叉口的投资要大,但信号交叉口设备费、管理费也未计入;② 这是一种宏观算法,是就整个社会而言所获得的经济效益,因此有的人认为这是空的,没有什么意义,我们认为社会主义国家就应从全社会来考虑,这正是社会主义制度优越性的具体体现。

1.4 交通安全问题

就世界范围来看,道路交通事故是一个很严重的问题,自汽车问世以来至 1979 年底,全世界已有两千万人死于车祸(平均每年约为 25 万人),受伤的人数约 1 000 万。就死亡数字而言美国居于首位,每年约死亡 5 万人,联邦德国约死亡 1.5 万人,法国约死亡 1.4 万人,印度约死亡 1.3 万人,其他工业发达国家死亡率亦相当高。

我国的交通事故相当严重,就事故率来看有些城市还有继续增长的趋势。总的来说我国交通事故的死亡人数居世界第二位,每辆汽车的平均死亡率居世界第一位。表 12 为美国、日本等国家和我国几个省市的每万辆汽车的年死亡人数。从表中的统计数字可以清楚地看出,我国交通事故死亡人数比工业发达国家要大几十倍。

就事故发生的地点来看,有 50% 以上发生在交叉口处,据日本一项统计资料显示(表 13),城市道路上全部事故的 67.3% 发生在平面交叉口处,郊区约 40% 发生在平面交叉口处,这种趋势几乎长期以来没有变化,其他各国也大致如此。

表 12 每万辆汽车每年的车祸死亡人数表

地点	日本	英国	法国	联邦德国	美国	意大利	上海	武汉	安徽	哈尔滨	黑龙江	大庆	安庆
死亡人数/万人	1.5	4	6	7	1.6	5	54	75.4	204.2	37.5	31.2	26	50

表 13 平面交叉路口处的事故率表

类别	城 区	郊 区	合 计
平面交叉路口处	211 263 起(67.3%)	62 364 起(40%)	273 627 起(57.89%)
其他	102 624 起(32.7%)	96 409 起(60%)	199 033 起(42.11%)
合计	313 887 起(100%)	158 773 起(100%)	472 660 起(100%)

美国有关交叉口交通事故的统计材料认为,不同形式交叉路口的事故发生率不同,如无信号控制的十字交叉路口的事故率是同样条件下的 T 形交叉路口事故率的 14～41 倍。同样的,印第安纳州的资料表明,十字交叉路口为 T 形、Y 形交叉路口事故率的 4 倍,而环交可以看作若干个 T 形交叉口的组合。环交的事故率也是比较低的,特别是严重事故,死亡事故更加少见。这一点已经为各国所公认。美国的早期资料表明,环交事故率只

有信号控制交叉口的一半,而且多为轻微事故,造成的财产损失数是信号控制交叉口的75%。英国运输与道路研究试验所在伦敦统计了38处采用环交代替其他形式的交叉口,并对使用前后的事故作了统计对比,总的来说事故数量减少了39%,死亡和严重伤害事故减少了64%,潮湿路段上总的事故减少了51%,行人事故减少了46%,死亡和严重伤害减少了70%。

国内的情况也大致如此,灯管交叉口事故多而严重,环交则事故少而轻。所以从安全角度来考虑,环交优于信号控制交叉口。

1.5 占地面积

信号控制交叉口一般占地0.2～0.4公顷,环形交叉口一般占地达0.6～1.0公顷,约为信号控制交叉口的2～3倍,因此就用地来看,环交远较信号控制交叉口占地多。问题是对于环交多占部分用地怎样看待,有人说多占地就是浪费,我们认为这里有个对浪费的认识问题,因为我们知道所有环交的中心岛没有一个不是种上了很好的花木,或铺上了草皮,为绿化城市、美化城市和为环境保护起着良好的作用。绿地对一个城市、一条街道或一个小区不是可有可无的点缀,而是生活和环境的必须。近年来,各国都在竞相提高城市的绿化定额,日本定为9米^2/人,俄罗斯定为17米^2/人,英国定为24米^2/人,波兰定为73.5米^2/人,澳大利亚定为70.5米^2/人,法国定为24.7米^2/人,瑞士为15.1米^2/人,奥地利为15.5米^2/人,朝鲜定为14.6米^2/人,美国最高定为40米^2/人。我国在《城市规划定额指标暂行规定》中定为每个居民应有公共绿地6～8平方米,现在不少城市均未能达到。因此名义上虽是环交占用了土地,实际是给城市增添了绿地面积,认识到这一点就不会认为环交是浪费土地。其实那个小小的绿岛,对于美化环境、丰富街景、净化空气、调节气候都非常必要。而且暂时占用的这块地,为以后交通进一步发展,建设立体交叉口或其他工程设施储备了用地,也是很必要的,因此我们认为这绝不是什么浪费,而是一种巧妙的储备,这是一方面。但另一方面也要考虑环交毕竟比信号控制交叉口要多占用一些用地,特别是在旧城市交叉口改建的条件下,四周都是房屋,用地受到严格限制,这时信号控制交叉口就应当优先考虑,而环交就显得无能为力了,当然这里讲的是常规环交,至于小型环交那是另一回事。

1.6 能源消耗

根据国外资料,我国汽车用油量约占全国汽油消耗量的50%,北京市全年汽油实销总量的90%,柴油实销总量的70%均用于汽车交通方面,而汽车每停车启动一次的耗油量以50毫升计。如按每25升行车一百千米(满载时的燃料平均消耗量),则50毫升可行200米。前面曾计算过一个中心岛直径为50米的环交,直行距离增长28.54米,左转距离增长67.8米,考虑到直行与左转的比例不同,采取加权平均计算,则其平均增长35米。以增长35米计算,环交由于增长距离而增加的用油量为8.8毫升,以10毫升计,两相比较,信号控制交叉口每辆车每次多耗油15毫升。

以鼓楼广场1979年5月统计的环形交叉口一天的汽车量为21 613辆为例,停车数按1万辆计,如改用信号控制交叉口则一年要多耗用汽油的数量为:

$$365 \times \frac{50}{1\,000} \times 10\,000 - 365 \times \frac{10}{1\,000} \times 10\,000 \times 2 = 10.95(万升)$$

按每升汽油 0.6 元计,则得 $10.95 \times 0.6 = 6.57$(万元)。

这仅是一个每天 2 万辆交通量的交叉口,每年即可节约燃料费 6 万多元,如以全市计算那是一个很可观的数字。所以从能源节约方面来考虑,环交还是较为有利的。

1.7 环境保护和美观方面

据 1970 年美国统计,排入大气中的一氧化碳为 1.47 亿吨,交通运输排入占 76%;二氧化硫为 3 400 万吨,交通运输排入占 3%;氮氧化合物为 2 300 万吨,交通运输排入占 56%,可见交通运输对大气的污染危害很大。

每千克汽油在内燃机中燃烧所排出的污染物质如表 14 所示。表中危害严重的是一氧化碳。这种有害气体 90% 为机动车尾部排气产生。加速、启动一般也排出大量的污染物质,而匀速行车排出污染物最少。因此匀速行驶对保护环境有利,同时还可节约燃料 10%~20%。

若仍以每天停车 1 万辆次的交叉口计算,则信号交叉口每天需多燃烧汽油 15 万毫升,多排出一氧化碳 2.5 万吨,二氧化氮 0.25 万吨,氮氢化合物 0.8 万吨。在一个交叉口附近,每天增加这么多的污染物对环境的影响是相当严重的。若车辆通过交叉口的路程平均以 60 米计,即相当于 15 毫升汽油所能行驶的行程,而多耗用 15 毫升汽油约相当于再通过一次交叉口,因此,通过信号控制交叉口所排出的污染物将比环交增加一倍。

就噪声污染方面进行比较,信号管理的交叉口附近,由于刹车制动、启动、加速、鸣笛等造成的噪声一般比环交附近高,甚至高很多。根据交通噪音的现场实测统计,表 15 为环交的噪声统计,表 16 为信号控制交叉口的噪声统计,由此表可知一般信号控制交叉口噪声要比环形交叉口高 4~6 分贝(dB)。

表 14 汽车燃烧每千克汽油或柴油排出的污染物质数量

单位:克

污染物质名称	一氧化碳	硫的氧化物	氮的氧化物	醛和酮	碳氢化合物	粉 尘
汽油	165	0.8	16.5	0.8	53.0	0.05
柴油	—	7.5	16.5	1.6	30	18

表 15 几个环形交叉口 24 小时 A 声级及上午峰值统计

单位:分贝

环交名称	L_{10}		Leq		L_{50}	
	上午峰位	全天平均	上午峰值	全天平均	上午峰值	全天平均
新街口广场	78.4	77.0	75.6	73.8	72.0	70.2
鼓楼广场	78.0	75.7	74.3	71.9	70.7	68.0
山西路广场	78.5	74.7	73.8	70.7	70.4	67.2
平均值	78.3	75.8	74.6	72.1	71.0	68.5

表 16 信号控制交叉口 24 小时 A 声级及上午峰值统计

交叉口名称	L_{10}		L_{eq}		L_{50}	
	上午峰值	全天平均	上午峰值	全天平均	上午峰值	全天平均
中山路与珠江路交叉口(dB)	85.9	81.4	79.7	76.3	74.8	71.3
中华路与升州路交叉口(dB)	82.1	81.2	79.8	78.2	71.9	74.9
平均值	84.0	81.3	79.8	77.3	73.3	73.1
信号控制交叉口较环交噪声高出分贝(dB)数	+5.7	+5.5	+5.2	+5.2	+2.3	+4.6

信号控制交叉口附近的居民或过往行人受红绿灯强光刺激和交警带扩音器的喊话声的影响也远比环交强烈，故从环境保护方面考虑，环交比信号控制交叉口对环境的不利影响小。

从美化方面考虑，环交的中心岛可种花草、灌木丛，以绿化城市、美化市容、丰富街景、保护环境，并能改变单调枯燥的巷道式的街道，既使街景不断变化，令人心旷神怡，还可净化空气、调节气温，这是信号控制交叉口所不及的。

1.8 交通管理方面

环形交叉口通常无须安装信号设备或设置岗亭，可大大减少或不用交通管理人员，从而节约了设备的构置、维修费用和交通管理人员的工资，除高峰小时或节假日交通特别繁忙时需少数民警值勤巡视外，一般无须交警指挥，故管理较为简便。而信号控制交叉口是靠灯色变换来指挥交通的，一般除固定岗亭专门配备交警控制灯色变换外，还要交警现场指挥，繁忙的街口，还要增派民警来维持行人和自行车的秩序，因此环交的管理比信号交叉口较为简便些，不过就发展看，信号控制交叉口便于实现全线自动控制、电脑控制或区域控制而环交则难以实现。

根据上述技术经济、环境保护与交通安全等方面的初步分析所得的主要指标汇总列于表 17。从表中两种交叉口的几项指标的对比可以看出，第 3、5 两项信号控制交叉口为优，其余几项环交为优，表中未列出的项目，如日常维修养护费用等需要在具体条件下进行分析。

2 环形交叉口的优缺点及适用范围

综合上述计算和分析，将环交的主要优、缺点及适用范围归纳如下：

2.1 主要优点

1. 由于能使不同方向车流均沿同一方向绕中心岛而行，从而避免和减少了不同方向车流之间的冲突，在正常情况下所有车辆均可连续有序地不断通行，虽然速度较直线段有所降低，但无须停车等候绿灯，故较灯管交叉口对行车速度的影响约小 30%。

2. 虽然环交的行车距离拉长但由于无须刹车、空转、等候和重新发动、起步，特别对于载重大的货车、大型公共汽车及带有拖挂的车辆更为有利。同信号控制交叉口相比较，仅用油一项在经济方面即可节约 2/3 左右。而刹车空转对于轮胎、机件的磨耗和养护维修费用尚未包括在内。

表 17 环形交叉口与信号控制交叉口主要技术经济、养护、管理指标汇总对照表

交叉口类型	1 实际通行能力（辆/时）每条车行道	1 交叉口总通过量	2 过交叉口的时间损失与经济损失 时间损失（每辆车,秒）直行	2 时间损失 左转	2 经济损失（每万辆汽车每年损失,万元）	3 交叉口对行车速度的影响（过交叉口车速与路段车速的比值 $V_{过}/V_{路段}$）	4 交通安全方面（事故发生率）一般的事故/%	4 严重事故/%	5 占地面积/公顷	6 能源消耗（由于交叉口的原因而每辆汽车多消耗的燃料,毫升）	7 环境保护与美观方面 噪音（每天平均值,分贝）	7 污染物的数量比值	8 交通管理方面 固定设备方面	8 可否实现自动化	8 其他车辆干扰
环形交叉口	400～600	2700左右	10	15	65	0.7	50	25	0.6～1.0	10	L_{10} 75.8 L_{eq} 72.1 L_{50} 68.5	1	不限设固定岗亭,高峰时巡回	难以实现自动化	无轨电车干扰大
信号控制交叉口	300～400	不限	30	60	156	0.4	100	100	0.2～0.4	25	L_{10} 81.3 L_{ep} 77.3 L_{se} 73.1	2	设固定岗亭,专门指挥	便于实现自动化	不受无轨电车影响

注:1. 信号控制交叉口的建设费用较用较环形交叉口少,据估计约少 30%～50%。
2. 环形交叉口过交叉口的行程平均长度比信号控制交叉口增长 35 米左右,特别是左转绕行过长。
3. 管理方面,信号控制交叉口灵活机动性强,对某些车辆可以随时提供绿灯,而环交则无法调度。
4. 5 条或 5 条以上道路相交时,用信号难以处理,而环交则较为适合。
5. 无轨电车通车多时,采用信号控制交叉口有利。

3. 在保证交通安全方面，由于环交在环道上和入口处采用小角度的交织、插入或穿越，可以避免或减少交通事故特别是严重伤亡事故。据英国在 38 处交叉口的统计，事故率减少了 39%，伤亡事故减少了 64%，潮湿路段上死亡事故减少了 70%。我国各大城市环交运行的实践也证实了这一点。

4. 环交通常无须安装信号设备，无须设置岗亭，可减少或不用交通管理人员，从而节约了设备的购置、维修和交通管理费用。在高峰小时或节假日交通特别繁忙时，由少数民警值勤指挥即可，而色灯信号因变化很快除设固定岗亭外，还要配备专门交警或民警负责值勤，维持秩序，而且交警的劳动强度很大。

5. 环岛本身具有优美的线形，与周围的建筑物相互配合可以构成和谐的开阔空间，环岛可以种植花卉、灌木丛，保持四时青翠，以绿化城市、美化市容、丰富街景、保护环境并改变使人产生单调、枯燥感觉的长廊式街道。在空间构图和色调变化上，创造清新、俊美的城市风貌，使人置身其中，有心旷神怡之感。

6. 环交可作为一种过渡形式，为交通进一步发展改建为立体交叉口或改建为两道桥式或五道桥式立体交叉口，巧妙地储备了用地。

7. 环交为左转车流提供了同直行右转车流同样方便的行车条件，无须两次停车等候，就可绕行通过。

8. 由于无须刹车、发动、起步，汽车以匀速行驶，从而节约用油，减少尾气排放物质对空气的污染。据初步分析，其所排放的污染物质，仅为同一交通量信号控制交叉口的 1/2 左右，在噪声方面亦可降低 5 分贝。

9. 对于多条街道相交的畸形交叉口，用信号难以解决时，可以用环交处理而获得良好的效果。

2.2 主要缺点

1. 环交占地面积大，一般约占 0.5～1.0 公顷，对于老城市改建或建筑物密集的中心区或用地紧张的市中心区难以采用。

2. 环交增加了行驶距离，特别是左转车的行驶距离，行人绕行长度亦增大。

3. 环交不适应高速行车的要求，大于 50 千米/时的快速干道不宜采用。因为按高速计算，则要求环岛很大、占地增大、行车距离拉长。如不按高速设计则汽车减速太大，造成经济损失和时间损失。

4. 车辆出入环交时与绕行的非机动车交叉或交织，在非机动车多时必然影响机动车的通行能力，影响连续行车。

5. 对有无轨电车通行的交叉口，需立柱架线，不仅行车不便而且有碍市容。

6. 对于相交街道行车速度相差较大时，通过交织车道时不易协调，环岛设计也难以适应不同车速的要求。

2.3 常规环交的适用范围

关于常规环形交叉口的适用范围，要从时间节约、技术、经济、行车、行人、安全、环境保护和美观等方面考虑，也要从当前、长远、相交道路的具体条件出发，选用几种可能性较大的方案进行全面分析、综合考虑。一般来说，在下列条件下可以选用环交：

1. 相交道路的实际平均行车速度不大于 50 千米/时,因车速过快,要求环岛半径大,必然导致整个环交占地很大,又使人、车绕行距离拉长。如不按车速设计环岛半径,则车辆减速太大,造成时间损失、经济损失,还容易发生交通事故,故不宜用于快速干道。

2. 交叉口的负荷过重是发生事故和交通阻塞的主要原因,因此所选用的交叉口必须能适应交通量的发展,环交可适应的交通量一般以机动车 1 000~2 700 辆/时,自行车不大于 5 000 辆/时为宜,因为交通量很小使用环交不经济,过大则负担太重易出事故。如考虑分期修建,先建环交,交通量更大时,再建下穿式或上跨式立体交叉口。

3. 用于不同性质、不同等级道路相交的过渡性的连接,如郊区公路与城市道路,出城干线与郊区干线的连接,既作交叉口又作道路性质变化、速度变化的标志,使司机对交通环境的变化有明显的感受。

4. 奇数条道路相交,交通量与车速均大致相等而方向分散,特别是五条或五条以上道路相交,转向车辆比较多,方向分散,信号难以处理的交叉口,采用环交特别合适,如天津解放桥广场改建成功,就是明显的一例。

5. 新建中的城市预计平均车速不大于 50 千米/时,远景交通量不超过 2 700 辆/时的干线,虽占地稍大仍可采用。沈阳、长春的城市规划中,结合道路状况采用了大量的环交。

6. 对于中小城市,结合市中心或区中规划设置环交,既作为市或区的中心,又作为组织交通之用,亦可结合市郊道路的起终点作为回车和转换方向。

7. 结合小区规划,配合园林绿化、街道绿化、美化环境等,设立小中心岛的环交以解决内部交通和丰富街景。

3 结束语

环交之所以在一些国家获得广泛使用而经久不衰,并不是由于人们的特殊爱好,而是基于其本身所具有的功能与优美的线形,能将各方汇集的车流,统一组织和渠化起来,使其先后有序地沿同一方向鱼贯而行,避免了交叉口上的拥挤、冲突、碰撞和阻塞的混乱局面。因此,20 世纪初许多国家都在大、中城市的规划设计中,采取了环形辐射式的道路网规划系统。如英国的伦敦、法国的巴黎、美国的华盛顿、苏联的莫斯科等均采取了在多条道路相交之处,设立圆岛式环形交叉口与开阔的林荫大道相结合的城市干道系统。这些几乎成为当时城市建设中广为流行的最高美学原则。利用透视图的原理,空间对称的艺术手法,以林荫大道为主干,大型公共建筑为重点,街心花园为点缀,精心设计的环岛为对景,大大美化了城市的景观,创造了清新恬静、丰富多彩的城市面貌。

其后因汽车拥有量的急剧增长,行车速度的迅速提高,许多城市的老交叉口不能适应,环交亦由于受交织理论的约束,不能适应高速和大交通量而日渐衰落。但由于一些资本主义国家经济衰退,不能用大量资金建造立交,致车祸严重、汽车成灾,加上能源紧张,需限制车速以节油,因此一些国家又开始使用环交,认为它简单、经济、实用、美观。如法国等,甚至美国也有人在杂志上呼吁,要设法采用环交。我们认为在商店林立的繁华市区,熙熙攘攘的稠密人群中,交叉口相距很近,人行过道又频繁出现的大街上,要高速行车,犹如纵虎入市,必然造成严重事故,且无法实现高速。要真正实现高速,只有架空干道、地下道路或在城市边缘、近郊建设新干道,但保留原市区中心或商业区内的环形交叉口组织交通、控制车速、保护环境、美化城市也是非常必要的。

但也不是任何情况下都可使用,关键在于工程师的设计恰当和使用合宜。一般来讲,对于行车速度要求不高的(<50千米/时)大量中、小城市的道路建设中,环交既可用于全市性主干线、次干线,亦可用于组织市中心、区中心道路,尤其适于风景区、市区与郊区的连接处,以及多路交叉之处。

此外,我们对环交的设计理论、设计方法、通行能力计算、通行规则、线形设计、立面布置、中心岛的大小及形式、进出口的形式及车道数、参数测定与选用以及美化布置等,应进行多方面的探讨,使其能更好地满足行车要求。

环交通行能力分析新方法的研究——
排队论在环交分析中的应用*

王 炜，徐吉谦
（土木工程系）

摘 要 本篇根据我国的交通特点，在大量试验、观测的基础上，应用概率论的基本原理，研究了环交的车流运行模式，提出了环交理论通行能力计算的新方法。此外还应用排队论的方法，分析了行人、自行车干扰对环交通行能力的影响，并提出了适合我国实际交通状况的环交实用通行能力计算公式。最后，用大量的观测数据对理论公式进行了检验，检验结果是相当满意的。

关键词 常规环交；通行能力；间隙接受理论；排队论

1 前 言

环形交叉口具有车流连续、行车安全、管理简单、造型优美等优点，从而被许多城市所采用。近年来，城市交通量增长很快，尤其是行人、自行车交通量剧升，拥挤现象严重，环交还能否适应这种状况，争议很大，出现了盲目拆迁或盲目新建环交的现象，造成了严重的浪费。因此，环交适用性及通行能力的研究，是城市交通建设中急亟解决的问题。

2 环交车流运行模式的确定

要确定环交的通行能力，首先要弄清在我国现阶段环交上车流运行的真实情况，从而找出符合实际情况的理论模式。为此，我们采用多种方法对环交上的车流运行情况进行了系统的调查观测，通过分析研究发现：车流在环交上的运行基本上符合穿插模式，即进环车辆利用出环车流的空当穿插通过。

环交上车流的运行方式与环交的几何尺寸（主要是交织段长度）有关。目前，我国用作交通广场的常规环交，中央岛直径多数在30～60米之间，其交织长度一般在20～50米之间。车辆通过交叉口时，驾驶员总是选择最方便的路径行驶，常规环交无法提供汽车完成交织所必需的交织距离，以致传统的交织运行方式难以实现，多数车辆按穿插方式运行，因此，环交的通行能力可用间隙理论来分析。

---

* 本篇发表于《东南大学学报（自然科学版）》，1987年第1期。

3 环交的理论通行能力

环交上机动车车流运行如图 1 所示。用间隙理论计算的环交通行能力主要取决于出环车流 N_c 的间隙分布形式以及各间隙特性参数。有了确定的出环车流间隙分布形式,在"出环优先"的前提下,可求得进环车流的最大穿插通行能力 N_e,然后根据环交各路口的左右转率,便可得出整个环交的理论通行能力。

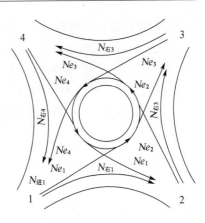

图 1　环交上机动车车流运行图

3.1 间隙分布形式

间隙分布即空当长度分布,它等于车头时距减车身长度(以时间计)。所以,要研究间隙分布形式,必须先研究车头时距分布形式。

笔者对南京市新街口、中央门两广场的进出环车流进行了专门的时距分布形式观测,通过电子计算机对大量的观测数据用多种分布形式进行了拟合检验,发现车头时距基本上符合位移的负指数分布。其概率分布函数为

$$P(H>t)=\exp[-q(t-E)/(1-Eq)] \tag{1}$$

式中:q——交通量(辆/时);

　　　H——车头时距(时);

　　　E——车流中的最小车头时距(时)。

用车头时距减去车身长度,即可推导出间隙分布形式。其概率分布函数为

$$P(G>t)=\exp[-q(t+h-E)/(1-Eq)] \tag{2}$$

式中:G——间隙;

　　　h——车身长度(以时间计)。

3.2 穿插通行能力计算

在环交的各交织段上,进出环车流相互穿插,可看做主次车流相互穿插,要计算环交的通行能力,首先要计算穿插处的通行能力。

两股车流相互穿插时,次要车流的穿插通行能力可根据主要车流出现可穿插间隙的概率进行计算,并假设车流运行符合下列条件:

(1) 主要车流(即出环车流)有优先通行权;

(2) 主要车流的车头时距符合位移的负指数分布;

(3) 次要道路(即进口引道)上始终有车辆排队等候。

3.2.1 穿插一股车流的通行能力

如图 2,设 α 为最小可接受间隙,β 为次要车流的随车时距。若主要车流间隙 G 满足 $\alpha+(n-1)\beta \leqslant G<\alpha$

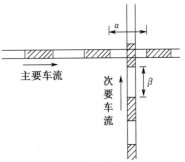

图 2　车流穿插示意图

$+n\beta$,则允许通过 n 辆排队车辆;若 $G<\alpha$,则排队车辆不能插入。

在间隙 G 内能通过 n 辆车的概率为

$$P[\alpha+(n-1)\beta \leqslant G < \alpha+n\beta]$$
$$=P[G>\alpha+(n-1)\beta]-P[G>\alpha+n\beta]$$

在一个主要车流间隙内,能通过的排队车辆数期望值为

$$E(N)=\sum_{n=1}^{n}n\{P[G>\alpha+(n-1)\beta]-P[G>\alpha+n\beta]\}$$

则次要车流的通行能力为

$$q_{max}=qE(N)=\frac{q\exp[\alpha-q(h-E)/(1-Eq)]}{1-\exp[-q\beta/(1-Eq)]} \quad (3)$$

3.2.2 穿插多股车流的通行能力

如图 3,当主要车流由多股车流组成时,且各股车流是相互独立的,用类似的方法可得穿插 n 股车流的次要道路通行能力为

$$q_{max}=(\prod_{i=1}^{n}y_i)\left[\sum_{i=1}^{n}N_i(1-c^{-i})\right]/$$
$$\left[1-\exp(\sum_{i=1}^{n}x_i)\right]^2 \quad (4)$$

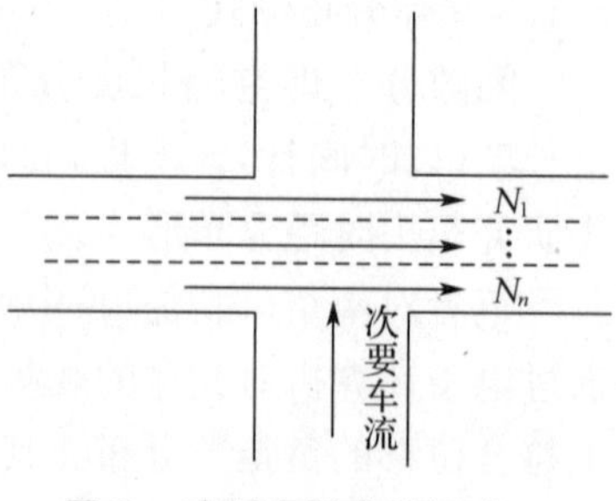

图 3 穿插多股车流图式

式中:$x_i=-N_i\beta/(1-EN_i)$ $(i=1,2,\cdots,n)$;
$y_i=\exp[-N_i(\alpha+h-E)/(1-EN_i)]$。

其中,N_i 是各股车流的车辆数。

3.3 间隙特性参数的确定

按间隙理论进行环交通行能力的分析计算时,车流间隙特性参数的确定是很重要的。影响因素的复杂性,使得这些参数的确定比较困难。对于间隙特性参数,笔者采用多种方法进行了大量的专门观测,获得了 6 000 多个数据,通过计算机分析,得出了驾驶员普遍能接受的间隙特性参数值(表 1)。

表 1 间隙特性参数值

单位:秒

车 型	小型车	大型车	卡车	通道车	自行车
α	3.500	4.700	4.100	6.000	2.310
h	0.941	1.285	1.379	2.822	—
E	1.500	2.200	1.900	3.200	—
β	2.671	3.696	3.371	4.804	1.637

3.4 一般情况下的环交理论通行能力

通常情况下,由于相交道路的性质不同以及周围环境的影响,各路口的左转率、右转率及交通量皆不相同。但对某个交叉口来说,其左、右转率在一定时期内基本上是稳定的。

由上面的推导可得,各路口穿插通行能力为

$$N_{ei} = \frac{N_{ci}\exp[-N_{ei}(\alpha+h-E)/(1-EN_{ci})]}{1-\exp[-N_{ei}\beta/(1-EN_{ci})]} \quad (5)$$

$$(i=1,2,3,4)$$

通过计算发现，N_{ci} 在 $100\sim800$ 辆／时范围内，N_{ei} 与 N_{ci} 基本上呈线性关系。为了计算方便，将式(5)线性化为

$$N_{ei} = aN_{ci} + b \quad (i=1,2,3,4) \quad (6)$$

式中，a、b 为计算参数，视车种而异。小型车：$a=-1.040, b=1\,321$；大型车：$a=-1.016, b=919$；卡车：$a=-0.980, b=1\,035$；通道车：$a=0.927, b=654$。

由图 1 可知

$$\begin{cases} N_{c1} = N_{直4} + N_{左3}, \\ N_{c2} = N_{直1} + N_{左4}, \\ N_{c3} = N_{直2} + N_{左1}, \\ N_{c4} = N_{直3} + N_{左2} \end{cases} \quad (7)$$

设右转率 $P_i = N_{右i}/N_{进i}$，左转率 $L_i = N_{左i}/N_{进i}$，将该式及式(6)代入式(7)化简得

$$\begin{cases} -N_{e1} + aB_3N_{e3} + aA_4N_{e4} = -b, \\ aA_1N_{e1} - N_{e2} + aB_4N_{e4} = -b, \\ aB_1N_{e1} + aA_2N_{e2} - N_{e3} = -b, \\ aB_2N_{e2} + aA_3N_{e3} - N_{e4} = -b \end{cases} \quad (8)$$

式中：
$$\begin{cases} A_i = (1-P_i-L_i)/(1-P_i), \\ B_i = L_i/(1-P_i), \end{cases} \quad (i=1,2,3,4) \quad (9)$$

式(8)是四元线性方程组，对某一交叉口，P_i、L_i 是固定的，即 A_i 和 B_i 为已知。从式(8)可方便地解得 N_{ei}。最后得环交理论通行能力为

$$N_{总} = \sum_{i=1}^{4} N_{进i} = \sum_{i=1}^{4} N_{ci}/(1-P_i) \quad (10)$$

3.5 特殊情况下的环交通行能力

所谓特殊情况是指各路口的左转率相等、右转率相等的情况。此时 $N_{ei}=N_e$，$N_{ci}=N_c (i=1,2,3,4)$，并且 $N_e=N_c$。

由前面的推导可得

$$N_e = N_c \frac{\exp[-N_c(\alpha+h-E)/(1-EN_c)]}{1-\exp[-N_c\beta/(1-EN_c)]} \quad (11)$$

由于 $N_e=N_c$，则

$$\exp[-N_e(\alpha+h-E)/(1-EN_e)] = 1-\exp[-N_e\beta/(1-EN_e)] \quad (12)$$

上式为指数方程，可用迭代法求解。不同车型有不同的参数，因而有不同的穿插通行能力 N_e。其中小型车：649 辆／时；大型车：452 辆／时；卡车：521 辆／时；通道车：337 辆／时。

环交的总通行能力为

$$N_{总} = 4N_{进} = 4N_e/(1-P) \quad (13)$$

在通常的右转率范围内,四路环交的理论通行能力在 3 000~4 000 辆/时(小汽车单位)之间。

4 环交理论通行能力的修正

4.1 自行车、行人横穿影响修正

4.1.1 自行车横穿对机动车通行能力的影响

自行车横穿机动车车流时,机动车有优先通行权,与机动车穿插通行能力计算类似,横穿一股机动车车流的自行车通行能力为

$$[q_{自}] = \frac{N_e \exp[-N_e(\alpha' + h - E)/(1 - EN_e)]}{1 - \exp[-N_e \beta'/(1 - EN_e)]} \tag{14}$$

式中:N_e——进环(或出环)机动车交通量(辆/时);

α'、β'——自行车横穿机动车车流的最小可接受间隙及随车时距(时)。

自行车横穿对横穿处机动车通行能力的影响,是根据自行车横穿引起的机动车停车延误时间进行折减的。设实际的自行车交通量为 $q_{自}$,当 $q_{自} > [q_{自}]$ 时,有一部分自行车不能穿插通过,这部分自行车强行横穿所引起的机动车延误时间为 $T = (q_{自} - [q_{自}])/n$。则通行能力折减系数为

$$\gamma_1 = 1 - \frac{T \cdot \beta'}{3\ 600} = \frac{1 - (q_{自} - [q_{自}]) \cdot \beta'}{3\ 600\ n} \tag{15}$$

当 $q_{自} < [q_{自}]$ 时,取 $\gamma_1 = 1$。

式中,n 为自行车横穿时的排队队列数,与自行车交通量有关。具体计算时,若环交的自行车总交通量 $Q_{总} < 5\ 000$ 辆/时,可取 $n=1$;若 $Q_{总} > 20\ 000$ 辆/时,可取 $n=5$;若 $5\ 000$ 辆/时 $< Q_{总} < 20\ 000$ 辆/时,建议用下式内插

$$n = Q_{总}/3\ 750 - 1/3$$

4.1.2 行人横穿对机动车通行能力的影响

行人横穿街道时,需横穿两个相向行驶的机动车车流。因为这两股车流是相互独立的随机变量,不管是上行还是下行,在行人横穿处出现空当的概率相同。因此,行人的横穿通行能力可用式(4)计算。当 M 个行人同时并排横穿时,其穿插通行能力为

$$[q_{人}] = 2My^2 N(1 - e^x)/(1 - e^{2x})^2$$
$$x = -N\beta_{人}/(1 - EN)$$
$$y = \exp[-N(\alpha_{人} + h - E)/(1 - EN)] \tag{16}$$

式中:N——进环(或出环)机动车交通量;

$\alpha_{人}$、$\beta_{人}$——行人横穿的间隙参数。

根据观测,行人速度为 1.333 米/秒,前后间距为 2 米,左右间距为 1 米。若被横穿的一股机动车车流所占的道路宽度为 B 米,人行道宽度为 b 米,则有 $\alpha_{人} = \dfrac{B}{1.333}$ 秒,$\beta_{人} = \dfrac{2}{1.333} \approx 1.5$ 秒,$M = b$ 人。

与自行车横穿类似,行人横穿对横穿处机动车通行能力的影响,也是根据行人横穿引起的机动车停车延误时间进行折减的。其通行能力折减系数为

$$\gamma_2 = 1 - \frac{(q_人 - [q_人]) \cdot \beta_人}{3\,600\,m} \tag{17}$$

式中,$q_人$ 为实际行人交通量;m 是行人横穿时的排队队列数。

当人行横道处设有行人过街安全岛时,行人过街分两步进行,这时行人横穿通行能力可按式(3)计算。计算结果表明,此横穿能力远比式(6)计算的大,对机动车通行能力的折减较小,可见,设置行人过街安全岛的效益是显著的。

4.1.3 自行车、行人横穿对机动车的综合影响

以上分析的行人、自行车横穿对机动车通行能力的影响,是指行人、自行车单独存在时对横穿处机动车通行能力的影响。如图4,在整个环交进口系统中,行人横穿、自行车横穿及机动车之间的穿插同时存在并相互影响。因此,必须考虑整体的综合影响。以下应用排队论的方法进行分析。

车辆进环分别与行人、自行车、出环机动车发生三次穿插,可以看作进环车辆连续接受三次"服务"。假设 A、B、C 三个横穿点是三个服务台,其功能是不同的。因此,环交进口可被看作三个服务台串联的服务系统。

(1) 服务台 A 和 B 的组合通行能力

在服务台 A、B 串联系统中,车辆通过服务台 A 后,便进入服务台 B 的排队行列,服务台 A 的服务率即服务台 B 的到达率,服务台 A、B 的服务率,即 A、B 处的机动车通行能力 C_A、C_B。

图4 进口服务系统示意图

$$C_A = \gamma_2 [N], \quad C_B = \gamma_1 [N]$$

式中,$[N]$ 为一条进口通道的理论通行能力,它等于随车时距的倒数,且 $[N] = 3\,600/\beta$。

为了便于推导,假设进环车辆是随机离开服务台 A 的,服务台 B 的服务时间服从负指数分布,其排队容量为 N_1。

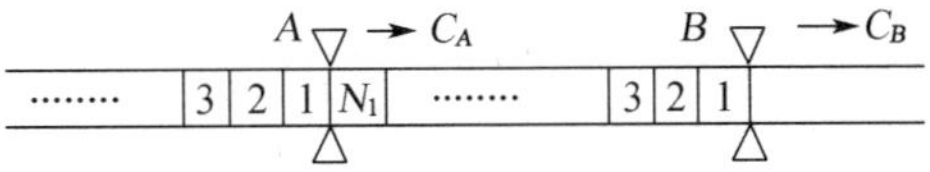

在服务台 B 的排队系统中,不外出现这样几种状态:没有车辆排队(S_0);有一辆车排队(S_1)……有 N_1 辆车排队(S_{N_1});排队车辆超过 N_1 辆引起服务台 A 阻塞(S_b)。分别以 P_0、P_1、…、P_{N_1}、P_b 表示出现上列状态的概率。由

图5 两服务台串联服务系统

图5可知,由 S_i 状态转移到 S_{N_1} 状态的事件流强度为 C_A,由 S_{N_1} 状态转移到 S_i 状态的事件流强度为 C_B。根据建立哥尔莫可尔夫方程的一般法则,可得极限状态概率的代数方程为

$$C_A P_0 = C_B P_1 \tag{18}$$

$$(C_A + C_B) P_n = C_A P_{n-1} + C_B P_{n+1} \quad (1 \leqslant n \leqslant N_1) \tag{19}$$

$$C_A P_{N_1} = C_B P_b \tag{20}$$

由式(18)与式(19)可得
$$P_n = P_1^n \cdot P_0 \quad (1 \leqslant n \leqslant N_1) \tag{21}$$
式中,$P_1 = C_A/C_B = \gamma_2/\gamma_1$。

由式(20)可得
$$P_b = R_1 \cdot P_{N_1} = R_1^{N_1+1} P_0 \tag{22}$$

由 $P_0 + P_1 + \cdots + P_{N_1} + P_b = 1$ 可得
$$P_0 = (1 + R_1 + R_1^2 + \cdots + R_1^{N_1+1})^{-1} = (R_1 - 1)/(R_1^{N_1+2} - 1) \tag{23}$$

计算服务台 A、B 的组合通行能力时,应考虑 $R_1 < 1$,$R_1 > 1$ 两种情况。

① $R_1 > 1$

当 $R_1 > 1$ 时,服务台 A 的通行能力大于服务台 B。所以该系统中,服务台 B 是瓶颈口,显然,应该用服务台 B 的通行能力 C_B 来表示服务台 A、B 的组合通行能力 C_{AB},即
$$C_{AB} = M_1 C_B$$
式中,M_1 是服务台 B 的通行能力利用系数,它表示由于服务台 A 的存在,使服务台 B 出现空闲状态,从而不能充分利用其通行能力。服务台 B 出现空闲的概率为 P_0,则
$$M_1 = 1 - P_0 = (R_1 - R_1^{N_1+2})/(1 - R_1^{N_1+2}) \tag{24}$$
$$C_{AB} = M_1 C_B = C_B(R_1 - R_1^{N_1+2})/(1 - R_1^{N_1+2})$$

② $R_1 < 1$

当 $R_1 < 1$ 时,服务台 A 的通行能力小于服务台 B 而成为该系统的瓶颈口。此时,应以服务台 A 的通行能力来表示服务台 A、B 的组合通行能力 C_{AB},即
$$C_{AB} = M_2 C_A,$$
式中,M_2 是服务台 A 的通行能力利用系数,它表示由于服务台 B 的存在,使服务台 A 出现阻塞状态而未能充分利用其通行能力。服务台 A 出现堵塞的概率为 P_0,则
$$M_2 = 1 - P_b = (1 - R_1^{N_1+1})/(1 - R^{N_1+2})$$
$$C_{AB} = C_A(1 - R_1^{N_1+1})/(1 - R_1^{N_1+2}) \tag{25}$$
$$= C_B(R_1 - R_1^{N_1+2})/(1 - R_1^{N_1+2})$$

可见,无论 R_1 是小于 1 还是大于 1,其组合通行能力计算公式是一致的。

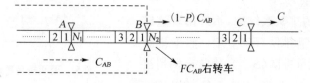

图 6 进口服务系统示意图

(2) 服务台 A、B 和 C 的组合通行能力

在环交进口的三服务台串联系统中,可把服务台 A、B 看作一个组合服务台 AB,则三服务台系统简化为两服务台系统。通过服务台 AB 的车辆中,由于右转车不到达服务台 C,故服务台 AB 的服务率 C_{AB} 减去右转车辆 PC_{AB} 即为服务台 C 的到达率,它等于 $(1-P)C_{AB}$(图 6)。服务台 C 的服务率即 C 处的机动车穿插通行能力$[N_c]$,由式(11)或式(12)确定。与上面的推导类似,三个服务台的组合通行能力为

$$C_{ABC} = (R_2 - R_2^{N_2+2}) \cdot [N_c]/(1 - R_2^{N_2+2}) \tag{26}$$

式中：$R_2 = (1-P)C_{AB}/[N_c]$；

N_2——服务台 C 的排队容量；

P——右转的概率。

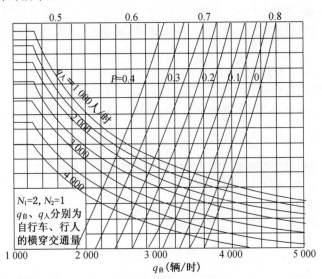

图 7　综合折减系数计算曲线

（3）行人、自行车横穿的综合折减系数

在环交进口，理论的进环通行能力为 $[N_c]$，考虑行人、自行车横穿后的进环通行能力为 C_{ABC}，则行人、自行车横穿影响的综合折减系数为

$$\gamma = C_{ABC}/[N_c] = (R_2 - R_2^{N_2+2})/(1 - R_2^{N_2+2}) \tag{27}$$

综合折减系数 γ 的计算比较复杂，文中已编制成诺模图（图7），可供查算。从式(25)～式(27)可见，组合通行能力、综合折减系数随着排队容量 N_1、N_2 的增大而增大。由于受占地条件的限制，N_1、N_2 不可能很大，根据观测，对于常规环交，$N_1=2$、$N_2=1$。

4.2　自行车纵向影响修正

当自行车交通量较大时，自行车往往侵占机动车道影响机动车的正常运行，使机动车的通行能力大大降低。自行车纵向影响引起的机动车通行能力折减，可按自行车侵占的机动车道宽度与机动车道总宽的比值来考虑。

设机动车道总宽度为 B_1，自行车道总宽度为 B_2。环道上的自行车交通量为 $Q_{自}$，一条自行车道的通行能力为 $[q]$（可取 $[q]=1000$ 辆/时）。根据调查，自行车的平均行驶宽度为 1.0 米，故可取单条自行车车道的宽度 1 米，外加两侧侧向余宽各 0.25 米。则自行车实际所需的车道宽度为

$$B_3 = Q_{自}/[q] + 0.5 \tag{28}$$

因此，自行车纵向影响引起的机动车通行能力折减系数为

$$\gamma_3 = 1 - (B_3 - B_2)/B_1 = 1 - (Q_{自}/[q] + 0.5 - B_2)/B_1 \tag{29}$$

若 $\gamma_3 > 1$，则取 $\gamma_3 = 1$。

5　环交的实用通行能力

环交的实用通行能力,即环交实际具有的通行能力,它等于环交的理论通行能力乘各影响因素引起的折减系数。

当环交各进口的机动车、非机动车、行人流量、流向均衡时,其实用通行能力为

$$[N_总] = N_总 \cdot \gamma \cdot \gamma_3 \tag{30}$$

式中:$[N_总]$——实用通行能力;
$\quad N_总$——理论通行能力,由式(13)计算。

当环交各路口的机动车、非机动车、行人流量、流向为任意值时,其实用通行能力为

$$[N_总] = \sum_{i=1}^{4} N_{ei} \cdot \gamma_i \cdot \gamma_{3i}/(1-P_i) \tag{31}$$

式中:N_{ei}——各路口的穿插通行能力,由式(5)计算;
$\quad \gamma_i$——各路口的综合折减系数;
$\quad \gamma_{3i}$——各环道的自行车纵向影响折减系数。

表 3 为常规环交的实用通行能力建议值。

表 3　环交实用通行能力表

单位:辆/时

实用通行能力	<1 500	1 500—<1 900	1 900—<2300	2 300—<2600	2 600—2 700
自行车总交通量	>20 000	15 000—20 000	10 000—<15 000	5 000—<10 000	<5 000

上面提出的理论通行能力计算公式及诸折减系数计算公式,是在大量现场观测的基础上,经数学处理后得到的,与实际情况的符合程度尚需进一步检验。笔者收集了南京市中央门、新街口两广场历年来机动车、行人的流向、流量资料,根据自行车、行人的流量及机动车的流向,应用以上公式求得两个环交的实用通行能力,再除以实际环交流量便得出两个环交各个时期的饱和度。对两广场的 77 组(2 000 多个)数据通过计算机分析,发现两环交各个时期的饱和度与当时的交通状况完全一致。可见,理论公式与实际情况是完全符合的。

6　结束语

环形交叉口的通行能力是受多种因素影响的复杂问题,考虑所有因素来确定其精确的通行能力是困难的,因为有些因素只能定性分析,不能定量计算。本篇以四路环交为例进行分析,三路、五路的分析与此类似。

本篇目的在于提供交叉口类型选择的依据,文中所阐述的间隙理论、排队论分析方法,虽然是就环交而论,但同样适用于信号交叉口、立体交叉口,无控制交叉口的通行能力分析。

参考文献

[1] 陆风山. 排队论及其应用[M]. 长沙:湖南科学技术出版社,1984.

城市主干道交通信号灯模糊线控制的探讨[*]

陈森发[1], 徐吉谦[2], 陈 洪[1], 毛 岚[1]

(东南大学,1. 经济管理学院 2. 交通学院 江苏,南京,210096)

摘 要 本篇首先提出城市交通系统线控制的两级递阶结构:第一级,用模糊逻辑控制器确定单路口交通信号灯的周期和绿信比;第二级,用模糊相位控制器确定相邻两路口的相位差,两级间用模糊转换开关协调,然后,提出具体的实现方法。

关键词 交通信号灯;模糊控制;递阶;协调

1 引言

目前,国内外公认较好的城市交通控制系统有两种:一种是 SCAT 系统,它是澳大利亚新南威尔士干线道路局在 20 世纪 70 年代末开发出来的,是一种实时配时方案选择系统;另一种是 SCOOT 系统,它是英国运输与道路研究试验所于 1980 年提出的,是一种利用联机的交通模型来计算信号配时参数的控制系统。这两种系统在我国都已引进,但控制效果不尽如人意。

城市交通系统是随机性大、影响因素众多的复杂系统,通过建立精确的数学模型或预先人为地设定多套方案,难以做到尽善尽美,尤其是中国城市的交通,车辆种类繁多,兼有自行车干扰,更是如此。

近年来,国内外专家学者致力于开发新的交通系统控制方法,模糊控制是新的研究方向之一。模糊控制在医学、气象、生物、化学、采矿等方面有较多的应用,而在城市交通控制系统的应用研究还很少。1977 年,希腊的 Pappis 等曾提出两条单向街交叉形成的交叉路口的模糊控制的初步设想[1];1984 年,日本学者 Naka 等[2] 介绍了干道上两个相邻的如文献[1] 所研究的交叉口的模糊控制的设想。此后,有关该方面的文献报道就很少了。1994 年以后,研究的文章又出现并逐渐增加起来。国内,除中国纺织大学(现东华)徐冬玲等[3] 和上海市公用事业管理局邵寿颐[4] 对此曾做初步探讨外,其他尚鲜见。

纵观国内外现有文献[1—6],基本上都属于入门性研究,有很多理论和实际问题尚需深入研究。本篇在文献[1—2]的基础上,提出城市交通系统"线控制"的两级递阶模糊控制方案,计算机初步仿真表明,其结果较为满意。

---

[*] 本篇是国家自然科学基金资助项目(59578042),发表于《运筹与管理》,1998 年第 1 期。

2 模型

模糊控制是智能控制方法中的一种，它便于结合人的思维和经验，是一种无模型的控制方法。然而，为了计算机仿真及控制系统的某些需要，仍应建立数量不多的较为简单的数学模型。

为方便起见，设车辆到达交叉口是随机的，在10秒时间内，车辆到达服从均匀分布；设路口每个方向均为单车道，车辆通过停车线的饱和流量为3 600辆/时；取时间间隔为1秒钟，那么，在第 n 个时间间隔内到达路口停车线的车辆数目 q_n 为

$$q_n = \begin{cases} 1, \text{在第 } n \text{ 个时间间隔有车到达}, \\ 0, \text{否则} \end{cases} \quad (1)$$

又设 Q_G 为该路口绿灯方向的进口道上在绿灯期间来不及疏散的车队长度（用辆数表示），那么该车道在红灯开启后到第 n 个时间间隔为止，在停车线前面等候的车队长度 Q_n 为

$$Q_n = Q_G + \sum_{i=1}^{n} q_i \quad (2)$$

该车队的车辆从红灯开启到第 n 个时间间隔的总等待时间 $D_{n,R}$ 为

$$D_{n,R} = \sum_{j=1}^{n}(Q_G + \sum_{i=1}^{j} q_i) \quad (3)$$

设路口的车流在绿灯期间以饱和流量 s 离开交叉口，那么，绿灯开启后的第 n 个时间间隔可能产生的车队长度 S_n 为

$$S_n = Z(Q_R + \sum_{i=1}^{n} q_i - sn) \quad (4)$$

式中：

$$Z = \begin{cases} 1, \text{当式(4)右边括号内结果为正值}, \\ 0, \text{否则} \end{cases} \quad (5)$$

Q_R 为上一周期红灯结束时该车道的等候车队长度。

绿灯开启后到第 n 个时间间隔的车辆总延误时间 $D_{n,G}$ 为

$$D_{n,G} = \sum_{j=1}^{n} S_j \quad (6)$$

某信号交叉口一个周期一个车道上车辆总延误时间 D 为

$$D = D_{R,R} + D_{G,G} \quad (7)$$

某信号交叉口一个周期一个车道上车辆的平均延误时间 d_m 为

$$d_m = \frac{D}{\sum\limits_{n=1}^{R+G} q_n} \quad (8)$$

由此不难得到整个路口车辆平均延误的计算方法。

设 C 为所研究的主干道的信号灯的共同周期，且黄灯时间固定为3秒钟；$g'(i)$ 和 $g(i)$ 分别为统一周期前后第 i 个路口的绿灯时间，$r'(i)$ 和 $r(i)$ 分别为统一周期前后第 i

个路口的红灯时间,那么

$$g(i) = \frac{g'(i)}{[C(i)-3]}(C-3) \tag{9}$$

$$r(i) = \frac{r'(i)}{[C(i)-3]}(C-3) \tag{10}$$

式中,$C(i)$为统一周期前第i个路口的周期。

3 线控制系统的两级递阶结构

在城市交通系统的线控制中,信号灯的周期、绿信比和相位差是系统的控制向量,到达车辆数和各交叉口停车线前面的车队长度是系统的状态向量。在仿真中,车队长度不是测量得到,而是由式(2)或(4)计算得到。

分析表明,同时考虑信号灯的周期、绿信比和相位差的寻优方法,将使问题复杂化。根据大系统的分解-协调思想,对于交通系统的线控制,本篇提出两级递阶结构,以简化推理和控制过程,具体见图1。

图1中的第一级为控制级,由n个结构相似的模糊逻辑控制器组成,它们的输出分别为相应n个交叉口信号灯周期和绿灯时间。周期的选择是为了减少车辆平均延误和停车次数。绿灯时间的选择,在次干道等候车队不长的情况下,尽量延长主干道方向的绿灯时间,以保证主干道方向的车辆畅通无阻。

图1中的第二级为协调级,它有三方面功能:第一,设立模糊转向开关,根据交叉路口主次干道车流量的状况,对第一级和第二级的控制作用进行协调;当各交叉口主干道方向的车流量不小于次干道方向的车流量时,在模糊转向开关的作用下,模糊相位控制器的输出作用于相应交叉口,对系统的相位差进行"整体"协调;当交叉口次干道方向的车流量大于主干道方向的车流量时,模糊转向开关关闭相位控制器的输出,这时被控系统n个交叉口信号灯的控制各行其是,成为"分散"控制,因而也就不存在"共同周期"的问题了。第二,确定n个交叉路口的共同周期,它通过取n个交叉路口周期的最大者而得到。第三,确定交叉路口的信号灯周期之间的相位差,它是模糊相位控制器的输出。

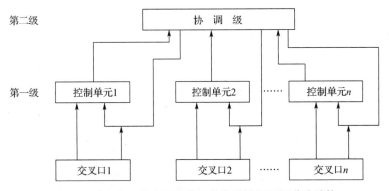

图1 城市主干道交通信号灯模糊线控制两级递阶结构

4 交通系统模糊线控制的具体实现

由前面的分析可知,用本篇方法,一条有 n 个交叉路口的城市干道的信号灯的模糊控制,需要 n 个模糊逻辑控制器和 $n-1$ 个模糊相位控制器。这两类模糊控制器的结构极其相似,都由三个模块组成,具体见图 2。

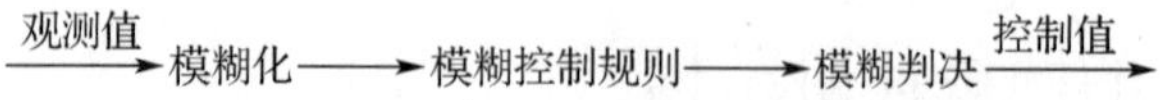

观测值 → 模糊化 → 模糊控制规则 → 模糊判决 → 控制值

图 2　模糊逻辑(或相位)控制器的内部结构

模糊化、模糊控制规则和模糊判决三个模块相互联系构成有机的整体。由于该系统有推理能力,实时性强,因而控制效果大大改善。在运行过程中,首先,检测器将车道上车辆的流量检测值送往模糊化模块,该模块将这些量转化为模糊量;经模糊控制规则模块的推理,确定出此时受控系统的模糊控制策略;最后,由模糊判决模块将控制策略的模糊量转化为精确的控制值并送往路口信号灯驱动系统。下面分别介绍这三个模块在实现中的具体问题。

4.1　模糊化模块

所谓模糊化,就是将检测器检测得到的被检测量的精确值转化为模糊量。从表面上看,被检测量由清晰变模糊是一种损失,但事实并非如此,变成模糊量以后,信息量增加了。另外,人类大脑的思维、推理、判断都使用模糊量,因而模糊化的过程十分必要。

在交通系统信号灯的控制中,需要模糊化的量有车队长度、到达车辆数、时间等,这些量的模糊集均采用语言变量进行定义,具体见表 1~表 3。

根据车队长度、到达车辆数、时间的实际值和表 1、表 2、表 3,可获得这些量在不同语言值下的模糊隶属度,从而实现这些量的模糊化。

表 1　车队长度的模糊隶属度

语言值	车队长度/辆													
	4	5	6	7	8	9	10	11	12	13	14	15	16	17
很短	0	0.5	0.7	0.9	1	0.9	0.7	0.5	0	0	0	0	0	0
短	0	0	0	0	0	0.5	0.7	0.9	1	0.9	0.7	0.5	0	0
较短	0	0	0	0	0	0	0	0	0	0.5	0.7	0.9	1	0.9
中等	0	0	0	0	0	0	0	0	0	0	0	0	0	0.5
长	0	0	0	0	0	0	0	0	0	0	0	0	0	0
很长	0	0	0	0	0	0	0	0	0	0	0	0	0	0

续表

语言值	车队长度 / 辆														
	18	19	20	21	22	23	24	25	26	27	28	29	30	31	32
很短	0	0	0	0	0	0	0	0	0	0	0	0	0	0	0
短	0	0	0	0	0	0	0	0	0	0	0	0	0	0	0
较短	0.7	0.5	0	0	0	0	0	0	0	0	0	0	0	0	0
中等	0.7	0.9	1	0.9	0.7	0.5	0	0	0	0	0	0	0	0	0
长	0	0	0	0.5	0.7	0.9	1	0.9	0.7	0.5	1	0	0	0	0
很长	0	0	0	0	0	0	0.5	0.7	0.9	1	0.9	0.7	0.5	0	

表 2 到达车辆数的模糊隶属度

语言值	到达车辆数 / 辆									
	1	2	3	4	5	6	7	8	9	10
无	0.5	0.2	0.1	0	0	0	0	0	0	0
很少	1	0.5	0.2	0.1	0	0	0	0	0	0
少	0.5	1	0.5	0.2	0.1	0	0	0	0	0
中等	0.2	0.5	1	0.5	0.2	0.1	0	0	0	0
多	0.1	0.2	0.5	1	0.5	0.2	0.1	0	0	0
很多	0	0.1	0.2	0.5	1	0.5	0.2	0.1	0	0

表 3 时间的模糊隶属度

语言值	时间 / 秒									
	1	2	3	4	5	6	7	8	9	10
很短	1	0.5	0	0	0	0	0	0	0	0
短	0	0.5	1	0.5	0	0	0	0	0	0
中等	0	0	0	0.5	1	0.5	0	0	0	0
长	0	0	0	0	0	0.5	1	0.5	0	0
很长	0	0	0	0	0	0	0	0.5	1	1

4.2 模糊控制规则模块

模糊控制规则实际上是一个专家的知识库,其中存储了专家的控制经验和计算机学习得到的规则。根据交通系统当前的状态,由模糊控制规则模块,确定出该状态下的最满意的控制策略。每个交叉路口的模糊逻辑控制器的控制规则相同,都是 25 条,并且以 IF… THEN…ELSE 形式给出,具体见表 4。为节省篇幅,表中仅列出第一个 10 秒的 5 条控制规则,其余 20 条控制规则,请参见文献[1]。需要说明的是,表 4 中不同编号的规则间用 ELSE 连接。

表4 第一个10秒的控制规则

编号	IF			THEN
	T	A	Q	E
1	很短	无	任意	很短
2	短	很少	很短	短
3	中等	少	很短	中等
4	长	中等	很短	长
5	很长	多	很短	很长

每两个相邻的交叉口的信号灯周期间的相位差 T_θ，由式(11)计算：

$$T_\theta = f - 9 + L \tag{11}$$

式中，f 为车辆从上游路口到下游路口的平均运行时间，L 为模糊相位控制器的输出。对于有 n 个路口的主干道来说，一共有 $n-1$ 个模糊相位控制器。这些相位控制器的控制规则相同，都是5条，具体见表5。与表4相似，同一编号的规则，以 IF… THEN… 形式给出，不同编号的规则间用 ELSE 连接。

表5 模糊相位控制器的控制规则

编号	IF			THEN
	T	A'	Q'	L
1	很短	无	任意	很短
2	短	很少	很短	短
3	中等	少	很短	中等
4	长	中等	很短	长
5	很长	多	中等	很长

表4中，T 表示设定时间，A 表示路口绿灯方向到达车辆数，Q 表示路口红灯方向在停车线前面排队等候的车辆数，E 表示绿灯延长时间。

表5中，T 表示设定时间，A' 表示下游路口次干道方向到达车辆数，Q' 表示下游路口主干道方向在停车线前面排队等候的车辆数。

4.3 模糊判决模块

模糊判决也称模糊判别或反模糊化，它将模糊控制策略转化为精确的控制量，是一个从模糊到清晰的过程。本篇的模糊判决采用最大隶属原则，即选择使隶属度取最大值的 e（对模糊逻辑控制器而言）或 L（对模糊相位控制器而言）作为精确控制量。

5 结束语

城市交通系统是随机性强且十分复杂的系统，用建模的方法或人为预先设定多套方案的方法难以做到控制效果令人满意。用模糊方法进行控制,不需要建立数学模型,而且直接用路口车辆的实时信息进行推理、决策,从而实现信号灯的控制,其实时性好、精度高、原理简单易掌握,这是 SCAT 系统和 SCOOT 系统所无法达到的,因而是一种具有广阔应用前景的方法。

本篇是国家自然科学基金资助项目《城市交通系统实时模糊控制研究》的总体构思,限于篇幅,只能做简要介绍。其中很多更具体的内容,如单路口交通信号灯的模糊控制方法、城市主干道信号灯系统模糊线控制及其仿真、模糊控制规则的提取方法、交通系统模糊控制的神经网络实现等,作者将另文专门论述。

参考文献

[1] Pappis C P, Mamdani E H. A fuzzy logic controller for a traffic junction[J]. IEEE Transactions on Systems, Man, and Cybernetics 1977,7(10):707-717.

[2] Nakatsuyama M, Nagahashi H, Nishizura N. Fuzzy logic controller for a traffic junction in the one-way arterial road[J]. IFAC Proceedings Volumes,1984,17(2):2865-2870.

[3] 徐冬玲,方建安,邵世煌. 交通系统的模糊控制及其神经网络实现[J]. 信息与控制,1992,2(2):74-79.

[4] 邵寿颐. 用模糊逻辑控制交通信号[J]. 城市公用事业,1994(4):37-39.

[5] Hoyer R, Jumar U. Fuzzy Control of traffic lights[C]// Fuzzy Systems,1994. IEEE World Congress on Computational Intelligence. Proceedings of the Third IEEE Conference on. IEEE,2002.

[6] Gegov A, Multilevel intelligent fuzzy control of oversaturated urban traffic networks[J]. International Journal of Systems Science,1994,25(6):967-978.

城市单路口交通的两级模糊控制及其仿真[*]

陈森发,陈　洪,徐吉谦

(东南大学经济管理学院,南京　210096)

摘　要　在 Pappis 法的基础上,提出城市单路口交通的两级模糊控制方法,计算机仿真表明,其结果令人满意。

关键词　单交叉路口;信号灯;模糊控制;仿真

1　引　言

城市交通系统是随机性大、影响因素众多的复杂系统,通过建立精确的数学模型或预先人为地设定多套方案来实施控制[1],难以做到令人满意。

近年来,国内外专家学者致力于开发新的交通系统的控制方案[2-3],模糊控制是新的研究方向之一。模糊控制是智能控制的一种,它是无模型的控制方法,便于结合人的思维和经验,可同时满足实时性和控制精度的要求,是一种大有前途的城市交通控制方法。

模糊控制在医学、气象、生物、化学、采矿等领域有较多的研究[4],而在城市交通控制系统方面的研究[2,3,5]还很少。1977年,Pappis 和 Mamdani[2]曾提出理想的城市单路口交通的模糊控制方法,但它离实际应用还有一段距离;1992年,我国学者徐冬玲等[3]也提出单路口交通的模糊控制方案,而它本质上仍然属于感应或控制的思路。本篇将 Pappis 法的思路加以推广,提出城市单路口交通的两级模糊控制方法,计算机仿真表明,它优于 Pappis 法,也优于半感应式交通控制方法。

2　单路口交通信号灯模糊控制的 Pappis 法

1977年,希腊学者 C. P. Pappis 和英国模糊控制专家 E. H. Mamdani 合作,提出城市单路口交通的模糊控制方法。为简明起见,下面的叙述中称之为 Pappis 法。

Pappis 法是一种理想化的单交叉路口的交通信号灯的模糊控制方法。它要求交叉口的四个入口均为单车道,并且该路口只有两股直行车流,不存在左转或右转弯车流。它实质上是两条单向街形成的交叉路口。控制器控制的内容是绿灯延长时间 E。在绿灯期间,每10秒钟控制一次,每次5条规则,总共25条控制规则。为保证信号灯最大周期小于

---

[*] 本篇是国家自然科学基金资助项目,发表于《系统仿真学报》,1998年第2期。

120秒,最多共发出控制五次,分别定在第7秒、17秒、27秒、37秒、47秒。

在交叉口入口的两车道上,分别装有车辆检测器,它和停车线保持足够的距离,使得停车线后面10秒时间内该方向上的车辆到达信息能够反映给控制器。

设A表示交叉路口有通行权方向的到达车辆数;Q表示交叉路口无通行权方向在停车线后面排队的车辆数;T表示设定时间;E表示绿灯延长时间。A、Q、T、E在论域上的模糊集都以语言值表示:$A=${无,很少,少,中等,多,很多},$Q=${很短,短,较短,中等,长,很长},$T=${很短,短,中等,长,很长},E的定义方法与T相同。Pappis法的25条控制规则,均以 IF… THEN… ELSE… 形式给出,具体见表1。为节省篇幅,表中仅列出第一个10秒的5条控制规则,其余20条规则,请参见文献[2]。需要说明的是,表1中不同编号的规则间用 ELSE 连接。

作者用FORTRAN语言编制了Pappis法的计算机仿真程序,在486系列处理器上对有主次干道的交叉路口的交通进行了随机仿真。其中,主干道的车辆最大到达率为0.4辆/秒;该路口各进口道车辆的离开率取为1.0辆/秒。共作了四次随机仿真,每次时间为1 200秒,控制结果如表2。为了比较,在相同条件下,我们对半感应式控制法也作了仿真,其结果也列于表2中。从表2可以看出,Pappis法优于半感应式控制方法,整个路口车辆总的平均延误可减少7.8%。这一结果与文献[2]的仿真结果基本相同。

表1　第一个10秒的控制规则

编号	IF			THEN
	T	A	Q	E
1	很短	无	任意	很短
2	短	很少	很短	短
3	中等	少	很短	中等
4	长	中等	很短	长
5	很长	多	很短	很长

表2　Pappis法和半感应式控制的控制结果比较

编号	1	2	3	4
Pappis法的总平均延误/(秒·辆$^{-1}$)	3.09	3.13	2.96	3.11
半感应式控制方法的总平均延误/(秒·辆$^{-1}$)	3.25	3.61	3.28	3.21
相对改进量/%	5.0	13.3	9.8	3.1

3 单路口交通信号灯的两级模糊控制方法

3.1 Pappis法的局限性

Pappis法为实现城市交通信号灯的智能控制翻开了新的一页,立下了不可磨灭的功劳。然而,城市道路的交叉路口通常有四个进口,就路段为单车道而言,也有四股车流,具体见图1。若进口道为双车道或三车道,则通过交叉路口的车流便多于四股了。

显见,Pappis法研究的是理想化的十

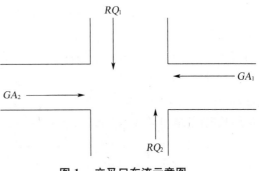

图1　交叉口车流示意图

字交叉路口,它是由两条单向街交叉而形成的,并且进口道均为单车道,每股车流到达停车线后仍然直行,没有右转或左转车流,这在实际中是很少见的,没有代表性,因而,有必要加以改进。

3.2 两级模糊控制方法

设十字路口的进口道路均为单车道,有四股车流,具体见图1。其中,GA_1 和 GA_2 分别表示该路口有通行权方向两车道上两股车流经过停车线之前到达的车辆数;RQ_1 和 RQ_2 分别表示无通行权方向两股车流在停车线后面排队等待的车辆数。这里要指出,不管是 GA_1 还是 GA_2,越过停车线后,将分成右转、直行、左转三股不同方向的车流,这是本方法与 Pappis 法的一个不同点。

另外,设

$$GA_m = \max\{GA_1, GA_2\} \tag{1}$$

$$RQ_m = \max\{RQ_1, RQ_2\} \tag{2}$$

$$GA_n = \min\{GA_1, GA_2\} \tag{3}$$

$$RQ_n = \min\{RQ_1, RQ_2\} \tag{4}$$

为后面叙述方便起见,分别称 GA_m 和 RQ_m 为有通行权方向和无通行权方向的关键车流;分别称 GA_n 和 RQ_n 为有通行权方向和无通行权方向的非关键车流。若不考虑非关键车流对系统的影响,用 GA_m 代替 A、用 RQ_m 代替 Q,从推广意义上讲,则可将 Pappis 法用于有四股车流的交叉路口了。仔细分析和计算机仿真均表明,仅考虑 GA_m 和 RQ_m 实际上只考虑了两个不同相位的关键车流所起的作用,而忽略了两个不同相位中非关键车流对信号配对的影响作用。不难推断,它不能保证所有通过交叉路口的车辆的总延误最小。

进一步分析可知:GA_n 的左转车流对 GA_m 的直行车流会产生影响,且 GA_n 的直行车流对 GA_m 的左转车流也会产生影响。因而,在实施单交叉路口交通信号灯的模糊控制的规则时,除了考虑 GA_m 和 RQ_m 的作用之外,还应考虑 GA_n 对系统的影响作用。这是本篇研究的基点和对 Pappis 法的主要改进之处。

在 Pappis 法的控制规则中,绿灯延长时间是 $T \times GA_m \times RQ_m$ 构成的论域上的模糊关系,理论上有 180(5×6×6)条控制规则,Pappis 和 Mamdani 通过模拟试验和试差法,从中提取并归纳了 25 条规则;若进一步考虑 GA_n 的影响作用,绿灯延长时间应是 $T \times GA_m \times RQ_m \times GA_n$ 构成的论域上的模糊关系,理论上应有 1 080(5×6×6×6)条控制规则;将 Pappis 法的成果考虑进去,也还有 150(25×6)条控制规则,这对系统的分析和研究是很不方便的。为方便分析,使控制系统迅速响应,应尽量减少模糊控制规则的数目。为此,本篇提出城市单路口交通信号灯的两级模糊控制方法,其基本思想是:绿灯的延长时间 E 由两部分构成,即由绿灯基本延长时间 e 和绿灯附加延长时间 Δe 构成。其中,绿灯基本延长时间由 Pappis 法确定,即由 $T \times GA_m \times RQ_m$ 构成的论域上的模糊关系确定;绿灯附加延长时间 Δe 由 GA_n 确定。于是,系统最终的控制策略 E 为:

$$E = \begin{cases} e + \Delta e, & \text{当 } e + \Delta e \leqslant 10, \\ 10, & \text{当 } e + \Delta e > 10 \end{cases} \tag{5}$$

这样处理以后,系统总共只有 31(25+6)条控制规则,分析和计算都很方便,而且控制系统的响应也快得多。单路口交通信号灯的两级模糊控制的结构图具体见图2。

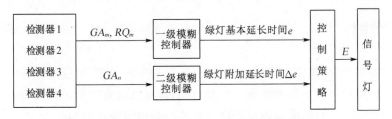

图2 城市单路口交通信号灯的两级模糊控制结构图

4 两级模糊控制的具体实现

单路口交通信号灯的两级模糊控制的实现,主要是一级模糊控制器和二级模糊控制器的设计。通常,模糊控制器由三个模块构成,它们分别是模糊化、模糊控制规则和模糊判决,三者间的具体关系见图3。

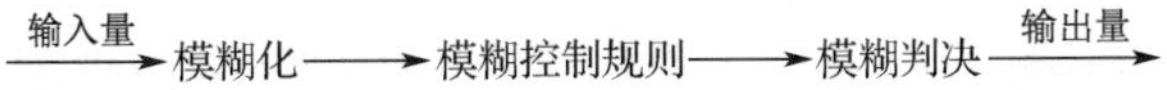

输入量 → 模糊化 → 模糊控制规则 → 模糊判决 → 输出量

图3 模糊控制器的结构

两级模糊控制器的结构基本相同,但在具体实现中还是有不少差别,下面分别研究。

4.1 一级模糊控制器的设计

一级模糊控制器的输入量,即观测量是设定时间 T、绿灯方向关键车流的到达车辆数 GA_m 和红灯方向关键车流在停车线后面等候的车辆数 RQ_m;输出量是绿灯基本延长时间 e。该级三个模块基本上都利用 Pappis 法[2]的研究成果:T、GA_m、RQ_m 均采用语言变量进行定义,且 T={很短,短,中等,长,很长},GA_m={没有,很少,少,中等,多,很多},RQ_m={很短,短,较短,中等,长,很长}。模糊化的过程就是分别确定 T、GA_m、RQ_m 的输入量在不同语言变量下的隶属度,这可通过访问存于计算机中的数据文件来解决。模糊控制规则也有 25 条,与 Pappis 法相同,也是用 IF… THEN… ELSE… 形式给出,只不过是用 GA_m 代替 A、用 RQ_m 代替 Q 罢了。模糊判决采用最大隶属度原则,即选择使隶属度最大的绿灯基本延长时间 e 作为该级模糊控制器的输出。更详尽的内容,请参见文献[2]。

4.2 二级模糊控制器的设计

二级模糊控制器的输入量为绿灯方向非关键车流的到达车辆数 GA_n,输出量为绿灯附加延长时间 Δe。GA_n 采用语言变量进行定义,即 GA_n={没有,很少,少,中等,多,很多}。Δe 采用与 e 相同的定义方法。控制器的输出采用最大隶属度原则确定绿灯附加延长时间 Δe;控制器每 10 秒控制一次,以便与一级模糊控制器保持一致。

二级模糊控制器的设计基于这样的事实:GA_n 的存在影响了 GA_m 顺利通过交叉口,而且 GA_n 越大,影响越显著,因而需要在 e 的基础上再增加 Δe 作为最终的绿灯延长时间。根据实际经验以及计算机的模拟、试验,我们归纳出 6 条控制规则,具体如表3。于是,由检测器得到 GA_n,经过模糊化、模糊控制规则、模糊判决三个模块后,就可得出绿灯

附加延长时间 Δe 了。

5 仿真案例

某信号灯控制的交叉路口,具体如图 1 所示。为简明起见,假设该路口四个入口的路段均为单车道;路口各方向车辆的到达是随机的,且其取值范围为 $0\sim0.4$ 辆/秒;每 10 秒钟为一时间间隔,每一时间间隔内车辆到达交叉口的时间服从均匀分布;路口车辆的最大离开率取为 1.0 辆/秒。

作者将本篇提出的单路口交通信号灯两级模糊控制方法用 FORTRAN 语言编成计算机仿真程序,程序框图如图 4;在 486 微机上做了四次随机仿真,每次仿真时间为 1 200 秒,其结果列于表 4。为了比较,作者也对 Pappis 法进行了仿真,仿真条件完全相同,其结果也列于表 4。可以看到,两级模糊控制方法车辆的总平均延误为 3.7 秒/辆,而 Pappis 法的控制结果为车辆的总平均延误为 3.88 秒/辆;两级模糊控制方法平均减少延误 4.5%,可见本篇提出的方法优于 Pappis 法。

表 3 二级模糊控制器控制规则表

编号	IF	THEN
	GA_n	Δe
1	无	零
2	很少	零
3	少	零
4	中等	很短
5	多	很短
6	很多	短

表 4 两级模糊控制方法和 Pappis 法的控制结果比较

编号	1	2	3	4
Pappis 法的总平均延误/(秒·辆$^{-1}$)	4.14	4.00	3.80	3.56
两级模糊控制方法的总平均延误/(秒·辆$^{-1}$)	4.06	3.61	3.71	3.42
相对改进量/%	1.9	9.8	2.4	3.9

6 结束语

(1) 城市交通系统是一个随机性大、影响因素多的复杂系统,通过建立精确数学模型或预先人为设定多套方案来实施控制,难以同时满足实时性和精度的要求。模糊控制是智能控制方法中的一种,是一种无模型的控制方法。它便于结合人的思维和经验,并且能同时在实时性和精度两方面较好地满足控制的要求,因而是一种适于城市交通控制的大有前途的控制方法。

(2) 本篇分两级对单交叉口信号灯的绿灯延长时间进行模糊控制的方法,控制规则少,响应速度快,控制效果也得到了提高,是一种城市单交叉口交通信号灯模糊控制的有效方法。该方法既考虑了绿灯方向车流的左转、右转和直行,同时又考虑了关键车流和非关键车流对系统的影响作用,分析和计算机仿真表明,它优于 Pappis 法,也优于半感应式控制方法。

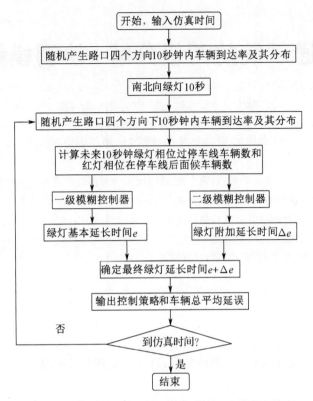

图4 单路口交通信号灯两级模糊控制仿真程序框图

参考文献

[1] 全永燊. 城市交通控制[M]. 北京:人民交通出版社,1989.
[2] Pappis C P, Mamdani E H. A fuzzy logic controller for a traffic junction[J]. IEEE Transactions on Systems, Man, and Cybernetics, 1977, 7(10):707-717.
[3] 徐冬玲,方建安,邵世煌. 交通系统的模糊控制及其神经网络实现[J]. 信息与控制,1992,21(2): 74-79.
[4] 诸静. 模糊控制原理与应用[M]. 北京:机械工业出版社,1995.
[5] Jerabek V, Lachiver G. Fuzzy logic-based controller of traffic intersection[C]//Proceedings 1995 Canadian Conference on Electrical and Computer Engineering. IEEE,1995:190-193.

城市交通系统的两级分解—协调模糊控制

陈 洪,陈森发,徐吉谦

(东南大学经济管理学院,南京 210096)

摘 要 本篇利用大系统的分解-协调思想,通过对城市单路口交通系统的分析,首次将大系统理论与模糊控制理论相结合,提出了城市单路口交通系统的两级分解-协调模糊控制方法,并进行了计算机仿真研究。仿真结果表明,本篇提出的方法比全感应控制方法有效。

关键词 交通系统;分解-协调;模糊控制;仿真

1 引言

城市交通系统的控制,无论从理论角度,还是从实践角度都是一个极其复杂和困难的大系统控制问题。

城市交通系统的控制(尤其是交通信号灯控制)是城市交通管理十分重要的组成部分。目前,世界上许多大城市的交通控制均采用计算机协调控制。但这些控制几乎都是次最优控制。即便是最优控制,也少不了要建立道路交通流的最优预测模型(多步预测模型),但一方面这些模型非常复杂,另一方面还需根据实际交通流对模型进行在线辨识,计算量大。按在线预测实现的最优控制由于计算费时,常常不能满足实时控制的要求。总之,通过建立城市交通系统的数学模型而提出的各种控制算法,由于数学模型不能较好地反映实际的城市交通系统,且算法复杂,计算量大,实践证明控制效果不理想,实时性较差。

近年来,由于模糊数学的理论和方法的日臻完善,吸引了许多学者对一些复杂系统进行模糊控制的研究。有少量学者把模糊控制应用到城市交通系统的研究中。如 Pappis 等人和徐冬玲等人曾对城市单路口模糊控制进行过研究[1-2]。由于城市交通系统的大随机性和复杂性,以往的控制效果都不尽如人意。本篇通过对单路口交通系统的分析,提出了新的模糊控制方法,以期改善城市交通控制系统的性能。

2 问题的提出

如图 1 所示,单路口交通控制系统主要受两个相位四个方向车流的影响,即该系统含有多个系统变量,因此,单路口交通控制系统是一个典型的多变量模糊控制系统。

---

* 本篇是国家自然科学基金资助项目,发表于《系统工程》,1998 年第 4 期。

模糊控制规则是模糊控制的核心,而模糊控制规则的条数是系统变量个数的指数函数[3],当系统变量较多时,要构造常规的基于规则的模糊控制器十分不易。即便是设计了这样的模糊控制器,由于模糊控制规则数目很大,从而使运算量增大,影响控制的实时性。因此,如何减少模糊控制规则的条数,就是本篇需要解决的主要问题。

事实上,Pappis 等人和徐冬玲等人的模糊控制方法,为了达到减少模糊控制规则的条数的目的,都忽略了一些系统变量,即仅依据交叉口两相位关键车流(假定各进口的路况相同,一个相位两个方向中流量最大的车流称为关键车流,流量较小的车流称为非关键车流)来决定交通信号的配时,忽略了非关键车流对交通系统的影响。如此来实施控制,必然影响控制效果。

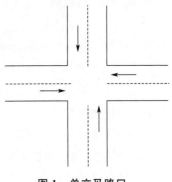

图1 单交叉路口

本篇在考虑关键车流和非关键车流对单路口交通系统影响的基础上,为了减少模糊控制规则的条数,提出了分解-协调模糊控制方法。

3 单路口交通系统的分解-协调模糊控制

单路口交通系统控制的目标是:确定红绿灯信号配时(或绿灯延长时间 e),使得通过交叉口的车辆总延误(或车辆平均延误)尽可能小,即:

$$\min D(e)$$
$$D(e) = D_{sn}(e) + D_{ns}(e) + D_{ew}(e) + D_{we}(e) \tag{1}$$

式中,$D_{sn}(e)$、$D_{ns}(e)$、$D_{ew}(e)$、$D_{we}(e)$ 分别表示给予某相位绿灯延长 e 秒时,南向北、北向南、东向西、西向东通过交叉口车辆的总延误(秒)。

不失一般性,不妨假定由南向北、由东向西车流为关键车流,由北向南、由西向东车流为非关键车流。

由于目标函数为加性可分离,故可将单路口交通模糊系统分解成两个子系统,即两个子问题:

(第一级)子问题1:

确定交叉口绿灯延长时间 e_1,使得关键车流总延误最小,即:

$$\begin{cases} \min(D_{sn}(e_1) + D_{ew}(e_1)), \\ \text{s.t.} \quad 0 \leqslant e_1 \leqslant 10 \end{cases} \tag{2}$$

子问题2:

确定交叉口绿灯延长时间 e_2,使得非关键车流总延误最小,即:

$$\begin{cases} \min(D_{ns}(e_2) + D_{we}(e_2)), \\ \text{s.t.} \quad 0 \leqslant e_2 \leqslant 10 \end{cases} \tag{3}$$

(第二级)协调级

$$\begin{cases} \min D(e), \\ \text{s.t.} \quad e = \lambda e_1 + (1-\lambda)e_2 \end{cases}$$

$$\lambda = \begin{cases} 1, D(e_1) \leqslant D(e_2), \\ 0, D(e_1) > D(e_2) \end{cases} \tag{4}$$

其中 λ 为协调变量。

与大系统分解-协调算法不同的是：第一级子问题1和子问题2的求解都是通过模糊控制器来完成；第二级协调级不必做很多的迭代运算。

单路口交通系统分解-协调模糊控制过程是：根据车辆检测器检测到的各方向车辆到达信息，确定两相位关键车流和非关键车流。对两相位的关键车流实施模糊控制，即经过模糊控制器，把关键车流车辆到达信息模糊化、模糊推理、模糊判决，得到有通行权相位的绿灯延长时间 e_1 秒；对两相位的非关键车流同样实施模糊控制，得到有通行权相位的绿灯延长时间 e_2 秒。选择绿灯延长时间 e_1, e_2 中延误较小的时间作为绿灯延长时间。

单路口交通模糊控制系统结构如图2所示。

图2 单路口交通模糊控制系统结构图

4 模糊控制器的设计

模糊控制器的控制变量是绿灯延长时间。在绿灯期间，每10秒控制一次，最多一共控制5次，以保证最大周期不超过120秒。本控制器的基本思想类似于Pappis和Mamdam的设计。

模糊输入量：T(设定时间)，Q(等候车辆数)，A(到达车辆数)

模糊输出量：E(绿灯延长时间)

以上模糊集的定义采用语言变量，如考虑后面第 t 秒，t 的取值 $1,2,\cdots,10$ 构成论域 T，在论域 T 上定义很短、短、中等、长、很长等五个模糊子集；绿灯方向在 t 秒内到达的车辆数 a 的取值 $1,2,\cdots,10$ 构成论域 A，在论域 A 上定义无、很少、少、中等、很多、极多等六个模糊子集；红灯方向在 t 秒内排队等候的车辆数 q 的取值 $1,2,\cdots,32$ 构成论域 Q，在论域 Q 上定义很小、小、中小、中、长、很长等六个模糊子集；绿灯方向绿灯延长时间 e 的取值 $1, 2, 3, \cdots, 10$ 构成论域 E，在论域 E 上定义很短、短、中等、长、很长等五个模糊子集。模糊子集的隶属函数定义参见文献[1]。

模糊控制规则形如：

R_1: IF $T=$很短、$A=mt$(无)、$Q=$任意

THEN $E = $ 很短

R_2: IF $T = $ 短、$A = mt$(很少)、$Q = lt$(中小)

THEN $E = $ 短

R_3: IF $T = $ 中等、$A = mt$(中等)、$Q = lt$(小)

THEN $E = $ 中等

R_4: IF $T = $ 长、$A = mt$(很多)、$Q = lt$(中小)

THEN $E = $ 长

R_5: IF $T = $ 很长、$A = mt$(极多)、$Q = lt$(长)

THEN $E = $ 很长

其中，mt，lt 分别表示多于、少于。

每一条规则定义了一个模糊关系：

$$R_j = T_j \cap A_j \cap Q_j \cap E_j \quad (j=1,2,\cdots,5) \tag{6}$$

其中，T_j、A_j、Q_j、E_j 分别为论域 T、A、Q、E 上的模糊子集。

总的模糊关系：

$$R = \bigcup_{j=1}^{5} R_j, \tag{7}$$

采用 Max-Min 推理合成算法，有：

$$\mu_{R_j}(t,a,q,e) = \min\{\mu_{T_j}(t), \mu_{A_j}(a), \mu_{Q_j}(q), \mu_{E_j}(e)\} \tag{8}$$

$$\mu_R = \max\{\mu_{R_j}, j=1,2,\cdots,5\} \tag{9}$$

模糊判决采用最大隶属度原则，即选择使 μ_R 最大的绿灯延长时间 e 作为模控制器的输出。

5 仿真研究

假定图1所示交叉口各进口方向车辆到达交叉路口是随机的，车流到达率为 $0\sim 0.4$ 辆/秒，10秒内的车流到达服从均匀分布。随机产生4个方向车流在10秒内的到达分布，即10秒中每秒内到达的车辆数[4]。设某车流红灯转变为绿灯后车辆以0.5辆/秒的速度离开等候的车队。车辆延误计算公式参见文献[1]。

单路口分解—协调模糊控制方法的仿真程序框图如图3所示。

经过20分钟的仿真，本篇所述方法的部分控制结果如表1所示。为便于比较，本篇将全感应控制方法也进行了计算机仿真，部分控制结果如表2所示。

由于不同的来车环境（即在仿真时输入不同的负整数），同一控制方法的控制所得车辆延误都有一点差异，现列表3说明不同来车环境下，经过20分钟仿真后，车辆平均延误的比较。

通过比较可知，本篇所述分解-协调模糊控制方法比全感应控制方法分别减少车辆延误23％、39％、36％和43％。可以认为本篇所述控制方法比全感应控制方法平均减少车辆延误35％。

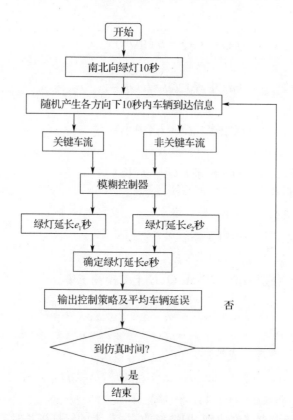

图 3　单路口分解-协调模糊控制方法的仿真程序框图

表 1　分解-协调模糊控制仿真结果

单位:秒

绿灯时间	第一周期	第二周期	第三周期	第四周期	第五周期	第六周期	第七周期	第八周期	第九周期	第十周期
南北向绿灯	12	18	10	12	20	18	10	10	10	10
东西向绿灯	10	10	10	10	10	10	14	16	10	10
周期长	22	28	20	22	30	28	24	26	20	20
延误	11	29	19	15	3	58	32	61	55	42

表 2　全感应控制仿真结果

单位:秒

绿灯时间	第一周期	第二周期	第三周期	第四周期	第五周期	第六周期	第七周期	第八周期	第九周期	第十周期
南北向绿灯	14	14	10	10	10	14	10	10	10	10
东西向绿灯	10	10	10	10	10	10	10	10	10	10
周期长	24	24	20	20	20	24	20	20	20	20
延误	31	27	44	22	40	15	24	35	26	55

表 3 车辆平均延误比较

输入负整数		−9	−8	−7	−6
车辆平均延误/（秒·辆$^{-1}$）	全感应控制方法	6.84	7.96	8.11	8.51
	分解−协调模糊控制方法	5.29	4.89	5.22	4.88

6 结束语

本篇提出的分解−协调模糊控制方法，是首次将大系统理论和模糊控制理论相结合的一个探索。由于模糊控制具有不需建立被控对象精确的数学模型的特点，因而在分解−协调过程中不需有过多的迭代运算，从而计算简单，对交通系统的实时在线控制非常有效。

近年来，将模糊控制应用到城市交通控制的报道还未见到。本篇对此做了尝试，仿真结果令人满意。由于控制器的输入来自实时数据，不需对车流作预测，加之计算简单，因此控制的实时性较好。本篇所述方法同样可以推广到进口道路为多车道的单路口交通控制中，因篇幅所限，此处不详细介绍。

参考文献

[1] Pappis C P, Mamdani E H. A fuzzy logie controller for a traffic juncrion[J]. IEEE Transactions on Systems, Man, and Cyberneties, 1977, 7(10): 707 – 717.
[2] 徐冬玲, 方建安, 邵世煌. 交通系统的模糊控制及其神经网络实现[J]. 信息与控制, 1992, 21(2): 74 – 79.
[3] 张化光, 杨英旭. 多变量模糊控制的现状和发展(I): 关于分层, 自学习, 自适应等问题[J]. 控制与决策, 1995, 10(3): 193 – 203.
[4] 贺仲雄. 模糊数学及其应用[M]. 天津: 天津科学技术出版社, 1983.
[5] 王翼, 张朝池. 大系统控制: 方法和技术[M]. 天津: 天津大学出版社, 1993.

跋

我国交通工程学的泰斗、著名专家、交通工程学科奠基人和开拓者之一徐吉谦教授不幸于 2021 年 7 月 14 日中午辞世，享年 93 岁。作为先生亲授弟子，我们为他的仙逝感到十分悲痛和惋惜！

早在 2018 年徐先生 90 岁寿庆之后，我和同门师弟过秀成教授就设想筹划收集整理徐吉谦教授学术论文，并拟结集出版。随后，过秀成教授进行了缜密组织，发动研究生团队很快就收集了先生自 20 世纪 80 年代至退休后先后发表的数十篇学术论文，经汇总后，提交徐先生本人审阅认可。2020 年 8 月底，在过教授和他的学子整理后的先生文集基础上，我又委托同方知网公司耿喆先生进一步检索收集徐先生曾公开发表的论文，经再汇总后，共计 40 余篇学术论文。随后我本人又通过百度百科检索，补充了少量未被收集的论文，中国城市交通规划学术委员会主任委员马林先生也发来了徐先生在学术年会上发表过的增补论文。2020 年 9 月，我联系了东南大学交通学院院长陈峻教授和东南大学出版社编辑陈跃先生，共同商议徐先生文集出版事宜，得到他们二位的鼎力支持，深感欣慰和感激！徐先生文集汇编整理工作我都是利用业余时间来完成的，因此整个文集整编工作进展略显缓慢。没想到此项工作尚未完成，先生却离我们而去，文集未来得及请先生作亲自审定！

在徐先生文集即将付梓出版之时，特别感谢我国著名交通规划专家、北京市政府首席交通顾问专家、原北京市交通发展研究中心主任全永燊先生为徐先生文集作序！该序既饱含全老对徐先生的崇高敬意与深情怀念，又对徐先生交通工程学术思想精髓做了高屋建瓴和简明扼要的归纳总结。特别感谢东南大学出版社陈跃先生及其工作团队对文集编辑出版工作极其认真严谨的态度作风与辛勤劳动！特别感谢中国城市交通规划学术委员会主任委员马林先生、东南大学交通学院过秀成教授及其研究生、同方知网公司耿喆先生以及徐吉谦教授众合作写作的弟子们为徐先生文集收集、汇编、校对等作出的贡献！特别感谢东南大学交通学院组织校稿和资助出版！

杨 涛

南京市城市与交通规划设计研究院股份有限公司董事长

2022.4.26